Une histoire de rencontres

Patrimoine culturel, artistique et historique de Géorgie

édité par
Bernard Coulie & Nino Simonishvili

europalia georgia

MUSÉE ART & HISTOIRE

HANNIBAL

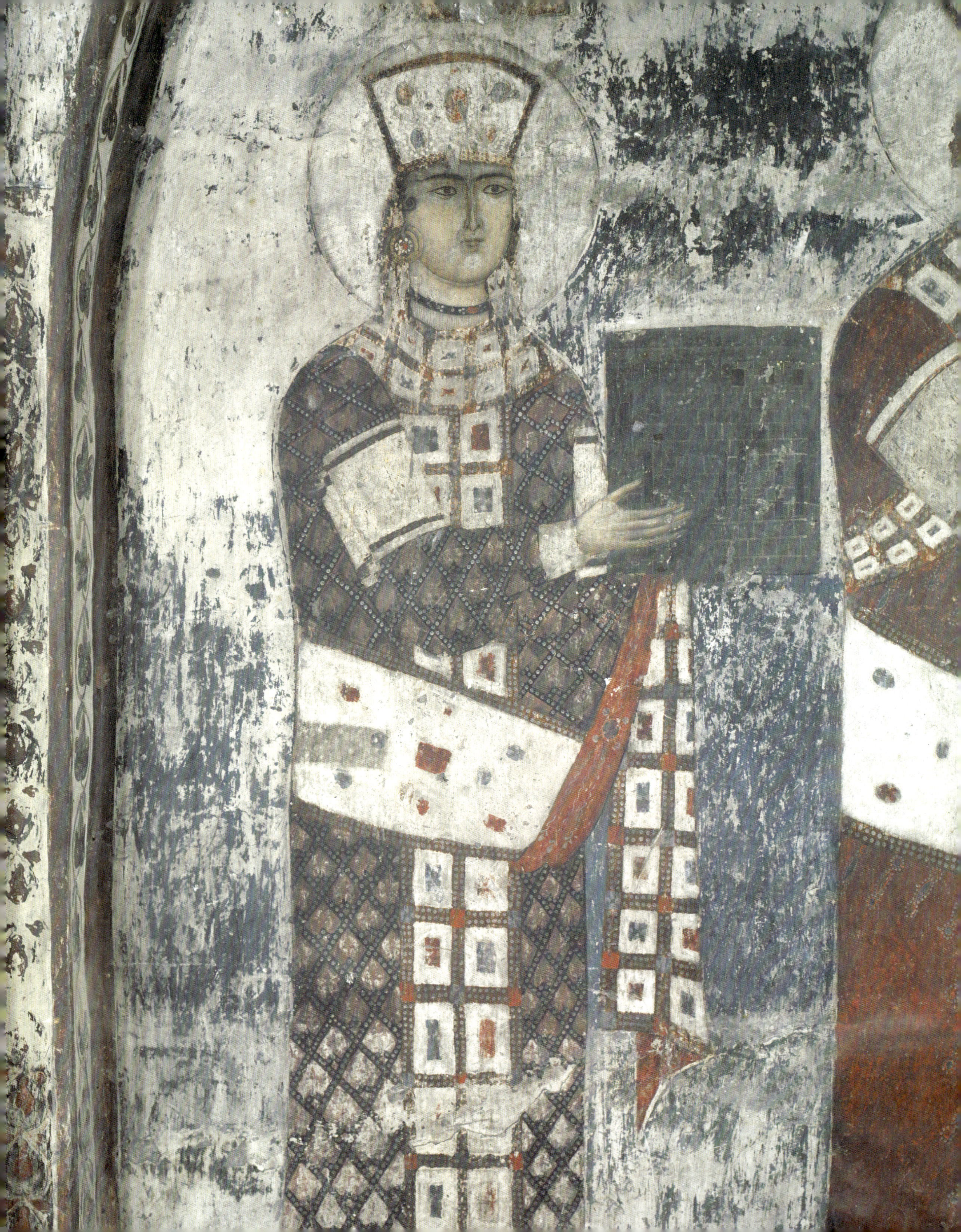

Table des matières

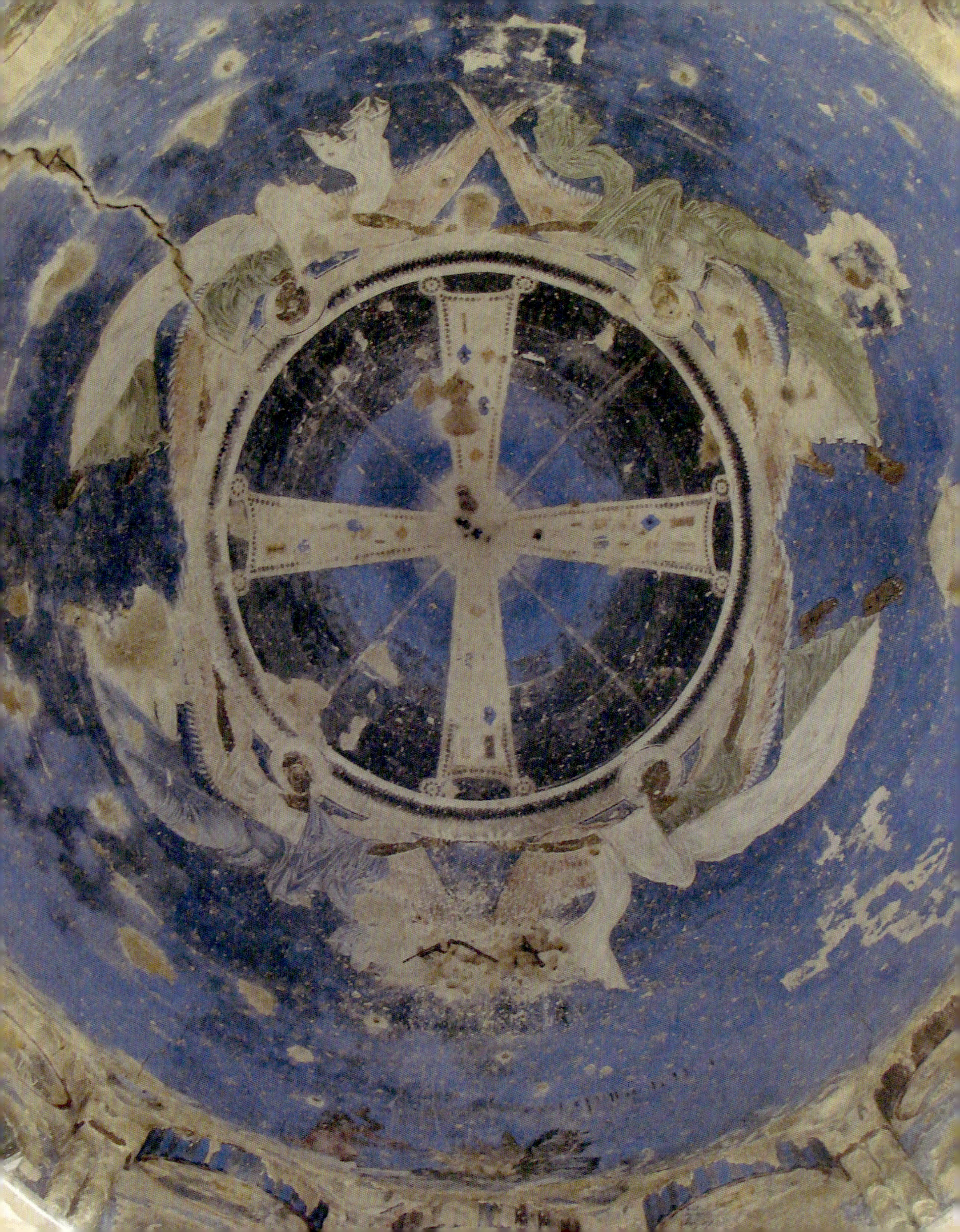

Préface

Nous sommes honorés et enchantés de pouvoir présenter *Géorgie : une histoire de rencontres* au Musée Art & Histoire, dans le cadre du festival europalia georgia à Bruxelles. L'exposition porte sur la période qui s'étend de la formation de la civilisation géorgienne à la fin de la période médiévale tardive.

Beaucoup d'Européens connaissent la Géorgie grâce au mythe de la Toison d'or ou à celui de Prométhée enchaîné dans les montagnes du Caucase. Cependant, il est scientifiquement prouvé que les débuts de la culture humaine européenne au sens large viennent également de Géorgie – là où la branche eurasienne de l'espèce humaine a commencé à se former.

Située à la jonction de l'Europe et de l'Asie, la Géorgie a constitué, au cours des siècles, un lieu important pour les relations interculturelles entre représentants de nombreuses nations, qui vivaient dans le pays ou qui l'ont traversé. Bien qu'elle soit restée ouverte aux diverses impulsions des cultures achéménide, grecque/romaine, perse, arabo-musulmane, byzantine, seldjoukide, ottomane et russe, la Géorgie est parvenue à développer sa propre culture, tout à fait unique, et à conserver sa propre langue. Dotée d'un système d'écriture, d'une poésie et de chants, d'un art et d'une architecture uniques, la culture géorgienne incarne à la fois sa spécificité nationale et ses liens culturels avec les peuples environnants.

En acceptant l'invitation d'europalia à présenter cette exposition, nous avons réalisé l'ampleur de la tâche que représenterait la présentation de l'ensemble de la civilisation et de la culture géorgiennes dans sa continuité et son développement. C'est la raison pour laquelle nous avons fait appel à une équipe de spécialistes géorgiens et belges pour monter cette exposition avec un soin particulier, afin de dresser un tableau général de l'histoire complexe de la Géorgie et d'ouvrir une voie nouvelle et dynamique pour aborder le pays en tant que carrefour d'échanges d'idées, de biens économiques et de pratiques artistiques.

L'exposition illustre le partage d'images spécifiques, d'éléments architecturaux, de motifs ornementaux et de techniques artistiques qui ont participé à la création d'une identité géorgienne. Elle montre à quel point la conscience sociale et culturelle actuelle est indissociable du passé historique.

La réalisation d'une exposition et d'un catalogue de cette ampleur dans un court laps de temps représentait un défi. Les professionnels géorgiens ont bénéficié de l'aide précieuse de nombreux partenaires et institutions tout au long de ce processus. C'est pour cette raison que nous souhaitons exprimer notre sincère gratitude à toutes les personnes qui ont contribué à l'exposition, et en particulier à nos partenaires de Bruxelles. Nous remercions tout particulièrement les éminents auteurs étrangers du catalogue ainsi que les musées et bibliothèques de renommée mondiale de nous avoir prêté leurs œuvres exceptionnelles. Je tiens également à remercier tous les participants géorgiens pour leur engagement en faveur de ce projet.

Thea Tsulukiani
Ministre de la culture, des sports et de la jeunesse de Géorgie

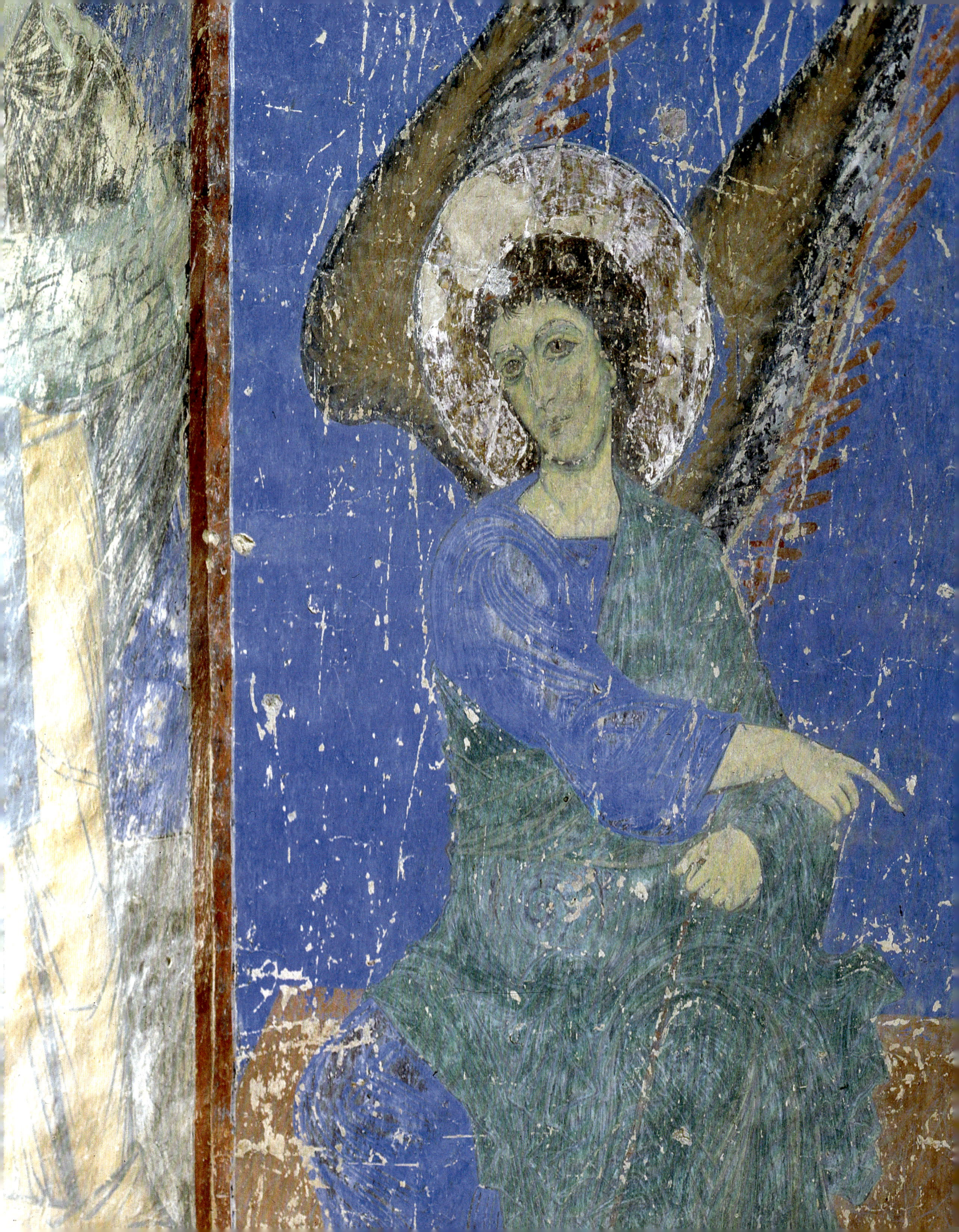

Préface

L'exposition *Géorgie : une histoire de rencontres* est née de la farouche volonté de présenter au public européen l'histoire, l'art et le patrimoine de la Géorgie, un pays profondément tourné vers l'Europe mais encore trop souvent mal connu de ses habitants.

À la croisée entre Orient et Occident, à la jonction du Nord et du Sud, la Géorgie a été, depuis les temps les plus reculés, un point de rencontre et de passage incontournable pour les grandes puissances – grecque, romaine, perse, arabe, byzantine, mongole ou ottomane – qui l'ont entourée au fil de l'histoire. Les cultures locales anciennes qui se sont développées sur son territoire ont rayonné dans la région et se sont enrichies d'influences venues d'ailleurs, pour constituer un patrimoine d'une richesse inouïe, que nous sommes fiers de pouvoir exposer au cœur de l'Europe à l'occasion du festival europalia georgia.

Cette exposition, associée aux plus de cinquante événements artistiques de toutes disciplines que le festival présente en Belgique et alentours durant près de quatre mois, permettra, je l'espère, d'offrir un aperçu sur le métissage si particulier de la culture géorgienne et sur les enjeux actuels qui traversent ce pays aux forces vives, qui se reflètent dans le travail des artistes d'hier et d'aujourd'hui.

Cette histoire de rencontres est aussi celle des équipes qui ont œuvré à la mise sur pied de cette exposition et de ce catalogue : curateurs, conservateurs, auteurs, prêteurs, coordinateurs de Géorgie, de Belgique et d'ailleurs. Je tiens à les remercier chaleureusement de leur implication, et à remercier en particulier le ministère géorgien de la Culture, des Sports et de la Jeunesse, le Musée national de Géorgie et le Musée Art & Histoire de Bruxelles, qui hébergera une partie de cet automne et de cet hiver certains des joyaux les plus emblématiques de Géorgie.

Baron Philippe Vlerick
Président d'europalia international

p.2
La Reine Tamar, fresque du mur nord de l'Église de la Dormition, monastère troglodytique de Vardzia (1184-1186)

p.4
Ascension de la croix, peinture du dôme de la cathédrale d'Ishkani, 1032
Province géorgienne historique du Tao-Klardjéti

p.6
Ange, fresque de l'Église de Saint-Nicolas, Qintsvissi, Kartli intérieur (1205-1206)

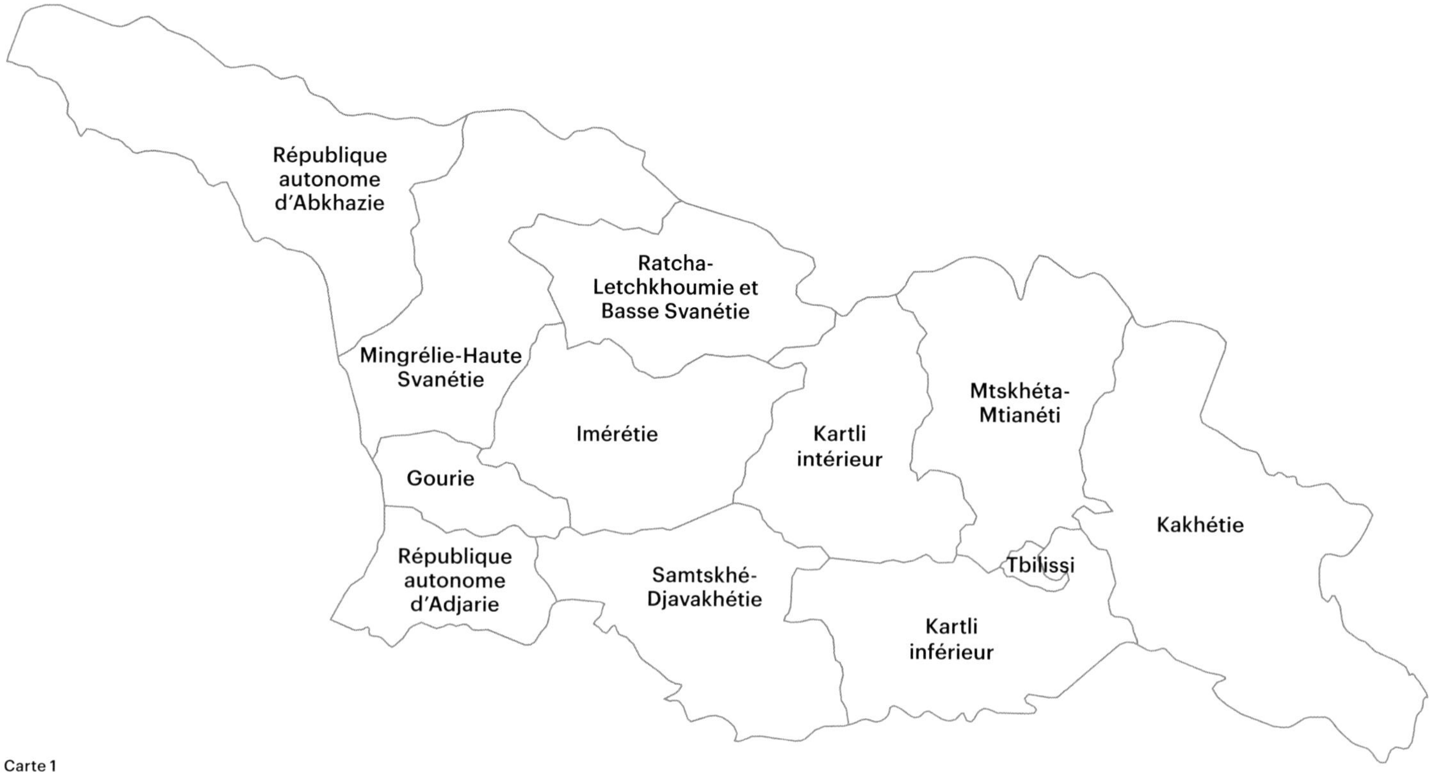

Carte 1
Régions de la Géorgie

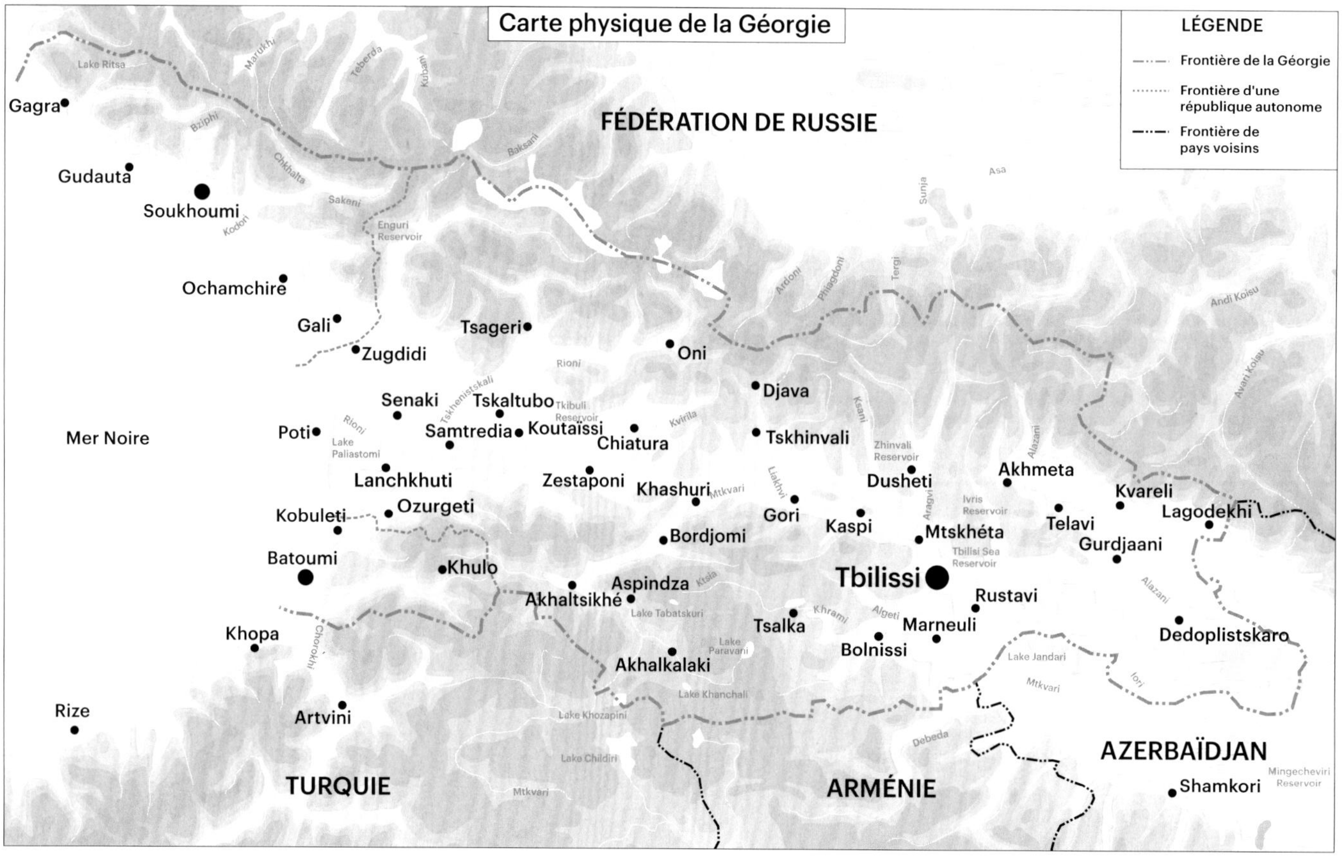

Carte 2
Carte physique de la Géorgie

La cathédrale d'Alaverdi en Kakhétie (XIe siècle)

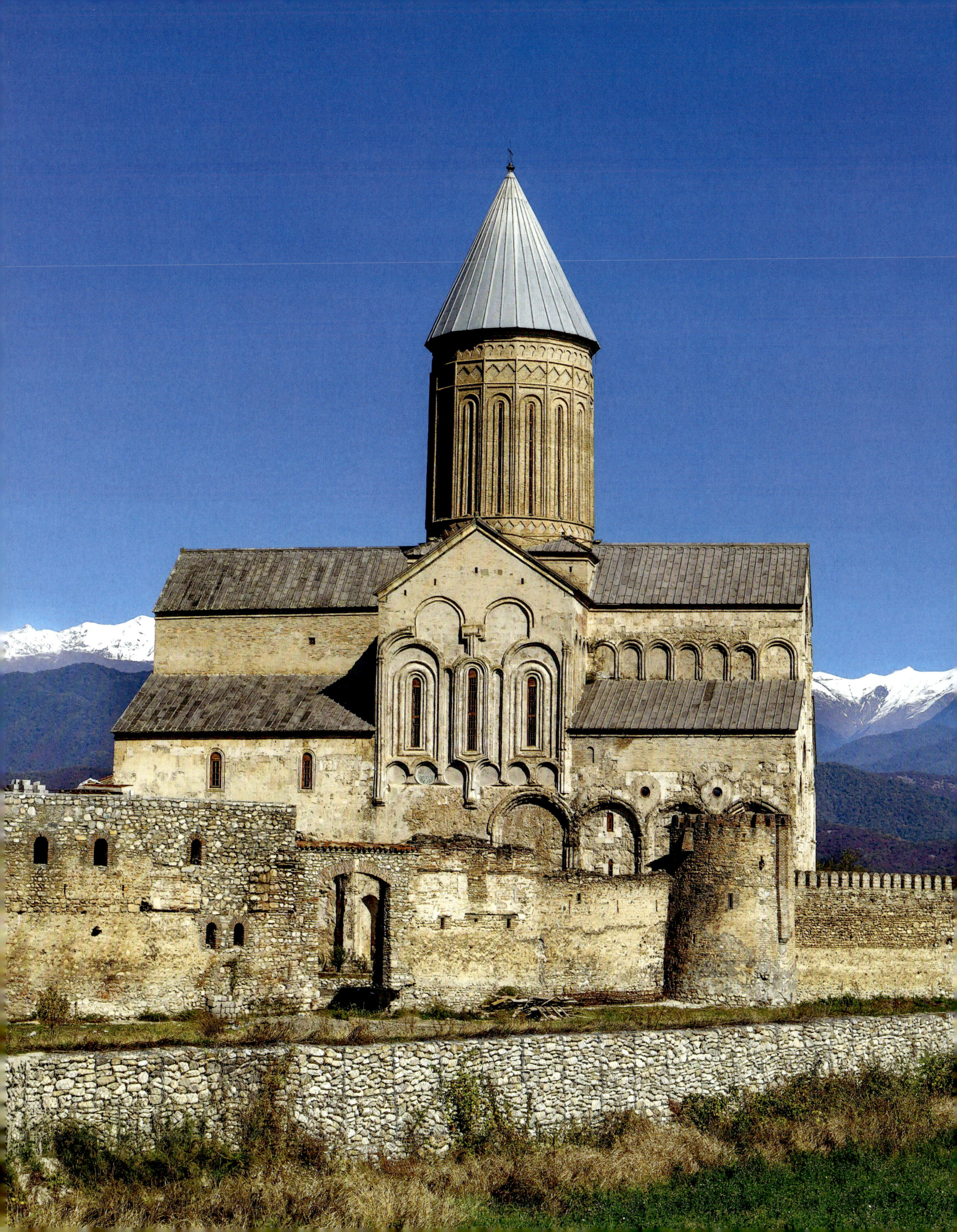

Bernard Coulie, Nino Simonishvili

Introduction: une brève histoire de la Géorgie

La Géorgie se situe à la jonction de deux continents, l'Europe et l'Asie [carte 3]. Cette situation géographique se reflète clairement dans la civilisation géorgienne, influencée par les cultures occidentale et orientale. Centre permanent d'échanges culturels et économiques, la région s'est vue envahie par les Perses achéménides, les Romains, les Parthes et les Sassanides de Perse, les Arabes, les Byzantins, les Seldjoukides, les Mongols, les Ottomans ainsi que par les Russes de l'empire tsariste.

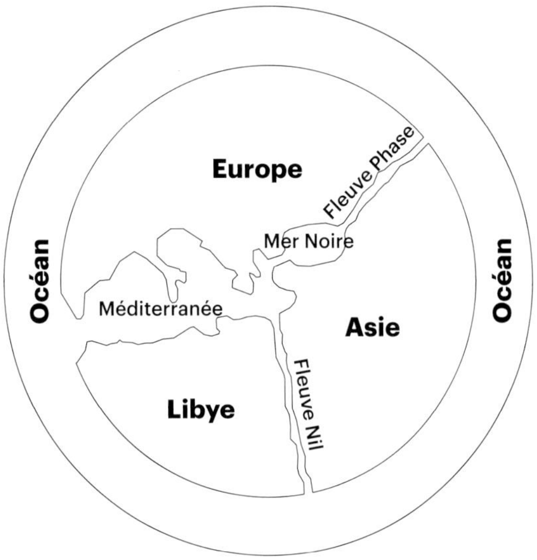

Carte 3
Représentation possible de la carte du monde d'Anaximandre

Une carte, attribuée à Anaximandre (*ca.* 610 avant J.-C. – *ca.* 546 avant J.-C.), un philosophe grec de Milet, est censée être la première carte du monde. La rivière Phasis (actuellement connue sous le nom de rivière Rioni, principale rivière de la Géorgie occidentale) était considérée dans le monde antique comme la séparation entre l'Europe et l'Asie.

La localisation de la Géorgie, entre l'Est et l'Ouest et entre le Nord et le Sud, a permis l'intégration du pays aux réseaux économiques, tout en en faisant une cible de choix pour les puissances voisines se disputant l'influence dans la région.

Les échanges culturels se sont effectués par le biais de réseaux dynamiques et transformateurs, qui ont contribué à la manière dont les Géorgiens se définissaient eux-mêmes et ont défini les autres nations. Les caractéristiques géographiques du pays, associées à de nombreuses influences culturelles, permettent de comprendre certaines expressions artistiques qui reposent souvent sur des traditions à la fois chrétiennes et non chrétiennes [cat. 1 et 2] mais qui se transforment en une synthèse nouvelle et originale qui fait se distinguer la culture géorgienne de la civilisation méditerranéenne qui lui est associée.

Un des traits marquants de la culture géorgienne réside dans sa continuité à travers toutes les époques, ce qui laisse penser que les ancêtres des Géorgiens d'aujourd'hui sont autochtones et qu'ils sont restés là où ils ont évolué : des preuves paléontologiques et archéologiques suggèrent que l'homo erectus, forme la plus ancienne de l'être humain, était présent dans cette région il y a plus de 1,8 million d'années. Des tribus proto-géorgiennes ont occupé le territoire du Caucase au moins depuis l'époque néolithique, au cours des 6e et 5e millénaires avant J.-C., voire plus tôt. Lorsque l'âge du bronze a fait place à l'âge du fer, à la fin du 2e et au début du 1er millénaire avant J.-C., ces groupes tribaux ont commencé à se réorganiser en unions fortes et étendues [cat. 3, 4].

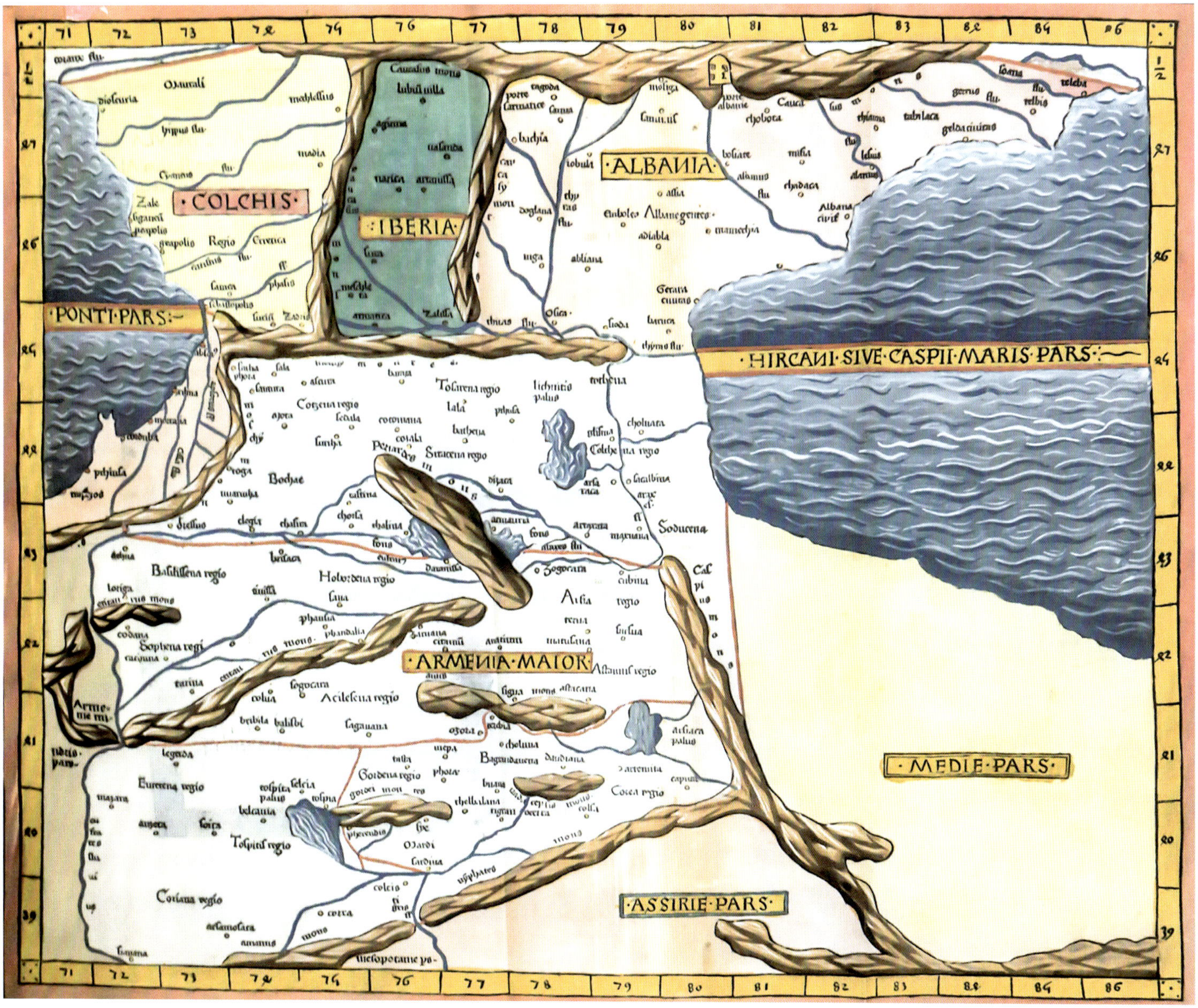

Fig. 1
Carte de « Colchide, Ibérie, Albanie et Arménie Majeure » in *Cartes du monde antique*. Lithographie d'un atlas de la Géographie de Ptolémée
Rome, 1478 ; édité par N. Donis ; Ulmae : L. Hol, 1482.

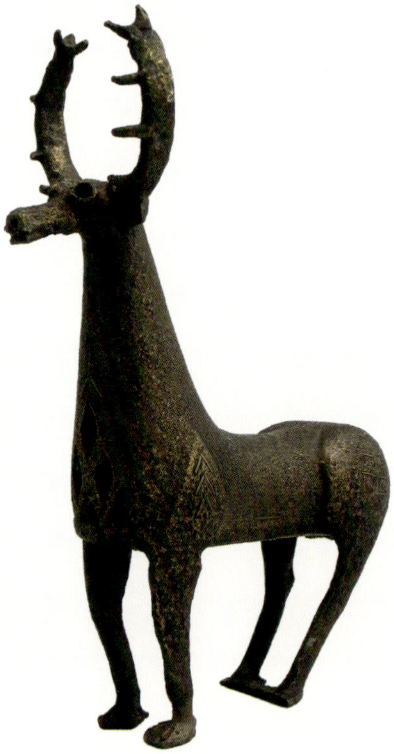

1

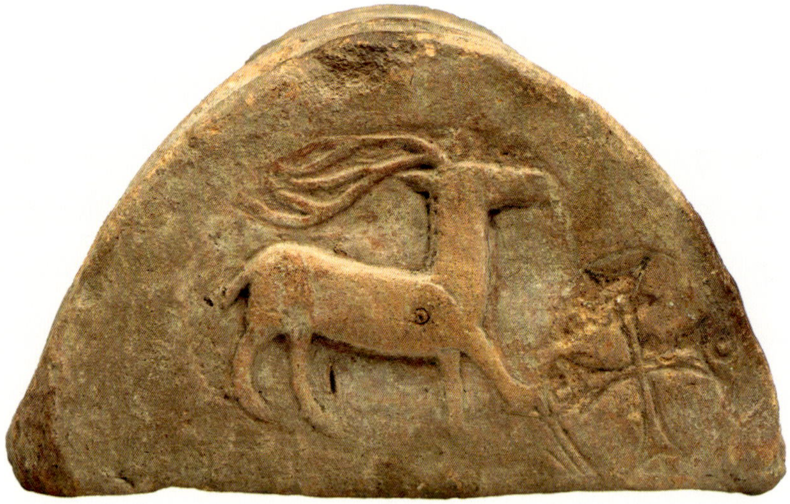

2

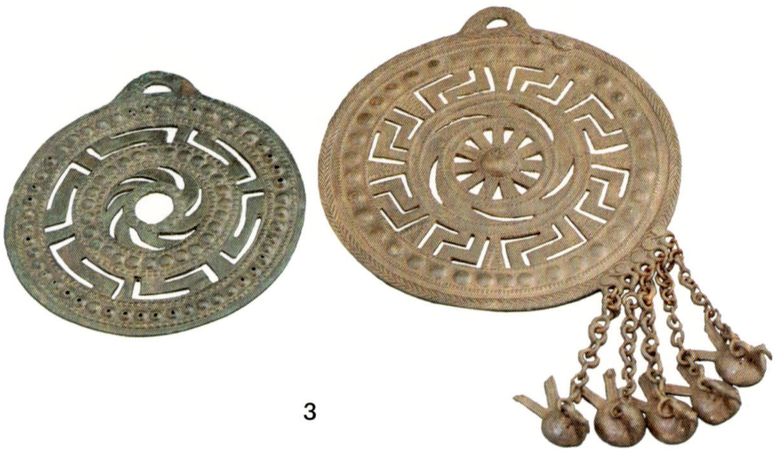

3

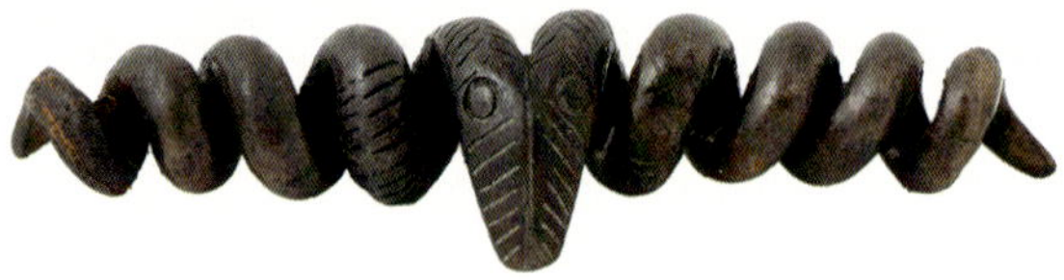

4

Le cerf est souvent un animal symbolique dans les cultures préchrétiennes ainsi que dans la tradition chrétienne (voir aussi cat. 17, cat. 20, fig. 3-4).

Tout au long des 3e et 2e millénaires avant J.-C., la culture géorgienne s'est distinguée par un haut niveau de développement dans le domaine de la métallurgie.

Cat. 1
Figurine de cerf XIVe-XIIe siècle avant J.-C.
Bronze – Tsitelgorébi, kourgane 1, Kakhétie
La figurine est décorée sur le dos et la croupe de croix brisées (svastikas), un motif décoratif originaire d'Inde et qui serait arrivé par l'Iran.

Cat. 2
Antéfixe de la cathédrale d'Akhiza
Ve-VIe siècle après J.-C.
Terre cuite – Cathédrale d'Akhiza, province d'Ardanuji (Turquie actuelle)

Toutes les photos sur cette page :
GNM — Musée d'Histoire Simon Janashia de Géorgie

Cat. 3
Pendentifs en forme de disque
XVe siècle avant J.-C.
Bronze – Kvirackhovéli, Meskhéti, Samtskhé-Djavakhétie

Cat. 4
Pendentif à tête de bélier pour les rituels
XVIIIe-XVIe siècle avant J.-C.
Bronze – Brill, tombe 31, Ratcha

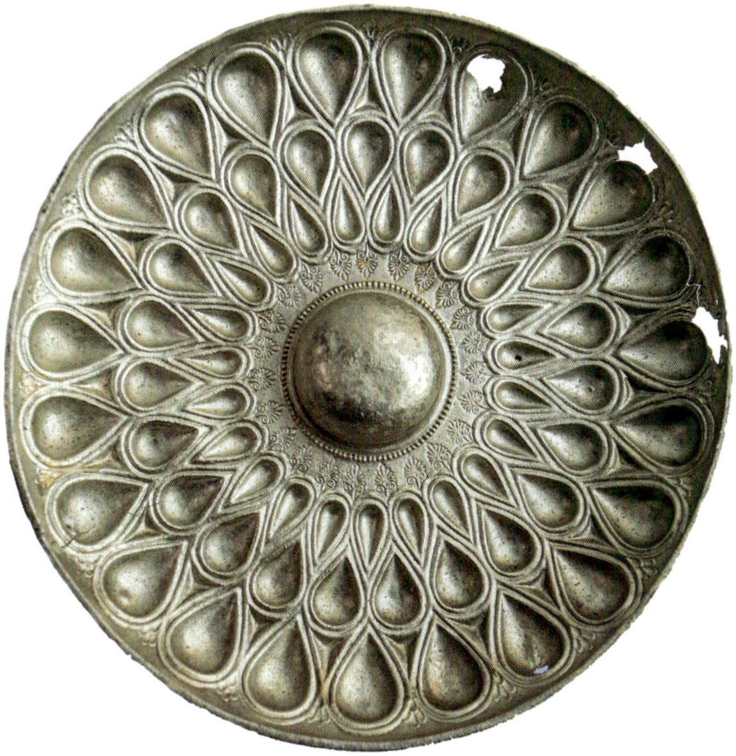

5

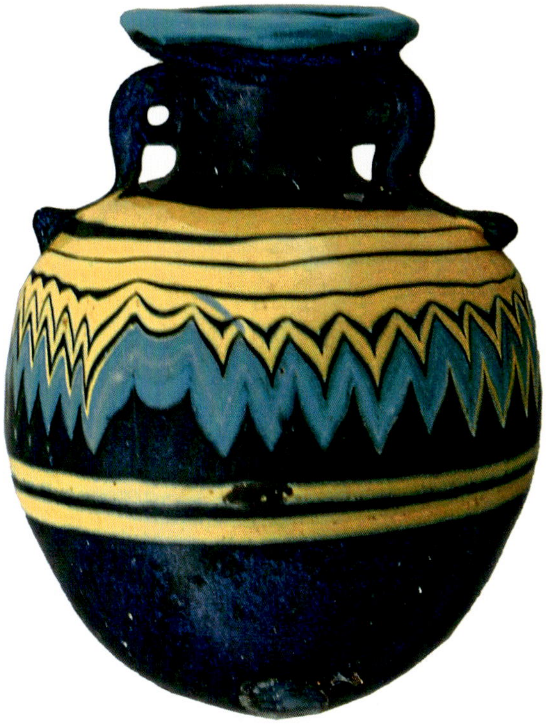

7

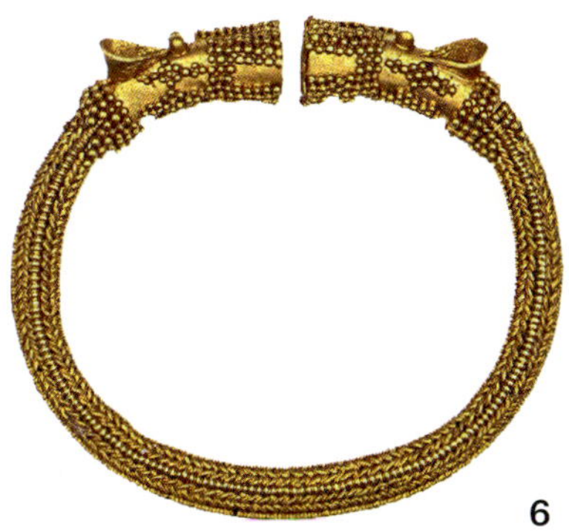

6

Objets provenant de Pichvnari, une colonie colchidienne depuis la fin de l'âge du bronze, qui s'est enrichie au cours de la période de colonisation grecque. Une zone située entre la rivière Choloki et la mer a servi de lieu de sépulture pour la population indigène de Colchide ainsi que pour les Grecs.

Cat. 5
Bol, Ve siècle avant J.-C.
Argent – Pichvnari, nécropole grecque, tombe 110, Adjarie, Géorgie
Musée Khariton Akhvlediani de l'État d'Adjarie, Géorgie

On trouve fréquemment de tels bols et des variations sur le thème de l'omphalos dans l'Antiquité, de l'Étrurie à la Perse. L'omphalos peut évoquer un utérus gonflé, synonyme de fertilité, d'abondance et de survie, ainsi que le centre de l'univers, où le bol représente un microcosme symbolique.

Cat. 6
Bracelet avec décorations en forme de tête d'animal stylisé, Ve siècle avant J.-C.
Or – Pichvnari, nécropole grecque, tombe 137, Adjarie, Géorgie
Musée archéologique de Batoumi

Les bracelets décorés de têtes d'animaux se sont répandus vers l'ouest à partir du Proche-Orient. On a également trouvé ce genre de bracelets en Égypte et à Chypre notamment.

Cat. 7
Vase à parfum polychrome (aryballos)
Ve siècle avant J.-C.
Verre – Pichvnari, Adjarie, Géorgie
Musée archéologique de Batoumi

La formation d'anciens États géorgiens formels remonte au VIe et au Ve siècle avant J.-C. À l'ouest, la Colchide (telle qu'elle est nommée dans les sources grecques) ou Egrisi (dans les sources géorgiennes), s'étendait le long de la côte orientale de la mer Noire, où, à partir du Ve siècle avant J.-C., les Grecs commencèrent à s'installer dans les villes côtières et leurs environs. Dans la partie orientale du territoire géorgien, le premier État unifié est apparu au IVe siècle avant J.-C. : le royaume de Kartli, appelé Ibérie dans les sources grecques [fig. 1].

Dans l'Antiquité, ces États géorgiens bénéficiaient des avantages d'une économie dynamique, avec un haut niveau de développement dans l'agriculture ainsi que dans l'artisanat artistique [cat. 5, 6, 7]. La route commerciale caucasienne de la mer Noire reliait le monde grec [fig. 2] au Proche-Orient et à l'Inde, et a contribué à la prospérité exceptionnelle de nombreuses villes de la région [cat. 8].

Dès le IIe siècle avant J.-C., les États géorgiens ont participé aux événements complexes du Proche-Orient, causés par le déclin de la plupart des États hellénistiques et la croissance de l'influence politique romaine en Asie Mineure. En 63 avant J.-C., la Colchide s'est retrouvée sous le contrôle politique de Rome [cat. 9, 10, 11] et l'est restée pendant de longues années, avant de faire partie de l'Empire byzantin aux IVe, Ve et VIe siècles après J.-C., sous le nom de Lazique. Le royaume oriental

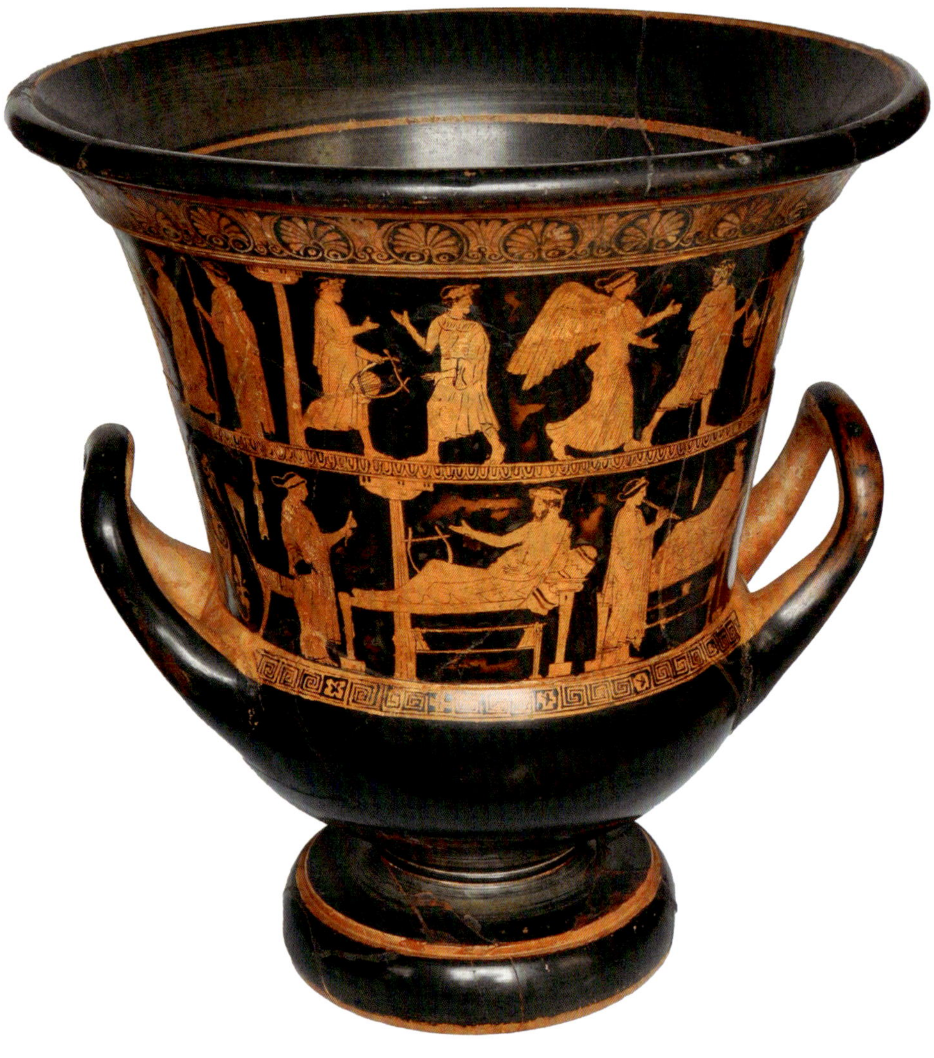

Fig. 2
Cratère à figures rouges avec scènes mythologiques
Atelier du peintre des Niobides
Ca. 450 avant J.-C.
Céramique
Pichvnari, nécropole grecque, tombe 1, Adjarie, Géorgie
Musée Khariton Akhvlediani de l'État d'Adjarie, Géorgie

Le cratère de Pichvnari reflète les liens culturels importants entre la Colchide et le monde classique.

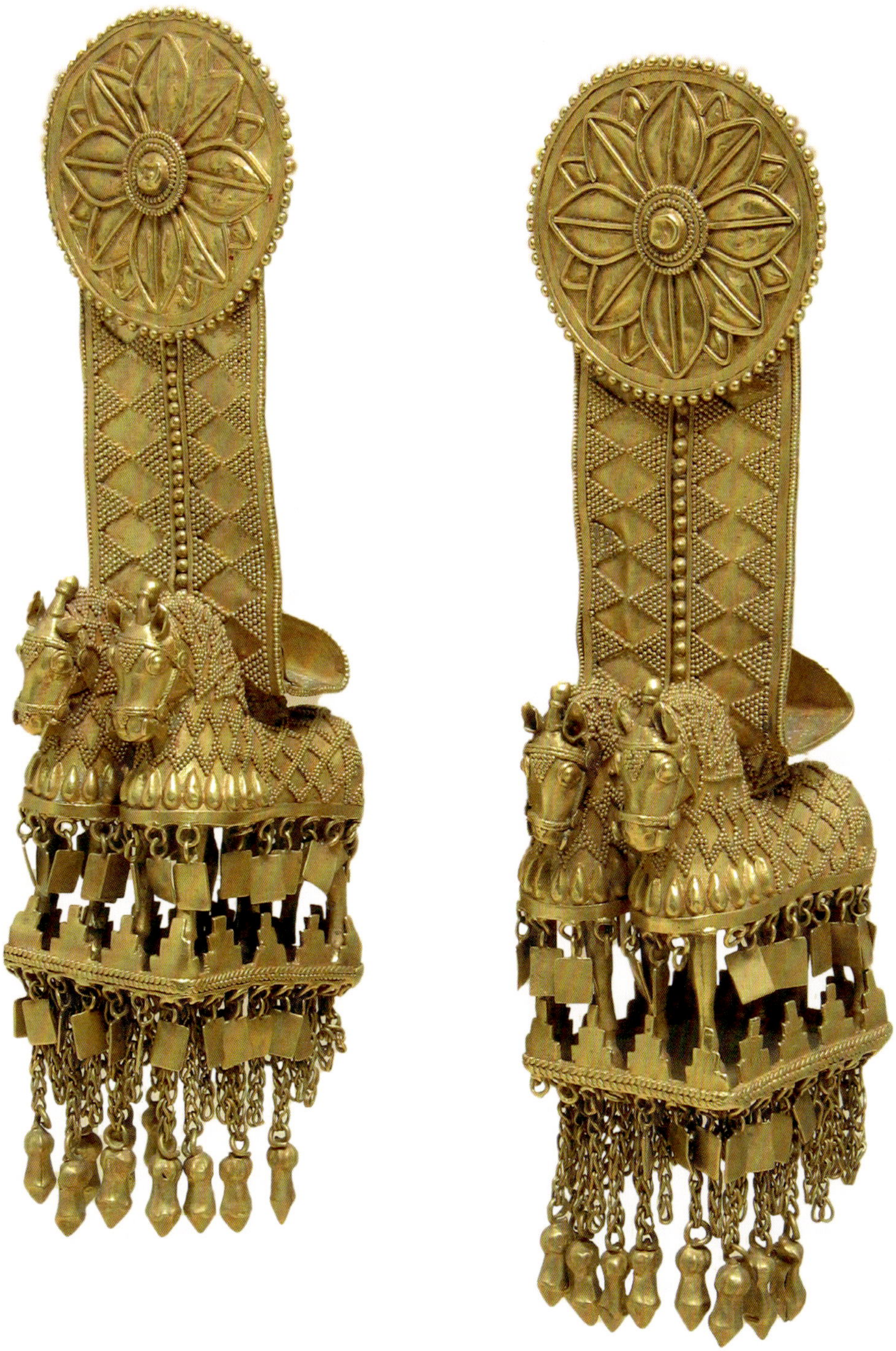

L’ornementation de ces extraordinaires pendentifs provient de l’art perse achéménide, mais le style et la décoration (la richesse de la granulation, typique des bijoux géorgiens des VIe et IVe siècles) laissent penser à une production locale.

Cat. 8
Ornements temporaux
IVe siècle avant J.-C.
Or – Trésor d'Akhalgori, Kartli intérieur
GNM – Musée d’Histoire Simon Janashia de Géorgie

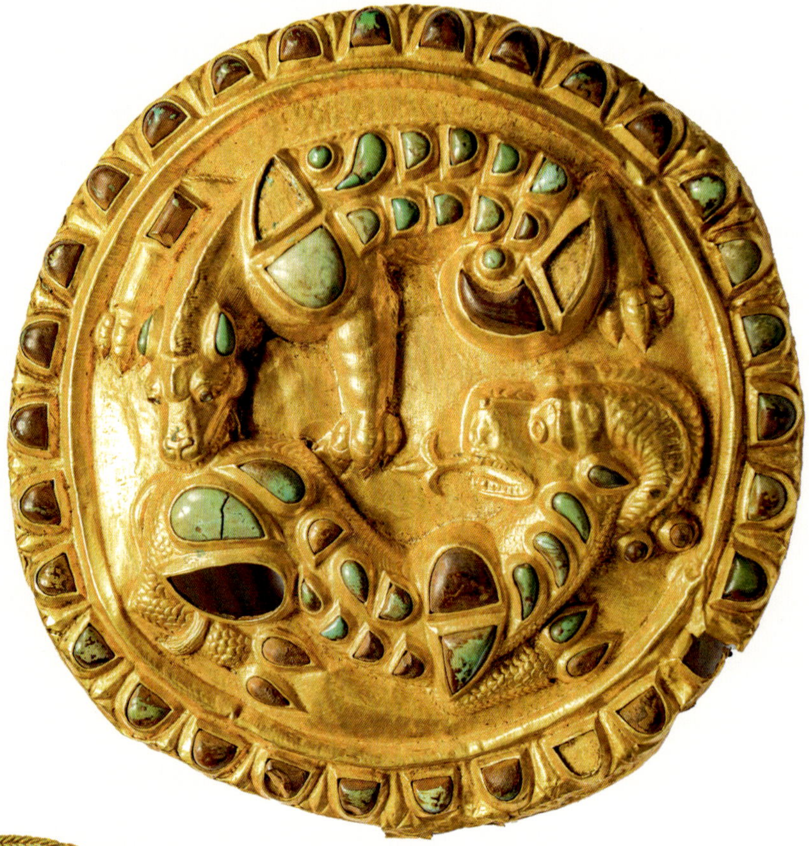

9

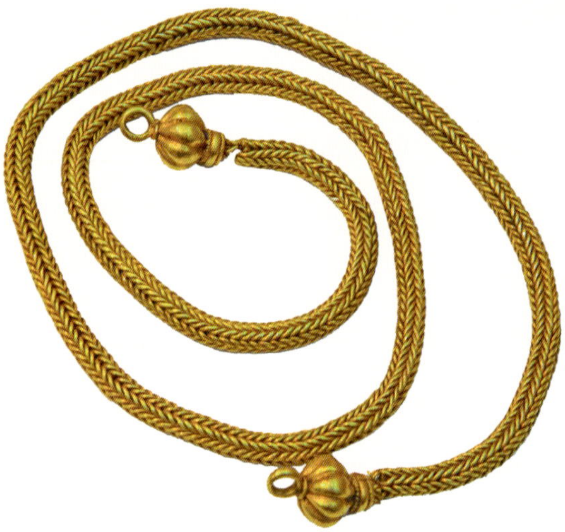

10

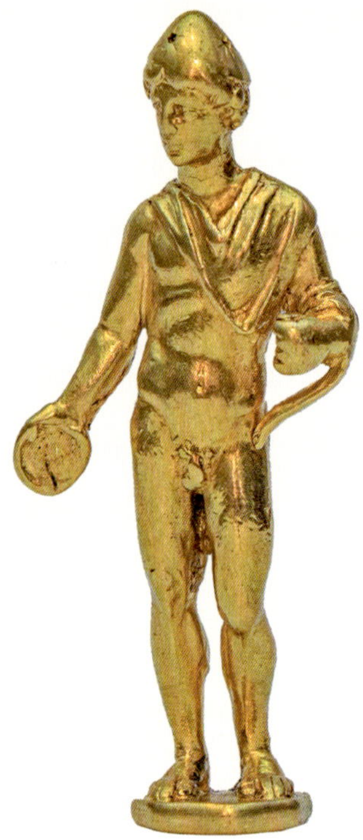

11

La forteresse de Gonio (appelée Apsarus ou Apsaros dans l'Antiquité) était une fortification romaine en Adjarie (Géorgie), construite sur un site stratégiquement important près de la mer Noire. Au IIe siècle après J.-C., Apsaros était une ville romaine bien fortifiée, réputée pour son théâtre et son hippodrome. L'ensemble d'objets en or connu sous le nom de «trésor de Gonio» a été découvert en 1974. Parmi ceux-ci, des échantillons raffinés d'orfèvrerie.

Cat. 9
Boucle en or avec des scènes de combat d'animaux, Ier-IIe siècle après J.-C.
Or, grenat, ambre, turquoise – Trésor de Gonio, Khelvachauri, Adjarie, Géorgie
Musée archéologique de Batoumi

Le style de la représentation rattache cette boucle aux représentations animales polychromes sarmates du Ier au IIe siècle avant J.-C.

Cat. 10
Chaîne tressée, Ier-IIe siècle après J.-C.
Or – Trésor de Gonio, Khelvachauri, Adjarie, Géorgie
Musée archéologique de Batoumi

Cat. 11
Figurine d'un jeune homme
Ier-IIe siècle après J.-C.
Or – Trésor de Gonio, Khelvachauri, Adjarie, Géorgie
Musée archéologique de Batoumi

Cette figurine appartient au cercle des Dioscures athlétiques, très répandus aux premiers siècles de notre ère.

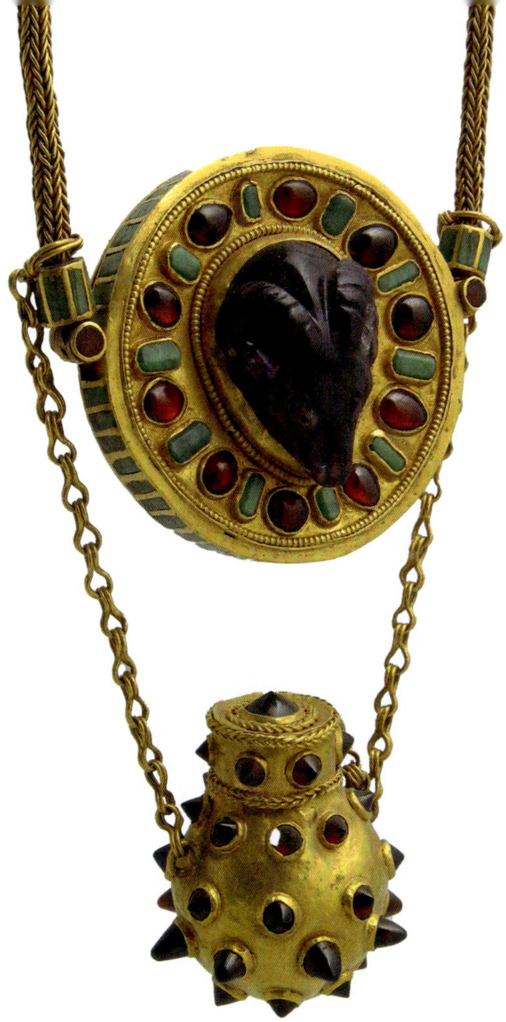

13

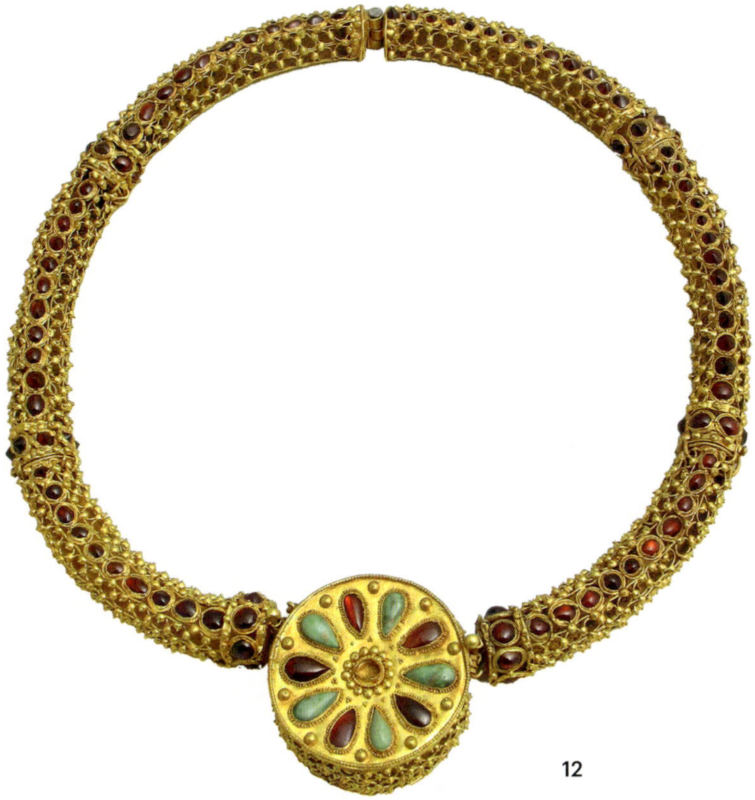

12

Objets provenant d'Armazi, un des principaux centres ibère, gouverné par un *pitiakhshi* héréditaire, le second après le roi dans la hiérarchie officielle ibère. Dans les années 1940, les archéologues ont découvert la nécropole des *pitiakhshis* : les tombes de l'aristocratie dirigeante se distinguaient par de nombreux objets précieux, dont divers types de bijoux, remarquables par leurs qualités techniques et esthétiques sophistiquées, signe d'une tradition d'orfèvrerie très développée dans l'est de la Géorgie au cours des premiers siècles de l'ère chrétienne. L'utilisation de pierres multicolores est une caractéristique des maîtres d'Ibérie.

Cat. 12
Collier, IIe-IIIe siècle après J.-C.
Or, almandin, turquoise
Armaziskhevi, tombe 6, Mtskhéta, Kartli intérieur
GNM – Musée d'Histoire Simon Janashia de Géorgie

Cat. 13
Collier, IIe-IIIe siècle après J.-C.
Or, grenat, améthyste, turquoise
Armaziskhevi, tombe 7, Mtskhéta, Kartli intérieuri
GNM – Musée d'Histoire Simon Janashia de Géorgie

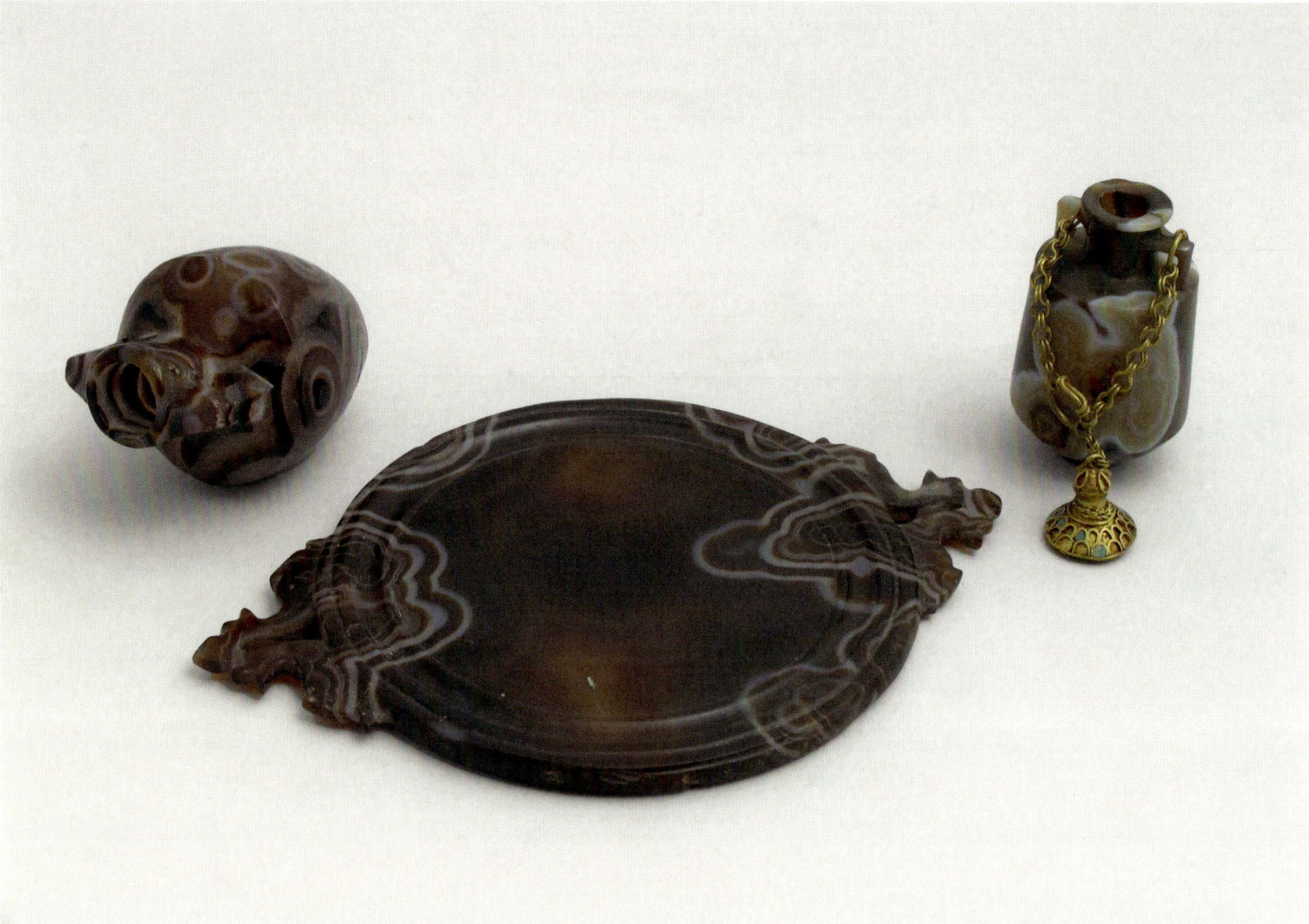

d'Ibérie [cat. 12, 13, 14] est parvenu à conserver son indépendance formelle et a fait preuve d'une résistance active à l'égard de l'Empire romain ainsi que du principal rival oriental de Rome, l'Empire perse, gouverné par les Parthes et, à partir de 224 après J.-C., par les Sassanides.

Le début du IVe siècle après J.-C. marque une période importante dans l'histoire des États géorgiens. Vers 330, le christianisme, déjà répandu dans la région depuis la fin du Ier siècle, est déclaré religion officielle de l'Ibérie et de la Colchide. Cet événement culturel, idéologique et politique majeur rapproche le pays de l'Empire byzantin et, par conséquent, de la civilisation occidentale. Cette évolution est restée un point charnière de l'histoire et de la politique de la Géorgie jusqu'à aujourd'hui. La conversion au christianisme a été suivie par l'élaboration d'un alphabet géorgien [cat. 15, 16] au début du Ve siècle.

Dans les années 630 et 640, avec la naissance de l'islam dans la péninsule arabique, une nouvelle force politique et religieuse est apparue sur la scène mondiale. Les armées byzantines de l'empereur Héraclius (610-641) s'étant imposées face aux Perses, les Arabes profitent de la situation pour abolir la dynastie et l'empire sassanides. Ils arrivent dans le Caucase du Sud et envahissent l'ensemble de la région, à l'exception de la Géorgie occidentale (Colchide et Abkhazie). Les territoires géorgiens occidentaux et orientaux deviennent alors une zone frontalière aux lignes mouvantes, entre le monde chrétien et le monde islamique, un aspect de la culture géorgienne qui a perduré jusqu'à nos jours.

Cat. 14 (en haut)
Vaisselle provenant d'une tombe royale du royaume de Kartli/Ibérie
IIe-IIIe siècle après J.-C.
Or, agate, grenat, turquoise
Nécropole de Samtavro, tombe 905, Mtskhéta, Kartli intérieur
GNM — Musée d'Histoire Simon Janashia de Géorgie

Cat. 15 (à droite)
Divine liturgie de saint Jean Chrysostome, XVe siècle
Parchemin
Staatsbibliothek zu Berlin, Preussischer Kulturbesitz, Orientabteilung Manuscrit ou folio 926/1

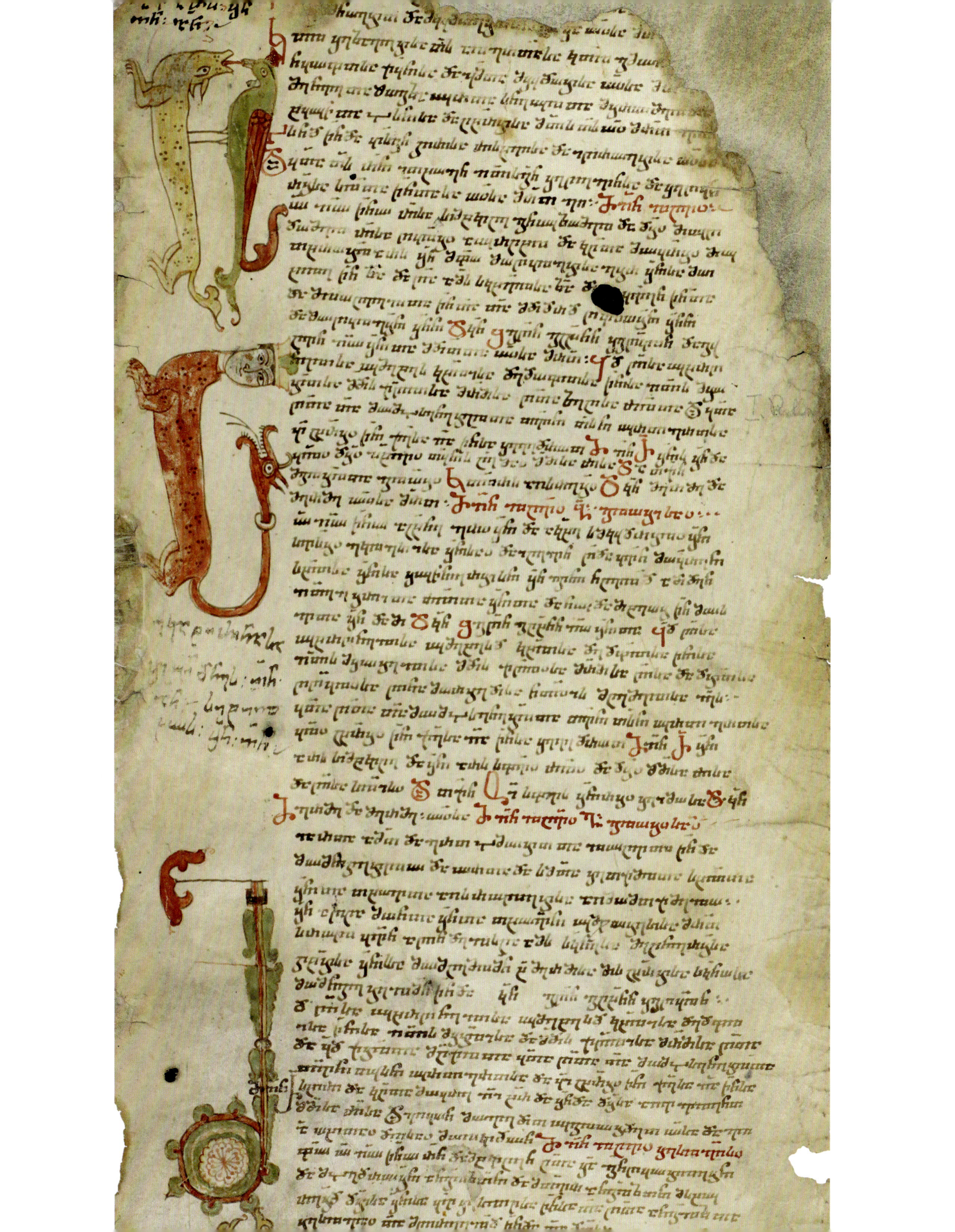

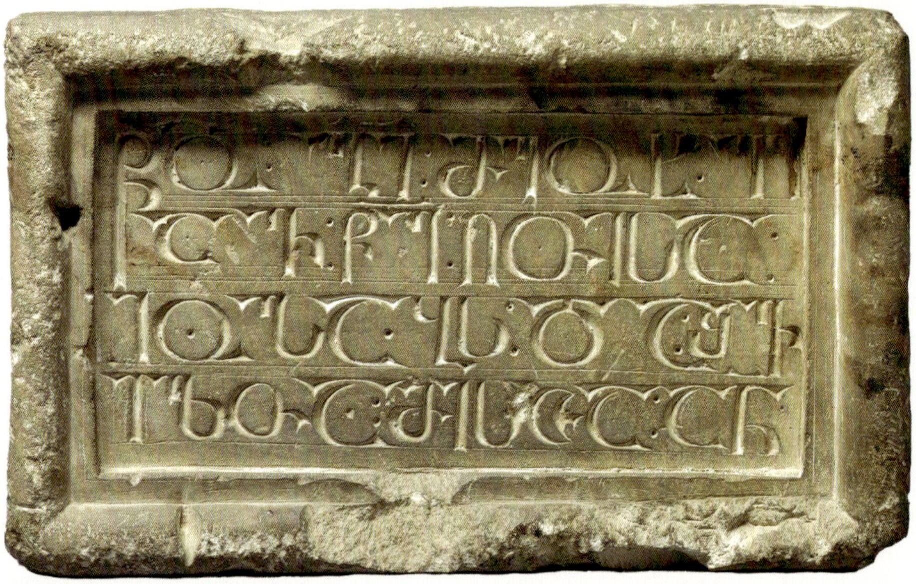

16

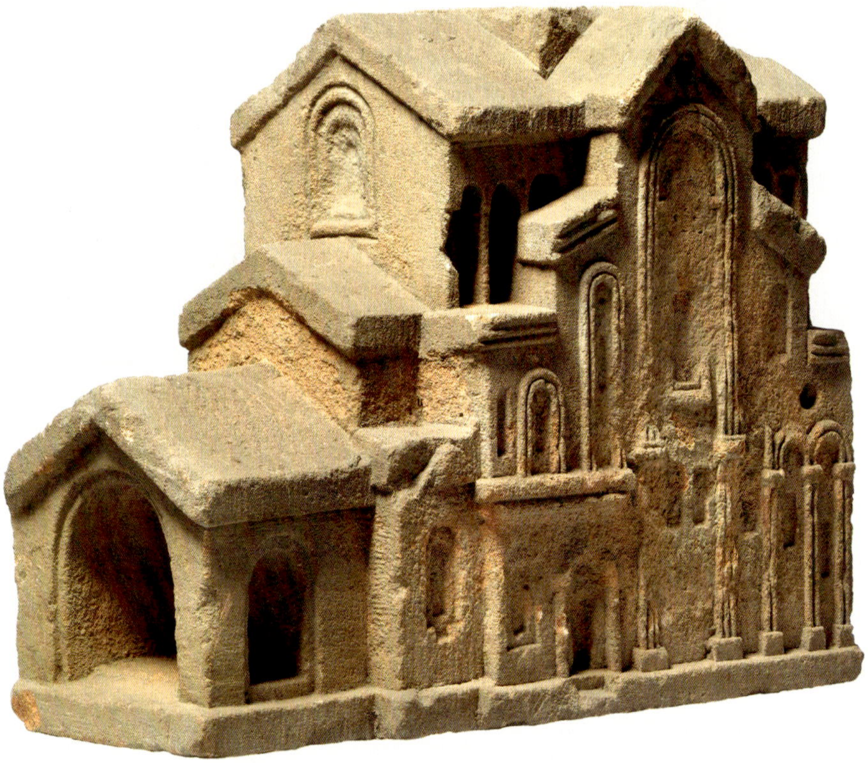

18

Cat. 16
Fragment d'un relief avec une inscription en géorgien
XIe siècle, Église en pierre de Katskhi, Imérétie
GNM — Musée des Beaux-Arts Shalva Amiranashvili

L'inscription, l'un des plus beaux exemples de l'ancienne écriture géorgienne *asomtavruli*, nomme un certain Johab et ses enfants et contient une supplique à saint Georges.

Cat. 18
Modèle d'église, acrotère
XVIIe siècle
Pierre – Cathédrale de Svétiskhovéli, Mtskhéta, Kartli intérieur
GNM — Musée des Beaux-Arts Shalva Amiranashvili

Des églises ont également été construites dans d'autres parties de la Géorgie. Généralement placés à leur sommet, les acrotères imitent souvent les églises qu'ils ornent (ici, la cathédrale de Svétiskhovéli, construite en 1010-1029). Ce spécimen provient de l'une des périodes de rénovation effectuée au milieu du XVIIe siècle.

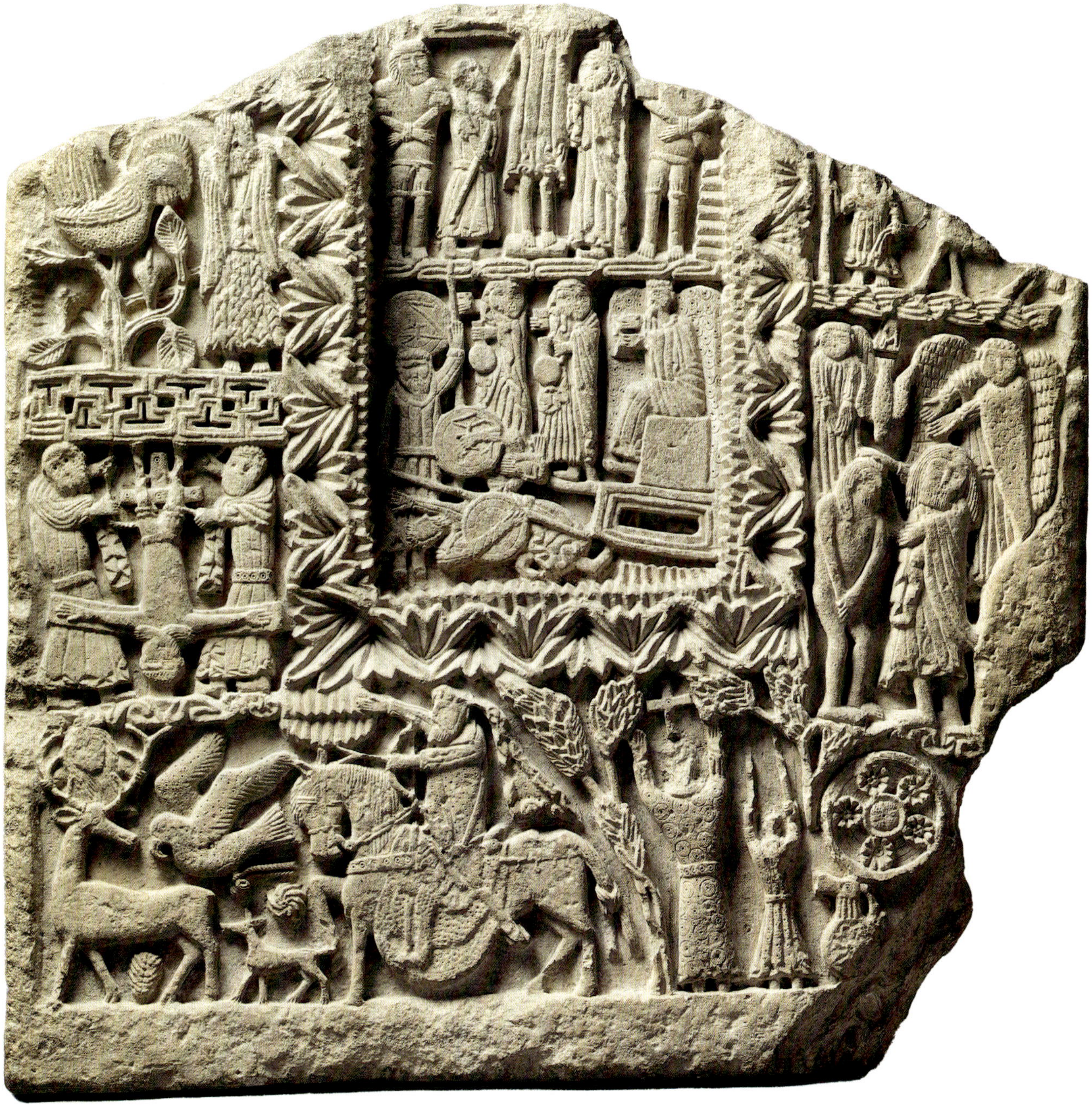

Cat. 17
Fragment d'un mur d'autel
VIIe-IXe siècle
Pierre calcaire
Tsebelda, Abkhazie, Géorgie
GNM — Musée des Beaux-Arts Shalva Amiranashvili

Alors que les scènes du Nouveau et de l'Ancien Testament (le reniement et le martyre de saint Pierre, le sacrifice d'Abraham, le baptême et la crucifixion) de ce bas-relief montrent une étroite affinité avec l'art paléochrétien, la scène représentant la vision de saint Eustache (partie inférieure) est influencée par l'art sassanide et le symbolisme zoroastrien. Ce syncrétisme culturel pourrait s'expliquer par le contexte historique : la guerre entre les empires byzantin et sassanide pour le contrôle de l'ancien royaume géorgien de Lazique. Situé sur la rive orientale de la mer Noire et contrôlant d'importants cols de montagne à travers le Caucase et jusqu'à la mer Caspienne, le royaume de Lazique avait une importance stratégique clé pour les deux empires. La technique d'exécution présente des affinités étroites avec des objets similaires datant du VIe au VIIIe siècle et trouvés dans l'est de la Géorgie.

À la fin du VIIIe siècle, plusieurs grandes principautés féodales et indépendantes se sont formées sur le territoire de l'actuelle Géorgie. Dans le nord-ouest de la Géorgie, le chef abkhaze Léon II se rebelle contre Byzance en se proclamant roi des Abkhazes. Par la suite, l'ensemble du territoire de la Colchide occidentale a été désigné sous le nom de royaume abkhaze [cat. 17], bien que la majorité de la population, de même que son orientation politique et sa culture, était géorgienne.

Au début du IXe siècle, un autre État indépendant s'est formé dans la Géorgie du Sud-Ouest : la principauté de Tao-Klardjéti (dont la majeure partie fait actuellement partie de la Turquie), qui a vu son pouvoir s'accroître au cours du Xe siècle. Sa position géographique, entre l'Empire byzantin à l'ouest et le califat abbasside à l'est, associée au fait qu'une branche de la route de la soie traverse son territoire, placent le Tao-Klardjéti sous un flot constant d'influences divergentes. La principauté s'est également trouvée au cœur du renouveau monastique qui s'est produit aux VIIIe et IXe siècles, avec la fondation de nombreux monastères dotés de bibliothèques et d'ateliers de copie de manuscrits (scriptoriums). Ces monastères ont servi de stimulants intellectuels pour la région. En outre, les scriptoriums de ces monastères, dans lesquels de nombreuses œuvres écrites dans des langues étrangères étaient traduites en géorgien, constituaient un lieu de transfert et d'appropriation culturels. Ce renouveau monastique n'aurait pas été possible sans le soutien actif des familles nobles locales et en particulier des princes de la dynastie des Bagrationi. La noblesse régnante a joué un rôle déterminant dans le développement intellectuel de la principauté ainsi que dans l'essor des échanges commerciaux. Dans le courant de la seconde moitié du Xe siècle, à mesure qu'ils s'enrichissaient et devenaient politiquement plus puissants, les membres des familles nobles dirigeantes ont soutenu un programme de construction d'églises [cat. 18] dans le Tao-Klardjéti, dont l'ambition et l'ampleur pouvaient les faire rivaliser avec celles des empereurs byzantins contemporains à Constantinople. C'est à partir du Tao-Klardjéti que le mouvement de reconquête du territoire géorgien s'est développé et a conduit à une unification progressive, sous l'égide de la dynastie des Bagrationi.

Il faudra attendre le règne du roi David le Bâtisseur (1089-1125) pour que l'État géorgien soit pleinement réunifié. Ce dernier a mené des réformes internes, jeté les bases d'une solide armée permanente, soumis les familles nobles à sa domination, subordonné l'Église au trône et chassé les Turcs seldjoukides grâce à une succession de victoires militaires. Il a ouvert la voie à la création d'un important État transcaucasien sous domination géorgienne, qui a conduit, à la fin du XIe siècle, à la formation d'un puissant État géorgien féodal. Le royaume géorgien unifié devient une force politique puissante qui contrôle l'ensemble de la Transcaucasie et les régions voisines, de même que les importantes routes commerciales qui la traversent et qui relient les pays orientaux à Byzance, à l'Iran et au Proche-Orient.

Sous le règne des descendants et successeurs du roi David (Giorgi III (1156-1184), Tamar (1184-1213) et Giorgi Lasha (1213-1222)), l'État géorgien couvrait l'ensemble du territoire transcaucasien situé entre la mer Noire et la mer Caspienne, dont une grande partie de l'Arménie ainsi que le Shirvan (l'actuel Azerbaïdjan). Les autres régions arméniennes, tout comme les tribus montagnardes du Caucase (Tchétchènes, Tcherkesses, Ossètes, Daghestanais et autres) et un certain nombre de régions turques, étaient, en tant que vassaux des rois géorgiens, obligées de leur payer un tribut.

La période qui s'étend de la fin du XIe au début du XIIIe siècle est appelée « l'âge d'or » [carte 4] de l'histoire géorgienne. Cette époque voit se développer tous les secteurs de l'économie tandis que la vie urbaine s'intensifie considérablement grâce à la reconstruction des anciennes villes et à la création de nouvelles. Le commerce intérieur et international connaît une croissance spectaculaire, dans la mesure où la Géorgie entretenait des contacts commerciaux étroits avec l'Arabie, Byzance, la Perse (Iran), l'Égypte, la Russie et même la Chine, tout en servant de frontière chrétienne ou d'avant-poste dans la lutte contre le monde musulman pendant les croisades.

Cette situation heureuse ne durera pas très longtemps. Dans les années 1240, les Mongols ont envahi le pays par l'est et le royaume n'a eu d'autre choix que de

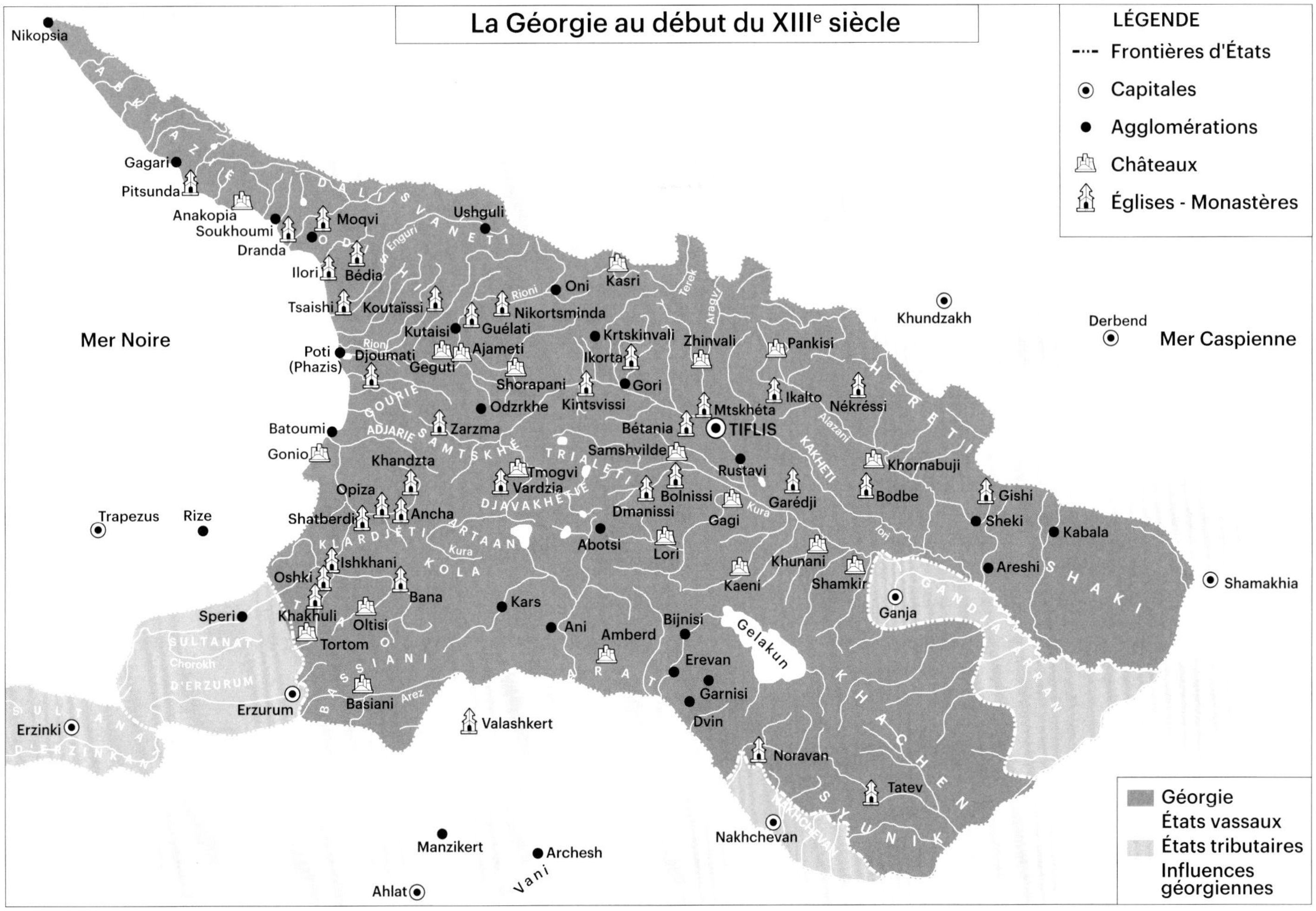

Carte 4
Carte de la Géorgie sous le règne de la reine Tamar (1184-1213)

devenir vassal du Khan pour préserver son unité. Les divisions internes entre princes, et les incursions des Mongols de la Horde d'Or au nord et des Mongols de l'Ilkhanat perse au sud-est ont gravement affecté le royaume géorgien. Vers la fin du XIVe siècle, Tamerlan le ravage à nouveau au cours de huit campagnes successives (1386-1403). Cette situation provoque un affaiblissement du pouvoir royal central au bénéfice des familles féodales locales, une dynamique qui conduira plus tard à des mouvements centrifuges et à la désintégration du royaume.

Au cours des siècles suivants, la Géorgie a subi des invasions constantes de la part des Turcs ottomans à l'ouest et des Perses safavides à l'est. Dans la deuxième partie du XVe siècle, l'État géorgien unifié est divisé en trois royaumes distincts – le Kartli au centre-ouest, la Kakhétie à l'est et l'Imérétie à l'ouest – mais tous trois dirigés par des membres de la même famille Bagrationi. Tandis que d'autres principautés (Samtskhé, Gourie, Mégrélie, Abkhazie) deviennent autonomes, l'ancien Tao-Klardjéti est envahi par les Turcs ottomans au XVIe siècle. Au cours de cette période, les royaumes et principautés géorgiens ont continué à se battre les uns contre les autres, tout en faisant face aux invasions successives et en devant résister aux tribus montagnardes du Caucase qui attaquaient et pillaient le pays en permanence.

À la fin du XVIIIe siècle, les États géorgiens fragmentés ne pouvaient plus survivre indépendamment et il leur fallait trouver un allié fort capable de les protéger. Fidèles à l'orientation occidentale traditionnelle du pays, les dirigeants géorgiens ont cherché le soutien du monde chrétien et ont envoyé des émissaires dans divers États européens pour obtenir de l'aide. En 1714, par exemple, le roi Vakhtang VI envoie son oncle et tuteur Sulkhan-Saba Orbéliani auprès du roi de France Louis XIV. La Russie est le seul pays à répondre à ces demandes autrement que par de vaines promesses. Elle développe de sérieuses relations diplomatiques alors que l'empire tsariste commence à affirmer un intérêt généralement agressif pour la région du Caucase, créant un réseau de garnisons et d'établissements fortifiés.

En vertu du traité de Georgievsk de 1783, la Géorgie accepte de bénéficier de la protection de la Russie. Cependant, peu de temps après, le sort s'acharne sur la Géorgie. En 1795, le shah perse Aga Muhammed Khan détruit Tbilissi, la capitale du royaume oriental. En 1801, le royaume de Géorgie orientale est annexé à la Russie et, en violation du traité de Georgievsk, les troupes russes sont envoyées et mettent fin à l'indépendance de ce royaume. Rapidement, d'autres provinces géorgiennes (de l'Imérétie, au centre, à l'Abkhazie, à l'extrême ouest) sont également absorbées par la Russie. Jusqu'à la révolution d'octobre 1917, les documents impériaux russes désignaient la Géorgie sous le nom de « provinces (frontalières) ». Pour le tsar, la Géorgie devait servir de point d'appui à l'Empire russe dans la région du Caucase et de centre d'action militaire contre la Turquie et la Perse.

La forte présence russe a marqué la fin des continuelles invasions perses et turques en Géorgie, dont la population avait chuté à 500 000 habitants. Elle a aussi mis fin aux incursions des tribus montagnardes caucasiennes alliées aux Ottomans et aux Safavides. Par ailleurs, si la Russie a permis à la Géorgie de retrouver un contact plus étroit avec le monde occidental, elle a aussi apporté de profonds changements et des menaces. Une sévère politique de russification est menée pour éradiquer la langue, les coutumes et les traditions géorgiennes, ainsi que pour mettre fin à l'autonomie de l'Église géorgienne. Ces développements se sont intensifiés dans la seconde moitié du XIXe siècle, suscitant un mouvement nationaliste géorgien, qui coïncidait à la montée de la ferveur révolutionnaire russe. Au lieu d'éradiquer la langue et la culture géorgiennes, les Russes ont réveillé le sentiment d'identité nationale affaibli de la région, l'unifiant et la sauvant de l'extinction.

Au moment de la révolution socialiste d'octobre 1917 en Russie, la Géorgie était prête à revendiquer son indépendance. Le 26 mai 1918, en effet, le Conseil national proclamait l'indépendance de la république démocratique de Géorgie, déclaration dont prit acte la République soviétique de Russie. Les intellectuels géorgiens, formés dans les universités russes et européennes, ont soutenu l'indépendance de la Géorgie et fondé l'université d'État de Tbilissi, la plus ancienne université de l'ensemble de la région du Caucase. Le Musée du Caucase devient le Musée d'État de Géorgie en 1919. Les archives d'État géorgiennes voient le jour la même année.

Les négociations de Lénine avec la Turquie au sujet des frontières des deux pays coïncident avec la politique antigéorgienne des bolcheviks, et la Géorgie se voit amputée d'une partie de ce qui a longtemps été son territoire historique, désormais cédée à la Turquie. Finalement, au début de 1921, l'Armée rouge envahit et occupe la Géorgie, la privant ainsi de son éphémère indépendance. Comble de l'ironie, cet acte était organisé par des Géorgiens au sein du parti bolchevique : Joseph Staline et Sergo Ordjonikidzé. Le 25 février 1921, la Géorgie est déclarée république soviétique et le pouvoir soviétique s'installe en Géorgie pour près de septante ans. Dans les premières années du pouvoir soviétique, le peuple géorgien a mené plusieurs tentatives pour retrouver son indépendance. Le pays a subi de graves dommages du fait de la collectivisation et de l'industrialisation, et plus particulièrement du fait des représailles constantes et nombreuses contre ses premiers efforts pour recouvrer l'indépendance.

Mais la lutte, invisible, se poursuivait et les sentiments nationalistes ne se sont jamais complètement éteints, si bien que, dès que des conditions favorables sont revenues avec le démantèlement de l'URSS, la Géorgie a pu obtenir à nouveau son indépendance. Le 9 avril 1991, la Géorgie a été déclarée république indépendante. Les premières années post-soviétiques ont été marquées par des troubles civils et une crise économique. La jeune république a dû subir de nombreuses épreuves, notamment des pénuries d'énergie et de nourriture, ainsi que des dommages à l'infrastructure physique de ses villes. Mais depuis le printemps 1992, le pays a retrouvé progressivement son calme et a commencé à organiser sa vie indépendante. Le 24 août 1995, une nouvelle constitution a été adoptée et, la même année, on a élu un nouveau parlement et un nouveau président. La Géorgie a commencé à se stabiliser progressivement et à gérer ses institutions étatiques plus efficacement.

En août 2008, la Russie a mené des actions militaires contre la Géorgie, y compris contre la région géorgienne sécessioniste de l'Ossétie du Sud et contre des territoires géorgiens incontestés (affaire de la Géorgie contre la Russie, no 38263/08, 21 janvier 2021). En conséquence, 20% du territoire national géorgien est occupé par la Russie. En août 2008, le parlement de la Géorgie a adopté une résolution qualifiant l'Abkhazie et l'Ossétie du Sud de « territoires occupés par la Russie ».

Aujourd'hui, la Géorgie souffre toujours de l'occupation russe mais continue d'aspirer à l'adhésion à l'OTAN et à l'Union européenne.

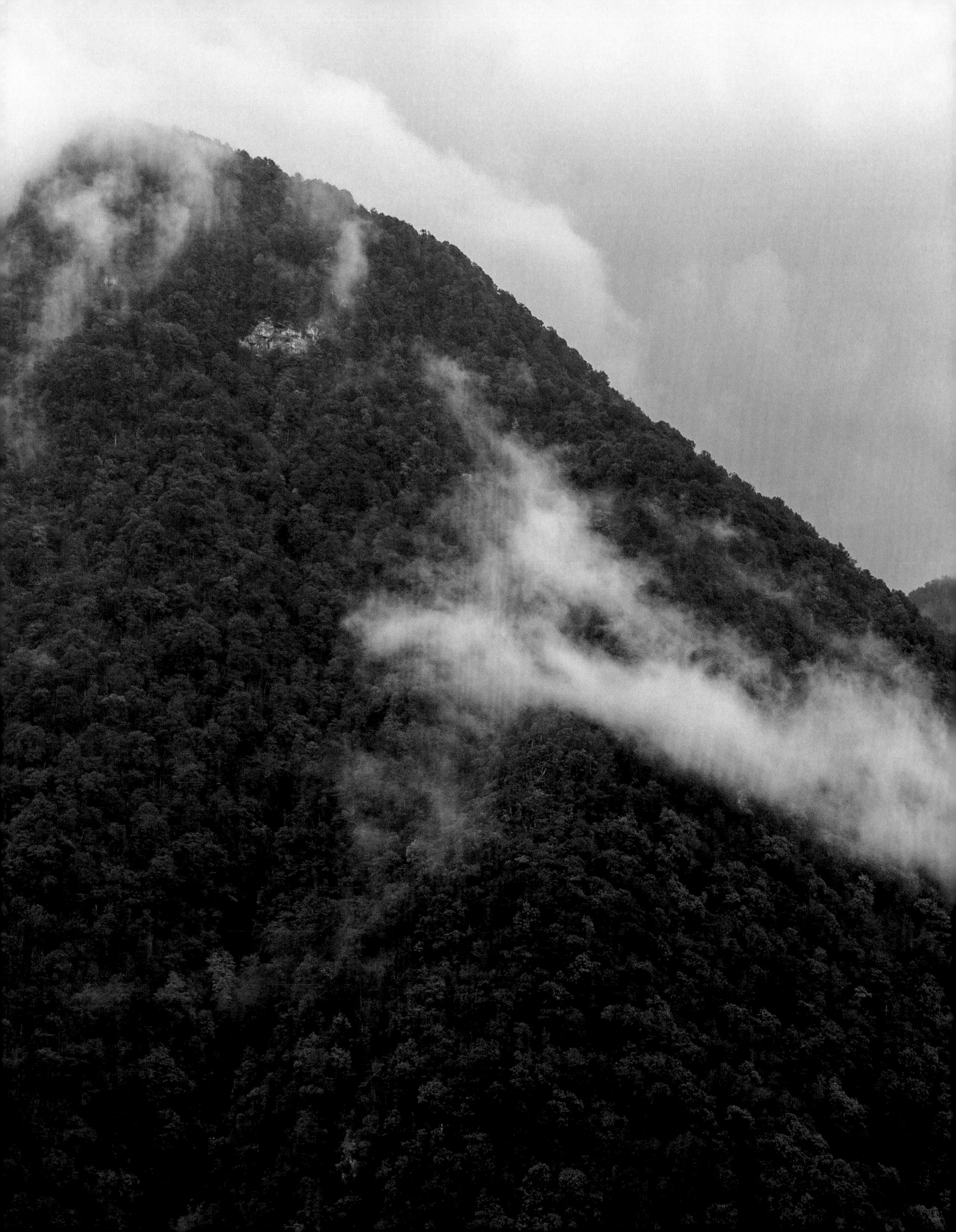

Chapitre 1

Les origines de la culture géorgienne

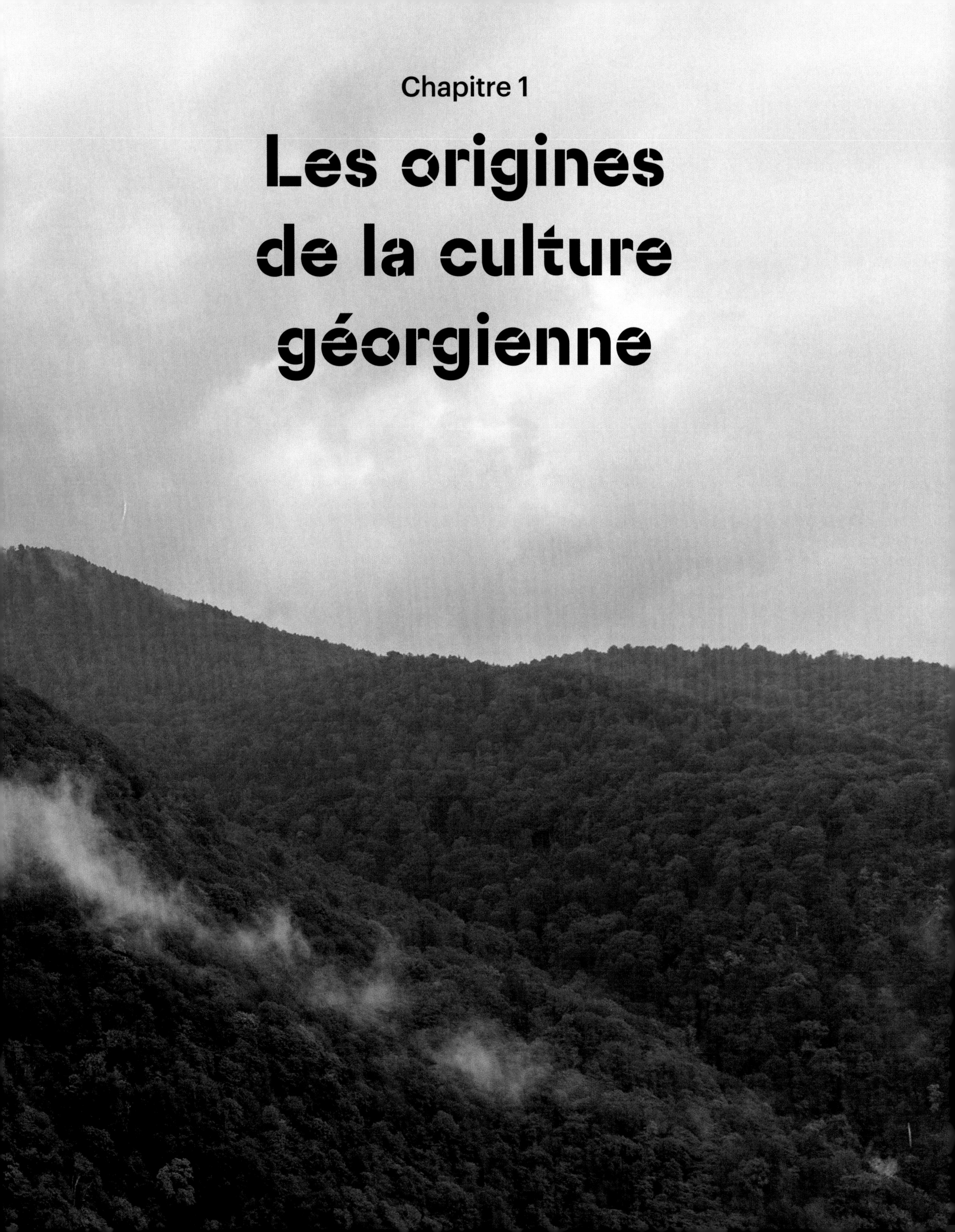

Mindia Jalabadze

La révolution néolithique : la Géorgie, berceau de la viticulture

Il y a environ 10 000 à 12 000 ans, une nouvelle époque mondiale – l'Holocène – a débuté sur Terre au terme d'une longue période glaciaire, marquant ainsi le début d'une période de réchauffement. Cette période coïncide avec le Mésolithique (ou Épipaléolithique), durant lequel s'est développé un nouveau type de société humaine, encore caractérisé par les traditions de l'âge de pierre (chasse et cueillette) mais qui présentait déjà de nouveaux signes d'adaptation à l'environnement.

La Géorgie dispose d'un grand nombre de sites mésolithiques qui remontent à une période comprise entre 10 000 et 8 000 ans avant J.-C. et qui sont répartis dans trois régions clés. Le premier groupe de sites a été découvert sur la côte de la mer Noire, dans des grottes naturelles situées principalement en Abkhazie (à Iashtkhva, Kvachara, Djampala et Etseri). Le deuxième groupe se situe en Imérétie, dans l'Ouest de la Géorgie. Là aussi, les hommes vivaient dans des grottes naturelles (Sagvardjilé, Darkvéti et Kakhati) et s'installaient déjà dans les régions montagneuses (grottes de Kudaro et de Tsona dans le district actuel de Djava). Le troisième groupe de sites de la période mésolithique, des couches archéologiques découvertes dans la grotte de Zurtaketi et le creux d'Edzani dans le Trialeti, se trouve dans une région montagneuse de l'Est de la Géorgie. Des pétroglyphes et des représentations d'animaux gravés sur la roche, dont certains datent du Mésolithique, ont aussi été découverts dans le Trialeti [fig. 3, 4], dans les gorges de la rivière Patara Khrami. Des études archéologiques ont permis d'identifier des stades précoces, intermédiaires et développés de la culture mésolithique, répartis sur l'ensemble du territoire géorgien.

Durant la période mésolithique, les chasseurs-cueilleurs ont commencé à observer attentivement les phénomènes naturels. Plusieurs modèles s'établissent dans la cognition humaine; les hommes perçoivent désormais le monde différemment et tentent de tirer parti des richesses que leur offre la nature. Le savoir accumulé au cours d'une longue période s'est progressivement manifesté dans des activités pratiques; les hommes ont créé des décorations complexes et des outils pour l'agriculture ou la chasse distincts de ceux de la période précédente et ont commencé à rapprocher les plantes sauvages de leurs lieux de vie, ce qui, sans pouvoir être qualifié d'agriculture, indique qu'il y avait déjà une activité en prenant la direction. Il en va de même pour les nouvelles formes de relations de l'homme avec le règne animal.

Tandis que les hommes du Mésolithique continuent à être définis par la pratique de la chasse, la pêche et la cueillette, la présence de sites datant de cette période témoigne déjà d'une nouvelle relation avec leur environnement. Les premières meules à grains en pierre apparaissent, utilisées pour piler et broyer des plantes sauvages pour produire de la nourriture. On pense également qu'au Mésolithique, les hommes tentaient de familiariser les différentes espèces d'animaux sauvages à leur présence et de les maintenir à proximité de leurs habitations, s'affranchissant ainsi des difficultés liées à la chasse. C'est ainsi que progressivement, au cours d'une longue période historique d'environ 2000 ans, les bases d'une transition vers un nouveau mode de vie furent mises en place.

La période qui s'étend approximativement du 10e au 8e millénaire avant J.-C. a vu le début de la «révolution néolithique» dans ce que l'on appelle le «Croissant fertile», au Proche-Orient. La néolithisation s'est étalée sur une période assez longue et est liée à de nombreuses innovations, dont les origines remontent à des stades antérieurs de l'évolution de la société.

Fig. 3, 4
Pétroglyphes de la région de Trialeti

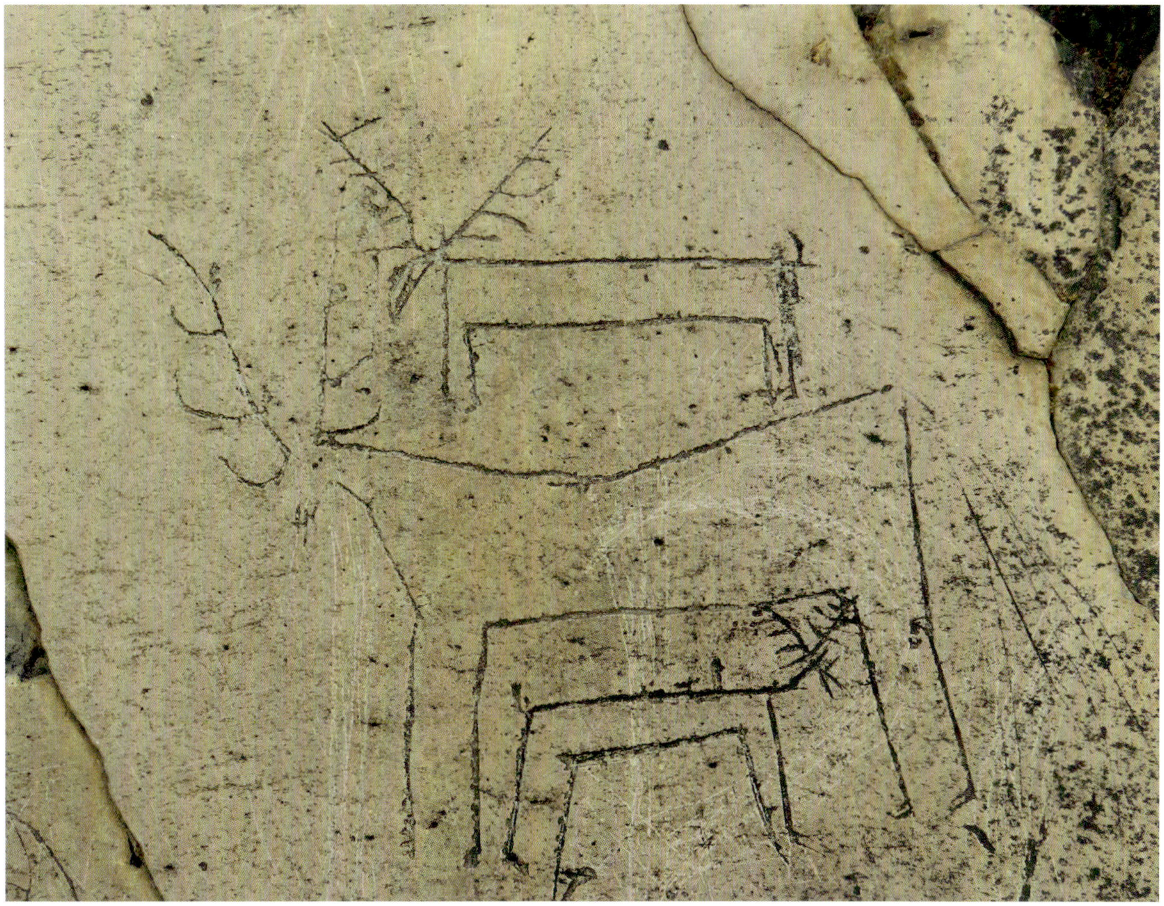

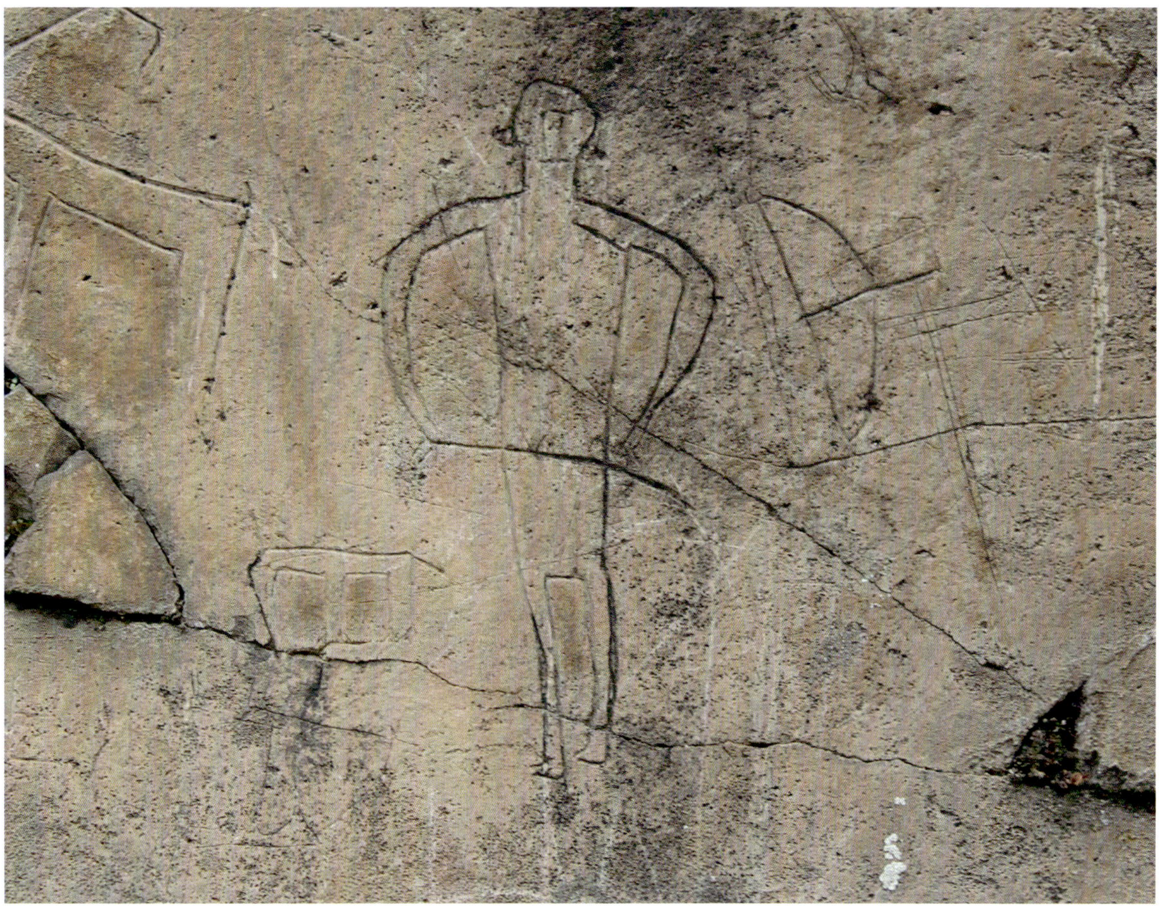

Dans le Caucase du Sud, le passage de la chasse et de la cueillette à l'agriculture sédentaire s'est effectué entre le 8e et le 6e millénaire avant J.-C. et s'explique par de nombreux facteurs. En plus des changements climatiques survenus entre le Pléistocène et le début de l'Holocène, les connaissances accumulées par les sociétés humaines au cours des millénaires précédents ont, comme en témoignent les sites étudiés par les archéologues, également joué un rôle déterminant.

On a commencé à découvrir des sites datant du Néolithique dans l'Ouest de la Géorgie dès les années 1930. Dans les décennies qui ont suivi, on a examiné les vestiges d'habitations ouvertes et temporaires dans les basses terres de Colchide (Géorgie occidentale) et sur la côte nord-est de la mer Noire, ainsi que des habitations troglodytes, où l'on a étudié des couches culturelles qui remontent au Néolithique ainsi que des couches datant du Paléolithique supérieur et du Mésolithique.

La situation est tout autre dans le sud-est du Caucase, où l'on a également constaté d'importants changements dans le mode de vie des hommes, datant de la fin du 7e millénaire avant J.-C. et du début du 6e millénaire. Si l'on en croit la théorie selon laquelle un centre principal de développement culturel définit systématiquement le niveau de développement culturel qui se répand dans ses périphéries, la région du Caucase devait être impliquée dans le processus de néolithisation en cours au Proche-Orient à partir du 7e millénaire avant notre ère. Même si le processus de diffusion vers l'Ouest de l'agriculture primitive à partir du «Croissant fertile» a fait l'objet de nombreuses études, les sites découverts dans la région du Caucase méridional, situés à la périphérie nord de la région, n'ont pas fait l'objet d'un nombre suffisant de recherches basées sur des méthodes scientifiques modernes.

Les hommes de la Transcaucasie néolithique [carte 5] pratiquaient une agriculture et un élevage développés, parallèlement aux activités traditionnelles de chasse, de pêche et de cueillette de plantes comestibles. On peut expliquer les différences entre les sites néolithiques découverts dans l'ouest et dans l'est de la Géorgie de plusieurs façons, notamment celles concernant la nature de l'agriculture et de

Nom des sites : Arukhlo (1), Shulavéris Gora (2), Gadachrili Gora (3), Dangreuli Gora (4), Imeris Gora (5), Khramis Didi-Gora (6), Shomutepe (7), Haci Elamxali Tepe (8), Göytepe (9), Men-tesh Tepe (10), Chokh (11), Aratashen (12), Aknashen (13), Masis Blur (14), Areni-1 (15), Kül Tepe (16), Hajji Firuz Tepe (17), Nevali Çori (18), Göbekli Tepe (19), Rivière Gudau (20), Pichori (21) et Anaklia (22).

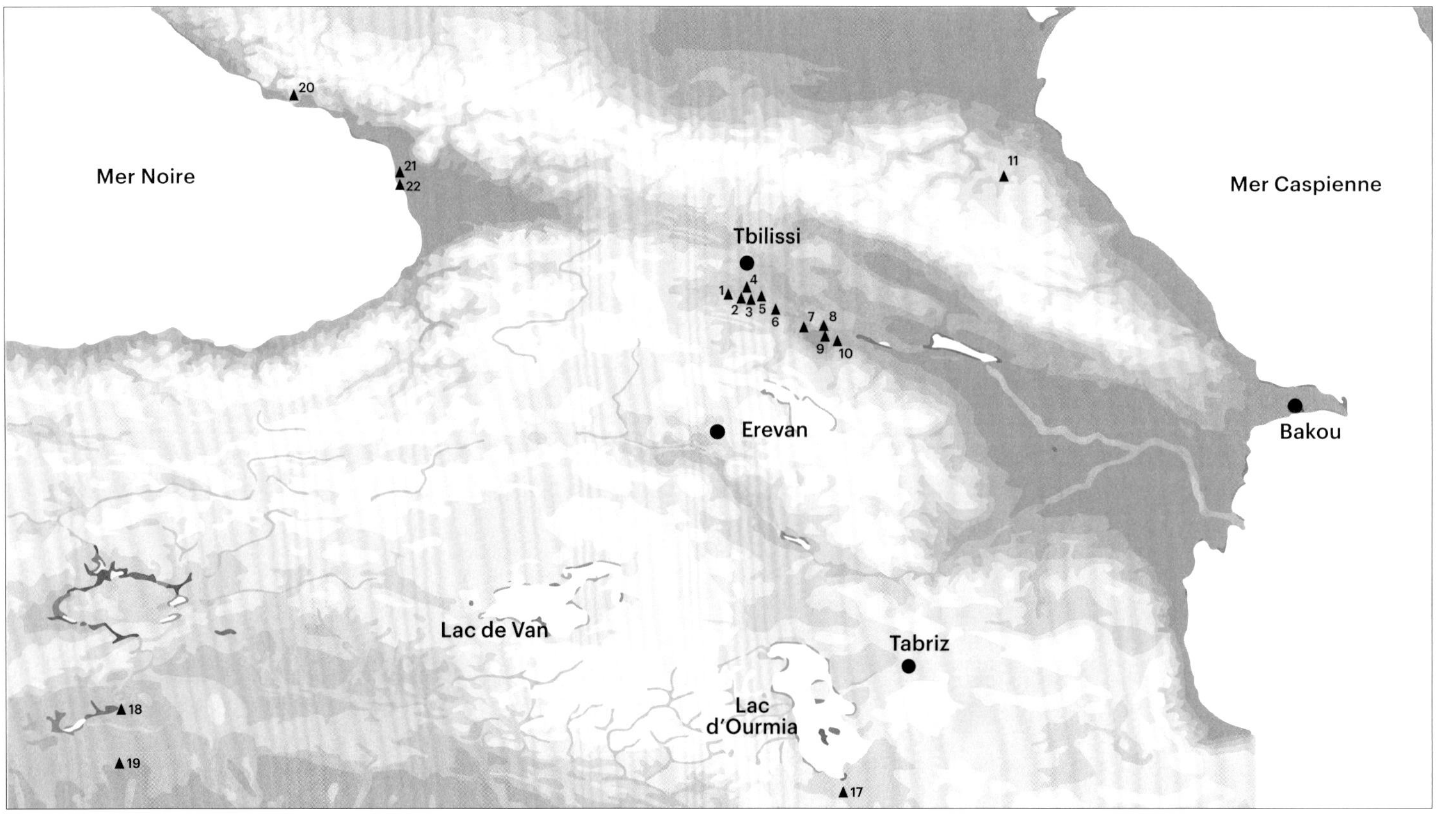

Carte 5
Carte de la culture de Shulavéri-Shomu

l'élevage, qui était déterminée par les conditions environnementales et climatiques. La Géorgie occidentale présente essentiellement un climat océanique subtropical marqué par un temps humide et pluvieux. La Géorgie orientale, en revanche, connaît un climat continental subtropical, plus sec et moins pluvieux qu'à l'ouest. La chaîne de montagnes de Likhi sépare ces deux zones climatiques et il n'est donc pas surprenant de constater des formes d'agriculture différentes dans les régions situées de part et d'autre de cette chaîne. Le climat de la Géorgie se caractérise par le fait que, d'ouest en est et de montagne en vallée, l'air humide se fait progressivement plus sec, expliquant ainsi les différentes formes d'agriculture. Les hommes du Néolithique vivant dans l'ouest et l'est de la Géorgie se heurtaient dans le développement de l'agriculture et de l'élevage à des obstacles différents, qu'ils surmontaient en utilisant des méthodes différentes. Cependant, les facteurs climatiques n'ont été qu'un facteur parmi d'autres déterminant la forme prise par l'agriculture ou par les habitations humaines, l'architecture ou d'autres aspects de la vie matérielle et, par conséquent, de la culture sociale et spirituelle.

Dans le sud-est du Caucase, les conditions naturelles ont donné naissance à des espèces de céréales endémiques et cultivées telles que le *dika* (*Triticum carthlicum*), le *makha* (*Triticum macha*) et le *zanduri* (*Triticum monococcum*), que l'on trouve dans diverses régions de Géorgie jusqu'à aujourd'hui.

En Géorgie, l'histoire de la culture des céréales commence à la période néolithique. Le pays se situe dans la région d'origine du blé sauvage, en Asie occidentale, et des espèces de blé proches des variétés sauvages sont connues pour n'être conservées que sur le territoire géorgien. Les fouilles archéologiques réalisées en Géorgie ont confirmé la présence de vestiges de blé et d'autres céréales sur des sites du Néolithique ancien et récent, tant en Colchide (Géorgie occidentale) qu'en Géorgie orientale.

Il en va de même pour l'élevage, dont les données proviennent d'études sur le matériel ostéologique découvert dans le site néolithique d'Arukhlo, dans la région de Bolnissi (Kartli inférieur), en 2005-2006 : sur un total de 5713 échantillons d'os, 2542, soit 44,5 %, ont été classés par les paléozoologues, révélant que les ossements appartenaient à des mammifères, des oiseaux, des poissons et des reptiles, avec beaucoup plus d'os d'animaux domestiques (66 % de moutons/chèvres, 20 % de bovins et 14 % de porcs) que d'animaux sauvages (3,6 % du total, présentant des os de cerfs élaphes, de bisons, de sangliers et de chevaux sauvages). Il ressort de ces données que les hommes qui vivaient dans les établissements néolithiques du Kartli inférieurne privilégiaient pas la chasse pour assurer leur approvisionnement en nourriture et que, parallèlement à l'agriculture, l'élevage de petit bétail et de bovins constituait la principale forme d'agriculture qu'ils pratiquaient. On observe une situation relativement similaire dans d'autres sites néolithiques du sud du Caucase.

L'étude de la néolithisation dans le sud-est du Caucase s'est développée en 1951 grâce aux fouilles archéologiques de Kul Tepe I, près de la ville de Nakhitchevan (Azerbaïdjan), où l'on a découvert les vestiges d'un village du Néolithique précoce sous des couches culturelles de l'âge du bronze précoce. À partir de la fin des années 1950, on a recensé des vestiges d'établissements similaires à Kul Tepe I dans le nord-est de l'Azerbaïdjan, ainsi que dans les plaines de Mil et du Karabagh. L'un d'entre eux, Shomu Tepe, a permis l'identification d'une nouvelle « culture de Shomu Tepe », caractérisée par des bâtiments circulaires en brique crue aux usages variés, des instruments façonnés en pierre (en particulier en obsidienne), en os, en corne et des poteries d'argile modelées à la main. À partir de la première moitié des années 1960, plusieurs sites néolithiques ont fait l'objet de fouilles archéologiques presque simultanément dans les régions de Marneuli et de Bolnissi, dans le bassin de la rivière Mtkvari, en Géorgie orientale, notamment Shulavéri Gora et Imiri Gora dans la plaine de Marneuli et Arukhlo I dans la région de Bolnissi. Dès le début, les recherches menées sur ces sites ont permis d'obtenir des informations utiles, et la confirmation que des couches culturelles similaires à celles de Shomu Tepe existaient en Géorgie a permis d'élargir l'aire de diffusion de cette culture agricole précoce et de la désigner au sens large sous le nom de culture de Shulavéri-Shomu Tepe.

Dans ces endroits ainsi que dans d'autres sites fouillés, les archéologues ont constaté que les sites villageois étaient regroupés en groupes individuels, composés chacun de quatre à cinq villages. Le développement progressif de diverses formes d'agriculture a permis à la population d'améliorer ses conditions de vie grâce à l'excédent de production. Cette amélioration des conditions de vie a entraîné une augmentation de la population des villages, ce qui a nécessité la mise en culture de nouvelles terres agricoles ainsi que l'éclatement des grandes familles et la recherche de nouveaux lieux d'habitation. On peut ainsi mieux comprendre le schéma d'expansion des villages : chaque groupe de villages néolithiques comprend un site central (le plus ancien) et plusieurs sites néolithiques relativement plus récents situés à proximité (par exemple Shulavéri Gora et son groupe de sites villageois ou Arukhlo I et les sites villageois qui l'entourent).

Les études archéologiques des sites néolithiques de l'est de la Géorgie se sont arrêtées il y a 25-30 ans et n'ont repris que dans les années 2000. Aujourd'hui, la recherche se concentre essentiellement sur l'étude des sites du Néolithique tardif en Transcaucasie et au Proche-Orient, en analysant les liens entre ces régions et en définissant les conditions préalables à l'apparition et au développement de l'agriculture dans le Caucase méridional, grâce à de nouvelles méthodes, techniques et disciplines (paléontologie, paléobotanique, paléozoologie, chimie, science biomoléculaire, génétique, recherche sur le radiocarbone) qui permettent de reconstituer les premières formes d'agriculture. À cette époque, l'agriculture géorgienne reposait sur trois grandes variétés de plantes cultivées déjà différenciées sur le plan botanique : l'existence de la culture du blé, de l'orge et de légumineuses atteste d'une longue préhistoire de l'agriculture. La viticulture et la vinification semblent également avoir occupé une certaine place dans ces pratiques agricoles sophistiquées.

L'étude de l'évolution de la viticulture sur les terres géorgiennes ne date pas d'hier. Dès les années 1960 et 1970, les ampélographes R. Ramishvili et M. Ramishvili ont prétendu que les populations des villages néolithiques étudiés dans la plaine de Marneuli s'adonnaient à la viticulture et à la vinification, parallèlement à d'autres formes d'agriculture.

Cat. 21
Niko Pirosmani (1862-1918)
Fête chez Gvimradze
1895-1908
Huile sur toile cirée
GNM — Musée d'Histoire Simon Janashia de Géorgie

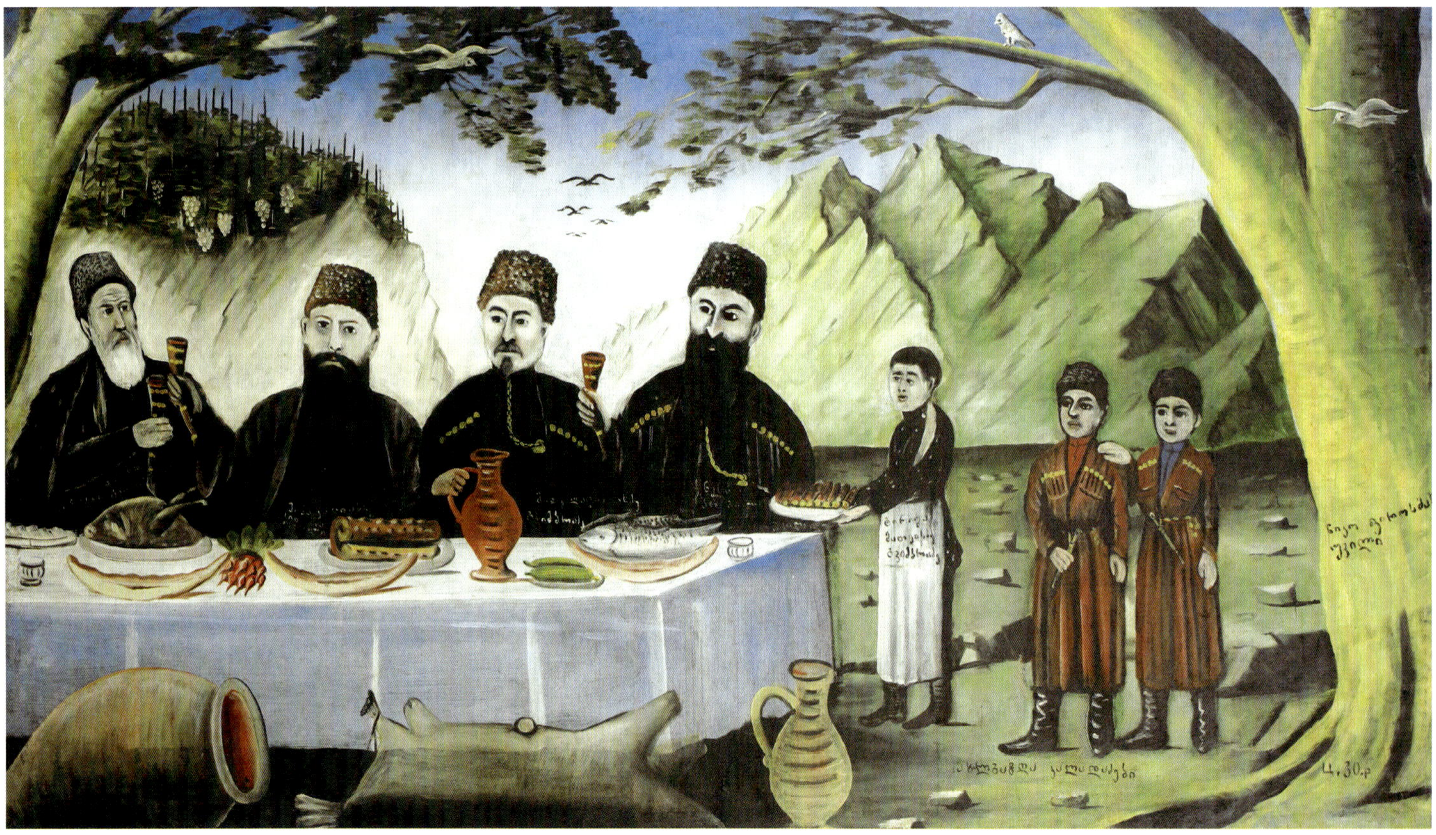

Le raisin sauvage (*Vitis sylvestris*) subsiste encore aujourd'hui dans les forêts géorgiennes, ce qui laisse supposer que la domestication de la vigne a pu avoir lieu localement au cours de la période néolithique. Cependant, la Géorgie se distingue également par la diversité de ses espèces de vignes cultivées, dont 500 sont connues pour être cultivées sur le territoire géorgien à des fins de vinification et de production de raisin de table. Parmi celles-ci, on trouve des espèces hermaphrodites qui servent de lien intermédiaire entre les vignes cultivées et les vignes sauvages; il est intéressant de noter que, contrairement aux vignes sauvages, la majorité des vignes cultivées sont unisexuées. Les noms des cépages géorgiens sont généralement associés à la microzone où se trouve l'espèce en question, ce qui donne un indice sur son lieu d'origine. Les linguistes affirment que le mot géorgien pour désigner le vin, *ghvino*, a été repris dans de nombreuses autres langues (le grec *oinos*, le latin *vinum*, d'où vient le mot «vin»), tandis qu'une tradition millénaire de viticulture et de vinification se reflète dans la culture matérielle et spirituelle de la Géorgie (comme l'attestent l'archéologie, l'ethnographie, la mythologie, l'art et le folklore) [cat. 19, 20, 21, 22, 23, 24].

De 2014 à 2017, le Musée national de Géorgie et l'Agence nationale géorgienne du vin ont mis sur pied le « Georgian Vine and Wine Culture Project » (Projet de culture de la vigne et du vin en Géorgie), qui prévoyait notamment des fouilles archéologiques systématiques sur le site néolithique de Gadachrili Gora, au Kartli inférieur [fig. 5]. Des analyses biomoléculaires et chimiques de plusieurs fragments de poterie en argile découverts à Gadachrili Gora ont confirmé des traces d'acides organiques provenant de vin, de pommes, d'ambre et de citrons (acides tartrique, malique, succinique et citrique), ce qui indique la présence de vin dans ces récipients en argile; les résultats des études palynologiques corroborent cette hypothèse. La datation au radiocarbone fait remonter la couche néolithique de Gadachrili Gora à une période comprise entre 6000 et 5800 ans avant J.-C., ce qui amène à conclure que les plus anciennes traces de vin enregistrées à ce jour se trouvent dans le sud du Caucase, sur le territoire de l'actuelle Géorgie. Les études futures menées dans la région apporteront probablement de nombreuses autres précisions à notre compréhension de l'histoire la plus ancienne de la viticulture.

Fig. 5
Le site néolithique de Gadachrili Gora (Kartli inférieur)

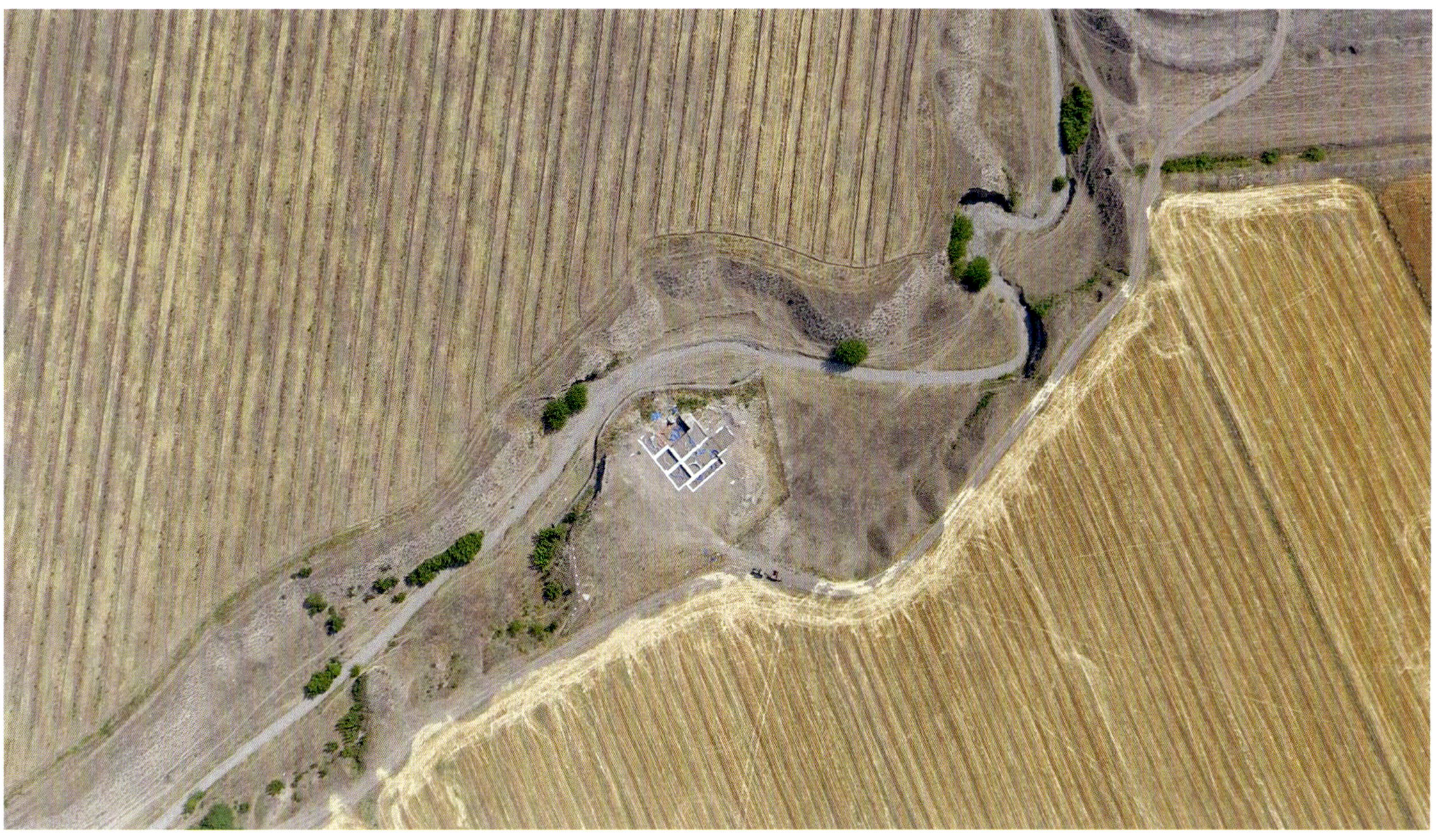

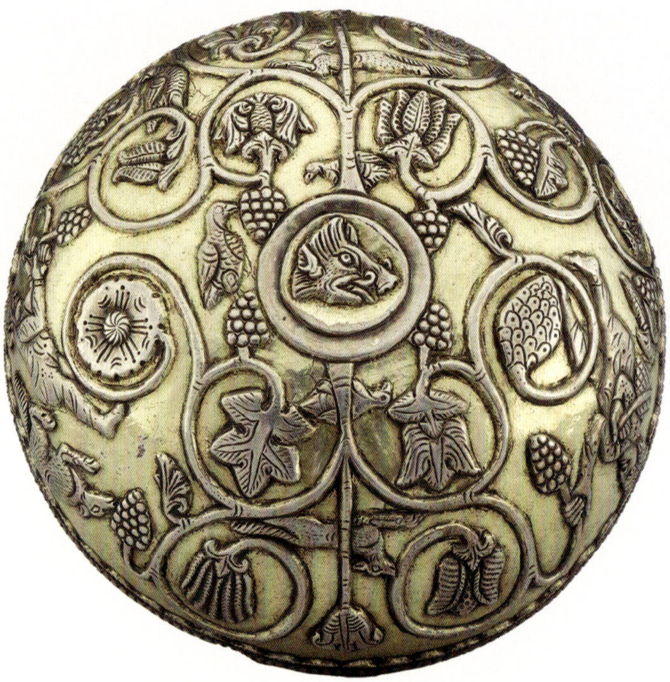

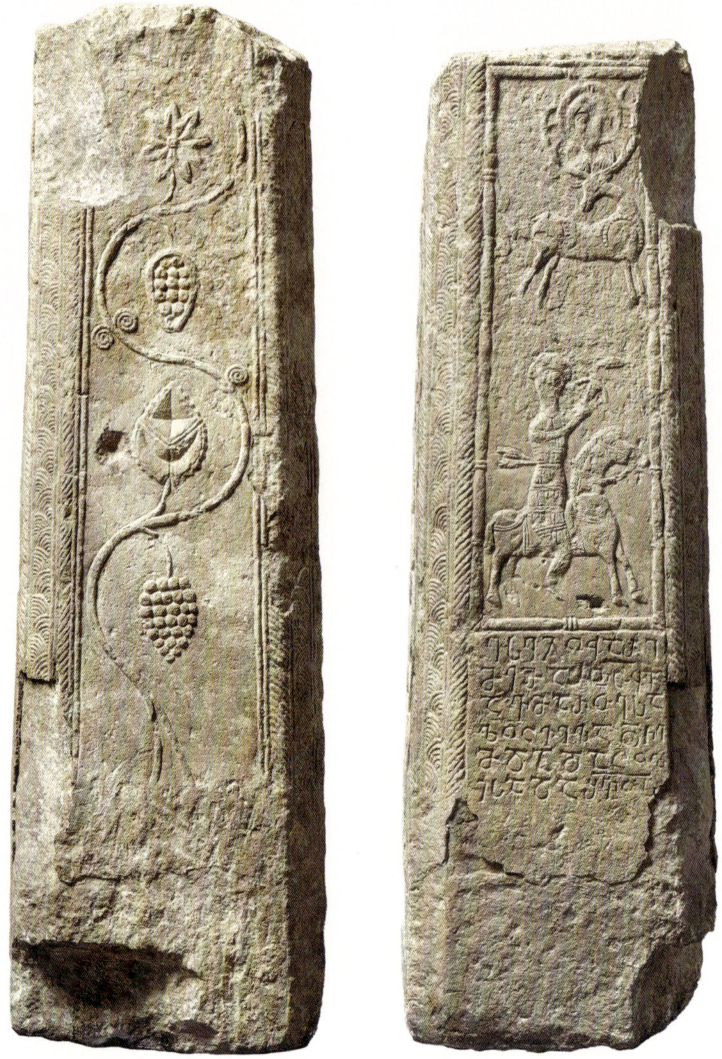

Cat. 19
Bol, IVe-Ve siècle après J.-C.
Argent, argent doré – Chérémi, Kakhétie
GNM — Musée d'Histoire Simon Janashia de Géorgie

Cette coupe repose sur un double médaillon orné d'une tête de sanglier. La surface extérieure est recouverte d'une sorte d'« arbre de vie », agrémenté de diverses fleurs. De petits animaux, des oiseaux et deux humains cueillant du raisin occupent les espaces entre les branches. Au centre de la surface intérieure se trouve une croix dorée aux bras égaux. Cette coupe est un bel exemple de travail du métal de style sassanide avec les attributs des objets de culte zoroastriens, bien qu'elle soit conçue en accord avec le symbolisme chrétien primitif, accentué par le motif de la vigne, symbole de l'humanité.

Cat. 20
Fragment de pilier avec scène de chasse et raisins
Fin du VIe-début du VIIe siècle
Pierre – Monastère de Saint-Jean-Baptiste, David Garedja, Kakhétie
GNM — Musée d'Histoire Simon Janashia de Géorgie

Trois côtés du pilier de pierre sont décorés de reliefs : vision de saint Eustache (face), vigne et ornement rhomboïdal (côtés).

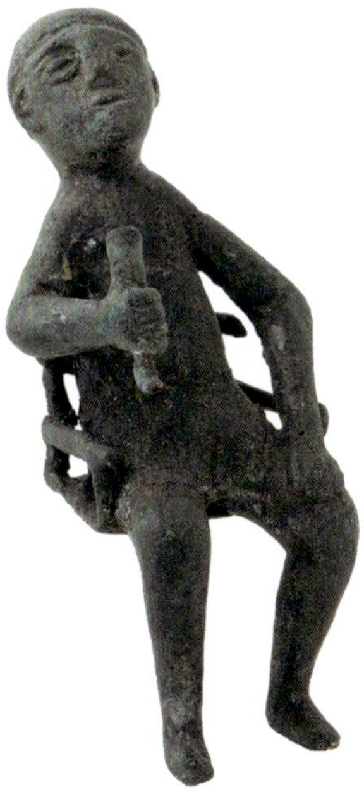

22

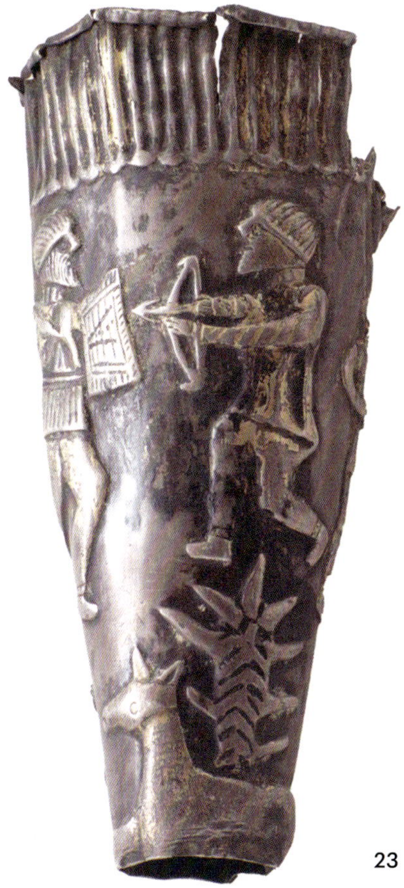

23

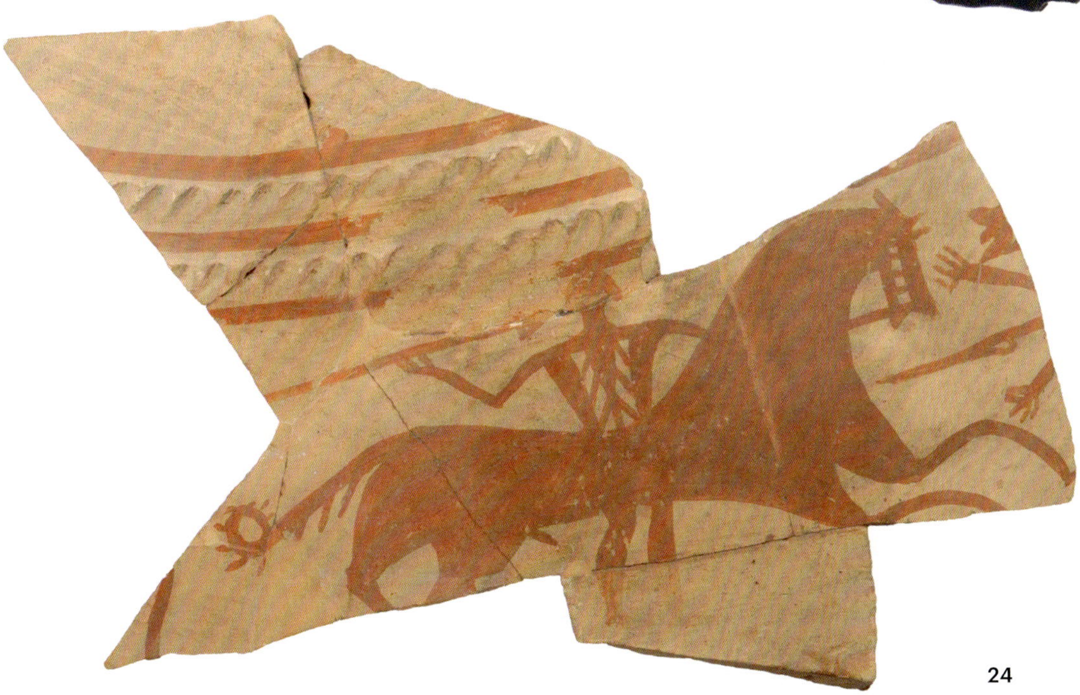

24

Cat. 22

Figurine assise tenant un rhyton, généralement identifiée comme un maître de cérémonie ou *tamada*
VIIIe-VIe siècle avant J.-C. – Bronze
Village d'Inashauri, Vani, Imérétie

GNM — Musée d'Histoire Simon Janashia de Géorgie

Cat. 23

Rhyton, VIe-IVe siècle avant J.-C.
Argent – Village de Gomi, Oni, Ratcha-Letchkhoumie et Basse Svanétie

Musée national d'Histoire Niko Berdzenishvili de Koutaïssi

Cat. 24

Fragment de *kvevri* (grande jarre à vin)
IIIe siècle avant J.C.
Terre cuite, peinture rouge
Samadlo, Mtskhéta, Kartli intérieur

GNM — Musée d'Histoire Simon Janashia de Géorgie

Un *kvevri* de Khramis Didi Gora orné de grappes de raisin

L'apparition de la poterie d'argile cuite remonte à la période néolithique. Les poteries d'argile trouvées sur les sites liés à la culture de Shulavéri-Shomu Tepe, dans l'est de la Géorgie, datent de la fin du 7e millénaire avant J.-C., période à laquelle leur production a commencé à se développer à grande échelle. Il est également possible de déterminer les étapes de l'évolution de la céramique selon les stades de développement de cette culture. La caractérisation de la séquence des couches culturelles des sites étudiés dans la plaine de Marneuli permet de suivre les évolutions de la production de poteries en terre cuite dans ces sites. Les poteries d'argile découvertes dans les couches les plus anciennes à Shulavéri Gora, par exemple, se composent de pots de différentes tailles dont la base est étroite et nettement formée. La taille des vases d'argile dépend de leur utilisation : ceux qui sont destinés au stockage de produits ou de liquides sont grands, ceux qui sont destinés à la préparation des aliments sont de taille moyenne et ceux qui sont destinés à la boisson sont plus petits.

Au cours des années 1970 et 1980, on a procédé à des fouilles archéologiques dans le Kartli inférieur, en Géorgie orientale, à Khramis Didi Gora, lieu où se situe un important établissement associé à la culture de Shulavéri-Shomu Tepe, dont les immenses dimensions le distinguent des autres établissements néolithiques analysés dans la région. Situé sur la rive gauche de la rivière Khrami, entre les villages de Katchaghani et Takalo, le site de l'ancien village comprend une colline artificielle de cinq mètres de haut et couvre une superficie supérieure à trois hectares. Les études archéologiques ont enregistré neuf couches culturelles sur le site, dont des bâtiments en briques crues avec différents contextes d'utilisation.

Parmi les objets découverts sur le site, on trouve un récipient en argile trouvé dans une couche du bâtiment 63, qui se distingue par sa taille, sa forme et sa décoration [fig. 6]. Sa capacité est d'environ 100 litres et sa forme, avec un corps large et une base étroite, rappelle à peu près celle d'un *kvevri* moderne. Cependant, sa caractéristique la plus frappante consiste en une représentation schématique en relief de grappes de raisin sur sa surface, ce qui amène les spécialistes à penser que le récipient était utilisé pour stocker du vin [cat. 25, 26, 27, 28].

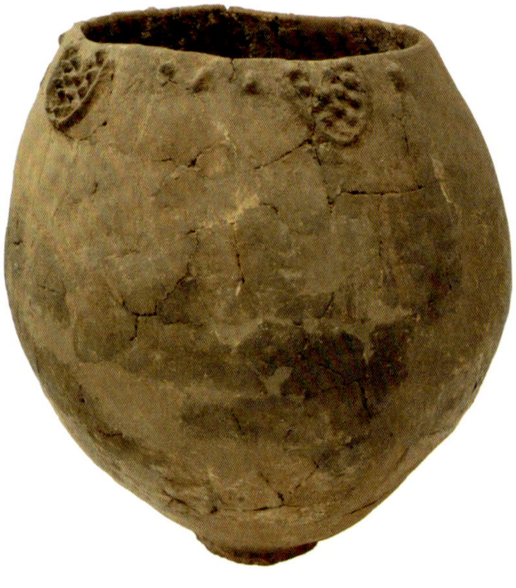

Fig. 6
Jarre
Première moitié du 6e millénaire avant J.-C.
Terre cuite
Khramis Didi Gora, Kartli inférieur
GNM — Musée d'Histoire Simon Janashia de Géorgie

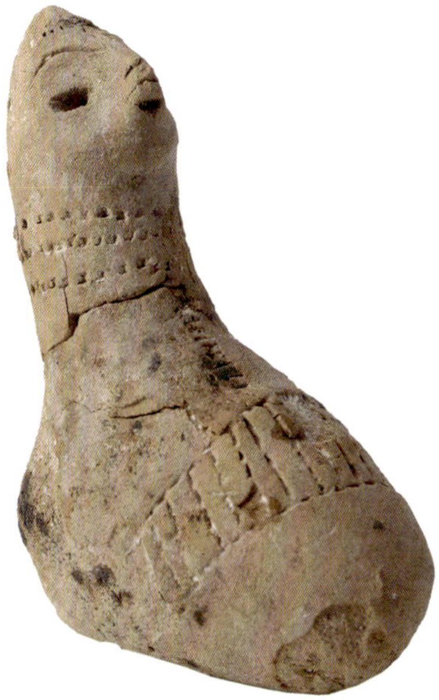

25

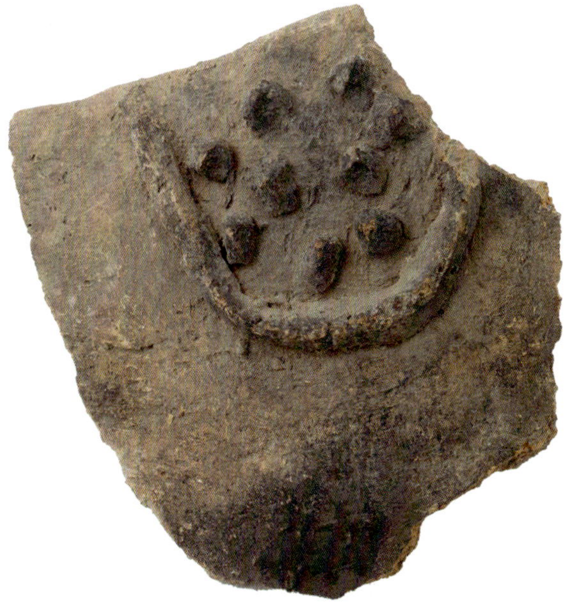

26

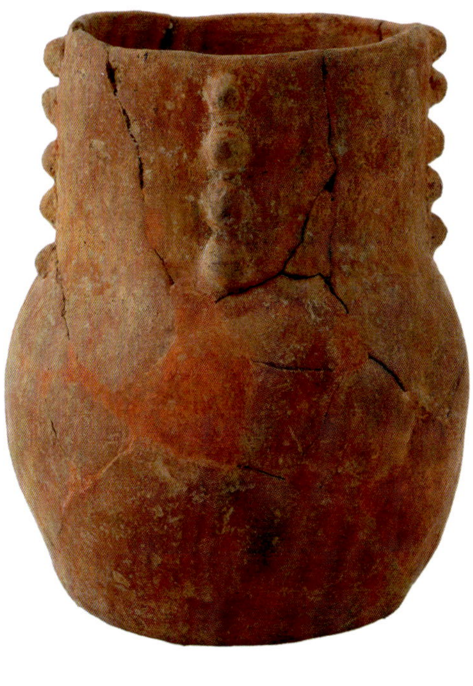

27

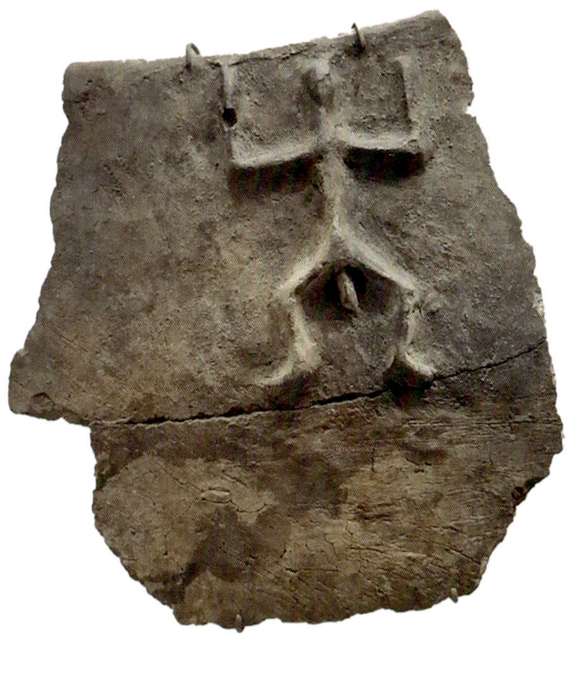

28

Les plus anciennes traces néolithiques des débuts d'une culture du vin, dans laquelle le vin dominait la vie sociale et économique, proviennent de Géorgie. L'invention de la poterie au cours de la période néolithique a joué un rôle crucial dans la transformation, le service et la conservation du vin. Les vases remplis de résidus rougeâtres (la lie de vin) étaient ornés d'appliques extérieures semblables à des grappes de raisin et à des figurines aux bras levés, sous des tonneaux de raisin. On retrouve des poteries d'argile similaires, avec des reliefs ornementés, dans un certain nombre de sites néolithiques et chalcolithiques du Proche-Orient.

Toutes les images sur cette page : GNM — Musée d'Histoire Simon Janashia de Géorgie

Cat. 25
Figurine féminine
Première moitié du 6e millénaire avant J.-C.
Terre cuite – Khramis Didi Gora, Kartli inférieur

Cat. 26
Fragment de jarre
Première moitié du 6e millénaire avant J.-C.
Terre cuite – Khramis Didi Gora, Kartli inférieur

Cat. 27
Vase
Première moitié du 6e millénaire avant J.-C.
Terre cuite – Arukhlo I, tombe 7, Kartli inférieur

Cat. 28
Fragment de jarre
Première moitié du 6e millénaire avant J.-C.
Terre cuite – Khramis Didi Gora, Kartli inférieur

Mikheil Abramishvili

Des échanges aux grands changements : le Caucase du Sud et au-delà à la fin de la préhistoire

Les nombreuses ressources naturelles et la diversité des écosystèmes du Caucase ont contribué à créer un environnement favorable à l'établissement continu et aux diverses activités des sociétés anciennes dans cette région. Ce processus permanent a démarré il y a au moins 8000 ans, avec l'apparition des premières communautés agro-pastorales sédentaires dans la région, qui ont introduit sur les terres de l'actuelle Géorgie, de l'Azerbaïdjan et de l'Arménie la culture dite de Shulavéri-Shomu, dotée de compétences de base dans le domaine de la métallurgie.

La situation du Caucase, entre l'Europe et l'Asie, est devenue un facteur déterminant dans son histoire, puisqu'il a servi de carrefour important pour les échanges à longue distance et les routes commerciales, ainsi que de pont culturel entre l'est et l'ouest.

La plus ancienne route commerciale est-ouest de longue distance enregistrée qui traversait le sud du Caucase venait de l'Inde et apportait principalement des épices (par exemple du poivre) et de l'encens aux pays de la Méditerranée orientale entre le IVe et le IIIe siècle avant J.-C. Selon les données archéologiques, le Caucase du Sud a connu, au moins depuis le début du 4e millénaire avant J.-C., des interactions intenses avec les cultures de pays lointains, dans lesquelles les métaux ont apparemment joué un rôle décisif.

Les commerçants du chalcolithique?

Même si la métallurgie du cuivre et de l'or était déjà très développée dans les Balkans dès les 6e et 5e millénaires avant J.-C., le centre de gravité de la métallurgie s'est déplacé vers le Caucase, l'Anatolie et l'Iran depuis au moins la fin du 5e et le début du 4e millénaire avant J.-C., où elle s'est encore développée, ce qui a finalement stimulé l'évolution des premières sociétés complexes et l'établissement du modèle socio-économique de l'âge du bronze dans le Proche-Orient au sens large.

On considère généralement que les premières civilisations sont apparues le long des rives des grands fleuves, car ceux-ci assuraient l'irrigation naturelle des terres, permettant d'obtenir plusieurs récoltes par an et d'accumuler des excédents de céréales. Dans la mesure où les céréales pouvaient être conservées longtemps, les gens bénéficiaient de temps libre pour d'autres activités, telles que la construction de canaux d'irrigation pour assurer des récoltes encore plus importantes et la construction de temples et d'autres bâtiments publics, dont la principale fonction était de centraliser l'économie, de stocker et de redistribuer les biens entre les membres de la communauté.

Cependant, les premières villes sont apparues en Basse-Mésopotamie précisément en raison du manque de ressources naturelles, obligeant ses habitants à importer presque tout des régions éloignées (bois, silex, obsidienne, divers métaux, chlorite, albâtre et pierres semi-précieuses, par exemple). Étant donné que ces routes d'échange et de commerce s'étendaient sur de longues distances, les marchands itinérants avaient besoin de campements temporaires (auberges au bord des routes), tels les caravansérails médiévaux, pour se reposer pendant la nuit. Parmi ces campements temporaires, certains, en particulier ceux situés aux carrefours essentiels des routes d'échange et de commerce («points nodaux»), ont fini par devenir des établissements plus importants et se sont transformés en cités-États au fil du temps.

Divers complexes archéologiques caractérisés par une métallurgie plus avancée que celle du Néolithique sont apparus au nord de la Mésopotamie, dans le nord de la Syrie, l'est de l'Anatolie et le nord-ouest de l'Iran, ainsi que dans le sud et le nord du Caucase, au cours de la période chalcolithique. Ces complexes sont unis par la « Chaff-Faced Ware » (CFW), une céramique faite d'argile dégraissée avec de la paille. Ce type de poterie apparaît pour la première fois sur les sites de type Tsopi-Sioni (seconde moitié du 5e, début du 4e millénaire avant J.-C.) en Géorgie orientale, en Arménie, en Azerbaïdjan, dans la partie iranienne de la moyenne vallée de l'Araxe, ainsi que dans l'extrême nord-est de l'Anatolie. Par contre, durant la culture de Leilatepe du Chalcolithique supérieur (première moitié du 4e millénaire avant J.-C.), la distribution de la CFW couvre une zone plus vaste allant de la Haute Mésopotamie au nord des montagnes du Caucase, où on peut la trouver dans les sites de la culture de Maïkop. Au vu de la diversité des modes de vie des communautés qui l'utilisent, la répartition de la CFW reflète probablement les groupes mobiles impliqués dans le commerce à longue distance plutôt qu'une migration de masse de la Mésopotamie vers le Caucase. Un réseau commercial qui reliait les deux régions apparaît sur des sites tels que le temple de Berikldeebi et le kourgane pré-Kouro-Araxe de Kavtiskhevi dans le Kartli intérieur (Géorgie centrale), le temple de Böyük Kesik et les kourganes de Soyuq Bulaq dans l'actuel Azerbaïdjan occidental, ainsi que les tumulus de Se Girdan dans le nord-ouest de l'Iran.

Contrairement à leurs prédécesseurs de la culture de Shulavéri-Shomu, qui préféraient les habitats permanents, les communautés chalcolithiques du Caucase méridional adoptent un mode de vie plus polyvalent. Le petit nombre de villages et la présence de campements temporaires laissent supposer qu'ils privilégiaient un mode de vie mobile dans leur économie, probablement en raison de leur implication dans le commerce à longue distance, déclenché principalement par la recherche de minerais métalliques dans le Caucase méridional.

En plus des objets en cuivre « pur », en cuivre-arsenic ou en cuivre-arsenic-nickel produits dans le sud du Caucase au cours du Chalcolithique supérieur, on a également découvert des objets en bronze d'étain datés de la fin du 5e et de la première moitié du 4e millénaire avant J.-C. (un poinçon et une aiguille provenant du site de Délissi à Tbilissi contenant environ 4 % d'étain et une houe coulée dans un moule ouvert d'une seule pièce provenant du site d'Ortchosani dans le sud-est de la Géorgie, contenant jusqu'à 2 % d'étain). Le pourcentage d'étain révèle que ces communautés maîtrisaient déjà les méthodes d'alliage, autrement dit, la fusion du cuivre avec d'autres métaux. La découverte récente d'un creuset en argile et d'un moule pour une pioche dans les couches du Chalcolithique supérieur de l'établissement minier probablement ancien de Dzedzvébi, dans le sud de la Géorgie, témoigne de l'existence d'une métallurgie développée dans la région dès la première moitié du 4e millénaire.

Comme il n'y a pas de gisements riches en étain dans la région, ce métal a probablement été importé d'une région lointaine, peut-être d'Afghanistan, connu pour abriter ce type de gisements et qui possède des pierres semi-précieuses comme le lapis-lazuli, dont des perles ont été trouvées dans le Caucase (vers la première moitié du 4e millénaire avant J.-C., dans les kourganes de Soyuq Bulaq [Azerbaïdjan] et de Maïkop [Caucase du Nord]).

L'utilisation courante d'alliages de métaux dans la production d'outils, d'armes et d'ustensiles au Proche-Orient a commencé avec l'utilisation du cuivre-arsenic et du cuivre-arsenic-nickel, vraisemblablement à partir du milieu du 4e millénaire avant J.-C., et du bronze d'étain à partir du début du 3e millénaire avant J.-C. Toutefois, dès le milieu du 3e millénaire avant J.-C., l'étain est devenu un élément déterminant du système économique de l'âge du bronze, comme produit de base sur lequel se sont construites les relations commerciales internationales de longue distance, et le bronze d'étain était un produit très prisé, notamment en raison de son utilisation plus fréquente pour les objets de prestige. La rareté générale des gisements d'étain dans la croûte terrestre, en particulier au Proche-Orient, a favorisé la création d'un ordre économique monopolistique, permettant de contrôler et de gérer les processus d'extraction de l'étain et son commerce sur de grandes distances. Les caractéristiques physiques du bronze d'étain, comme sa couleur jaune et son éclat rappelant celui de l'or, ont également contribué à cet ordre économique. Le bronze d'étain possédait également un avantage technique sur le cuivre à l'arsenic. Lorsqu'il est chauffé, l'arsenic s'évapore avant de fondre et il n'est pas possible de mesurer la quantité d'arsenic restant dans le produit final de l'alliage (c'est-à-dire le cuivre arsénié). Contrairement à l'arsenic, l'étain reste dans l'alliage en quantité identique après avoir été allié au cuivre, ce qui donne un produit (le bronze à l'étain) qui contient un pourcentage prévisible d'étain. Cela signifie que l'étain peut avoir un prix fixe et être plus facilement commercialisé.

La mystérieuse culture Kouro-Araxe

La culture Kouro-Araxe (d'environ 3500-3400 avant J.-C. à environ 2600-2500 avant J.-C.) provient probablement du sud du Caucase et de la région voisine du nord-est de l'Anatolie. Au cours de la dernière phase de son développement, elle s'est étendue du Caucase à la Palestine, couvrant le nord-ouest de l'Iran, l'est de l'Anatolie et le nord de la Syrie. Il s'agissait d'une culture rurale agro-pastorale caractérisée par une culture matérielle homogène transportable, mais avec quelques différences au niveau de l'architecture régionale et des rites funéraires. Les communautés de cette culture affichaient un ordre social égalitaire (non hiérarchique) principalement fondé sur les relations de parenté. Elles ont très probablement hérité de leurs prédécesseurs chalcolithiques le commerce à longue distance, qui reposait principalement sur la distribution de ressources récoltées dans l'environnement de leur habitat et probablement aussi de produits finis, qui étaient particulièrement nécessaires dans la Mésopotamie voisine, surtout à l'époque de la civilisation de l'Uruk récent.

L'intérêt premier était probablement toujours associé aux métaux mais il portait désormais principalement sur les métaux précieux en raison de l'émergence d'élites désireuses de légitimer leur statut et leur autorité par des biens de prestige. La découverte de la plus ancienne mine d'or du monde, à Sakdrisi-Katchagiani (sud-est de la Géorgie, seconde moitié du 4e-première moitié du 3e millénaire avant J.-C.), le confirme.

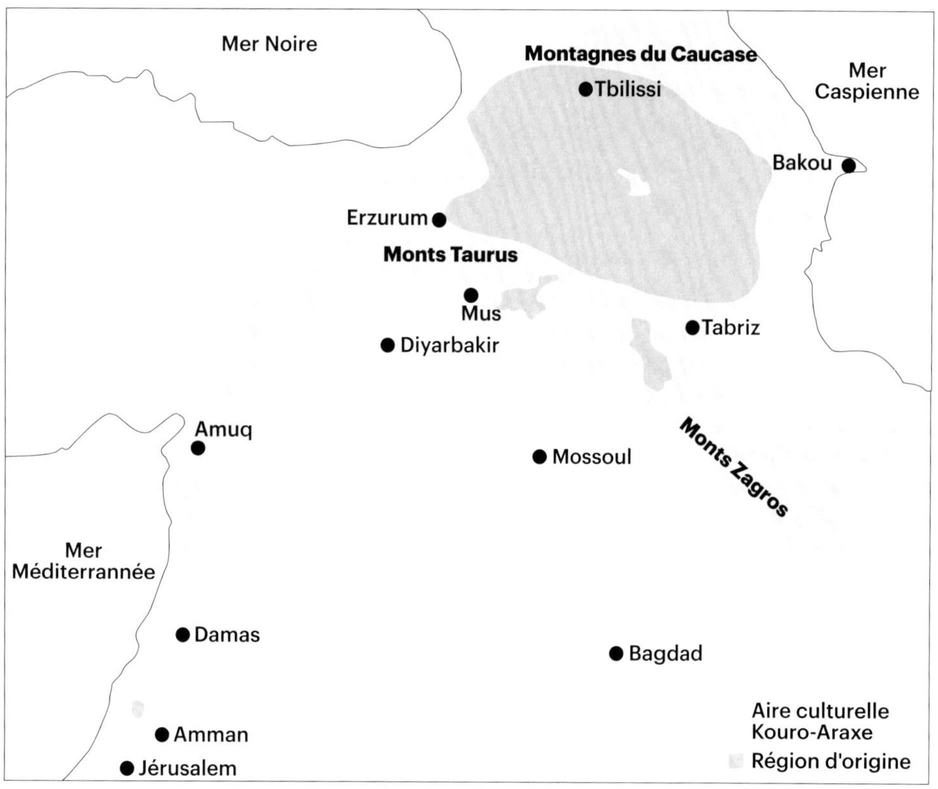

Carte 6
L'aire géographique de la culture Kouro-Araxe

En plus des métaux, il est possible que le vin ait également fait l'objet d'échanges avec des pays lointains. La forme de l'un des grands récipients de la culture Kouro-Araxe provenant de la tombe de Kvemo Aranisi (centre-nord de la Géorgie) rappelle celle d'un récipient traditionnel géorgien en céramique qui servait à la fabrication du vin (*kvevri*). Il est orné d'images conventionnelles de chariots attelés à des taureaux, ce qui fait probablement référence au transport du vin par des chariots. Les analyses palynologiques des résidus des deux récipients zoomorphes Kouro-Araxe provenant d'Aradetis Orgora (vers 3000 avant J.-C.) ont prouvé la présence de vin dans ces récipients [fig. 7].

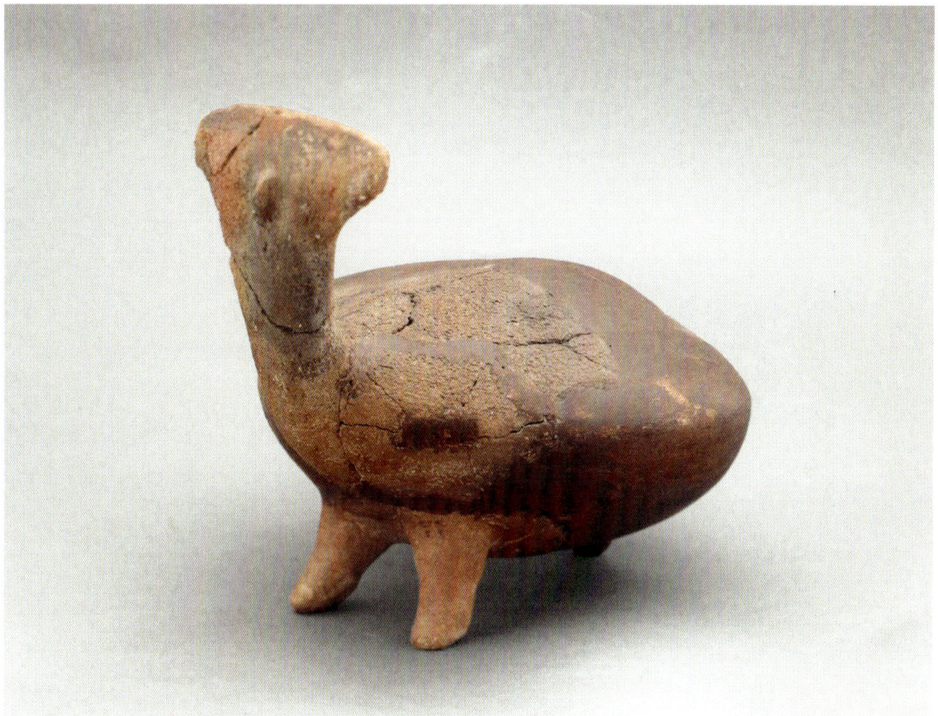

Fig. 7
Rhyton en forme d'oiseau
Début du 3e millénaire avant J.-C.
Terre cuite – Orgora, Kartli intérieur
GNM — Musée d'Histoire Simon Janashia de Géorgie

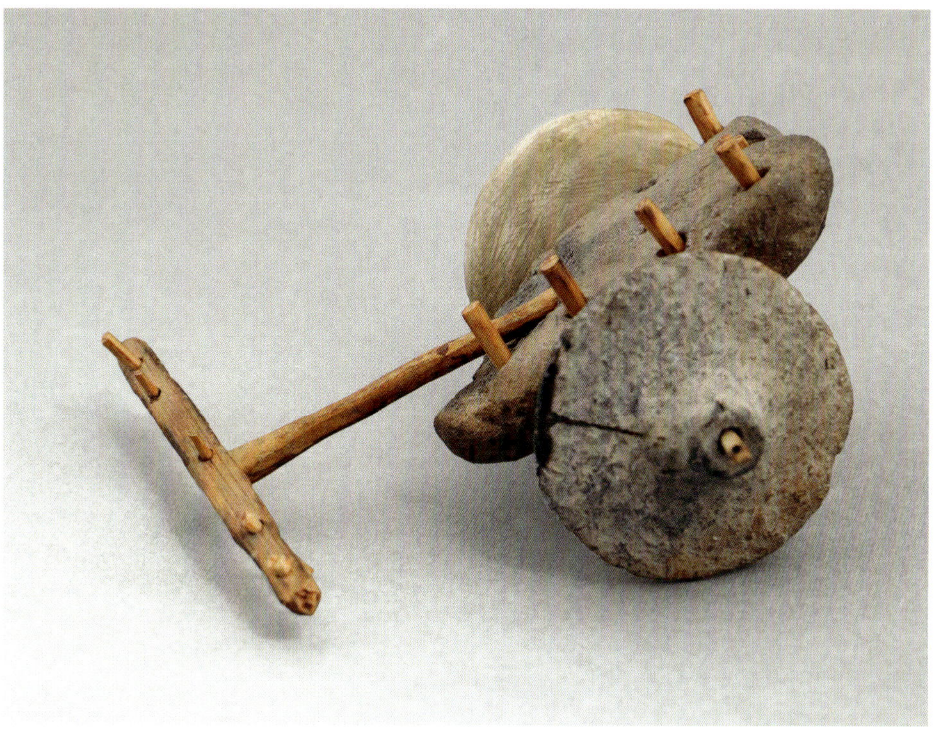

Fig. 8
Modèle de charrette à deux roues
Milieu du 3e millénaire avant J.-C.
Badaani, Mtskhéta, Kartli intérieur
GNM — Musée d'Histoire Simon Janashia de Géorgie

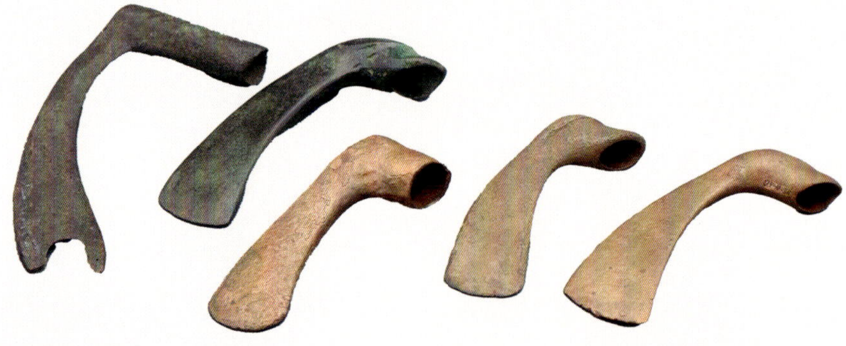

10

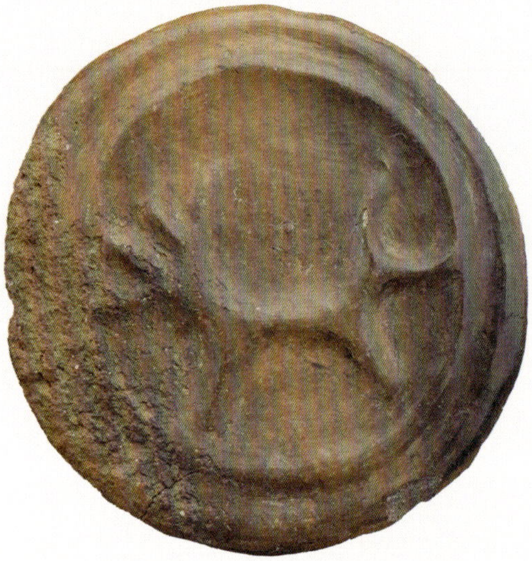

9

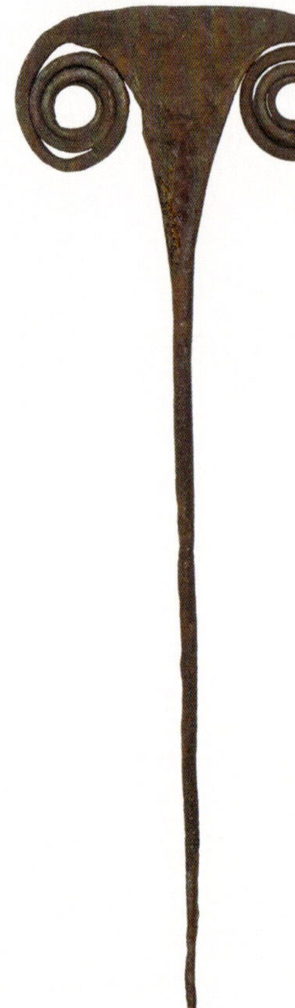

30

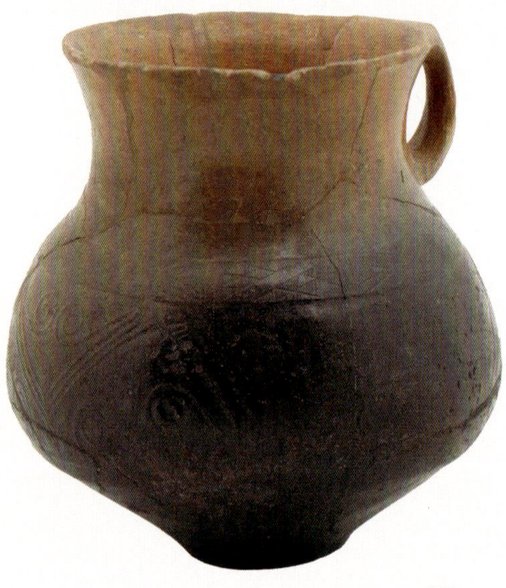

29

Fig. 9
Couvercle avec figurine d'animal, Première moitié du 3e millénaire avant J.-C.
Terre cuite – Kvatskhélébi, Kartli intérieur

Fig. 10
Haches, Milieu du IIIe millénaire avant J.-C.
Cuivre – Sachkhere, Imérétie
Tout images : GNM – Musée d'Histoire Simon Janashia de Géorgie

Cat. 29
Pichet, Première moitié du 3e millénaire avant J.-C.
Terre cuite – Tsikhiagora, Kaspi, Kartli intérieur

Cat. 30
Épingle, Première moitié du 3e millénaire avant J.-C.
Bronze – Urbnissi, tombe 44, Kartli intérieur

Le fait que les communautés Kouro-Araxe connaissaient le transport sur roues est confirmé par la découverte d'un modèle en argile d'un chariot à deux roues dans le site de Badaani (au nord-est de Tbilissi, vers la première moitié du 3e millénaire avant J.-C.) [fig. 8]. Cependant, des roues en argile similaires au modèle de Badaani découvertes dans des sites antérieurs à la culture Kouro-Araxe (Ortchosani et Böyük Kesik) suggèrent la présence de moyens de transport sur roues dans le sud du Caucase au moins depuis le milieu du 4e millénaire avant J.-C. Parmi les autres produits essentiels, on peut citer le sel gemme, extrait par les communautés Kouro-Araxe des gisements de sel de Duzdagi dans la vallée de l'Araxe, dans l'actuel Azerbaïdjan, au moins depuis le milieu du 4e millénaire avant J.-C.

Le développement de la culture Kouro-Araxe se divise en deux phases principales. La première phase date d'environ 3500/3400-3000/2900 avant J.-C. et correspond à la période de l'Uruk récent, ce qui suggère que la culture Kouro-Araxe, avec son mode de vie agro-pastoral et son modèle social égalitaire, et la civilisation de l'Uruk, avec son économie centralisée et sa complexité sociale strictement hiérarchique, entretenaient des liens étroits et représentaient un système économiquement interconnecté.

Le lancement de la deuxième phase de la culture Kouro-Araxe (vers 3000/2900 avant J.-C.) résulte probablement de l'expansion du système de l'Uruk au cours des derniers siècles du 4e millénaire avant J.-C., avec la création de nouvelles cités-États aux systèmes de pouvoir centralisés, ce qui a probablement provoqué une augmentation de la consommation de matières premières pour la construction d'édifices publics et de biens de prestige pour les élites. L'intensification de la concurrence et la surcharge des réseaux de transport de biens ont entraîné la nécessité de protéger les marchandises sur les routes commerciales. Pour assurer la sécurité du transport des marchandises, il fallait des guerriers bien armés, qui à leur tour ont donné naissance à des groupes mobiles au mode de vie semi-nomade, dont les principaux revenus provenaient du commerce à distance. L'«expansion» de la culture Kouro-Araxe du Caucase vers le sud, qui a débuté vers 3000 avant J.-C., est peut-être le reflet de ces changements significatifs dans le modèle socio-économique des communautés Kouro-Araxe. La découverte de la «tombe royale» d'un chef guerrier à Arslantepe (Anatolie orientale) avec des armes et des poteries de type Kouro-Araxe laisse penser que le processus de différenciation sociale au sein des communautés Kouro-Araxe était déjà en cours à la fin du 4e millénaire avant notre ère.

Vers le milieu du 3e millénaire avant J.-C., les communautés issues de cette culture ont abandonné leurs villages, laissant l'ensemble de la scène historique aux chefferies des cultures dites des « premiers kourganes » (Martkopi, Bédéni, Trialeti) dans le Caucase méridional et les régions voisines. Le phénomène Kouro-Araxe n'a pas survécu à son effondrement, car les liens économiques en Mésopotamie et dans les régions voisines se sont réorganisés avec l'établissement du premier empire du monde par Sargon d'Akkad, qui a pris en main l'ensemble de la gestion du commerce à longue distance [cat. 29, 30, fig. 9, 10].

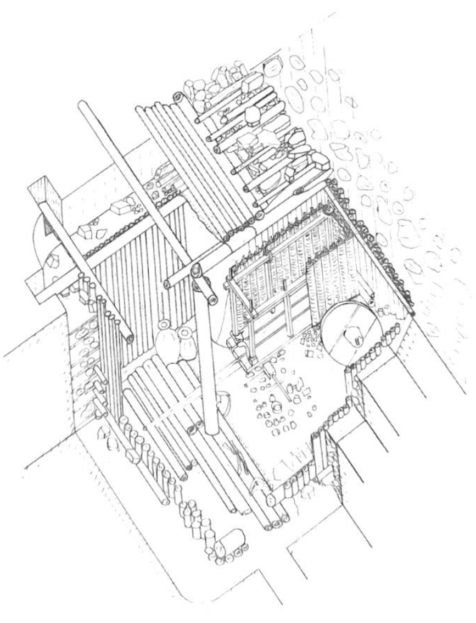

Fig. 11
Vue du kourgane 5 à Bédéni (Kartli inférieur)

Les «premiers kourganes»

Même s'ils ont été en grande partie pillés, les kourganes (tumulus) témoignent encore de la grande richesse des chefs pour lesquels ils ont été construits, et ce dès l'Antiquité [fig. 11]. Leur richesse se reflète dans les objets précieux en or, en argent et en pierres semi-précieuses qu'ils renferment, ainsi que dans l'importante main-d'œuvre nécessaire à l'édification de ces énormes sépultures. Certains kourganes mesuraient jusqu'à 100 m de diamètre, avec des salles funéraires de 150-175 m² et s'ouvraient sur plusieurs centaines de mètres de routes cérémonielles pavées de pierres menant aux *dromoi* des kourganes.

Le kourgane 3 d'Ananauri (Kakhétie, Géorgie orientale), qui vient d'être fouillé, appartenait à la culture de Bédéni et datait du XXIVe siècle avant J.-C. Il comportait un monticule d'argile de 12 mètres de haut au-dessus d'une chambre construite en bois, qui permettait de conserver des offrandes faites de matériaux organiques également. On y a également trouvé deux chariots en bois à quatre roues [fig. 12], un fauteuil en bois, trois bols en bois décorés, des paniers en osier, de grandes pièces de tissu et

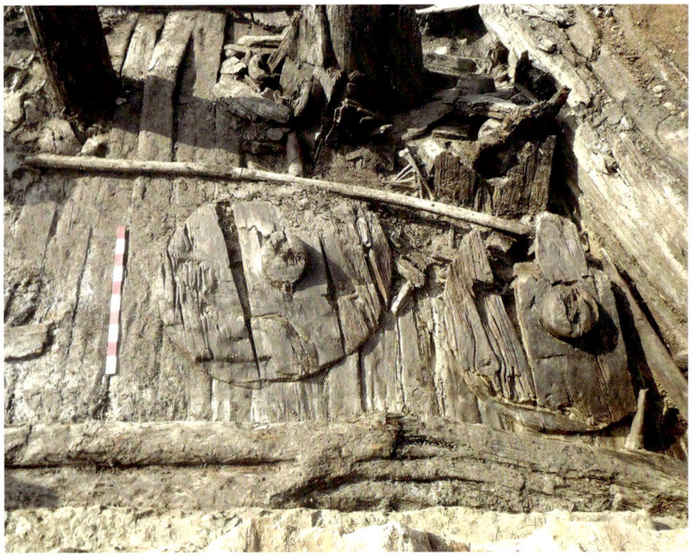

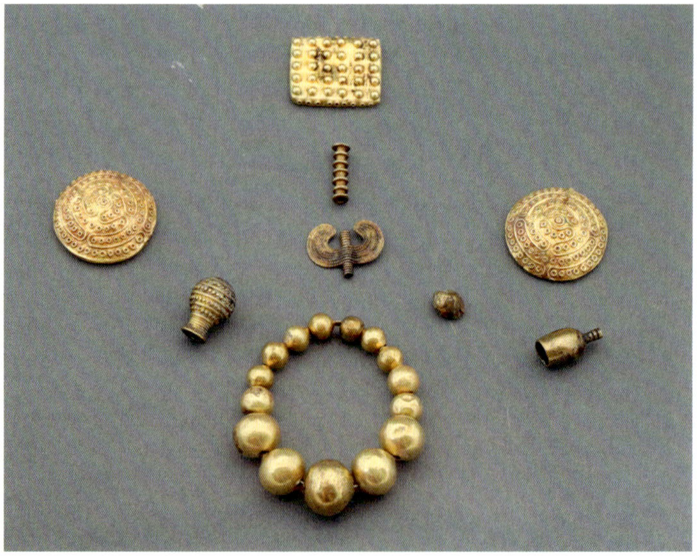

Fig. 12 (gauche)
Détail d'un des deux chariots en bois à quatre roues trouvés à Ananauri (kourgane 3)

Fig. 13 (droit)
Artéfacts en or découverts à Ananauri (kourgane 3), Milieu de 3e millénaire avant J.-C.
GNM – Musée d'Histoire Simon Janashia de Géorgie

même des noisettes, des châtaignes et des baies. Même si le kourgane a été pillé à deux reprises, les voleurs ont laissé 24 objets en or [fig. 13], dont des perles, des pendentifs, des plaques et un ensemble de perles d'ambre, ce qui témoigne sans aucun doute d'un commerce de longue distance, peut-être jusqu'à la région de la Baltique.

Le pectoral en or ajouré du kourgane 2 d'Ananauri [cat. 31] utilise la technique du filigrane déjà utilisée au Proche-Orient depuis le début de la période dynastique IIIA (2600-2450 avant J.-C.). Le collier d'Ananauri se compose également de perles à double spirale typiques de la culture de Martkopi et de trois pendentifs à double spirale torsadée pour former des cônes semblables à ceux du pendentif à quadruple spirale de la même période du dynastique archaïque IIIA du cimetière royal d'Ur. Bien que la culture de Martkopi soit antérieure au spécimen d'Ur (environ 2550 avant J.-C.), les pendentifs en spirale du collier d'Ananauri, avec son pectoral raffiné, sont plus habilement réalisés que ceux trouvés à Ur.

Les objets en or à granulation sont apparus dès la première phase de la culture de Trialeti de l'âge du bronze moyen sur les perles creuses sphériques, tandis que le pendentif avec incrustation d'agate et inserts de cornaline en cloisonné trouvé dans le kourgane 8 de Trialeti [cat. 32] ressemble à celui d'Ur de la période akkadienne; les deux objets doivent donc remonter à une date antérieure à 2100 avant J.-C.

Malgré les pillages de l'Antiquité, certains objets funéraires restants du kourgane 14 de Trialeti témoignent encore clairement de l'implication des communautés culturelles de Trialeti dans les échanges de longue distance au cours de la seconde moitié du 3e millénaire avant notre ère. Ce kourgane contenait une amulette en agate en forme de jambe humaine, semblable à celles que l'on trouve en Égypte pendant l'Ancien Empire et la Première Période Intermédiaire, ainsi qu'une perle cylindrique en cornaline gravée de lignes blanches transversales, considérée comme une perle d'Harappa et semblable à celles distribuées dans une vaste zone qui s'étend de l'Indus au golfe Persique et à la Méditerranée, et trois perles d'ambre, probablement originaires de la région de la Baltique.

La hache en forme d'ancre témoigne à nouveau des interconnexions à grande distance dans le sud du Caucase [cat. 33]. Sur moins de vingt échantillons de ce type trouvés dans l'ensemble du Proche-Orient et de l'Égypte, quatre proviennent du Caucase méridional et témoignent d'une qualité de fabrication exceptionnelle. Seules les haches du Caucase méridional présentent des filigranes qui décorent les bords de ces haches. Dans le kourgane de Karashamb, on a découvert trois haches en bronze et une en argent, ainsi qu'un gobelet en argent représentant des scènes de bataille, de chasse, de sacrifice et d'autres rituels. Le kourgane 5 de Trialeti renfermait un gobelet en argent de forme et de style similaires. L'iconographie de ce gobelet est similaire à celle des images mésopotamiennes, notamment avec la

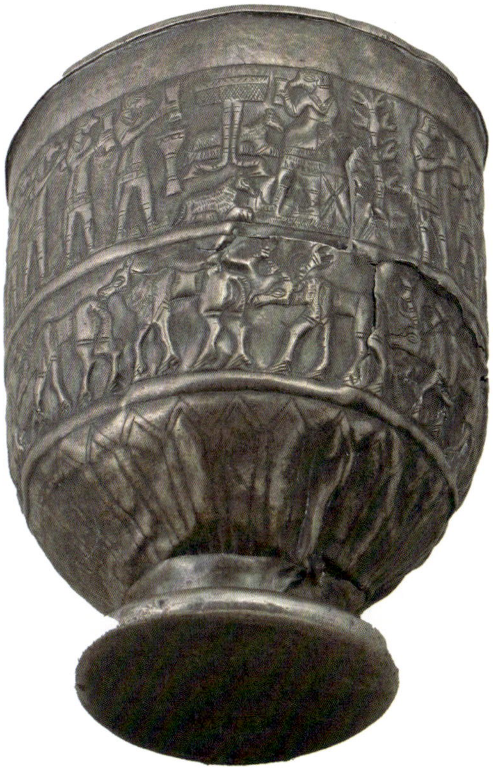

14

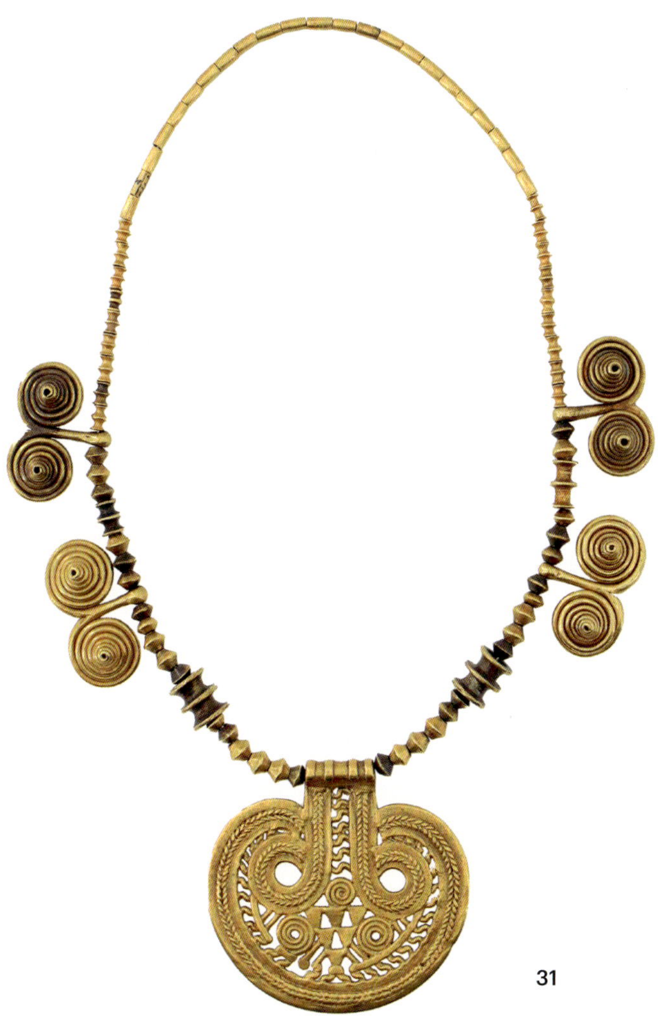

31

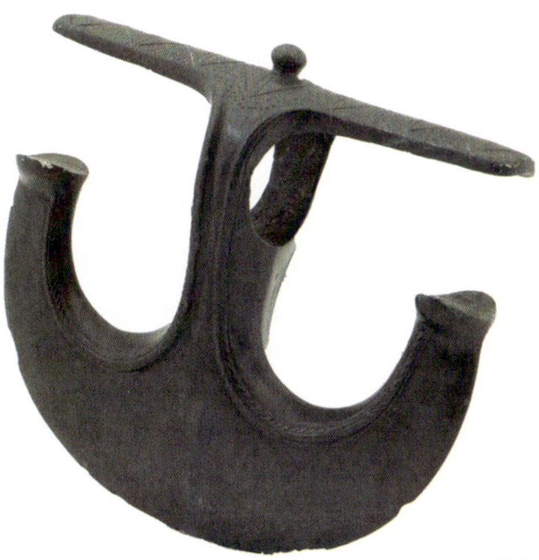

33

Fig. 14
Coupe, 3e-2e millénaire avant J.-C.
Argent – Trialeti, Tsalka, kourgane 5, Kartli inférieur

Cette coupe, fabriquée à partir d'une seule feuille d'argent, est encerclée de deux frises de silhouettes martelées en relief. Dans la partie supérieure, on trouve une procession rituelle : 22 personnages tenant des coupes et portant des masques et des vêtements rituels marchent vers l'autel sacrificiel ainsi que vers la figure centrale, derrière laquelle se dresse l'arbre de vie. Dans la frise inférieure, cinq cerfs et quatre biches se suivent.

Cat. 31
Pectoral ajouré, perles et pendentifs
Milieu du 3e millénaire avant J.-C.
Or – Ananauri, kourgane 2, Kakhétie

Toutes les photos sur cette page : GNM – Musée d'Histoire Simon Janashia de Géorgie

Cat. 33
Hache en forme d'ancre
2e moitié du 3e millénaire avant J.-C.
Bronze – Tetritskharo, Bédéni, kourgane 12, Kartli inférieur

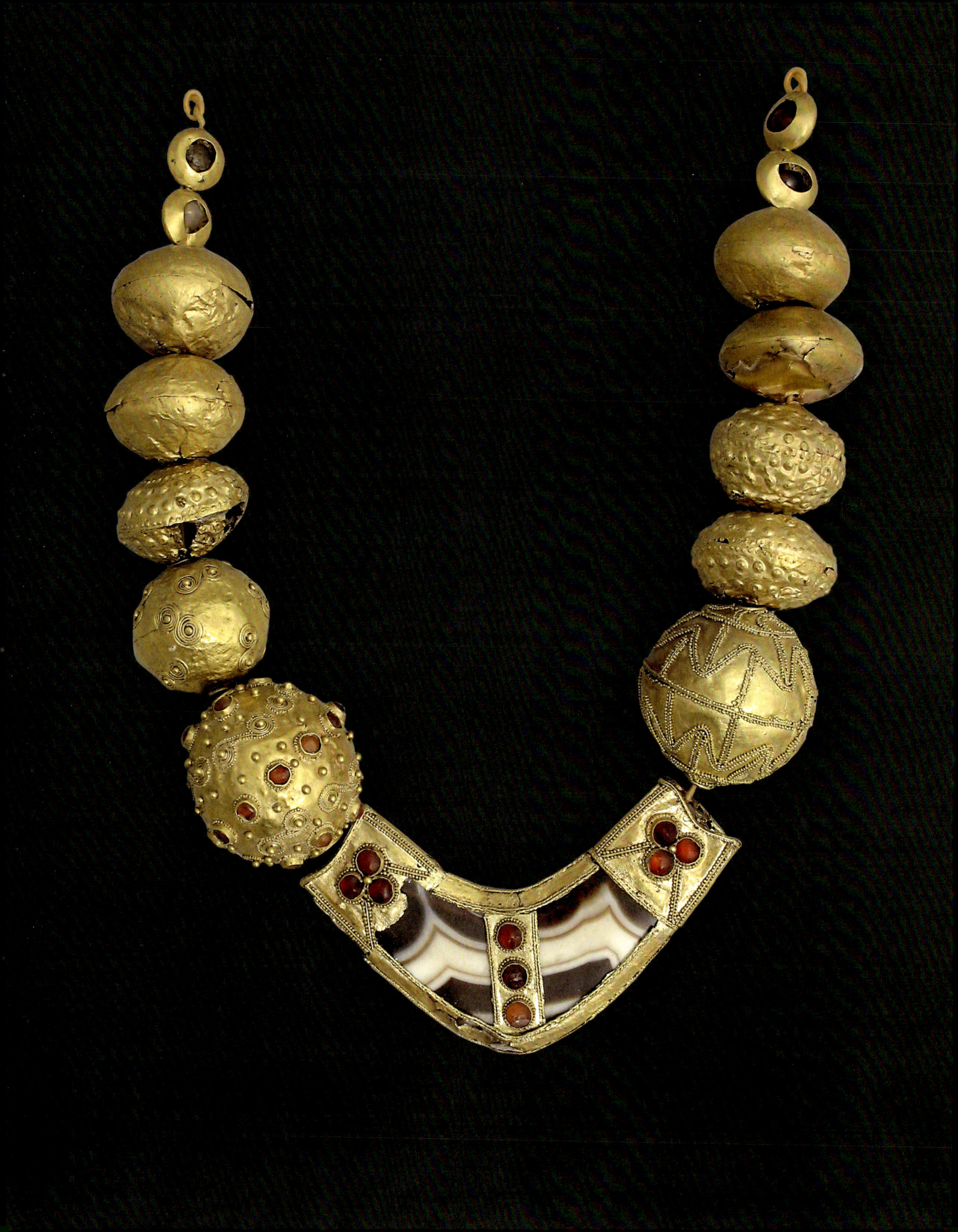

figure centrale assise sur un siège et tenant une coupe dans sa main levée [fig. 14]. Elle est également comparable à l'iconographie des sceaux de Kültepe de la période de l'ancienne colonie assyrienne d'Anatolie, bien que les récipients de Trialeti et de Karashamb datent d'avant cette période.

Trialeti et le monde égéen

Les interactions entre le Caucase et la mer Égée pourraient remonter à l'âge du bronze ancien. Cependant, nous disposons de preuves de contacts incontestés entre ces régions pour l'âge du bronze moyen, qui coïncident avec les deuxième et troisième phases de la culture de Trialeti de l'âge du bronze moyen dans le Caucase méridional, la fin de la période minoenne moyenne dans la mer Égée et le début de l'âge mycénien en Grèce continentale.

De longues épées en bronze, appelées rapières [fig. 15], sont apparues dans le sud du Caucase dans des kourganes de la deuxième phase de la culture de Trialeti, bien avant les premières épées longues de type A dans le monde égéen. Selon l'étude typologique comparative des rapières et les analyses radiocarbones, l'art du sabre serait né dans le sud du Caucase vers la fin du 3e millénaire avant J.-C., avant de se répandre dans la mer Égée et finalement en Europe, où il est devenu la base de l'armement européen. Les rapières du Caucase méridional proviennent elles-mêmes des grandes épées d'Anatolie centrale et du nord-est (Alaca Höyük, Horoztepe, vers le milieu du 3e millénaire avant J.-C.).

Les tombes royales d'Alaca Höyük et les kourganes de la culture de Trialeti, notamment ceux dans lesquels on a trouvé des rapières, partagent également des coutumes funéraires avec les bucranes, représentés avec une ou plusieurs paires de crânes de taureaux et les os de leurs membres, comme si les taureaux emmenaient le défunt dans un autre monde. Cette croyance fait écho à la symbolique des cornes de consécration dans la région égéenne, les cornes des taureaux devant servir de médiateurs entre notre monde et l'autre.

Les spirales peintes en forme de vagues, représentées sur les *pithoi* des kourganes 5 et 17 de Trialeti, sont similaires à un motif que l'on retrouve essentiellement sur les céramiques palatiales crétoises du Minoen moyen, appelées céramiques ou vases de Kamarès. À l'exception des spirales, l'un des *pithoi* de Trialeti (kourgane 17) représente un symbole en forme de rhomboïde (probablement un bucrane stylisé) caractéristique exclusive de la culture de Trialeti. L'ornement en relief représenté sur le *pithos* du kourgane 8 de Namgalamitsebi (Tbilissi) qui date de l'âge du bronze moyen [cat. 34] est comparable à l'ornement en forme de vagues mais fait également écho aux motifs en spirale de l'âge du bronze ancien, ce qui laisse supposer la poursuite des traditions de la culture Kouro-Araxe à l'âge du bronze moyen. Les spirales en forme de vagues marines ornent également des objets en or, comme l'exceptionnel gobelet en or du kourgane 17 de Trialeti [fig. 16]. Le gobelet est décoré de motifs filigranés sertis de pierres colorées telles que la sardonyx rouge, la cornaline, le jais, l'ambre et le lapis-lazuli.

Les récipients à plusieurs anses et à bouton de Trialeti sont comparables aux grands *pithoi* palatiaux du Minoen moyen II et IIIB de Cnossos et de Phaestos en Crète. Les cordes représentées sur les deux types de récipients révèlent leur fonction pour le transport de ces récipients.

Cat. 32
Collier
Fin du 3e millénaire avant J.-C.
Or, cornaline, agate
Trialeti, Tsalka, kourgane 8, Kartli inférieur
GNM – Musée d'Histoire Simon Janashia de Géorgie

Fig. 15
Rapière
XXIIe-XIXe siècle avant J.-C.
Bronze – Lilo, kourgane 1, Tbilissi
GNM – Musée d'Histoire Simon Janashia de Géorgie

Actuellement, les chercheurs considèrent que les rapières, tout comme les techniques de combat à l'épée, sont apparues dans le sud du Caucase au cours de la culture de Trialeti, vers la fin du troisième millénaire avant J.-C., puis se sont répandues dans la mer Égée (Crète et Grèce continentale) et, de là, dans d'autres parties de l'Europe.

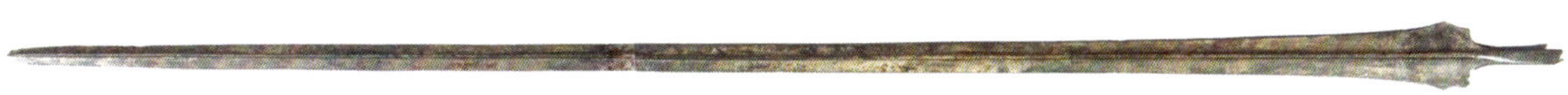

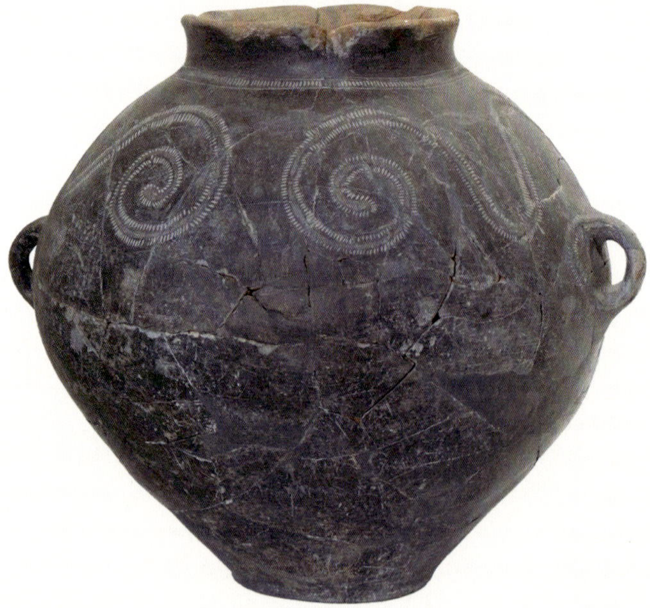

34

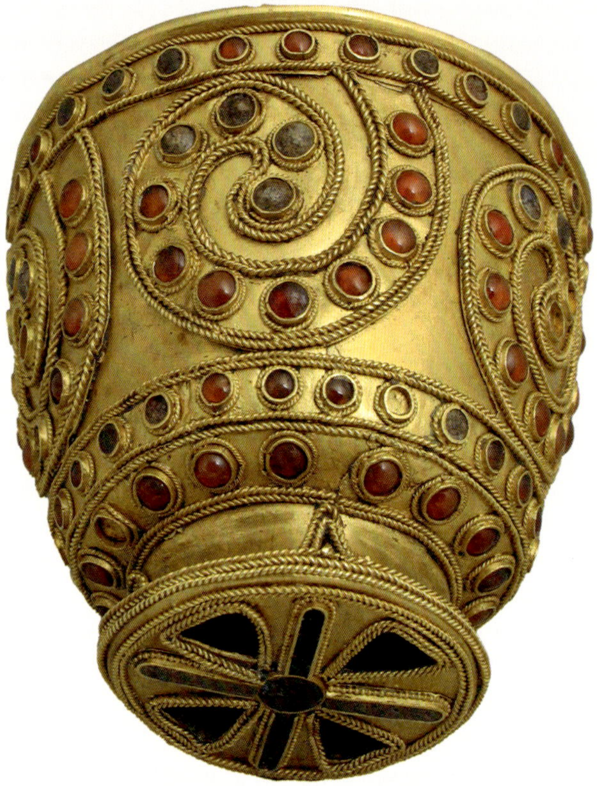

16

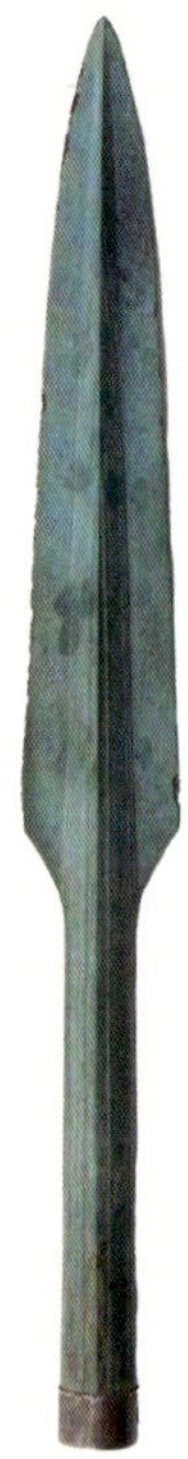

35

Fig. 16
Coupe décorée de spirales en forme de vagues, 3e-2e millénaire avant J.-C.
Or, sardonyx rouge, cornaline, jais, ambre, lapis-lazuli
Trialeti, Tsalka, kourgane 17, Kartli inférieur

Cat. 34
Pithos
Fin du 3e-début du 2e millénaire avant J.-C.
Terre cuite
Namgalamitsebi, kourgane 8, Tbilissi

Toutes les images sur cette page: GNM – Musée d'Histoire Simon Janashia de Géorgie

Cat. 35
Pointe de lance à socle et à hampe annelée
3e-2e millénaire avant J.-C.
Bronze
Trialeti, Tsalka, kourgane 15, Kartli inférieur

Les chaudrons en cuivre du kourgane 15 de Trialeti et de la tombe à puits 4 de Mycènes sont presque identiques. Les seaux en bronze du kourgane 15 de Trialeti et de la tombe à puits 5 de Mycènes ont une forme similaire et une taille à peu près identique, et le système de fixation de la poignée est identique. Un seau assorti, dont la base annulaire est plus basse mais dont le système de fixation de la poignée est identique, provient du territoire intermédiaire de Kültepe, en Anatolie.

Les pointes de lance en bronze à socles et à hampes annelées qui proviennent de la troisième phase des assemblages de la culture de Trialeti de l'âge du bronze moyen (par ex. Trialeti kourgane 15, Lori Berd tombe 77) [cat. 35] sont semblables à celles que l'on trouve au Proche-Orient et dans le monde égéen.

Du bronze au fer

En plus de la création de rapières en bronze à l'âge du bronze moyen, la création d'autres armes offensives à la fin de l'âge du bronze et au début de l'âge du fer figure parmi les autres réalisations importantes des métallurgistes du Caucase méridional. Il s'agit d'épées et de poignards coulés dans la masse, dont l'évolution est bien retracée dans le Caucase méridional vers 1600-900 avant J.-C., depuis les épées à poignée à cadre jusqu'aux épées et poignards à poignée creuse ajourée, coulés dans un seul moule au moyen d'une technique complexe de cire perdue [fig. 17]. Lorsque le fer a commencé à se répandre dans la région, les métallurgistes ont entrepris la fabrication d'épées bimétalliques avec des lames en fer, mais avec les mêmes poignées creuses en bronze ajouré qu'auparavant. Cela indique que les traditions de travail du métal de l'âge du bronze ont perduré jusqu'au début de l'âge du fer.

Les artisans du sud du Caucase utilisaient des techniques bien plus complexes pour couler les sculptures animales en bronze attachées aux timons des chars [cat. 36, 37, 38]. Même si elles sont composées de deux parties, la figurine elle-même et le socle, toutes deux sont coulées dans un moule fermé pour permettre à la figurine de tourner contre le socle. Bien qu'il y ait un écart chronologique de près d'un millénaire, ces figurines animales qui datent de la fin de l'âge du bronze témoignent clairement de l'héritage des «tombes royales» d'Alaca Höyük.

Une exceptionnelle boucle de ceinture [cat. 39] découverte dans la sépulture d'un guerrier du XIIIe siècle avant J.-C. au cimetière de Treli (Tbilissi) prouve une fois de plus la grande maîtrise des artisans de la fin de l'âge du bronze, tant du point de

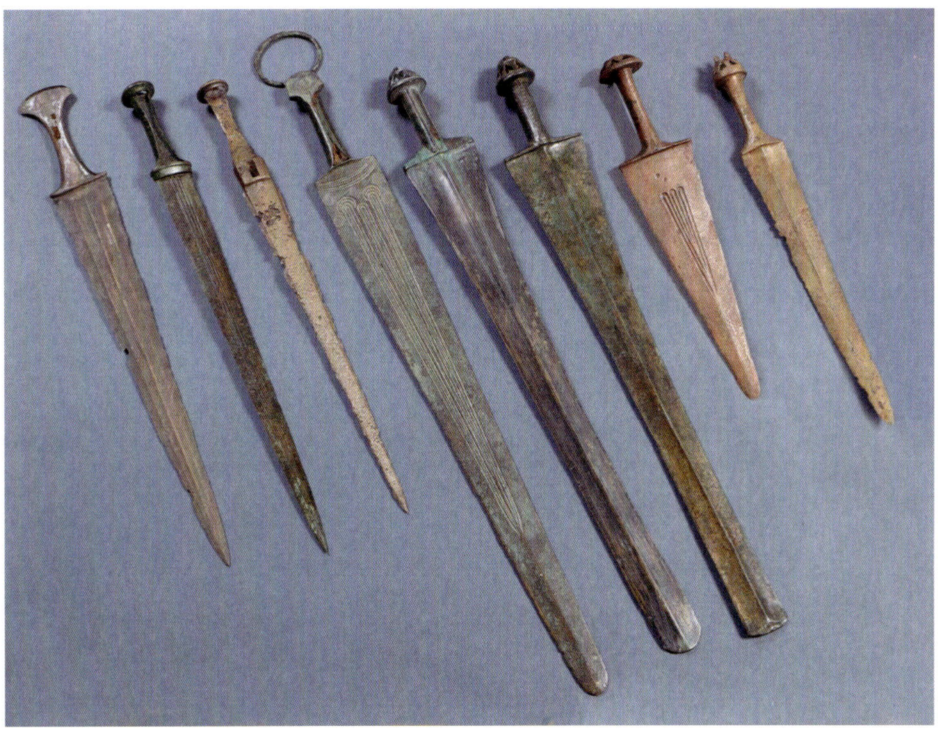

Cette série de poignards et d'épées en bronze originaires de l'est de la Géorgie témoigne d'une progression remarquable dans le développement des armes, existant exclusivement dans le sud du Caucase. Ces armes, initialement de simples lames à poignée encadrée, sont devenues des pièces complexes et perfectionnées à poignée creuse, coulées dans des moules uniques étanches à l'aide de techniques à la cire perdue. Ces objets témoignent d'un savoir-faire et d'une ingéniosité uniques qui sont apparus entre 1600 et 900 avant J.-C.

Fig. 17
GNM — Musée d'Histoire Simon Janashia de Géorgie & GNM — Institut de recherche archéologique O. Lortkipanidze

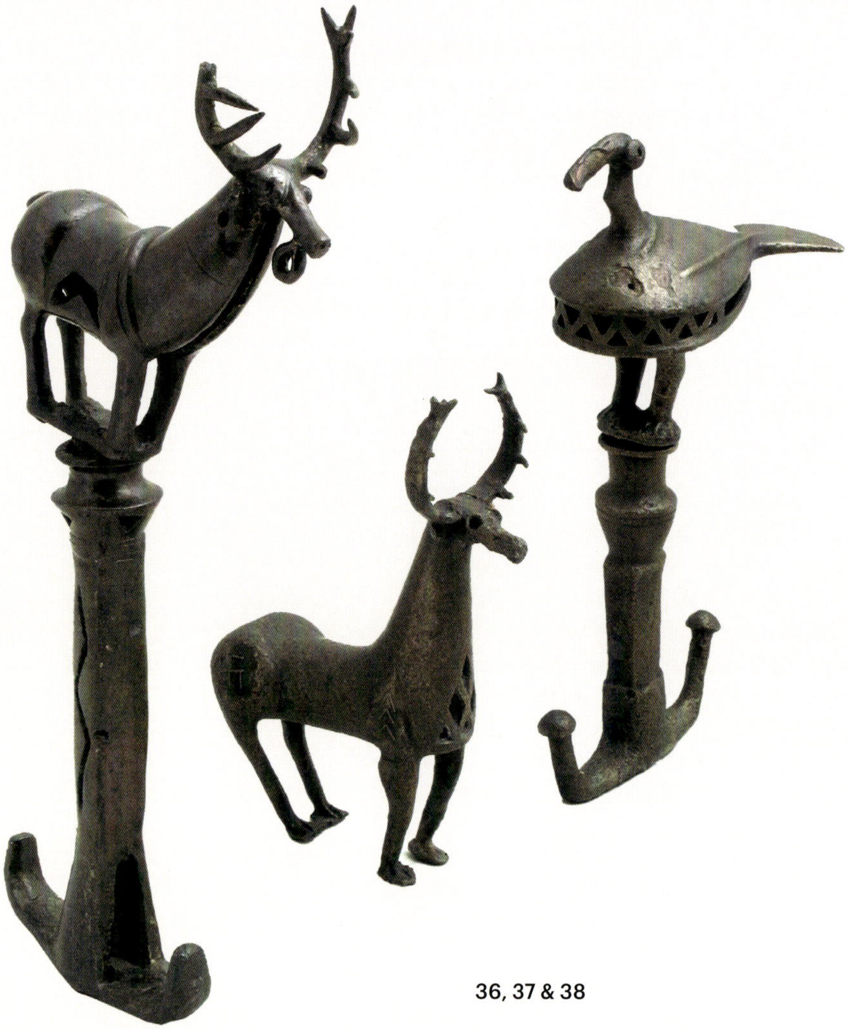

36, 37 & 38

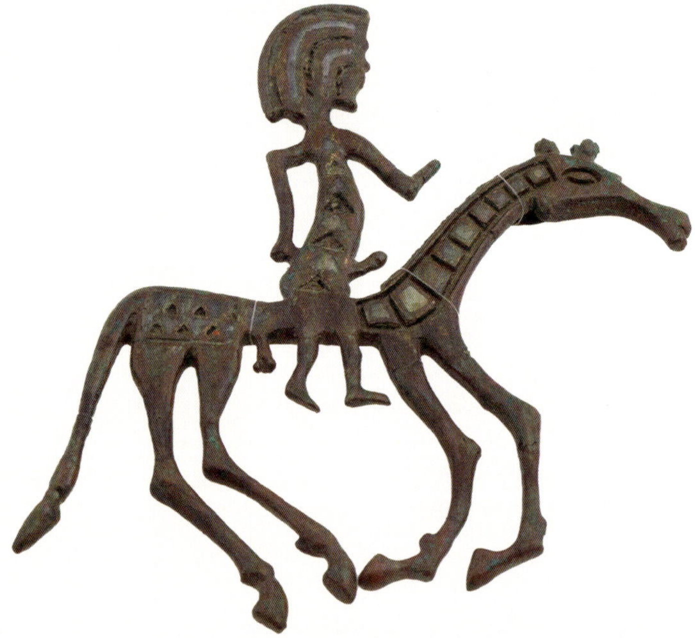

39

Cat. 36, 37 & 38

Sculptures ornementales pour timons de chariots
Milieu du 2e millénaire avant. J.-C. et XIVe-XIIIe siècle avant J.-C.
Bronze – Berikldeebi, kourgane 4, Kartli intérieur et Tsitelgorébi, kourgane 1, Kakhétie

GNM – Musée d'Histoire Simon Janashia de Géorgie

Cat. 39

Boucle de ceinture, XIIIe siècle avant J.-C.
Bronze avec incrustations
Cimetière de Treli, tombe 65, Tbilissi

GNM – Musée d'Histoire Simon Janashia de Géorgie

vue artistique que de celui de la technique de fabrication. Elle est fabriquée en bronze d'étain et incrustée de cuivre à haute teneur en arsenic, ce qui fait de cet alliage un élément impossible à distinguer de l'argent. À en juger par le minuscule point rouge qui apparaît au dos du cheval, les dépressions triangulaires de la boucle sont également incrustées d'une masse vitreuse rouge. La boucle est la plus ancienne statuette connue à ce jour représentant un cavalier, ce qui fait écho à de récentes études paléogénétiques qui suggèrent l'introduction de chevaux domestiques dans le sud du Caucase, puis en Anatolie, depuis environ 2000 avant J.-C.

En plus de la boucle, la sépulture contenait également une lame en fer (probablement en acier), signe du passage à l'âge du fer dans la région dès la fin de l'âge du bronze. La destruction soudaine et brutale des cités de l'âge du bronze tardif, autrefois florissantes, dans la plupart des régions du Proche-Orient, de la Méditerranée orientale et de la mer Égée, entraînant un déclin socio-économique dramatique et l'effondrement de certaines sociétés complexes, a donné lieu à de multiples théories. Les causes de cette catastrophe ont été attribuées à plusieurs facteurs, dont les tremblements de terre, les éruptions volcaniques, les sécheresses, les migrations et les raids, ainsi que les changements de techniques de guerre, qui ont entraîné le déclin de l'attelage de chars. Même si tous ces facteurs ont pu avoir un impact significatif et accélérer l'effondrement, l'hétérogénéité des événements et, en même temps, leur apparente interconnexion témoignent de leur nature commune.

L'effondrement des sociétés complexes présentes dans cette partie du monde antique résulte probablement de la fragilité du modèle économique, principalement basé sur le commerce de ressources limitées sur de longues distances. Les métaux constitutifs du bronze (le cuivre et surtout l'étain) étant des ressources limitées, on pouvait facilement monopoliser leur marché pour tirer un profit accru de ce commerce. Ce marché comprenait également des biens de prestige aux valeurs esthétiques exclusivement réservées aux élites et destinées à légitimer leur rang social. Lorsque l'acier (le « bon fer » des archives hittites), dont les caractéristiques physiques sont supérieures à celles du bronze pour la fabrication d'armes et d'outils, est apparu sur le marché et que les minerais de fer, à la différence de l'étain et du cuivre, étaient disponibles presque partout, il a naturellement fait chuter le prix du bronze, entraînant ainsi de fortes fluctuations sur le marché. Cela aurait entraîné une augmentation des vols, des pillages et de la piraterie. C'est ainsi que les « peuples de la mer », groupe multiethnique de pillards et de voleurs de villes, sont apparus au XIIIe et au début du XIIe siècle avant J.-C., brisant le système du commerce à longue distance. Par conséquent, les sociétés fortement tributaires du commerce à longue distance ont subi un effondrement dévastateur.

Cependant, les régions riches en métaux, comme le Caucase méridional, où l'on trouvait de l'arsenic, du plomb ou de l'antimoine utilisés pour les alliages avec le cuivre dans le but d'améliorer les propriétés physiques des métaux, ont facilement pu surmonter les turbulences du marché de l'étain sur les longues distances. Il semblerait que ce soit la raison pour laquelle, contrairement à de nombreux endroits du Proche-Orient et de la mer Égée, le sud du Caucase n'a pas connu de situation aussi dramatique à la fin de l'âge du bronze, et que la transition entre le système économique monopolistique de l'âge du bronze et le système diversifié de l'âge du fer se soit faite de manière relativement harmonieuse.

La récente découverte d'un grand temple dans le site multicouche de Tréligorébi à Tbilissi, qui remonte aux XIIe et IXe siècles avant J.-C., prouve que le Caucase méridional n'a pas été touché par la catastrophe de la fin de l'âge du bronze. Mais cette période relativement paisible s'est avérée de courte durée. Des tribus nomades, que l'on suppose être des Scythes, se sont rapidement emparées d'une grande partie du Caucase méridional et y sont restées du milieu du VIIIe siècle à la fin du VIe siècle avant J.-C., avant d'être expulsées, vraisemblablement par Darius le Grand de l'Empire achéménide.

Jean-Pierre Mahé

Amirani, le Prométhée géorgien

Quoi de plus hellénique que le mythe de Prométhée, qui s'empare du feu céleste à l'aube de l'humanité? Un sage Titan qui, à l'image de son nom, réfléchit toujours (*-metheus*) avant (*pro-*) d'agir, contrairement à son frère Épiméthée, qui ne réfléchit qu'après (*epi-*). Quelle surprise pour les étrangers qui prennent la « route militaire géorgienne », de Mtskhéta à Vladikavkaz, de voir apparaître au loin, au sommet du mont Guerguéti, l'église qui surplombe la grotte où Amirani, le Prométhée géorgien, se trouve enchaîné! La légende grecque, racontée par Hésiode et Eschyle, serait-elle d'origine géorgienne? Amirani, dont le nom dérive de Mithra (*-mir-*), le dieu du feu, se cache pour l'instant dans la pierre; c'est lui qui fera jaillir l'étincelle qui embrasera le monde à la fin des temps.

D'après le mythe, le fils de Dali, déesse de la chasse, et d'un mortel, le chasseur Darejan, serait doté d'une force si puissante qu'elle compromettrait la diversité des espèces et l'équilibre des éléments. Sa mère a tenté en vain de le retenir en le mettant au monde avant son terme. Adopté par deux frères humains, Usip et Badri, qui lui prodiguent de précieux conseils, il mène de nombreux combats contre des monstres et des géants démoniaques, allant jusqu'à enlever Qamar, la fille du roi des démons.

Las d'accumuler des victoires trop faciles, il défie Dieu, le seul adversaire à sa taille. Le défi consiste en un lancer de montagne, chaque concurrent attrapant et lançant la montagne de l'autre plus loin. Dieu a truqué l'épreuve. Amirani est enchaîné, avec son chien et son épée, sous une masse rocheuse qu'il est incapable de soulever.

Une fois par an, la grotte du captif s'ouvre. Sa chaîne, que son chien lèche sans arrêt, est si usée que seul un coup d'épée suffirait à la couper, mais l'arme, qui gît à deux pas, reste inaccessible pour lui. Un chasseur égaré, qui n'a pu redescendre dans la plaine avant la nuit, tente de sauver Amirani, mais il n'en a pas la force et malheureusement, alors qu'il rentre chez lui pour chercher un crochet et briser la chaîne, le rocher se referme sur le prisonnier.

Si les différentes versions de l'histoire d'Amirani révèlent un processus de transformation au fil du temps, la légende elle-même remonte à une période entre 3000 et 2000 ans avant J.-C. La première version du récit date du XIIe siècle après J.-C. et marque l'émergence d'une littérature séculaire autochtone qui rassemble et mélange des motifs folkloriques géorgiens, persans, arabes et grecs, tant dans le fond que dans la forme [cat. 40].

L'ouvrage intitulé *Amiran-Daredjaniani*, qui remonte à la fin du XIe ou au début du XIIe siècle et qui est attribué à Mosé Khonéli, se présente comme une sorte de roman chevaleresque basé sur l'épopée d'Amirani. Il reprend et illustre plusieurs épisodes de l'épopée, en particulier le combat du héros contre les monstres, qui fait l'objet de l'illustration. Dans l'épopée, Amirani combat trois dragons : un blanc, un rouge et un noir.

Cat. 40
Amirandarejaniani (H-384)
Mosé Khonéli
Copié en 1824
exemplaire de David Tumanov
Peinture sur papier
Centre national géorgien des manuscrits Korneli Kekelidze

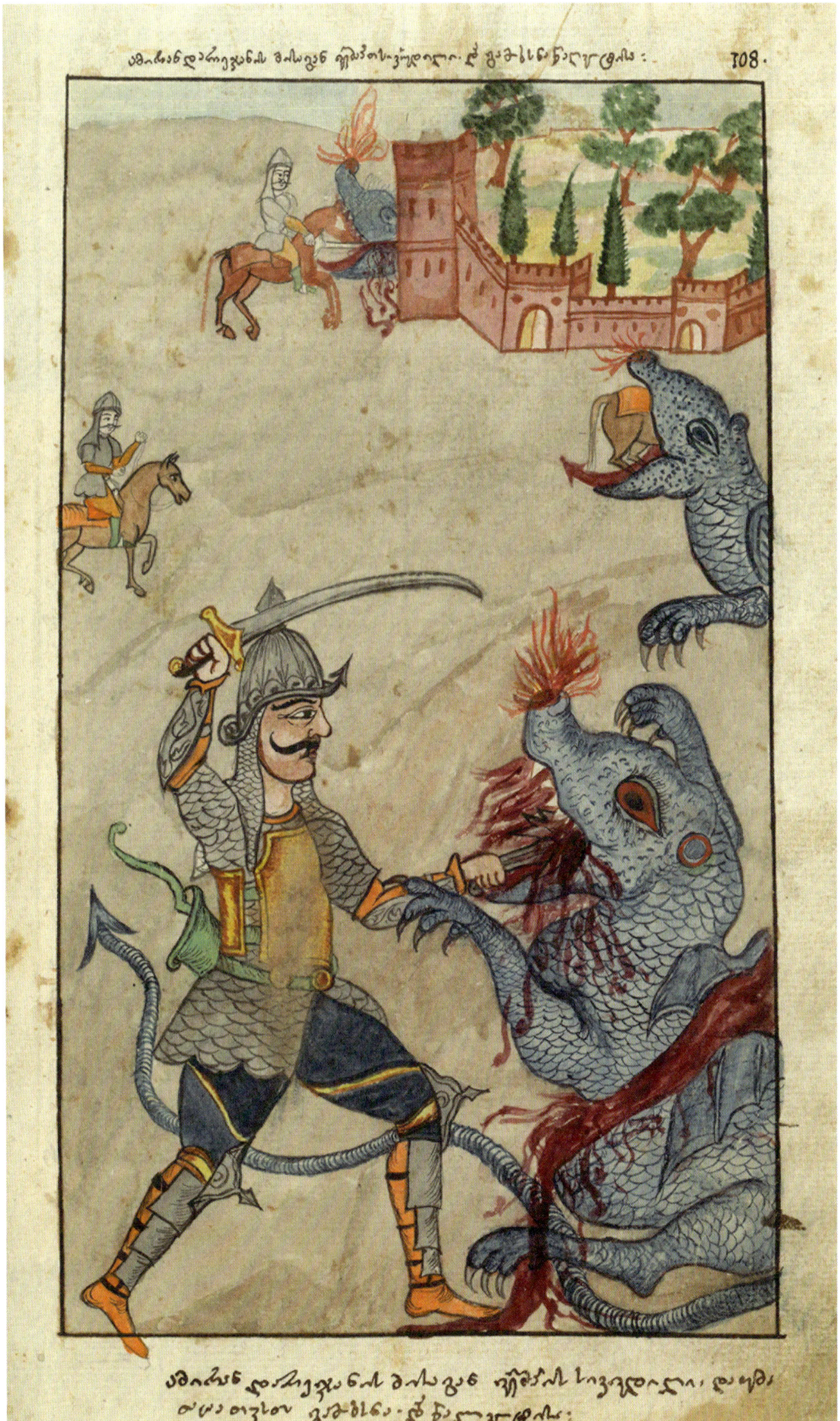
108.

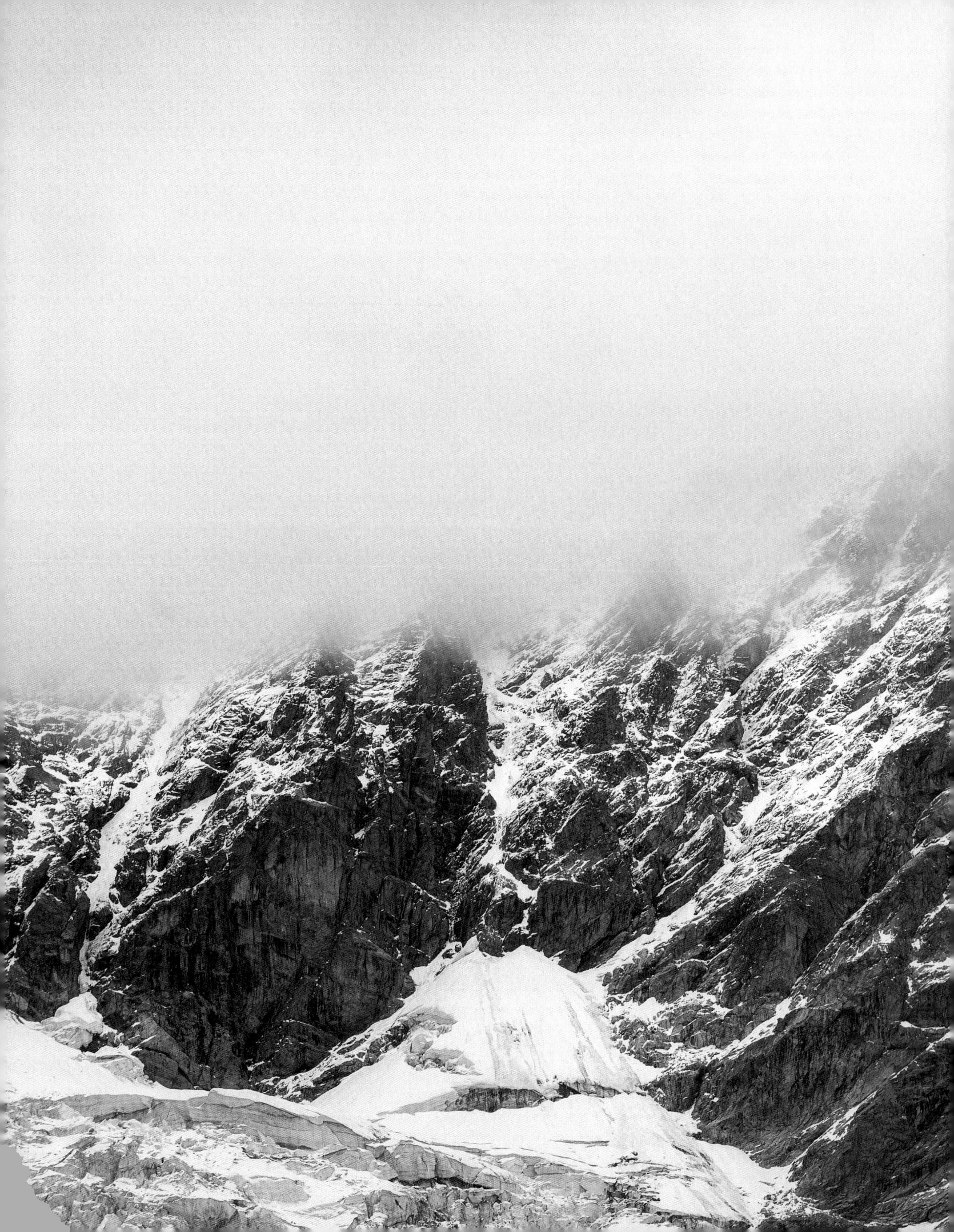

Chapitre 2

La Géorgie dans l'Antiquité

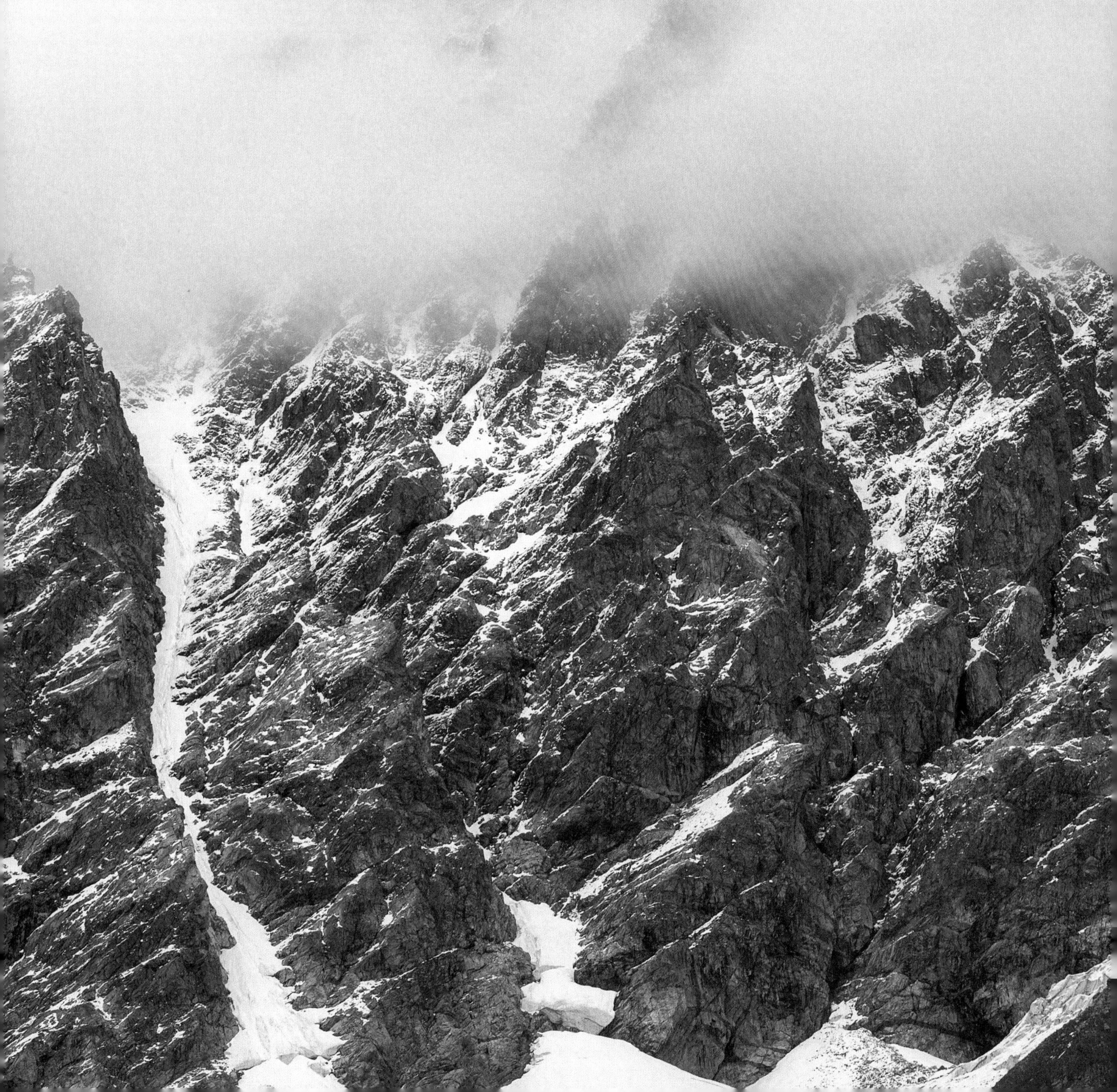

Guram Kvirkvelia

Culture locale et influences étrangères : la Géorgie entre Grèce, Rome et Proche-Orient

D'un point de vue géographique et historique, le territoire de l'ancienne Géorgie était composé de deux grandes régions : l'ouest et l'est, avec deux cultures distinctes qui se sont développées à la fin de l'âge du bronze et au début de l'âge du fer. La Géorgie occidentale, ou Egrisi (également appelée Colchide dans les sources grecques et romaines antiques et Lazique dans les sources byzantines), est apparue dans le monde grec antique grâce au mythe de Jason et des Argonautes. Selon la tradition grecque ancienne, l'expédition des Argonautes a eu lieu une génération avant la guerre de Troie. C'est à peu près à cette époque que l'on trouve les premières mentions de la Colchide dans les inscriptions des rois assyriens Tukulti-Ninurta Ier (1245-1209 avant J.-C.) et Tiglath-Pilèser Ier (1114-1076 avant J.-C.). La mention de « Qulḫa » ou « Qolḫa » apparaît dans les inscriptions du roi ourartéen Sarduri II (milieu du VIIIe siècle avant J.-C.), qui mentionne les forteresses de Qulḫa, dont la « ville royale » d'Ildamusha.

Au milieu du IIe millénaire avant J.-C., une culture colchidienne caractéristique de la fin de l'âge du bronze a vu le jour dans l'ouest de la Géorgie actuelle. Au début du Ier millénaire avant J.-C. (et surtout aux VIIIe et VIIe siècles avant J.-C.), le travail du fer se développe, tandis que le travail du bronze se caractérise par des ornements gravés sophistiqués. On a également trouvé diverses sculptures zoomorphes et anthropomorphes réalisées en bronze et en argile.

Parmi les premiers exemples d'orfèvrerie colchidienne (VIIIe-VIe siècles avant J.-C.), on trouve des pendentifs richement décorés de granulations et de têtes sculptées d'animaux prédateurs, de taureaux et de motifs de méandres. Des objets en or au style similaire ont été découverts en Géorgie orientale également.

Les premières traces archéologiques de contacts entre la Colchide et le monde grec apparaissent aux VIIIe et VIIe siècles avant J.-C. Une statuette en bronze provenant du village de Mukhurtcha et représentant un aurige est clairement proche des figurines grecques en bronze de la période géométrique tardive, de même que des statuettes féminines nues en bronze aux bras levés et une série de statuettes masculines. On a également découvert dans les villages de Mukhurtcha et d'Ergueta des complexes funéraires présentant des parallèles avec le style géométrique tardif grec. D'autres innovations remarquables trouvées sur le territoire historique de la Colchide, comme les figures animales en terre cuite avec deux, quatre ou même six têtes de part et d'autre d'un seul corps [cat. 41], ainsi que les fibules en bronze

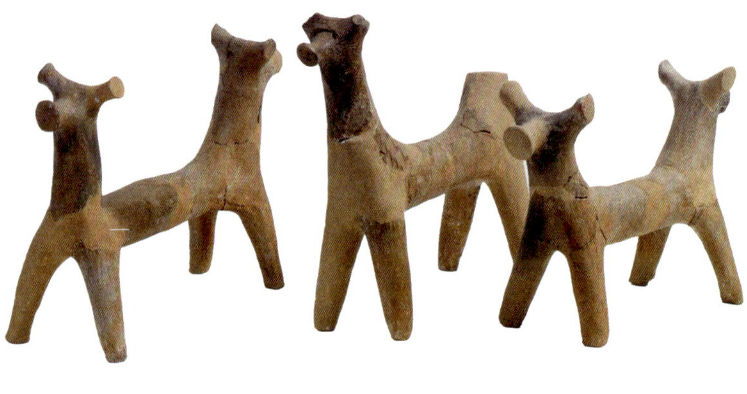

Cat. 41
Figurines bicéphales
VIIIe-VIIe siècle avant J.-C.
Terre cuite
Nokalakévi, Mingrélie-Haute Svanétie
GNM – Musée d'Histoire Simon Janashia de Géorgie

largement répandues, que ce soit en forme d'arc d'une seule pièce orné de chevrons et portant des représentations de poissons, ou avec un arc en forme de bateau délimité par des astragales et avec une épingle quadrangulaire, présentent de proches similitudes avec le monde grec.

Dans le contexte d'éventuelles inspirations grecques géométriques tardives en Colchide, on peut observer une nette tendance à une riche ornementation géométrique, ainsi que de nouvelles formes : des récipients de type canthare (kantharos) ou ressemblant à des corbeilles (kalathos), apparaissant pour la première fois dans la poterie colchidienne. Les motifs les plus caractéristiques de l'art géométrique grec (méandres et svastika) semblent également avoir été très populaires dans l'ornementation des haches de bronze colchidiennes.

À partir du Ve siècle avant J.-C. apparaissent des traces d'une différenciation sociale au sein de la société colchidienne. On a découvert à Vani et à Sairkhé des sépultures fastueuses dans lesquelles, outre les restes de l'inhumé, on a mis au jour ceux de plusieurs serviteurs [fig. 18]. Plus d'un millier d'objets en or ont été découverts dans certaines de ces tombes, qui appartenaient aux niveaux les plus élevés de l'aristocratie colchidienne et peut-être aux gouverneurs des différentes régions sous l'autorité du roi de Colchide. Plusieurs textes anciens de Trogue Pompée, Xénophon, Strabon et Pline l'Ancien témoignent de l'existence d'un royaume de Colchide; Strabon (XI, 2, 18) rapporte qu'en Colchide, «... lorsque les rois possédaient le pays, celui-ci était divisé en sceptouchies (régions de porteurs de sceptre) et ils détenaient un pouvoir modéré... ». Cette information est confirmée par l'apposition de l'inscription «BASILIKE MELABES» sur des tuiles trouvées à Vani et produites sur place qui remontent à la période allant du IVe au IIIe siècle avant J.-C. et qui désignent vraisemblablement «la tuile du roi» ou peut-être de quelque personnage officiel.

À la suite de la fondation de colonies grecques sur la côte de Colchide, comme Phasis, Dioscourias et Gyenos, les contacts avec le monde grec se sont intensifiés. Si la localisation exacte de ces lieux reste à déterminer, leur rayonnement économique et culturel est évident tant sur la côte de la mer Noire qu'à l'intérieur des terres,

Fig. 18
Vue de la tombe 24 à Vani

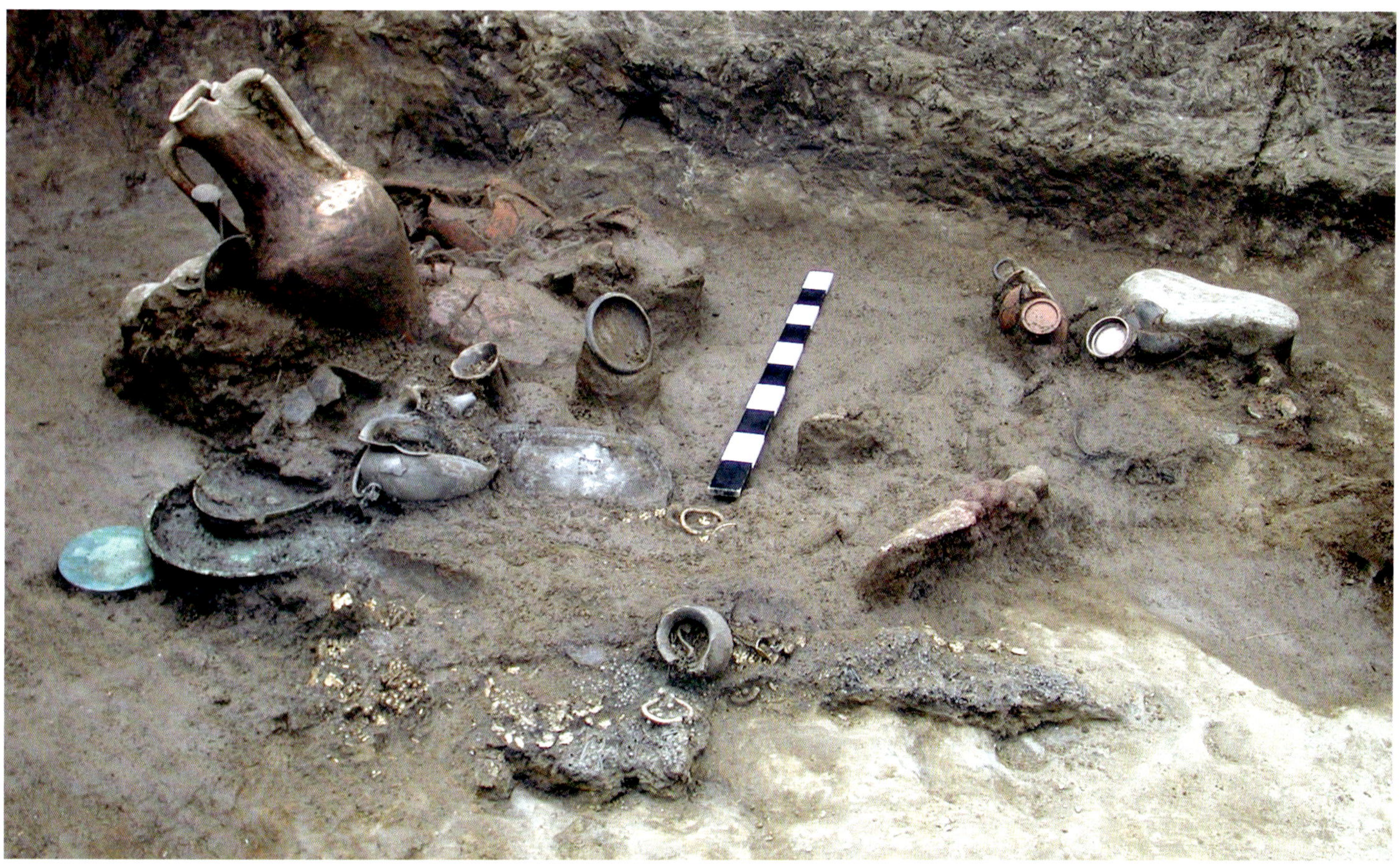

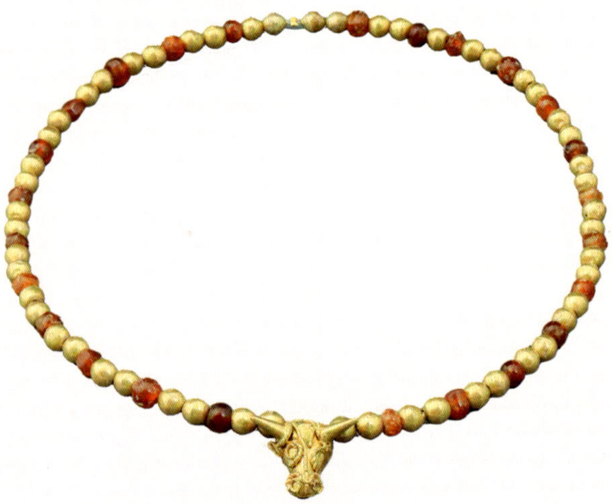

42

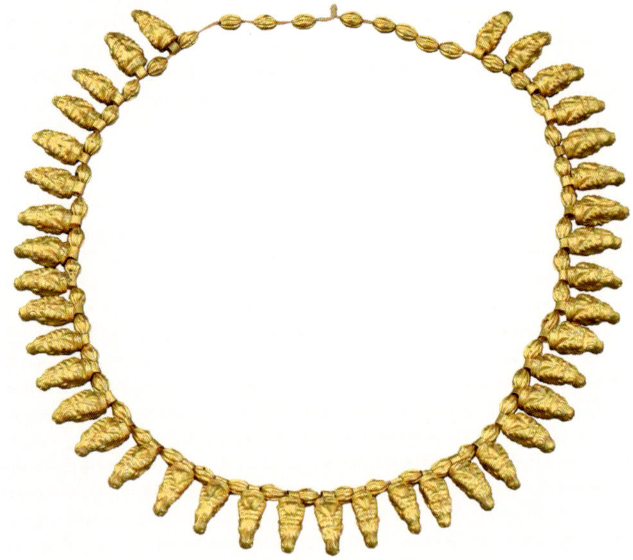

43

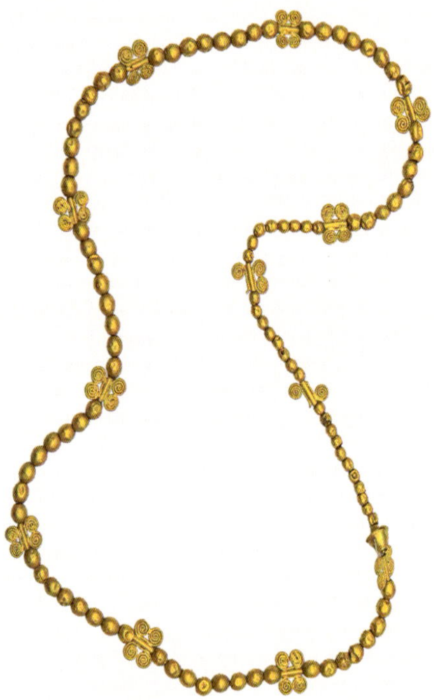

44

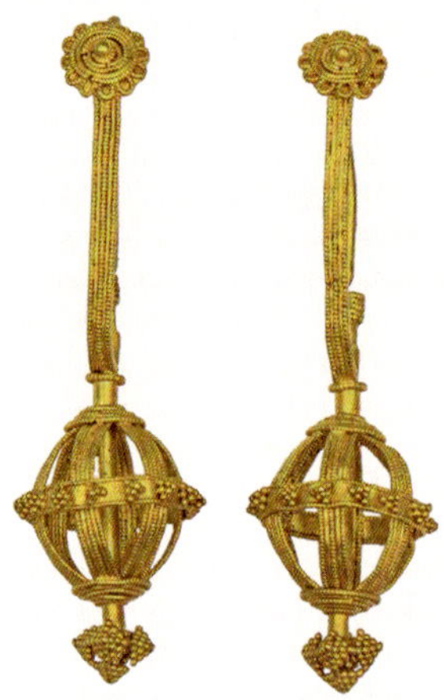

45

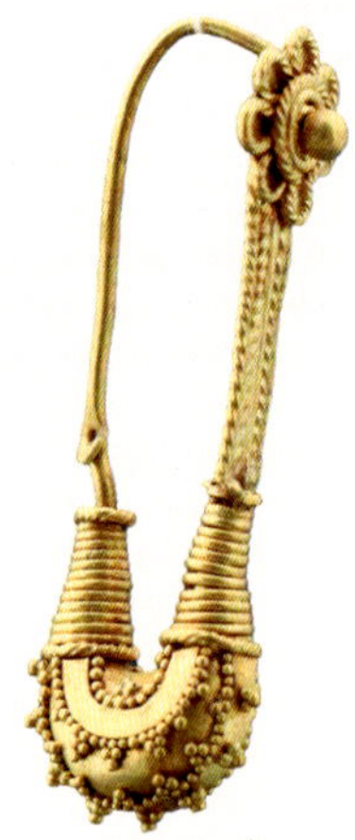

46

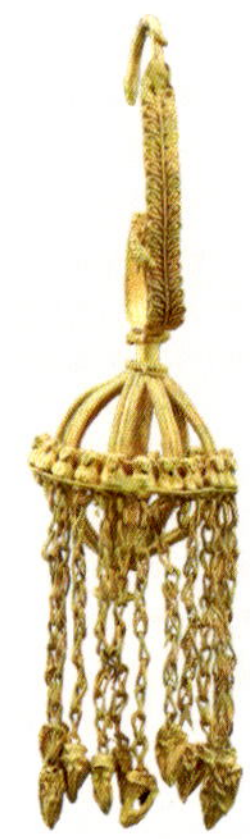

47

Cat. 42
Collier, Ve siècle avant J.-C.
Or, cornaline – Sairkhé, tombe 13, Imérétie
GNM – Musée des Beaux-Arts Shalva Amiranashvili

Cat. 43
Collier, Ve siècle avant J.-C.
Or – Sairkhé, tombe 13, Imérétie
GNM – Musée des Beaux-Arts Shalva Amiranashvili

Cat. 44
Collier, Ve siècle avant J.C.
Or – Nécropole grecque de Pichvnari, Adjarie, Géorgie
Musée archéologique de Batoumi

Cat. 45
Boucles d'oreilles
Deuxième partie du Ve siècle avant J.-C.
Or – Nécropole grecque de Pichvnari, Adjarie, Géorgie
Musée archéologique de Batoumi

Cat. 46
Boucle d'oreille, IVe siècle avant J.-C.
Or – Sairkhé, tombe 8, Imérétie
GNM – Musée des Beaux-Arts Shalva Amiranashvili

Cat. 47
Pendentif temporal, Ve siècle avant J.-C.
Or – Sairkhé, tombe 5, Imérétie
GNM – Musée des Beaux-Arts Shalva Amiranashvili

comme en témoigne le matériel archéologique trouvé sur d' anciens sites locaux, qui comprend des céramiques ioniennes, des vases attiques à glaçure noire et des amphores de Chios, Samos, Thasos, etc. À la même époque, les historiens et géographes grecs ont commencé à mentionner fréquemment la Colchide.

Les relations intenses avec les pays de la côte méditerranéenne ont joué un rôle essentiel dans le développement de la structure économique et du commerce intérieur de la Colchide, comme l'attestent les données numismatiques : on a commencé à frapper diverses dénominations de pièces colchidiennes qui ont constitué la base de la circulation monétaire intérieure de la Colchide du VIe au IVe siècle avant J.-C.

C'est à cette période que l'orfèvrerie colchidienne a atteint son apogée. De nombreux bijoux en or datant des Ve et IVe siècles avant J.-C. et caractérisés par leur unité artistique et stylistique ont été trouvés à Vani et Sairkhé. L' «école» colchidienne a mis l'accent sur l'utilisation intensive de la technique de la granulation en combinaison avec le filigrane, ainsi que sur des combinaisons familières et fantaisistes de formes animales et autres. Les colliers issus de tombes colchidiennes (Ve-IVe siècles avant J.-C.) se distinguent par une grande diversité de formes de pendentifs, parmi lesquels des raisins et des oiseaux et animaux miniatures, dont de minuscules bouquetins, sangliers, têtes de béliers et tortues ornés de granulation [cat. 42, 43, 44]. Il en est de même pour les boucles d'oreilles circulaires, sphériques et en forme de diamant, ainsi que pour les pendentifs temporaux, le plus souvent avec des anneaux circulaires granulés dont partent des «rayons» décoratifs, ornés de minuscules représentations d'oiseaux granulés [cat. 45, 46, 47]. Une extraordinaire paire de boucles d'oreilles de Vani représente une paire de petits cavaliers soigneusement formés sur chacune d'entre elles. Les œuvres colchidiennes se distinguent des décorations des boucles d'oreilles et des pendentifs temporaux grecs et proche-orientaux de la même période non seulement par leurs caractéristiques typologiques, mais aussi par leur style, avec une rosette caractéristique et l'utilisation originale de la granulation pour créer des décorations pyramidales et triangulaires supplémentaires. À Vani, on a découvert des diadèmes en or torsadé se terminant par des fleurons ou des plaques en forme de losange, ornés de représentations d'animaux de combat en repoussé qui rappellent des scènes similaires dans l'art du Proche-Orient ancien et de la Grèce archaïque. L'un de ces diadèmes représente deux lions qui attaquent un sanglier [cat. 48], tandis qu'un autre représente des lions attaquant un taureau. L'adaptation des compositions à un cadre triangulaire suggère une familiarité avec les reliefs grecs archaïques des frontons de temple, tandis que

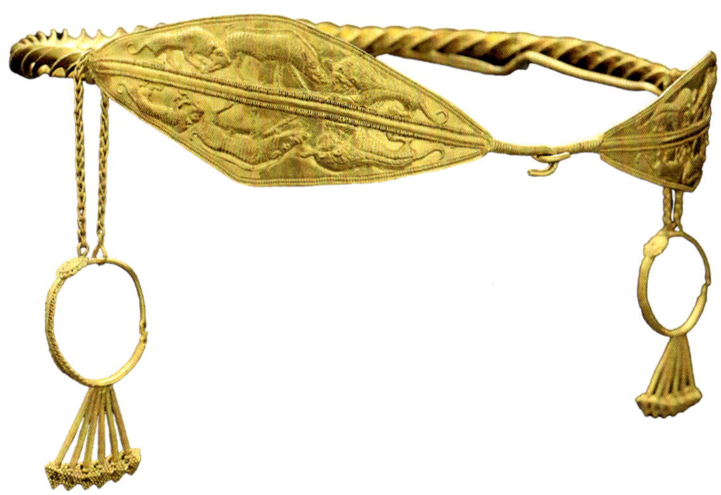

Cat. 48
Diadème avec anneaux temporaux
Première moitié du IVe siècle avant J.-C.
Or – Vani, tombe 6, Imérétie
GNM – Musée d'Histoire Simon Janashia de Géorgie

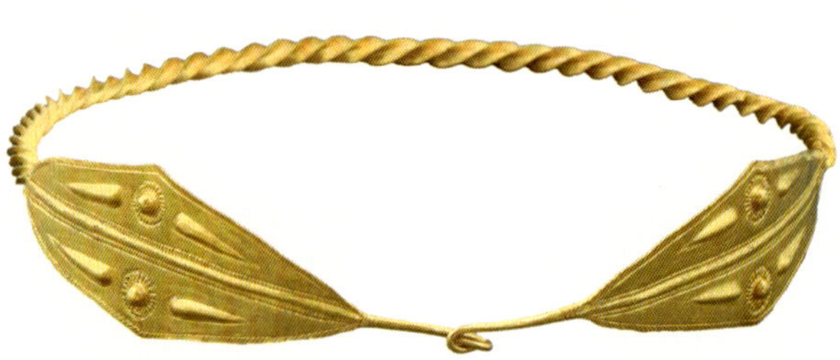

Cat. 49
Diadème, Ve siècle avant J.-C.
Or – Sairkhé, tombe 13, Imérétie
GNM – Musée des Beaux-Arts Shalva Amiranashvili

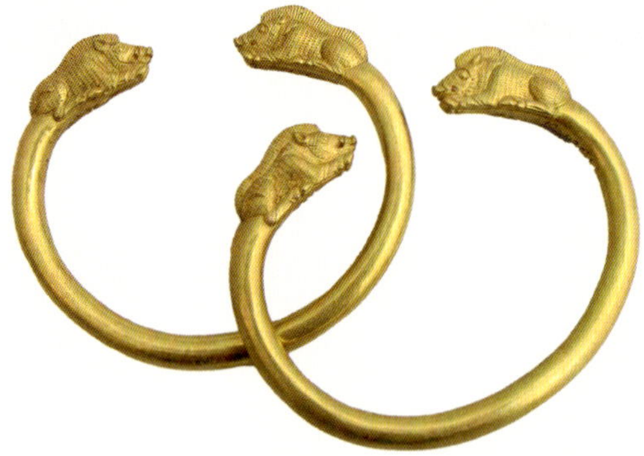

Cat. 50
Bracelets, Ve siècle avant J.-C.
Or – Vani, tombe 11, Imérétie
GNM – Musée d'Histoire Simon Janashia de Géorgie

les détails des visages et des pattes des animaux révèlent une connaissance des modèles assyriens et perses achéménides. Les contours clairs et précis, la représentation convaincante des traits des animaux ainsi que les compositions à trois figures harmonieusement structurées suggèrent le travail d'un maître expérimenté.

Les éléments stylistiques de diadèmes en argent découverts en Colchide ressemblent à ceux des diadèmes en or découverts dans la même région, à la différence que leurs plaques en forme de losange sont généralement ornées de motifs géométriques et d'une rosette au centre; un diadème en or de ce type a été découvert à Sairkhé [cat. 49]. La distribution de ce type de diadème se limite principalement au territoire de la Colchide.

Des bracelets reflétant à la fois les formes locales arrondies et le style achéménide (revers concaves et têtes d'animaux) étaient clairement en vogue auprès de certains membres de l'aristocratie colchidienne [cat. 50]. Un splendide pectoral en or avec une fibule et un pendentif décoré d'images cloisonnées incrustées de griffons et d'oiseaux (IVe siècle avant J.-C.) découvert à Vani semble avoir été importé d'Égypte [cat. 51].

Le matériel archéologique montre que la Colchide a occupé, entre le VIe et le IVe siècle avant J.-C., une région influencée à la fois par le monde grec à l'ouest et par le monde achéménide à l'est. Cependant, ces contacts se sont moins traduits par des transformations fondamentales de la culture colchidienne que par une adaptation originale de nouvelles formes artistiques à d'anciennes traditions locales.

À la suite de la campagne orientale d'Alexandre le Grand (mort en 323 avant J.-C.), des changements politiques, économiques et culturels majeurs ont bouleversé le monde méditerranéen et le Proche-Orient, influençant également l'ancienne Géorgie. Les relations intenses avec le monde hellénistique ont renforcé, à la fois en Géorgie occidentale et en Géorgie orientale, l'influence de nouvelles impulsions émanant de divers centres culturels, qui se sont répercutées dans tous les domaines de la vie (y compris la diffusion de croyances et de concepts grecs tels que le dépôt de pièces de monnaie dans les tombes des défunts, le développement progressif de l'architecture en pierre et l'adoption de tuiles pour recouvrir les toits des bâtiments).

Dès la seconde moitié du IVe siècle avant J.-C., sous l'influence des exemples grecs de Sinope, la Colchide a commencé à produire des amphores et des tuiles locales. Le lettrage grec exécuté sur les amphores, les *kvevris* (*pithoi*) et les tuiles a également commencé à apparaître à cette époque, parmi d'autres inscriptions réalisées sur ces objets avant la cuisson.

Cat. 51
Pectoral polychrome avec griffons et oiseaux
Première moitié du IVe siècle avant J.-C.
Or, turquoise, verre – Vani, tombe 6, Imérétie
GNM – Musée d'Histoire Simon Janashia de Géorgie

Retrouvé à Vani dans la tombe d'une riche femme d'une vingtaine d'années, ce pectoral illustre à merveille la confluence des cultures sur le sol géorgien. La fibule est typiquement anatolienne, tandis que la forme du pendentif, sa technique, ainsi que ses motifs présentent une nette influence égyptienne. Mais ce sont probablement les Perses qui sont à l'origine de ce pendentif, auquel furent sans doute ajoutées les chaînes aux extrémités en forme de grenades, un motif typique de la joaillerie en Colchide.

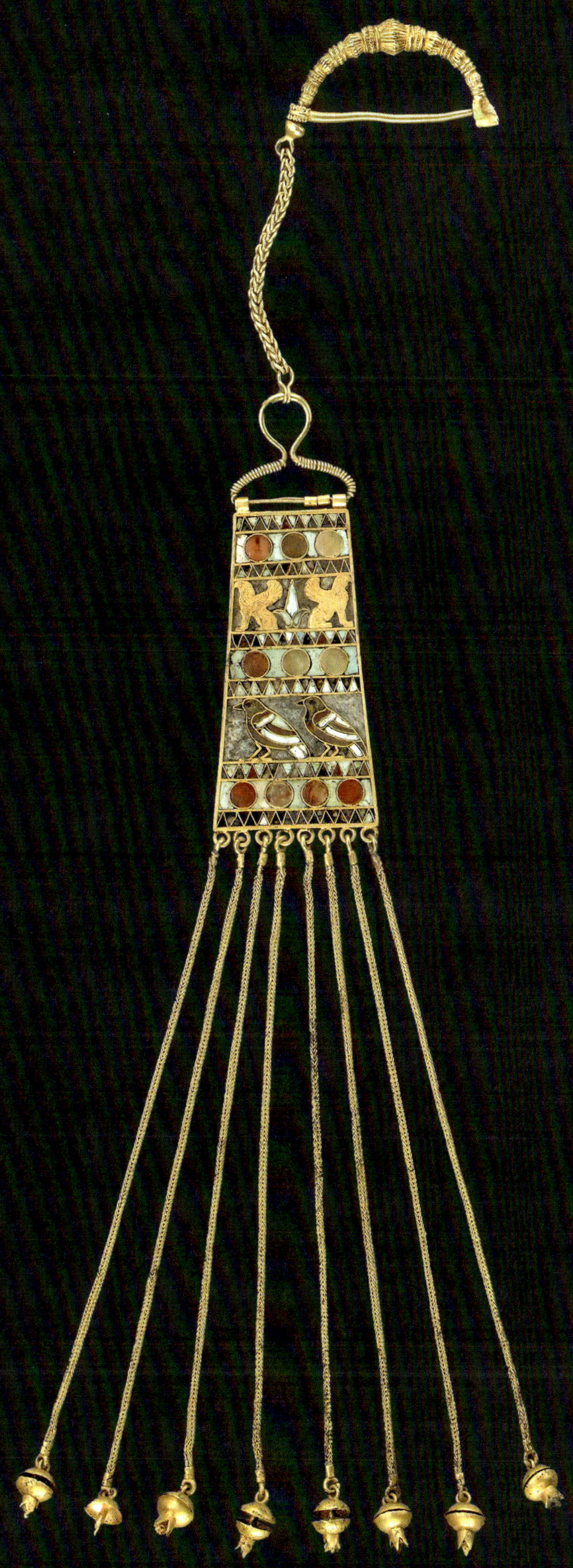

Parmi les changements les plus frappants, on peut citer ceux qui se sont produits aux IIe et Ier siècles avant J.-C., avec la création de récipients influencés par la céramique grecque et hellénistique en Colchide, notamment des plats pour servir le poisson, des coupes de type canthare (kantharos), des porte-huiles aromatiques semblables à des unguentaria et des imitations de vaisselle laquée rouge, tandis que les poids pyramidaux des métiers à tisser témoignent de l'utilisation en Colchide d'un métier à tisser vertical qui s'était largement répandu dans le monde hellénique.

La forme artistique de l'orfèvrerie colchidienne a également connu plusieurs changements au cours de cette période. Des formes traditionnelles antérieures ont progressivement disparu et, sous l'influence du style artistique grec et hellénistique, de nouvelles variétés d'ornements ont vu le jour. En plus des objets fabriqués localement, on trouve également des pièces grecques importées, dont un collier en or découvert à Vani (composé d'une chaîne tressée ornée de perles de cornaline et de têtes de lions cornues) ainsi que des fermoirs portant des représentations du nœud gordien. L'utilisation de pierres de couleur dans des bijoux polychromes se répand peu à peu.

L'influence et la diffusion des pièces importées peuvent s'expliquer par l'existence, mentionnée par les auteurs grecs et romains, d'une importante route de commerce et de transit qui reliait l'Inde à la mer Caspienne, puis traversait la Transcaucasie, y compris la Colchide, jusqu'à la côte de la mer Noire. Les principaux partenaires économiques de la Colchide étaient les cités grecques de la côte sud-est de la mer Noire, en particulier Sinope et Héraclée, comme l'attestent les amphores trouvées en Colchide en provenance de Chios, Thasos, Rhodes, Cos et Cnidos. Des liens économiques sont également tissés avec la côte septentrionale de la mer Noire. La découverte du statère de Hiéron, tyran de Syracuse, ainsi que des statères et des tétradrachmes de rois macédoniens, des pièces d'or et d'argent de Lysimaque, des tétradrachmes athéniens de style nouveau, des pièces de villes grecques de la région de la mer Noire et du royaume du Pont, de Cappadoce et de Parthie témoignent des liens commerciaux et économiques avec le monde hellénistique.

Un site exceptionnel de cette période se trouve à Vani, où une ancienne ville construite sur trois grandes terrasses était défendue à partir du IIIe siècle avant J.-C. par de puissantes fortifications. La porte de la ville était un complexe architectural élaboré, construit en pierres de taille, qui combinait des tours défensives et un sanctuaire. Une sculpture représentant une déesse se trouvait devant la porte, à côté de laquelle une inscription grecque «Je t'implore, ô Déesse» a été retrouvée gravée dans le mur. La ville se composait de nombreux bâtiments couverts de tuiles, destinés à des usages cultuels ou publics, parmi lesquels des autels de taille monumentale. Des bases de colonnes, des chapiteaux corinthiens, des têtes de lions (dont certaines servaient de cimaises) [cat. 52], une frise en relief avec la représentation d'un aurige, des antéfixes et un acrotère décoré d'ornements floraux et d'images d'oiseaux donnent un aperçu de l'aspect de la ville. Il convient toutefois de noter qu'en dépit des influences hellénistiques, la planification des bâtiments du site de Vani se distingue de celle de leurs homologues grecs.

Un rituel retenant particulièrement l'attention, qui n'est attesté qu'à Vani, consistait à « enterrer » des figures humaines. Les sculptures, ornées de bijoux en or, étaient déposées dans des trous creusés spécialement à cet effet dans une strate rocheuse [cat. 53, 54]. Bien qu'il soit difficile de déterminer la symbolique de ce rituel, il est clairement lié aux croyances chtoniennes de la population locale.

Plusieurs fragments de sculptures en bronze ont également été découverts à Vani, dont le torse nu d'un jeune homme, vraisemblablement Apollon [cat. 55]. Les décorations de vases en bronze découverts dans un temple méritent également d'être mentionnées. On y trouve des images d'un aigle et de la déesse ailée Nikè, des masques en haut-relief des membres du thiase dionysiaque (Pan, satyres, Ariane et ménades) qui présentent des similarités importantes avec la plasticité artistique du thiase de Pergame. En 2007, des objets en bronze d'un étonnant niveau d'exécution artistique ont été exhumés à Vani : divers types de lampes à huile décorées de sculptures d'éléphants [cat. 56], de Zeus-aigle et Ganymède [cat. 57] ainsi que d'autres personnages mythologiques.

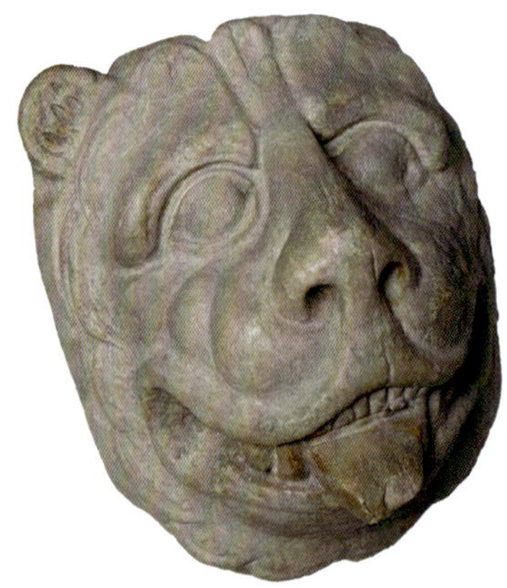

Cat. 52
Tête de lion, IIe siècle avant J.-C.
Pierre calcaire – Vani, Imérétie
GNM – Musée d'Histoire Simon Janashia de Géorgie

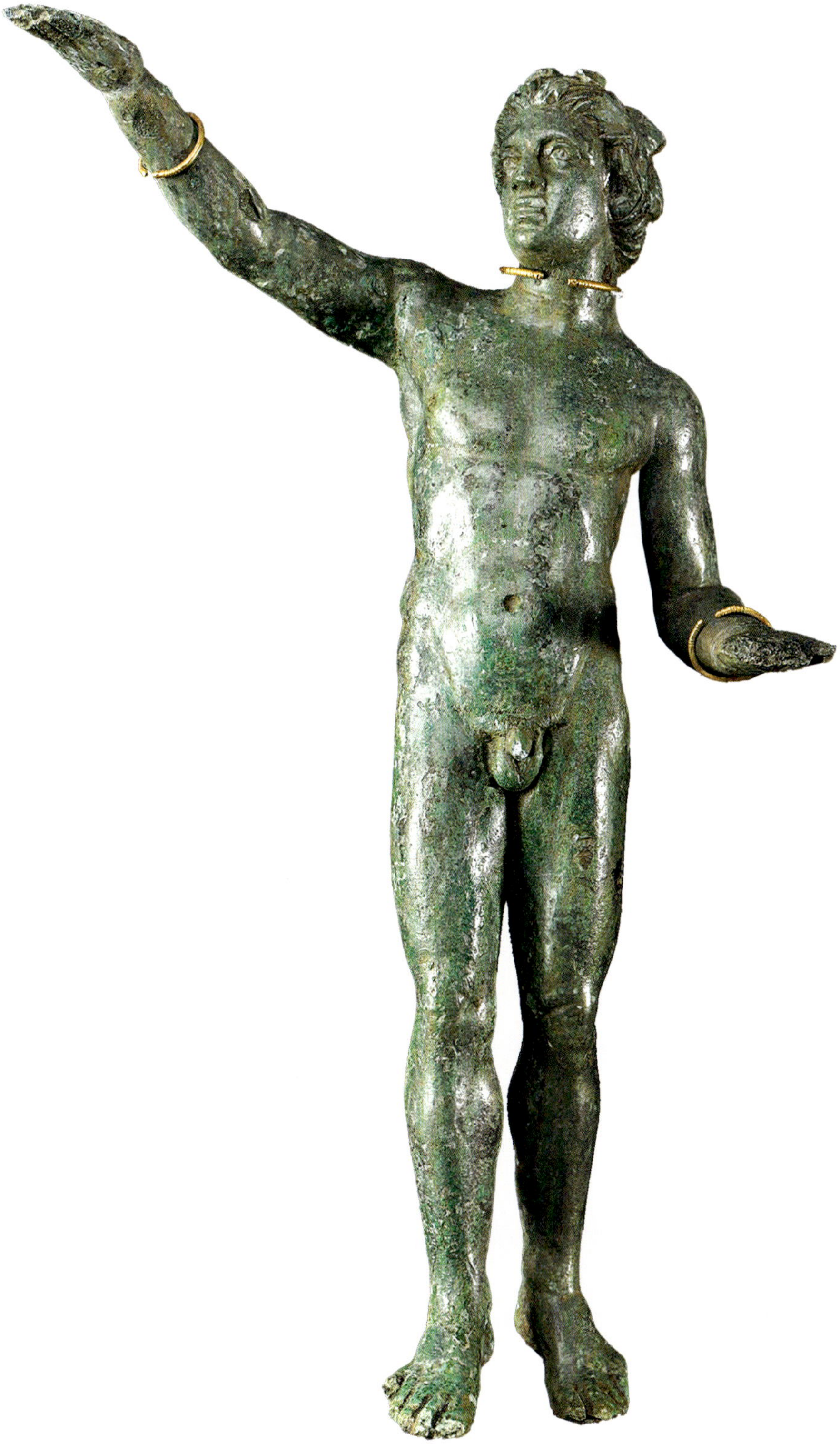

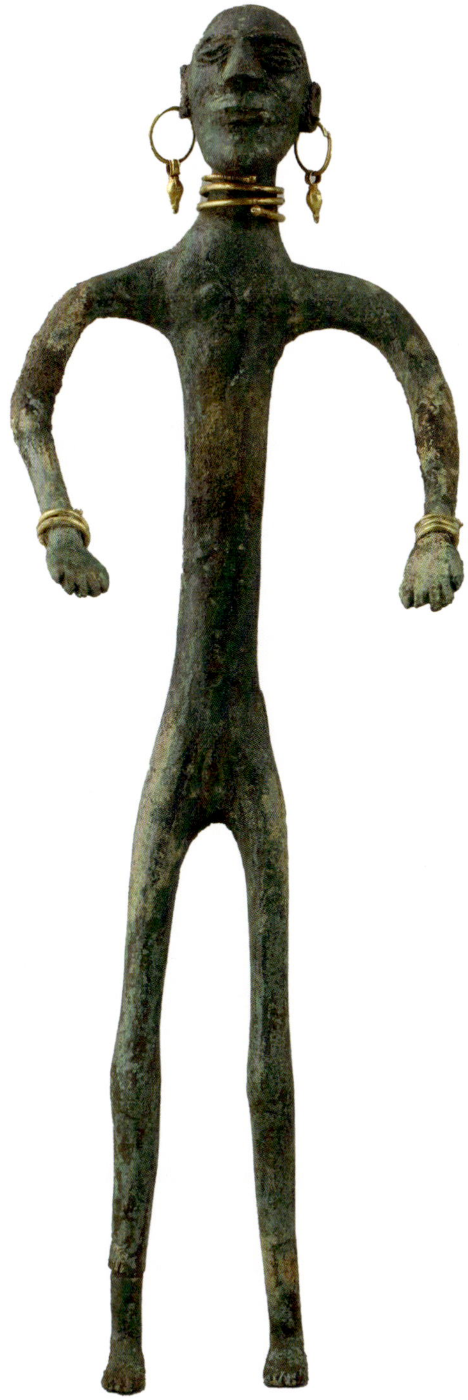

Ces deux figurines rituelles témoignent des échanges entre la Grèce et la Colchide : le «jeune satyre», une figurine importée, est orné à la manière des figurines fabriquées localement.

Cat. 53
Statuette d'un jeune satyre
IIIe siècle avant J.-C.
Bronze, or – Vani, Imérétie
GNM – Musée d'Histoire Simon Janashia de Géorgie

Cat. 54
Figurine anthropomorphe
IIIe siècle avant J.-C.
Bronze, or – Vani, Imérétie
GNM – Musée d'Histoire Simon Janashia de Géorgie

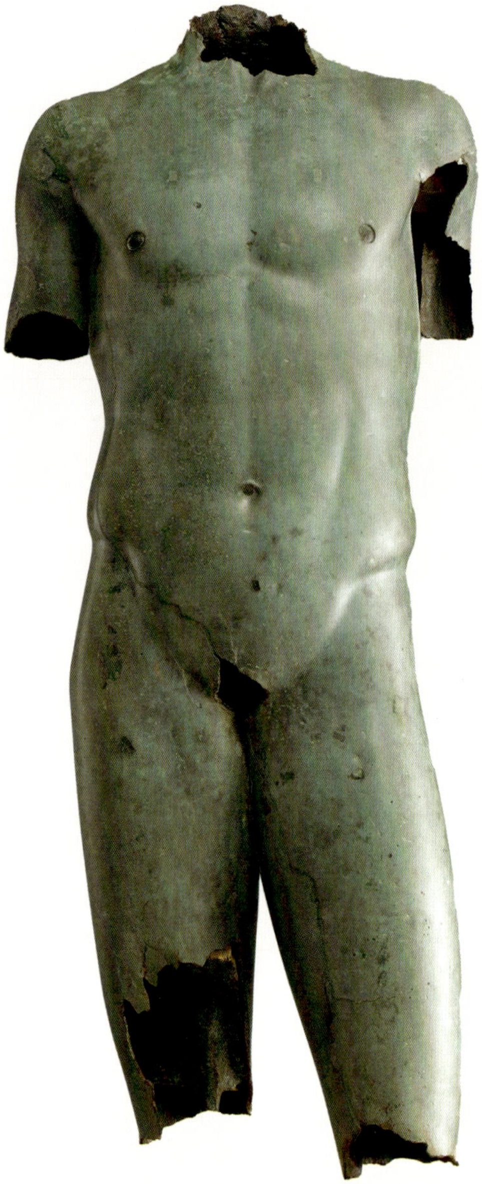

55

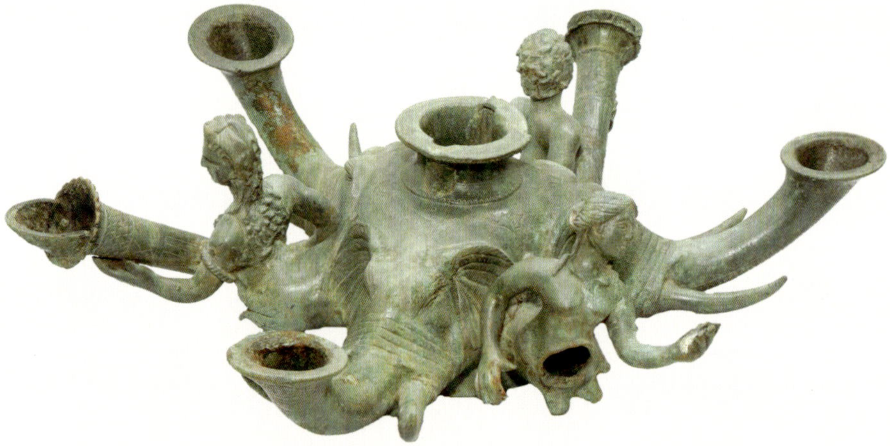

56

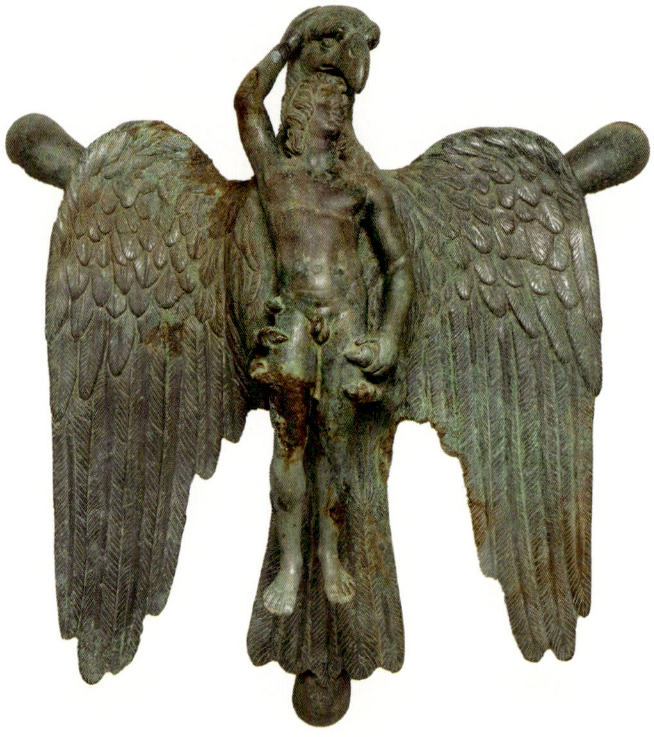

57

Cat. 55
Torse d'un jeune homme
100-200 avant J.-C.
Bronze – Vani, Imérétie
GNM – Musée archéologique Otar Lordkipanidze de Vani

Cat. 56
Lampe décorée de têtes d'éléphants et des représentations de Dionysos, Ariane et Héraklès, Milieu du Ier siècle avant J.-C.
Bronze – Vani, Imérétie
GNM – Musée archéologique Otar Lordkipanidze de Vani

Cat. 57
Lampe avec représentations de Zeus-aigle et Ganymède, Milieu du Ier siècle avant J.-C.
Bronze – Vani, Imérétie
GNM – Musée archéologique Otar Lordkipanidze de Vani

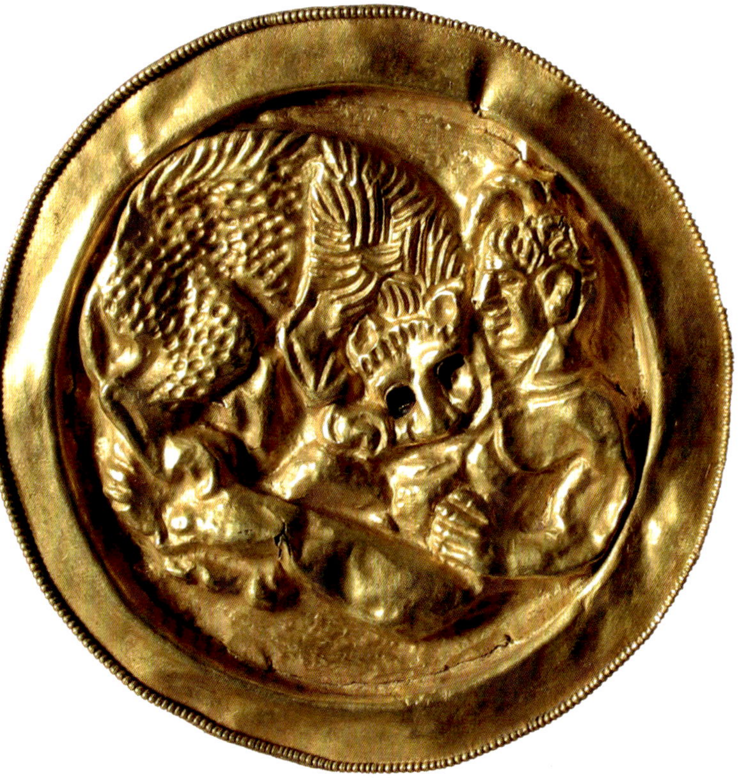

Cat. 58
Boucle avec une représentation d'Héraclès combattant le lion de Némée
IIIe-Ier siècle avant J.-C.
Or – Vani, Imérétie
GNM – Musée archéologique Otar Lordkipanidze de Vani

La grande popularité des représentations de Dionysos et d'Héraklès [cat. 58] témoigne également de l'influence des conceptions religieuses helléniques en Colchide, tandis que deux inscriptions sur la porte de Vani confirment la diffusion de l'écriture grecque. L'une de ces inscriptions comporte le prénom «Arsans», l'autre une supplique adressée à une déesse. Un fragment d'une longue inscription religieuse a également été découvert sur une partie d'une plaque de bronze.

Au cours du Ve et de la première moitié du IVe siècle avant J.-C., l'émergence d'une certaine forme de crise démographique se laisse déceler dans plusieurs régions de la Géorgie orientale (Kartli), mais dès le milieu du IVe siècle avant J.-C. commence une phase intense de construction urbaine accompagnée d'un développement de l'artisanat et du commerce. L'historiographie géorgienne qualifie ce phénomène d' «explosion urbaine». Parmi les villes construites au cours de cette période figure l'ancienne ville de Samadlo, bâtie au confluent des rivières Ksani et Mtkvari, où une citadelle se dresse sur les pentes de deux hautes collines, tandis que l'agglomération de la ville est construite en face, sur la rive gauche de la rivière Mtkvari. Des chapiteaux doriques et une architrave ont été retrouvés sur le site de l'ancienne ville, ainsi que des ruines de bâtiments avec des murs en briques crues sur des fondations en pierre. Le matériel archéologique révèle que Samadlo était un centre de production de céramique où l'on fabriquait des tuiles et des *pithoi* peints ou teints en rouge. Particulièrement remarquable, un grand récipient en forme de cratère est décoré d'un bandeau formé de scènes d'hommes dansant, se battant et chassant, ainsi que d'oiseaux et d'animaux à quatre pattes. On a également découvert sur ce site des récipients importés, notamment des céramiques laquées noires et rouges provenant d'Asie Mineure.

À proximité du village de Kavtiskhévi, dans les gorges de la rivière Kavtura, se trouvait le complexe au plan très élaboré du temple de Tsikhia Gora (IVe-IIIe siècle avant J.-C.), entouré d'un mur de défense. Le complexe se composait d'un temple quadrangulaire et de bâtiments agricoles annexes, dont un grenier à blé, une boulangerie et un cellier.

À Akhalgori [cat. 59], Qantchaéti, Tsikhiagora et Alguéti ont été découvertes des tombes de membres d'une classe sociale dirigeante qui remontent à la seconde moitié du IVe siècle ou au début du IIIe siècle et qui renferment une multitude de bijoux en or et en argent, dont certains témoignent d'influences de l'orfèvrerie colchidienne, comme des ornements temporaux en or représentant des paires de chevaux ornés d'une rosette [voir cat. 8]. Une partie de ces bijoux témoigne manifestement de l'influence de l'art achéménide [cat. 60] ou peut même être d'origine iranienne, comme, par exemple, des boucles d'oreilles ornées d'un filigrane et quelques exemples d'anneaux sigillaires.

Entre le IVe et le IIIe siècle avant J.-C., les différentes unions territoriales et politiques de la Géorgie orientale sont consolidées en une entité politique unique, donnant lieu à la formation du royaume de Kartli (Ibérie dans les sources grecques et romaines), un mouvement associé dans les chroniques géorgiennes médiévales au roi Parnavaz et à la ville royale de Mtskhéta.

La citadelle du siège royal de Mtskhéta (Armaztsikhé) se trouvait sur la rive droite de la rivière Mtkvari, tandis que l'agglomération urbaine ou le quartier dit des artisans, avec des bâtiments destinés à l'habitation et à l'activité économique, se trouvait sur la rive gauche.

Dans les sites urbains appartenant à cette période se trouvent des bâtiments qui datent du IIe au Ier siècle avant J.-C. découverts sur les pentes du mont Sarkinéti, avec des représentations en terre cuite de Dionysos et de ses compagnons, ainsi que le site urbain d'Urbnissi, qui inclut des bâtiments et des tombes datant de l'époque hellénistique. À Dedoplis Mindori, dans le village d'Aradéti, près d'Urbnissi, se trouve un complexe de temples du IIe au Ier siècle avant J.-C., à la planification complexe et entouré de murs.

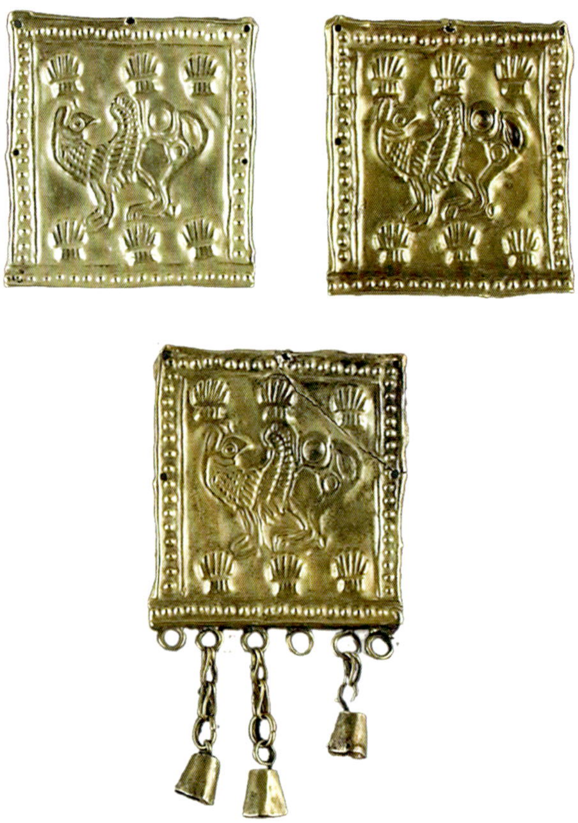

Cat. 59
Appliques, IVe siècle avant J.-C.
Or – Trésor d'Akhalgori, Kartli intérieur
GNM — Musée d'Histoire Simon Janashia de Géorgie

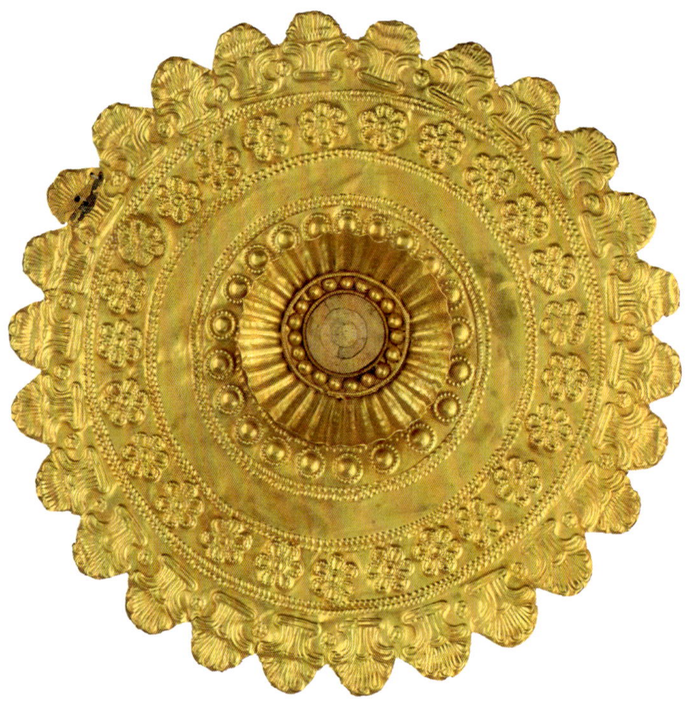

Cat. 60
Plaque en forme de disque, IVe siècle avant J.-C.
Or – Trésor d'Akhalgori, Kartli intérieur
GNM – Musée d'Histoire Simon Janashia de Géorgie

La ville troglodytique d'Uplistsikhé, mentionnée comme une ville ancienne dans la chronique *Conversion du Kartli*, est particulièrement remarquable. La ville se présente comme un complexe architectural élaboré, entouré de murs défensifs, avec en son centre de grands bâtiments principaux au plan géométrique, dont les formes architecturales présentent un haut niveau d'exécution artistique. Les experts estiment qu'Uplistsikhé était un site religieux pendant la période hellénistique et durant l'Antiquité tardive.

Le caractère multiculturel des villes d'Ibérie apparaît dans les chroniques médiévales géorgiennes qui indiquent que le pays utilisait six langues (arménien, géorgien, khazar, assyrien, hébreu et grec) pour communiquer, tandis que la présence d'une population juive dans les villes du Kartli est attestée, entre autres, par des sources épigraphiques sous la forme d'épitaphes.

Au cours de la première décennie du Ier siècle avant J.-C., après la victoire dans les guerres menées contre Mithridate du Pont et ses alliés, la sphère d'intérêt politique de Rome a commencé à inclure l'Ibérie et la Colchide, comme l'atteste la campagne de Pompée en 65 avant J.-C. À partir des années 80 du Ier siècle après J.-C., les Romains ont construit un système de sites fortifiés (castellum) sur la côte de Colchide pour servir de garnisons permanentes en vue de défendre leur frontière nord-est, à Apsaros, Phasis, Sébastopolis et, plus tard, Pityus. Apsaros a été identifié comme étant l'actuelle forteresse de Gonio [voir cat. 9, 10, 11], située à l'embouchure de la rivière Tchorokhi. Il s'agit d'une forteresse quadrangulaire pourvue de solides remparts et de 22 tours. On y a découvert des bâtiments aux appellations diverses, dont un prétoire et des thermes avec des systèmes d'égouttage et d'adduction d'eau. Si la ville antique et la forteresse romaine de Phasis doivent encore être identifiées par les archéologues, l'historien grec du IIe siècle Arrien décrit en détail un castellum destiné à accueillir jusqu'à quatre légions, entouré de fossés et de murs, avec des machines de guerre montées sur ses tours. Les ruines de la forteresse de Sébastopolis se trouvent dans la ville de Soukhoumi; son complexe comportait un mur renforcé par cinq contreforts et deux tours.

Parmi les forteresses romaines érigées sur la côte de Colchide, la plus étudiée est celle de Pityus, située dans l'actuelle Bitchvinta. On y a découvert des murs de défense renforcés par des tours datant du IIe au IIIe siècle, ainsi que des bâtiments administratifs, cultuels et résidentiels, un prétoire et un castellum rectangulaire construit pour accueillir 500 légionnaires. À l'est, la forteresse fusionnait avec un quartier d'artisans et de commerçants, Kanabé, de sorte que les bâtiments défensifs et le castellum constituaient un système de fortifications solide et unifié. Les fouilles y ont mis au jour des basiliques chrétiennes datant du IVe au VIe siècle, ornées de sols en mosaïque, ainsi qu'un système d'égouttage et des bains datant du IIIe au IVe siècle. Le matériel numismatique témoigne de relations extérieures intenses. Aux Ier-IIIe siècles après J.-C., les pièces césariennes étaient répandues sur toute la bande côtière de la Colchide, les pièces de deux drachmes et les deniers dans les régions intérieures, tandis que dans les régions orientales, les principales pièces en circulation étaient des pièces de cuivre impériales.

Selon l'historien Arrien, seuls de petits royaumes existaient sur la côte orientale de la mer Noire, dont les rois, qualifiés d' «amis des Romains», avaient pour la plupart reçu leur trône et leur pouvoir de l'empereur romain. Dans les régions intérieures du pays, où les attaques de tribus montagnardes étaient fréquentes, une certaine «barbarisation» de la population et de son niveau de vie est perceptible. Cette période voit cependant le royaume de Lazique se fortifier progressivement et étendre son influence politique à l'ensemble de la Géorgie occidentale.

Un grand nombre de sites funéraires avec des tombes de personnes fortunées datant d'entre le IIe et le IIIe siècle ont été découverts. On y a trouvé des bijoux en or, en argent et en bronze ornés de pierres de couleur, ainsi que des récipients en argile polychrome, en métal et en verre, des armes en fer et des pièces de monnaie. Parmi ces objets se retrouvent à la fois des produits importés et des imitations locales : des coupes à boire en argent incrusté avec des cannelures en or, des calices et des plats en argent parfois décorés d'ornements en relief (par exemple, des représentations de Tychè/Fortuna). L'un de ces objets, une anse de récipient en argent de type canthare, est décoré d'une représentation en relief d'un jeune homme casqué portant un vêtement oriental. Des bijoux en métal, souvent sertis de pierres multicolores, de verre ou de pâte, ont également été découverts. Parmi les bijoux en or, les boucles d'oreilles, les bracelets aux extrémités entrelacées, les perles et les pendentifs revêtent un caractère exceptionnel.

Divers anneaux sigillaires, de facture locale ou importés, ont également été découverts. Il s'agit notamment de décorations pour des vêtements ou des foulards datées des IIe-IIIe siècles après J.-C., parmi lesquelles des boucles en or surmontées de représentations d'oiseaux ou d'animaux sur des plaques triangulaires avec des plaques arrondies fixées à des chaînes tressées attachées à leur partie inférieure [cat. 61, 62].

Les bijoux de la Géorgie occidentale des premiers siècles de notre ère sont très similaires à ceux de l'orfèvrerie d'Ibérie. Une influence culturelle de l'Ibérie sur l'ensemble de la culture matérielle de cette époque se laisse en effet observer, ce qui traduit bien la situation politique de cette période.

Entre le Ier et le IIe siècle après J.-C., le royaume de Kartli (Ibérie) s'est trouvé dans la sphère de la politique étrangère de l'Empire romain. Cela s'est particulièrement fait sentir entre les années 130 et 150, sous le règne de Pharsman II, lorsque le territoire de l'Ibérie s'est étendu jusqu'à la mer Noire. Selon l'historien romain Dion Cassius, l'empereur Antonin le Pieux a même invité le roi Pharsman à Rome et, pour lui témoigner son respect, a fait ériger dans la ville une sculpture du roi à cheval. Un fragment des *Fasti Ostienses*, un calendrier des magistrats romains et des événements importants de 49 avant J.-C. à 175 après J.-C., fait état de cette visite.

À partir de la première moitié du IIIe siècle après J.-C., l'Iran sassanide gagne en puissance sur la scène politique orientale et son influence sur l'Ibérie devient particulièrement importante sous le règne de Shapour Ier (242-272).

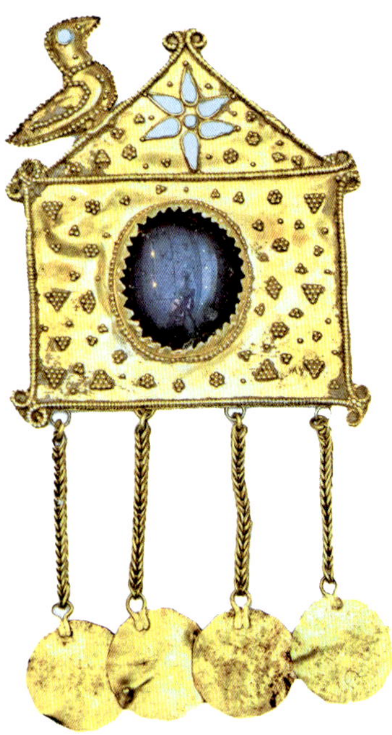

Cat. 61
Boucle, Ier siècle après J.-C.
Or, grenat, pâte bleue
Kapandipi, Khelvachauri, Adjarie, Géorgie
Musée archéologique de Batoumi

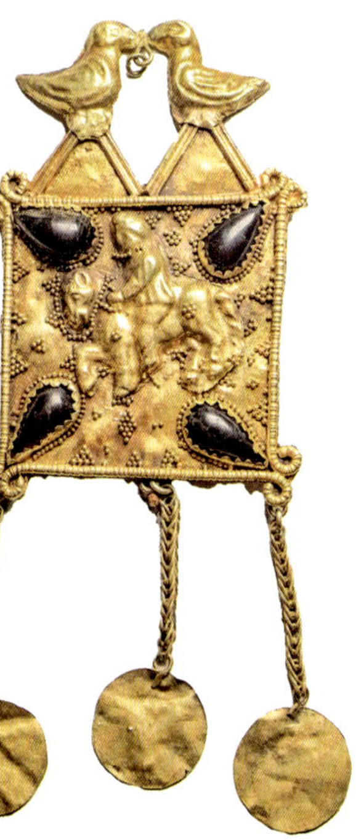

Cat. 62
Boucle, IIe-IIIe siècle après J.-C.
Or, grenat
Gonio, Khelvachauri, Adjarie, Géorgie
Musée archéologique de Batoumi

Le royaume de Kartli (Ibérie) a connu un essor économique au cours des premiers siècles de notre ère, ce dont témoignent l'existence de nombreuses villes, une production artisanale développée et diversifiée et des relations commerciales et économiques intenses avec le monde extérieur. Cette réalité est illustrée de manière frappante par toute une série de bâtiments découverts à Armaztsikhé à Mtskhéta, dont un palais, une maison de bains, des magasins agricoles, un système d'approvisionnement en eau, les vestiges d'un bâtiment cultuel à six arches, un cellier contenant 16 *kvevris* et un piédestal pour une sculpture orné d'images en relief; citons également un sarcophage en pierre contenant un riche inventaire d'objets.

Non loin de Mtskhéta, sur la rive droite de la rivière Mtkvari, dans les gorges d'Armazi, un complexe palatial datant du IIe au IVe siècle après J.-C. a été découvert, avec une maison de bains et un cellier contenant 50 *pithoi*. On a également trouvé un groupe de tombes impressionnantes dans lesquelles sont enterrés des *pitiakhshis* (hauts fonctionnaires de la cour du Kartli) ainsi que des membres de leurs familles. Les défunts étaient placés dans des sarcophages en pierre ou dans de grandes tombes créées avec des dalles de pierre, dont le contenu était riche et varié, avec des objets en or et en argent, ornés de pierres de couleur précieuses ou semi-précieuses, des objets en verre et en argile, des insignes en or, des récipients en argent, des bijoux et d'autres objets.

Des tombes de hauts personnages officiels ibères ont également été découvertes à Bori, à Zghudéri et dans les gorges de l'Aragvi. Selon Strabon (XI, 3, 1), «l'Ibérie, en particulier, nous offre l'aspect d'un pays singulièrement riche et populeux à en juger par le nombre de ses villes et de ses villages, par l'emploi qu'on y a fait de la tuile dans les toitures, par l'ordonnance architectonique des habitations et enfin par l'existence d'agoras et d'emplacements affectés aux autres services publics » (trad. A. Tardieu).

La ville de Dzalissi, située à 20 km de Mtskhéta, illustre parfaitement le développement de la vie urbaine au cours des premiers siècles après J.-C. Des routes entrecroisées et des places construites en briques y ont été découvertes, ainsi que des bâtiments publics, religieux et résidentiels, des bains, des systèmes d'approvisionnement en eau et des systèmes d'égouttage. Un complexe palatial à plusieurs pièces, avec un atrium doté d'une fontaine, avec son propre système d'égouttage et d'approvisionnement en eau, un système de chauffage à hypocauste et une piscine, attire particulièrement l'attention. Les principaux bâtiments découverts sur le site de cette ancienne ville datent du Ier au IVe siècle de notre ère.

Un sol monumental en mosaïque datant du IIIe siècle après J.-C. découvert dans une chambre du palais de Dzalissi qui servait de triclinium présente un intérêt particulier. La composition centrale de la mosaïque représente Dionysos et Ariane assis sur une couche; on y voit également Pan tenant une flûte, une ménade dansante et des femmes vêtues de longues robes représentant les saisons. Une inscription en grec a également été conservée : «Souvenons-nous de Priske, qui a fait ceci».

Dans le village d'Aradéti, les vestiges d'un palais construit au Ier siècle avant J.-C. et détruit à la fin du Ier siècle après J.-C. ont été mis au jour, avec sa porte d'entrée et les pièces d'entrepôt réparties autour de sa cour intérieure. Les objets découverts sur le site comprennent des tables, une couche, une armoire, un candélabre, un chandelier, des armes et du matériel agricole, ainsi qu'un ensemble de plaques pour la cartomancie ou le jeu, taillées dans du bois de cerf et ornées de dessins gravés et d'inscriptions en araméen.

Le matériel archéologique démontre l'existence d'une école architecturale locale de haut niveau en Ibérie qui reflète clairement l'influence de l'architecture antique (par exemple, des chapiteaux de type corinthien, un fragment de corniche au profil assez complexe et d'autres vestiges de décoration architecturale découverts dans les gorges d'Armazi). En revanche, certains éléments décoratifs des salles découverts à Uplistsikhé et le décor en caissons du plafond présentent des analogies étroites avec l'architecture romaine. Une épitaphe découverte à Mtskhéta qui date du IVe siècle mentionne un «artiste en chef et architecte Avreli Aklosi».

L'orfèvrerie locale de cette période était caractérisée par l'utilisation de techniques complexes : l'ornementation des bijoux avec des pierres précieuses colorées, de la pâte et de l'émail. Les diadèmes en or, les fermoirs, les bracelets, les boucles d'oreilles, les bagues, les colliers, les pendentifs, les feuilles des couronnes funéraires, les chaînes, les boucles et d'autres objets étaient tous fabriqués avec une grande qualité d'exécution artistique. Le travail de l'argent a également atteint un niveau élevé, comme le montrent les doublures ornementales des pieds de lit et les coupes à boire en argent, dont certaines représentent un cheval debout devant un sanctuaire et d'autres un aigle. Dans les gorges d'Armazi, trois coupes à boire très artistiques ont également été découvertes, sur lesquelles figurent un médaillon représentant Antinoüs, un buste d'homme barbu et des hauts-reliefs de déesses munies d'une corne d'abondance. Parmi les exemples les plus remarquables de l'art local, on peut citer les fermoirs en bronze avec des représentations d'animaux et des compositions à plusieurs figures au dessin translucide.

Dès le Ier siècle avant J.-C., les pierres précieuses apportées de divers centres du monde antique ont commencé à se répandre [cat. 63]. On suppose qu'il existait des ateliers locaux dès le Ier siècle de notre ère, car parmi les pierres taillées produites localement, figurent plusieurs pièces d'une grande valeur artistique. C'est le cas d'une intaille en cornaline sertie dans une bague en or et représentant un homme barbu accompagné d'une inscription en grec : « Asparug Patiakhshi », ainsi que d'une intaille en pyrope foncé sertie dans un fermoir en or et représentant un homme barbu et une femme se regardant l'un l'autre, accompagnés d'une autre inscription en grec : « Zevakh est ma vie. Karpak ». Les experts pensent que Karpak était le nom de l'homme et Zevakh celui de sa femme. Ces pierres précieuses illustrent la diffusion de la mode vestimentaire romaine dans la noblesse ibère: Karpak et Zevakh sont vêtus d'une tunique et d'un manteau et portent des coiffures conformes à la mode romaine.

En plus des pierres précieuses représentant des portraits réalisés par des artistes locaux (datant des IIe et IIIe siècles après J.-C.) [cat. 65], on trouve également des exemples de représentations de scènes et de figures mythologiques (transformation d'Actéon en cerf, Pallas Athéna, Tychè/Fortuna, Fortuna-Isis, Athéna/Minerve, Nikè/Victoire, Zeus, Hélios, Apollon et autres).

Les imitations très répandues du statère d'or d'Alexandre le Grand [cat. 66], des deniers de l'empereur Auguste et des drachmes parthes présentent un intérêt particulier pour le matériel numismatique. Les aurei romains sont arrivés en Ibérie à la même époque et sont devenus, avec les deniers d'Auguste, la principale forme de monnaie d'échange à partir de la seconde moitié du Ier siècle.

À partir du Ier siècle après J.-C., la verrerie syrienne et la toreutique italienne se sont largement diffusées dans toute l'Ibérie.

Entre le Ier et le IIIe siècle après J.-C., la noblesse du royaume d'Ibérie utilisait deux langues et systèmes d'écriture internationaux : le grec et l'araméen. Le matériel d'écriture trouvé dans une tombe datant du IIIe au Ve siècle après J.-C., dans la cour de la cathédrale de Svétitskhovéli à Mtskhéta, mérite une attention particulière. Il s'agit d'un encrier en or, de stylos en argent et d'un étui à stylos en argent orné de représentations en relief doré des neuf muses et de miniatures en argent d'Homère, de Démosthène et de Ménandre.

À partir des années 430, après la proclamation du christianisme comme religion d'État du royaume de Kartli, une nouvelle phase de l'histoire de la Géorgie ancienne s'ouvre, au cours de laquelle la culture chrétienne géorgienne prend forme.

L'orfèvrerie était une activité artisanale particulièrement développée dans le royaume de Kartli. Certains des premiers bijoux en or incrusté de grenat sont originaires d'Ureki. Cette technique a ensuite été largement répandue dans l'orfèvrerie des Goths, des Sarmates et des Mérovingiens [cat. 64].

Cat. 63
Ceinture et boucle
IIIe-IVe siècle après J.-C.
Or, grenat – Trésor d'Ureki, Gourie
GNM – Musée d'Histoire Simon Janashia de Géorgie

Cat. 64
Fibule mérovingienne
551-625 après J.-C.
Or, grenat – Marilles, Belgique
Musées royaux d'Art et d'Histoire, Bruxelles

Cat. 65
Fermoir avec une intaille
IIe-IIIe siècle après J.-C.
Or, cornaline, grenat
Cimetière de Kldeeti, Imérétie
GNM – Musée d'Histoire Simon Janashia de Géorgie

Cat. 66
Imitation locale du statère d'Alexandre le Grand, Ier siècle après J.-C., or
GNM – Musée d'Histoire Simon Janashia de Géorgie

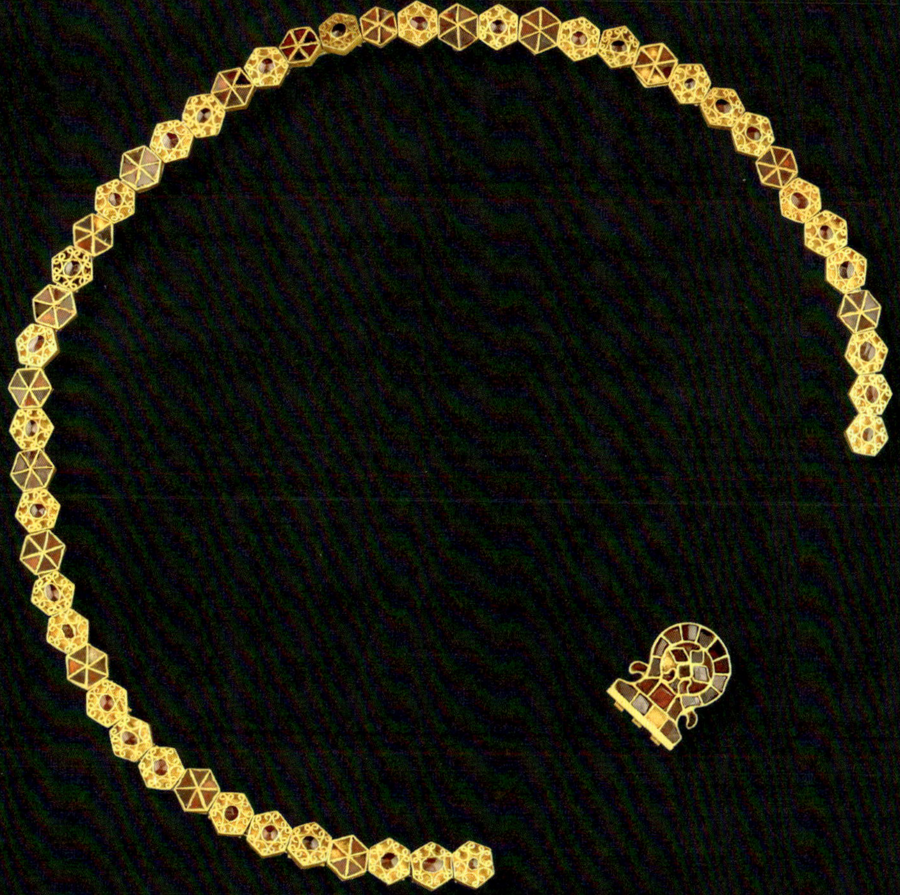

63

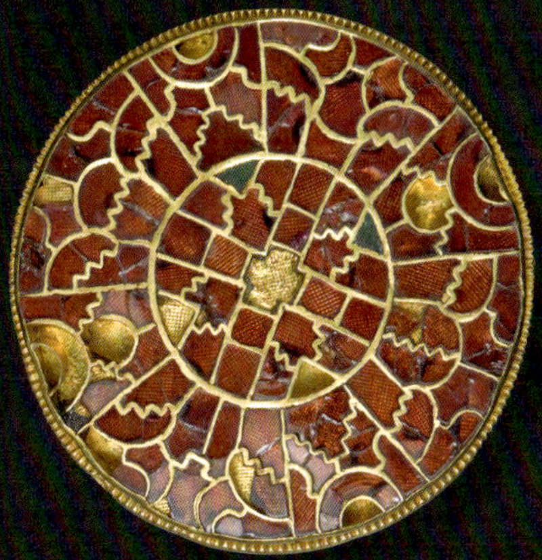

64

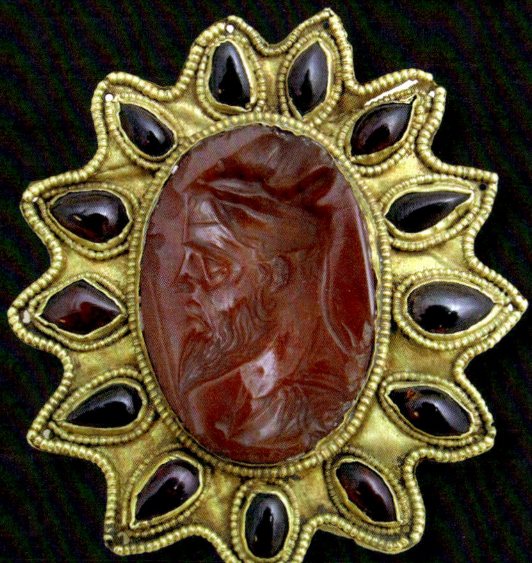

65

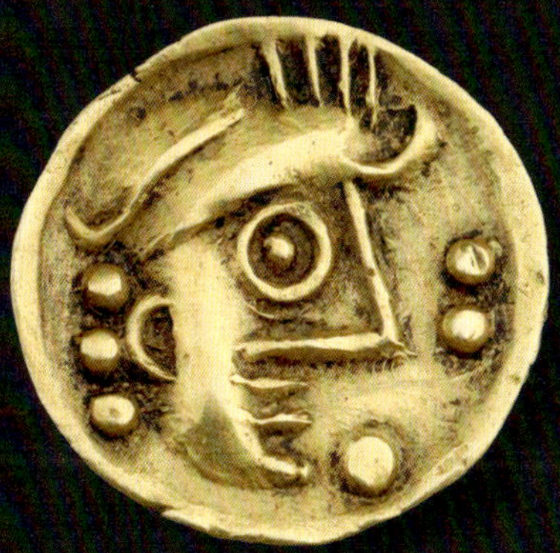

66

Guram Kvirkvelia

Le mythe de la Toison d'or

La légende de la Toison d'or fait partie d'un cycle ancien d'histoires sur les Argonautes. Cette légende raconte vraisemblablement le premier voyage des Grecs sur les rives de la mer Noire, à l'époque mycénienne.

Les légendes des Argonautes tirent leur origine d'un conflit qui opposait Pélias, qui régnait sur Iolcos, à son neveu Jason. Alors que Jason réclamait la restitution du trône royal que Pélias avait fourbement pris à son père, Pélias lui dit qu'il devait d'abord lui rapporter la toison d'un bélier volant miraculeux qui un jour avait sauvé Phrixos pour être ensuite sacrifié. La toison se trouvait dans le lointain pays d'Aïa, ou Colchide, en possession du puissant roi Aïétès, et était gardée par un redoutable dragon. La route qui menait à ce pays traversait de nombreux périls mortels, dont les Symplégades ou « les rochers qui s'entrechoquent ».

Le mythe du voyage effectué par les Argonautes pour récupérer la Toison d'or dans la lointaine Colchide situe traditionnellement le périple dans les années précédant la guerre de Troie (vers 1300 avant J.-C.). Les poèmes d'Homère font en effet référence aux Argonautes et à leur navire, l'Argo: Jason est évoqué dans l'*Iliade*, tandis que lui, son père Aeson, le roi Aïétès et sa sœur, la magicienne Circé, sont mentionnés dans l'*Odyssée*, de même que «l'Argo célèbre entre tous» et, dans ce contexte, le principal exploit des Argonautes, leur navigation au-delà des Symplégades (Homère, *Odyssée*, X, 135-139; XI, 256-259; XII, 59-72). La première mention du pays de Colchide se trouve dans un fragment attribué à Eumélos de Corinthe (*Corinthiaques*, fragment 2), tandis qu'Hésiode, qui écrivait à peu près au même moment qu'Homère, mentionne le principal fleuve de Colchide, le Phase (Phasis), dans sa *Théogonie*, et mentionne également Aïétès, Médée et Jason. Des récits ultérieurs ou des fragments d'œuvres consacrées aux Argonautes ont été conservés, comme la quatrième *Ode pythique* de Pindare (466 avant J.-C.), les *Argonautiques* d'Apollonios de Rhodes (IIIe siècle avant J.-C.), les *Argonautiques* de Valérius Flaccus (Ier siècle après J.-C.) ou les *Argonautiques orphiques* (IVe-Ve siècle après J.-C.).

Deux lectures du mythe se sont développées dans l'Antiquité : une lecture mythologique, où l'on voyait dans la Toison d'or un symbole du pouvoir royal, et, à l'époque hellénistique, une lecture plus rationaliste, dans laquelle la Toison d'or symbolisait les richesses de la Colchide. Les adeptes de cette nouvelle conception ont tenté de relier la Toison d'or à l'or de Colchide ou à la technique utilisée pour l'obtenir. Par exemple, Appien, qui écrit dans son *Histoire* romaine, XI. *Guerre mithridatique*, 103 : «... Beaucoup de fleuves qui charrient de la poussière d'or invisible coulent du Caucase. Les habitants mettent des peaux de moutons à longues toisons dans le courant et rassemblent ainsi les particules flottantes. Peut-être telle était la toison d'or de Aïétès » (trad. J.-J. Combes-Dounous).

Selon Strabon, la Toison d'or symbolise la richesse en métaux du pays : «... les richesses que la Colchide tire actuellement de ses mines d'or, d'argent et de fer, laissent assez deviner quel a dû être le vrai motif de l'expédition des Argonautes, le même apparemment qui avait, dès auparavant, poussé Phrixos vers les rives du Phase ». (I, 2, 39; trad. A. Tardieu).)

Les récits héroïques des Argonautes seraient devenus particulièrement populaires au cours des VIIIe et VIIe siècles avant J.-C., après la «Grande colonisation grecque» de la Méditerranée et de la mer Noire, au moment des premiers contacts commerciaux, économiques et culturels réguliers entre le monde grec et le littoral de la mer Noire [cat. 67].

Cat. 67
Cratère en calice à figures rouges, attribué au Peintre des Enfers (IVe siècle avant J.-C.)
Face A : Médée, Jason et Pélias
2e moitié du IVe siècle avant J.-C.
Argile, peinture – Pouilles, Italie
Paris, Musée du Louvre, Département des Antiquités grecques, étrusques et romaines

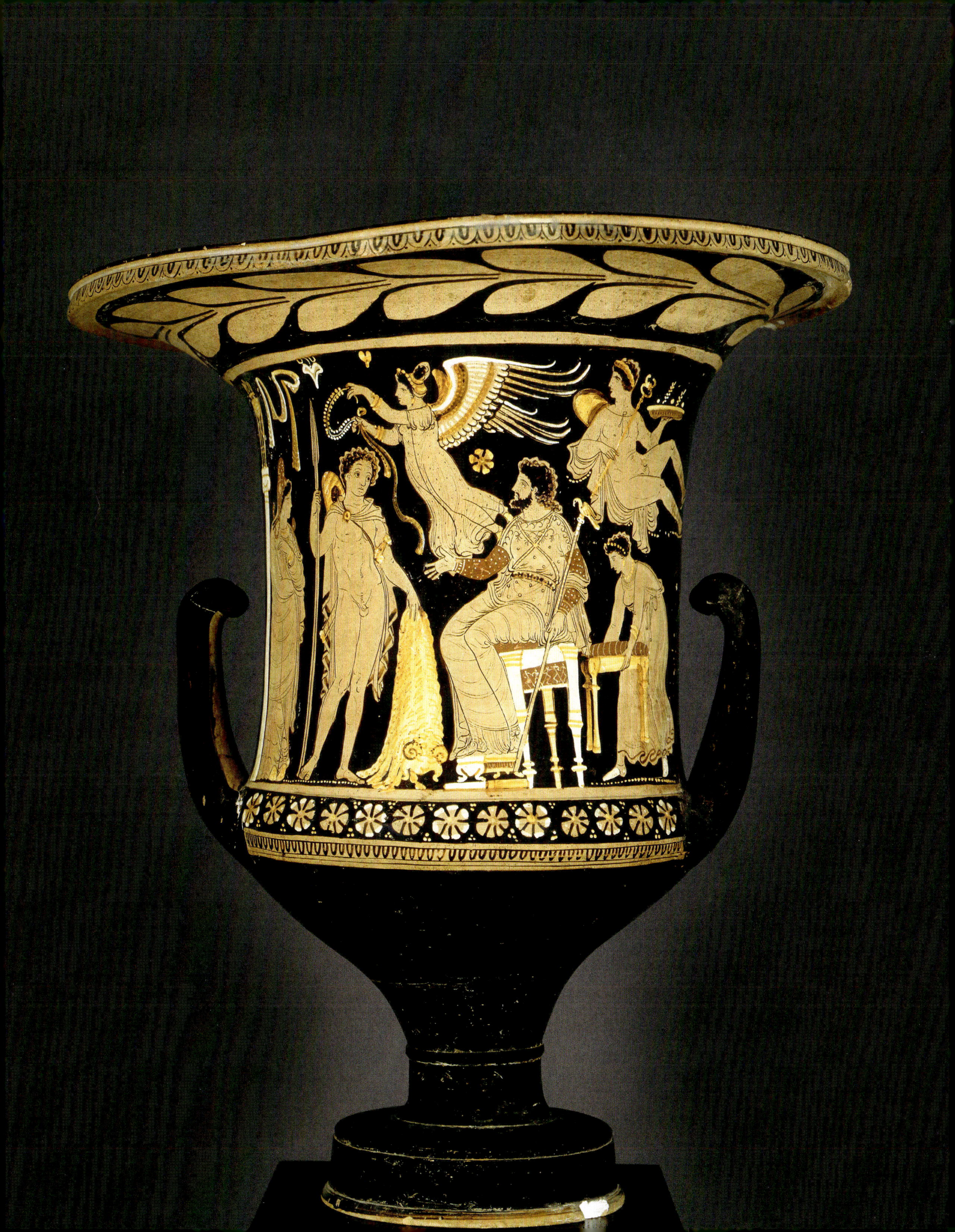

Bernard Coulie

Jason, de la Colchide à Bruges : l'ordre bourguignon de la Toison d'or

C'est Philippe le Bon, duc de Bourgogne [cat. 66], qui fonde l'ordre de la Toison d'or à Bruges le 10 janvier 1430, quelques jours après son mariage avec Isabelle de Portugal. Cette création d'un nouvel ordre de chevalerie répond aux ambitions politiques du duc. Il entend en effet rassembler autour de lui les membres les plus notables et les plus influents de l'aristocratie de ses territoires, en les attachant à son service à travers la loyauté et l'honneur, au moment où les autonomies communales commencent à se développer et viennent concurrencer le pouvoir central. Au niveau international, le nouvel ordre s'aligne sur l'ordre britannique de la Jarretière et l'ordre français de l'Étoile, ce qui place le duc de Bourgogne sur un pied d'égalité avec ses collègues royaux. L'idée de la « toison » reflète l'importance de l'industrie du drap et de la laine sur les territoires qui faisaient partie des domaines du duc.

La référence au mythe de Jason n'est pas le fruit du hasard. Le jeune Philippe le Bon a eu maintes fois l'occasion de voir des scènes de ce mythe dans le château de son grand-père à Hesdin, où elles étaient représentées par des peintures murales de Melchior Broederlam. Au début du XIVe siècle, la popularité de la légende arthurienne décline temporairement, tandis que les références aux mythes grecs, et notamment aux mythes fondateurs, se multiplient et laissent présager l'esprit de la Renaissance. De nombreuses villes, comme Venise, désireuses de rivaliser avec la renommée de Rome, inventent des histoires qui lient l'origine de la ville au mythe de la guerre de Troie. De fait, Philippe le Bon a sans doute entendu parler du mythe de Jason à travers le récit de l'*Histoire de la destruction de Troie* écrite par l'érudit italien du XIIIe siècle Guido delle Colonne, car la Bibliothèque royale de Bruxelles conserve des copies manuscrites de cet ouvrage issues de la bibliothèque du duc. Guido delle Colonne fait état d'une version particulière de la légende de Jason dans laquelle le héros revient chez lui en rapportant la toison à laquelle sont encore attachées la tête et les pattes du mouton, ce qui explique la forme de l'emblème de l'ordre, un mouton (et pas seulement une toison) suspendu à un collier [cat. 69]. Il va sans dire que le caractère oriental contribue également à la popularité du mythe de Jason. Néanmoins, la référence à un mythe païen demeure difficile à accepter à l'époque pour de nombreuses personnes, ce qui conduit à ce que Jason soit parfois remplacé par la figure de Gédéon dans l'Ancien Testament. Le livre biblique des *Juges* rappelle que Dieu, pour convaincre Gédéon qu'il avait été choisi pour sauver Israël, fit en sorte que la toison d'un mouton reste sèche alors que la terre était humide et reste humide alors que la terre était sèche. La scolastique médiévale a considéré ce miracle comme un symbole annonçant la maternité virginale de Marie, patronne de l'ordre [cat. 70, 71].

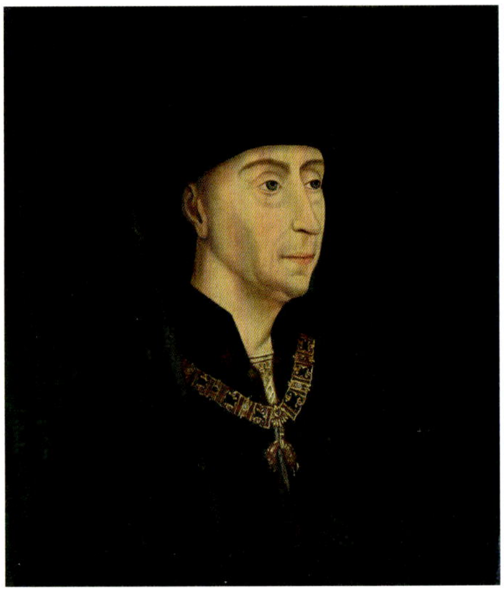

Cat. 68
(Copie d'après) Rogier van der Weyden (1399/1400-1464)
Philippe le Bon, duc de Bourgogne
XVe siècle
Huile sur bois
Musée Royal des Beaux-Arts Anvers – Communauté Flamande

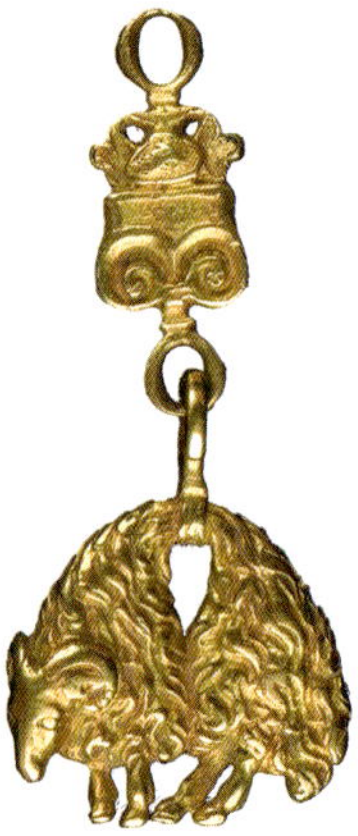

Cat. 69
Pendentif de l'ordre de la Toison d'or
1501-1600
Or – Pays-Bas (région historique)
Musées royaux d'Art et d'Histoire, Bruxelles

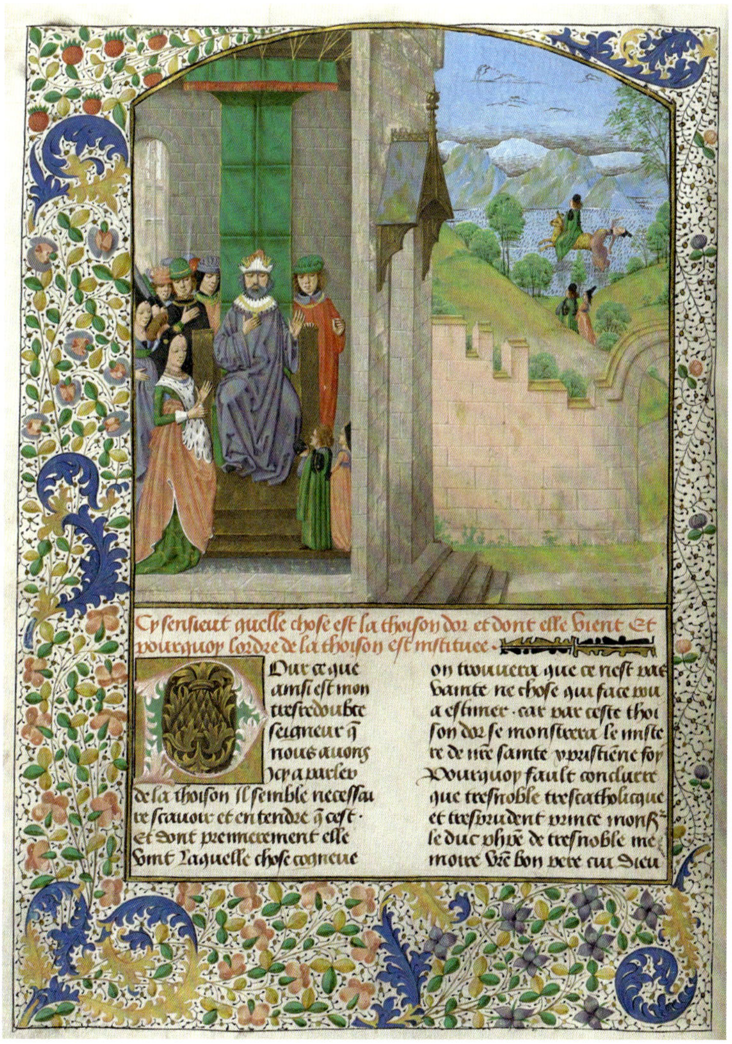

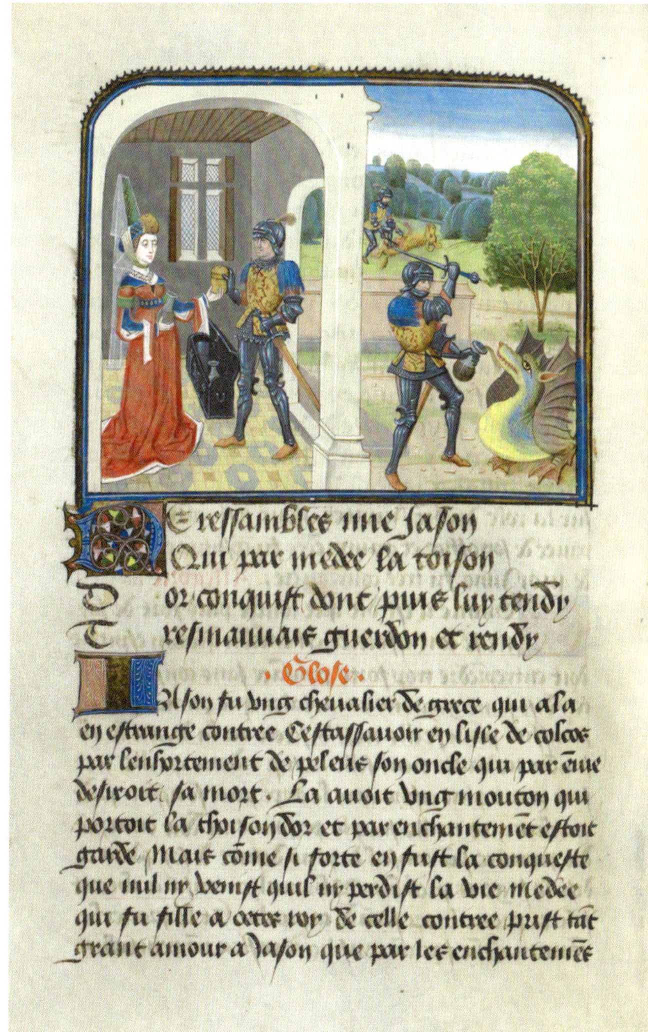

Cat. 70
Guillaume Fillastre (1348-1428), *Histoire de la Toison d'or*
Enluminé par le Maître du Wavrin de Londres, 1468-1472
Parchemin – Bruges
KBR — Bibliothèque royale de Belgique, Ms 9027, folio 8v

Cat. 71
Christine de Pisan (*ca.* 1364-*ca.* 1431), *L'Epistre d'Othea*
Adapté par Jean Miélot, enluminé par Loyset Liédet,1460
Parchemin – Lille
KBR – Bibliothèque royale de Belgique, Ms 9392, folio 57v

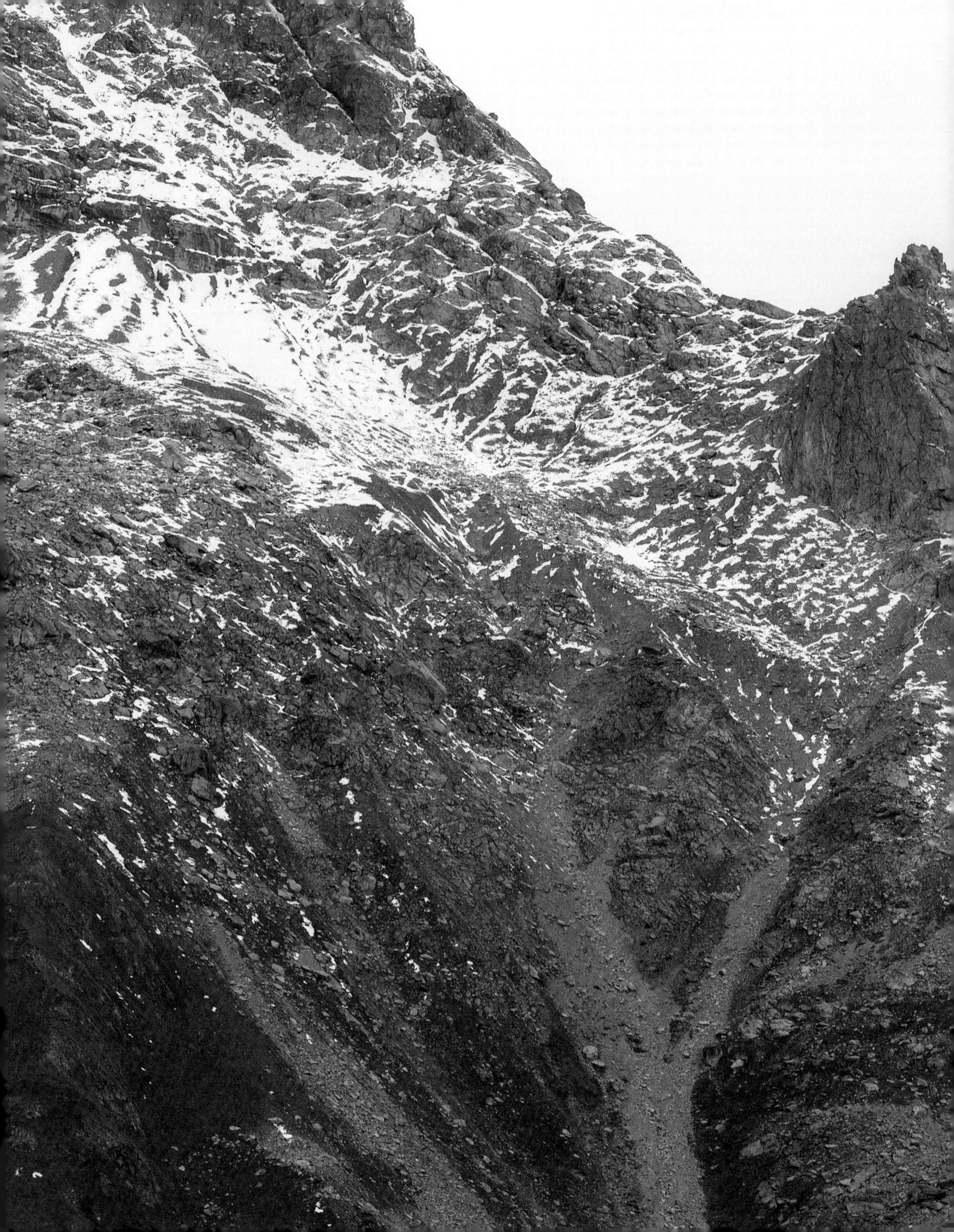

Chapitre 3

La formation de la Géorgie médiévale

(IVe-IXe siècles)

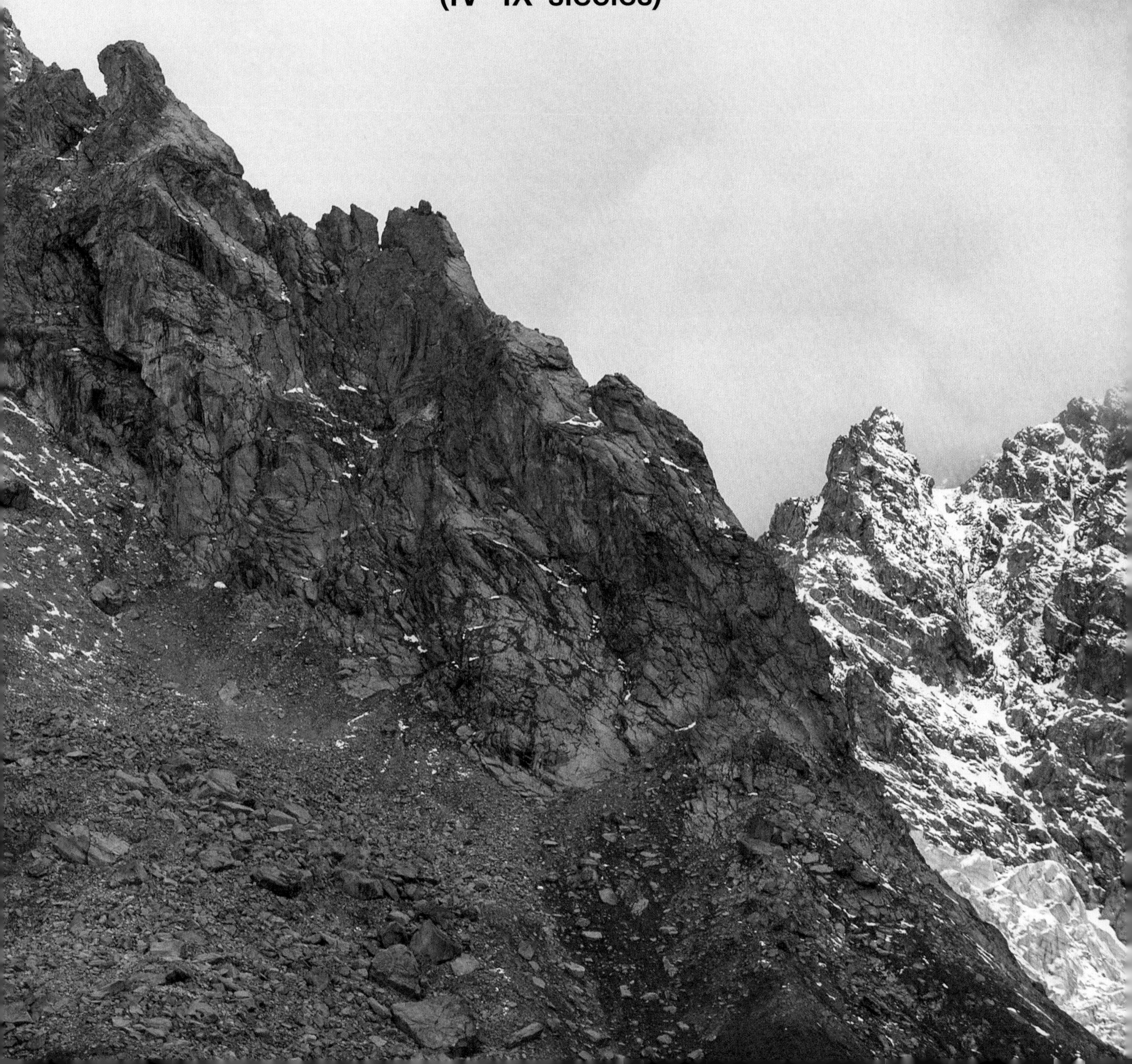

Jean-Pierre Mahé

Entre Rome et la Perse : la christianisation de la Géorgie

« En Géorgie, rares sont les collines et les montagnes où il n'y a pas d'église Saint-Georges. »

Quelle que soit l'origine de l'actuel drapeau géorgien, il ressemble fort à la bannière du martyr de Cappadoce, victime de Dioclétien (203-205). Sur un émail du XIVe siècle, le preux cavalier transperce de sa lance un dragon malicieux couvert d'écailles multicolores, qui tente d'empêtrer les sabots du cheval dans les multiples anneaux de son corps sinueux. Ce monstre symbolise la mythologie iranienne, ennemie de la chrétienté géorgienne. Cependant, le nom du pays, Géorgie, ne provient pas de celui du saint, mais d'un ancien toponyme iranien, Gourdji. Les Géorgiens se nomment eux-mêmes « Kartveli » (en français « Kartvéliens ») et nomment leur patrie Sakartvelo.

La christianisation est arrivée cent ans plus tard que Saint Georges et de manière tout à fait différente. Depuis l'époque hellénistique, beaucoup de Juifs vivaient à Mtskhéta, la ville royale des Kartvéliens. Ils célébraient librement leur culte, possédaient leur propre synagogue et leur propre cimetière, parlaient la langue araméenne et faisaient du commerce avec leurs coreligionnaires de Syrie et de Palestine. Certains d'entre eux ont entendu parler du Christ. Selon la chronique de la *Conversion du Kartli*, l'un d'eux, nommé Élie, de race sacerdotale, se rendit de Mtskhéta à Jérusalem, assista au procès de Jésus, refusa de le condamner et recueillit pieusement sur le Calvaire la tunique sans couture du Christ. La tunique serait toujours cachée dans la cathédrale de Mtskhéta, et elle apparaît au cœur des armoiries des rois Bagrationi.

Cette nouvelle foi s'est rapidement répandue au-delà de la communauté juive, dans le reste de la population. L'apôtre était une « captive » étrangère prénommée Nino. Elle vécut trois ans comme ermite dans une hutte de feuillage à la bordure de la ville. La guérison miraculeuse d'un enfant et, plus tard, celle de la reine Nana firent sa réputation. Cependant, le roi Mirian restait incrédule. Il faudra une éclipse du soleil pour le convaincre : plongé dans l'obscurité au cours d'une partie de chasse, il invoqua le Dieu de Nino et de Nana pour que la lumière du jour lui revienne aussitôt, et le roi se fit baptiser avec tous les habitants de la ville. En géorgien, le « baptême » se dit donc *natlis-gheba*, ce qui signifie « recevoir la lumière ».

Nino, qui deviendra plus tard sainte, fit construire la première église dans le jardin royal : une chapelle carrée soutenue par des colonnes de bois posées sur des socles de pierre. Selon la légende, les hommes les plus vigoureux et même les bœufs ne pouvant soulever la dernière colonne, la sainte resta à prier toute la nuit et la colonne vint miraculeusement se placer d'elle-même dès le retour du roi. La magnifique cathédrale construite au XIe siècle sur le site de cet humble sanctuaire est toujours appelée *Svétitskhovéli*, « la colonne vivante ». Mirian et Nino écrivirent à l'empereur Constantin, qui se réjouit davantage de la naissance d'un nouveau peuple chrétien que de la conquête d'une nouvelle province.

Il leur envoya l'évêque Jean et le prêtre Jacques pour instaurer le culte et créer un clergé autochtone. À la demande de Jean, plutôt que l'idole de bronze aux yeux de pierres précieuses perchée sur la montagne qui domine Mtskhéta, de l'autre côté du fleuve, Nino dressa une croix. Déçus par la rusticité du symbole, un morceau de bois brut, les habitants se contentèrent de hausser les épaules et de se détourner. Prenant pitié de leur incrédulité, Dieu éclaira le signe du salut. Longtemps laissée en plein air, la croix miraculeuse se trouve depuis la fin du VIe siècle dans la belle église à coupole de Djvari.

Icône de Saint Georges, saint patron du monastère d'Ubissi (Imérétie)
XIVe siècle
Tempera sur bois

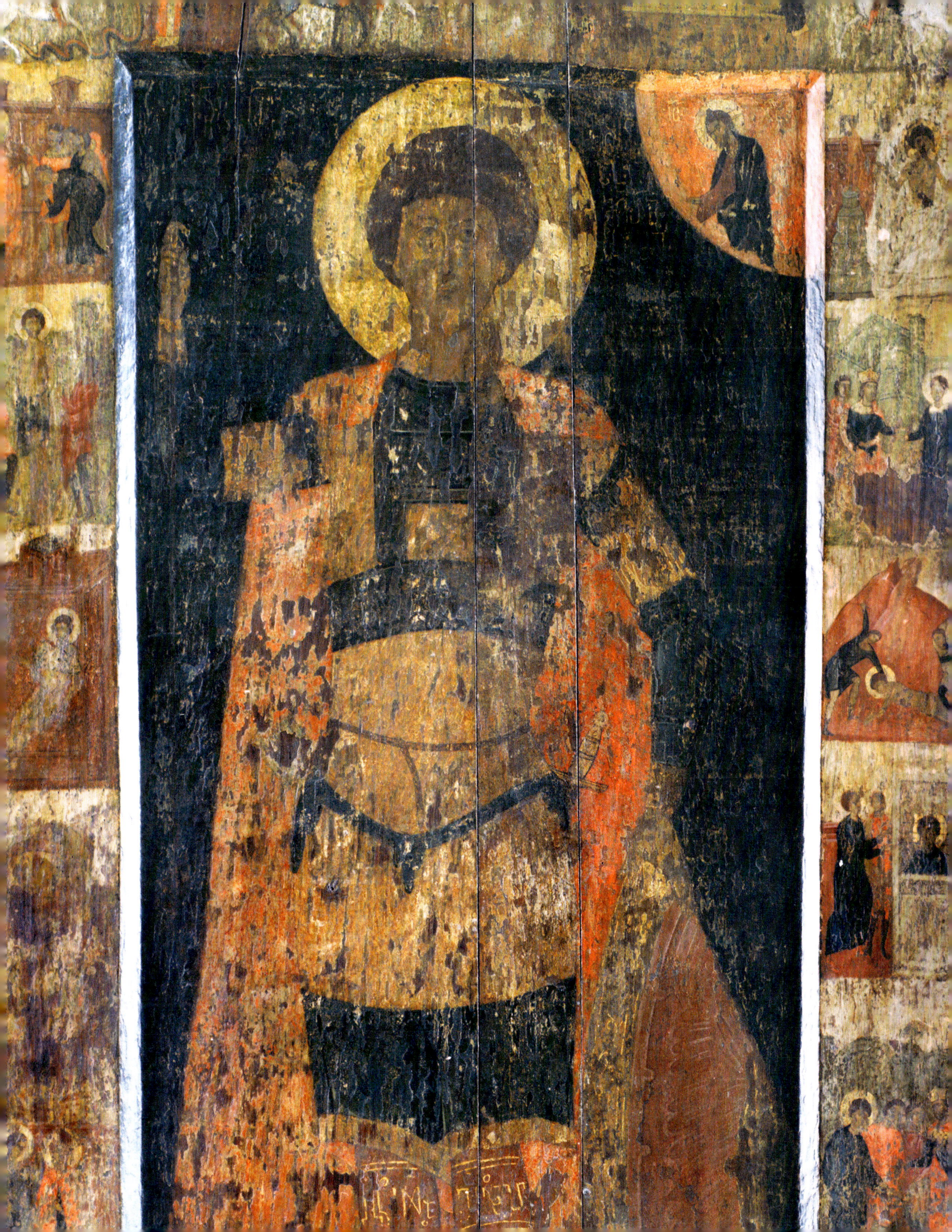

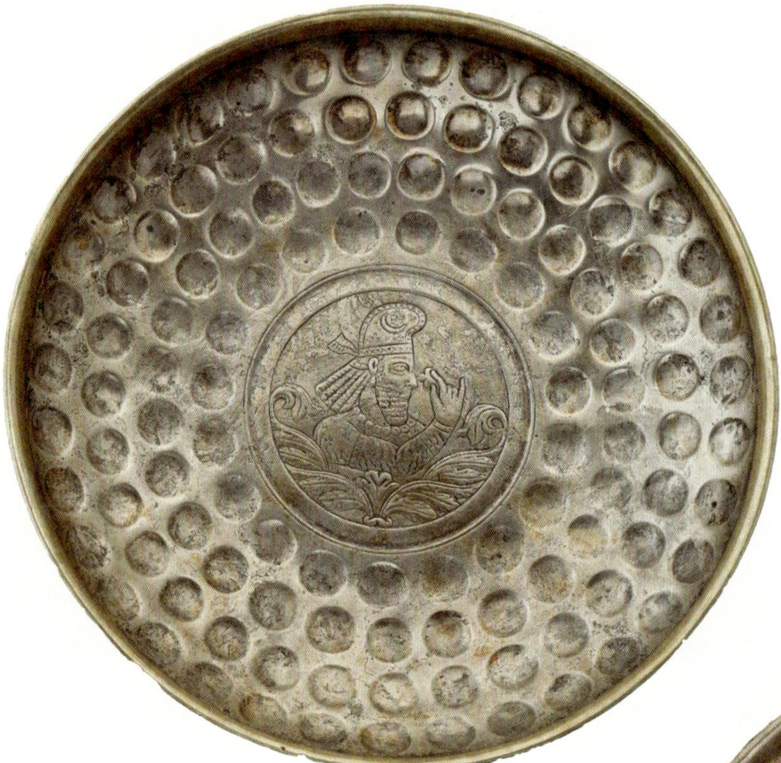

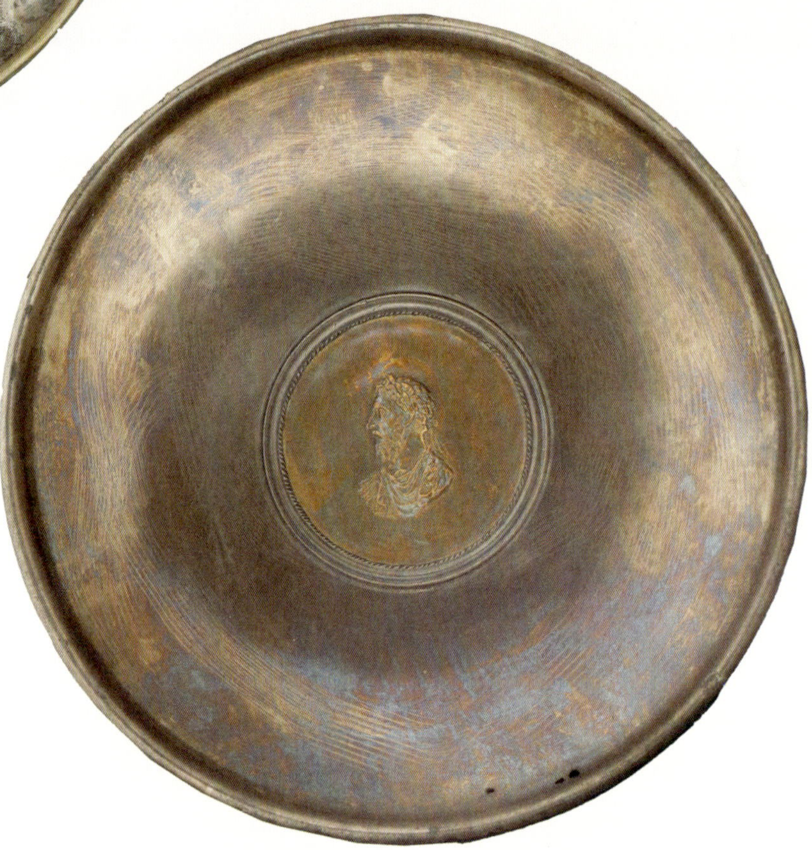

Ce plat représente parfaitement le travail du métal à l'époque sassanide. La coiffure, les cheveux, le type de visage et les vêtements de l'homme qui y figure sont ceux d'un noble perse. Au dos du plat apparaît une inscription pehlevi abîmée : « pitiaksh du divin Ardashir, du divin Papaki… » Il semble que le propriétaire de ce plat était le gouverneur d'une des provinces de Kartli.

Cat. 72
Plat du *pitiakhshi* Pabag, IIIe siècle après J.-C.
Argent – Armaziskhevi, tombe 2, Mtskhéta, Kartli intérieur
GNM — Musée d'Histoire Simon Janashia de Géorgie

Ce plat est le seul spécimen de l'art métallurgique romain comportant un portrait en bas-relief de l'empereur Marc Aurèle (r. 161-180). Il pourrait être daté des dernières années du règne de l'empereur.

Cat. 73
Plat à l'effigie de l'empereur Marc Aurèle, IIe-IIIe siècle après J.-C.
Argent, or – Bagineti, Mtskhéta, Kartli intérieur
GNM — Musée d'Histoire Simon Janashia de Géorgie

Nino décida alors de convertir les populations des montagnes. Malgré le soutien des soldats, la tâche s'avéra difficile : le Grand Caucase représentait le dernier bastion des démons chassés par le christianisme! Les paysans se cachaient pour protéger leurs idoles. Nino mourut d'épuisement au cours de cette interminable croisade, mais son œuvre sera complétée par les treize Pères syriens. En quête de solitude au cœur des forêts de Géorgie, ils gagnèrent l'estime des païens par l'austérité de leurs mœurs et la maîtrise que leur ascétisme leur conférait sur les animaux sauvages : les lions leur obéissaient, les ours leur juraient de ne pas nuire aux troupeaux.

Le testament de Mirian prescrivait à son fils Rev : « Voilà que nos ténèbres se sont transformées en lumière et notre mort en vie. Partout où vous trouverez les idoles mensongères, brûlez-les et faites avaler leurs cendres à ceux qui les pleurent, car je sais que dans le Caucase elles ne disparaîtront pas de sitôt! Confiez-vous à la Colonne glorifiée d'en haut, à la Croix apparue dans le ciel. »

Dès qu'il fut établi, le christianisme géorgien se heurta à la pression des Perses zoroastriens. En effet, la seconde moitié du IVe siècle est marquée par le recul des Romains et par l'expansion de l'Empire sassanide vers le Caucase. Les Perses ne pardonnèrent pas aux Géorgiens d'avoir adopté le christianisme, la religion de leurs ennemis, et cette adoption eut de nombreuses conséquences. À l'époque du roi Artchil (vers 420-430), les mages perses qui vivaient à Mtskhéta installèrent un autel du feu. En 475, la pieuse Chouchanik succomba à la violence de son mari, comme le rapporte son confesseur, Jacques de Tsourtav. Pour évincer le roi de Géorgie, Varsken, prince de Gogarène, abjura le christianisme et accepta une Persane comme seconde épouse.

En 484, tandis que Péroz s'efforçait de convertir tous les Géorgiens par la force, le roi Vakhtang Gorgasali (vers 447-522) parvint à neutraliser la supériorité numérique des ennemis en ouvrant les « Portes des Huns », de puissantes forteresses barrant les cols de la chaîne du Caucase. Submergé par l'invasion barbare, Péroz fut tué en défendant ses frontières et Vakhtang dicta les conditions de la paix.

Le roi dota l'Église géorgienne d'une hiérarchie. Plutôt que d'avoir un seul évêque pour tout le royaume, il décida de diviser le pays en plusieurs diocèses sous l'égide d'un catholicos. Lointain successeur de Jean, l'envoyé de Constantin, l'évêque Mikael, qui siégeait dans la ville royale de Mtskhéta, était agacé par ce projet qui diminuait son pouvoir. Il accusa Vakhtang d'avoir jadis renié le christianisme et exigea une pénitence publique. Le roi s'y soumit. Cependant, alors qu'il embrassait le pied du prélat, ce dernier lui cassa deux dents. Aussitôt averti, le patriarche de Constantinople déposa Mikael et nomma Petre catholicos des Géorgiens, sous la juridiction théorique du patriarche d'Antioche, qui dirigeait les Églises orientales. Ce lien fragile fut rompu lors des invasions arabes et l'Église géorgienne devint autocéphale.

À Mtskhéta, le catholicos résidait au cœur de la ville, à proximité de l'église de la Colonne vivante (*Svétitskhovéli*), et l'évêque, dans la prélature (*Samtavro*), près du buisson de ronces où Sainte Nino avait l'habitude de prier. Un jour, pendant une partie de chasse dans la vallée de la Koura (Mtkvari), Vakhtang découvrit par hasard les sources d'eau chaude de Tbilissi, en observant un cerf blessé qui s'y baignait pour soigner ses blessures ou un faisan qui tombait dans l'eau, suivant les versions de la légende. Aussitôt, il ordonna la construction d'une nouvelle ville : dès lors, Tbilissi devient une ville royale et marchande, et Mtskhéta la métropole religieuse.

Transportée par la beauté poignante des chœurs polyphoniques de la liturgie géorgienne, la ferveur de la foi fut contagieuse. Martyrisé en 545, Eustathe de Mtskhéta, fils d'une famille de mages, était devenu cordonnier par dégoût de la suie et de la fumée des foyers sacrés. Il avoua lors de son procès : « Dans les prières des chrétiens, au-delà de leurs voix, j'entendais la voix des anges, tellement leurs chants étaient doux et gracieux ». En 786, Abo de Tbilissi, un Arabe, expert en parfums au service du prince régent de Kartli, converti par les textes bibliques, est décapité comme apostat.

Gia Marsagishvili

Introduction à l'architecture géorgienne

La Géorgie abrite plus de dix mille monuments architecturaux médiévaux, parmi lesquels des complexes monastiques, des églises et autres bâtiments de culte, des sépultures, des palais, des forteresses, des tours, ainsi que des maisons et des bâtiments commerciaux. Cependant, l'histoire de l'architecture géorgienne ne commence pas au Moyen Âge, car l'architecture chrétienne s'est développée dans un contexte architectural déjà mature. Des fouilles archéologiques nous ont en effet permis de découvrir un grand nombre de constructions préhistoriques et préchrétiennes ou leurs vestiges.

En Géorgie, comme dans d'autres régions, les hommes se sont d'abord réfugiés dans des grottes naturelles au cours de la période paléolithique. Les premiers exemples d'entreprises architecturales que nous connaissons actuellement remontent à la fin de la période néolithique (5e-4e millénaire avant J.-C.), à Shulavéri-Gora et Imiris-Gora. Grâce aux données archéologiques, nous sommes en mesure de comprendre le plan et les particularités de certaines structures, comme la première forme circulaire des habitations domestiques, qui sont devenues carrées à partir du 3e millénaire avant J.-C., et d'obtenir de précieuses informations sur les anciennes techniques de construction. Nous pouvons également déterminer avec une certaine précision les catégories de construction et leur apparence.

Au cours de la seconde moitié du premier millénaire avant J.-C. et au début de l'ère chrétienne, des auteurs grecs et romains ont parlé de la grande qualité de l'architecture géorgienne. Xénophon (vers 430-355 avant J.-C.) et Strabon (vers 60 avant J.-C.-20 après J.-C.) en grec, et Vitruve (vers 80-15 avant J.-C.) en latin, ont décrit l'architecture des villes de Colchide (Egrisi ou Géorgie occidentale) et leurs systèmes de canaux, leurs fortifications, leurs palais et leurs maisons décorées avec goût (en particulier les tourelles attachées aux structures en bois et les toits en tuiles) ainsi que les places de marché et les édifices publics.

Pendant le Moyen Âge géorgien, qui correspond généralement à la période allant de l'adoption du christianisme au début du IVe siècle de notre ère à la fin du XVIIIe siècle, le christianisme et l'économie féodale constituaient les principaux facteurs de développement social et culturel, à l'instar de ce qui se passait en Europe.

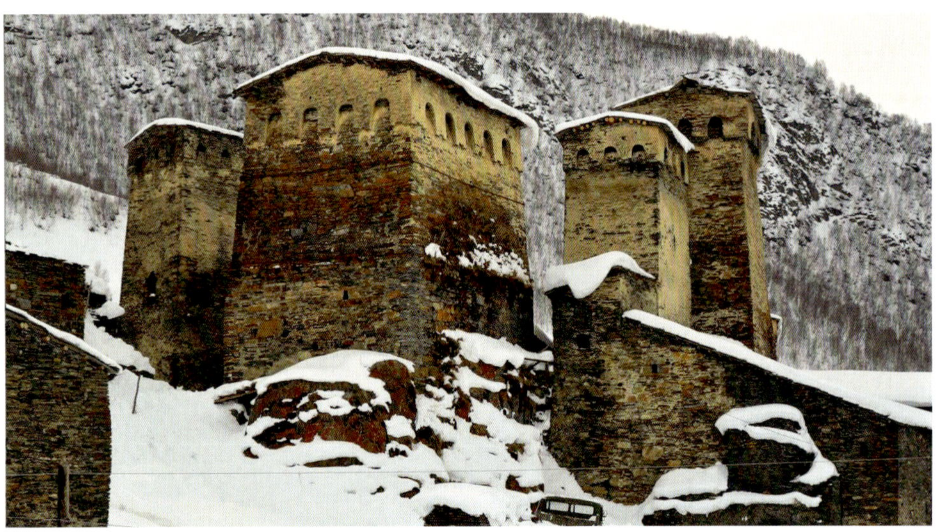

Fig. 19
Ushguli, communauté composée de cinq villages situés au fond de la gorge de l'Enguri, dans la région de Svanétie, en Géorgie. Ushguli compte parmi les plus hauts villages d'Europe habités de façon continue. L'origine des maisons-tours de Svanétie remonte à la préhistoire. Leurs caractéristiques témoignent du mode économique traditionnel et de l'organisation sociale des communautés svanes. Le rez-de-chaussée se compose d'une salle unique avec un foyer ouvert destiné aux habitants et aux animaux domestiques, ces derniers étant séparés par une cloison en bois souvent richement décorée. L'étage supérieur était utilisé par les occupants humains pendant l'été et constituait également un grenier pour le fourrage et les outils. Les maisons servaient à la fois d'habitations et de postes de défense contre les envahisseurs.

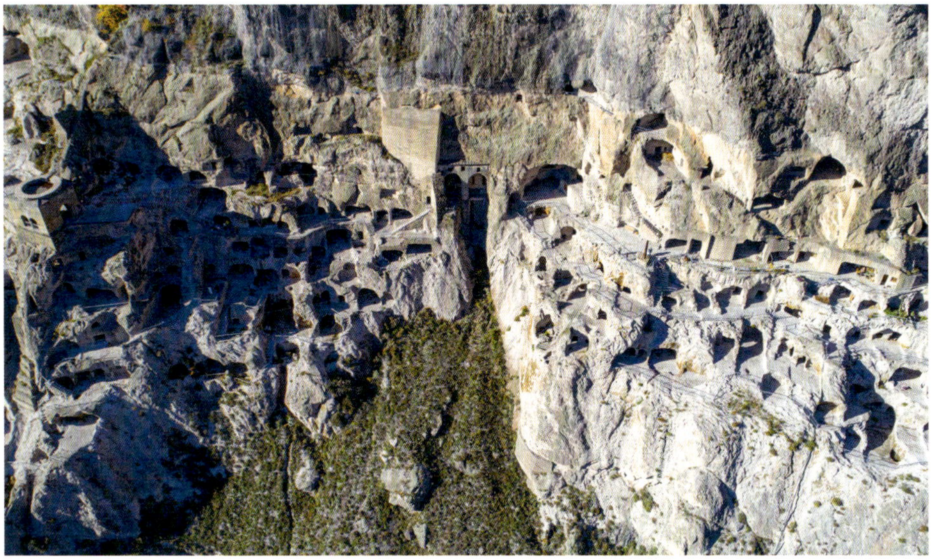

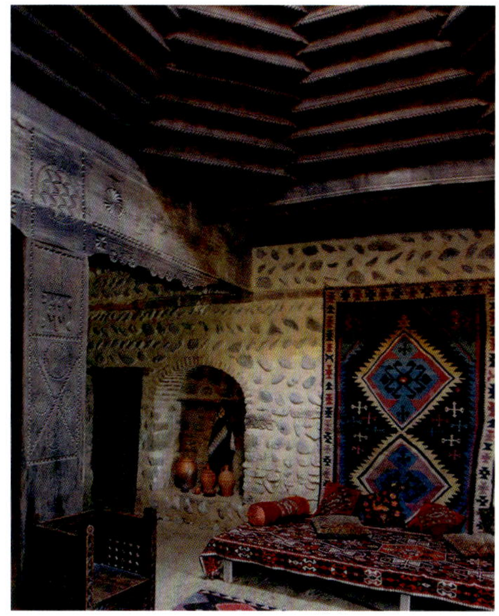

Fig. 20
La ville, la citadelle et le monastère de Vardzia, taillés dans la roche, remontent au XIIe siècle. Selon les chroniques géorgiennes, la reine Tamar aurait érigé une église pour abriter une icône miraculeuse de la Vierge de Vardzia, après avoir reçu l'aide divine lors de ses campagnes contre les musulmans. Les chroniques indiquent que le monastère contenait une grande quantité d'objets de valeur en argent, en or et en pierres précieuses, ce qui témoigne de sa prospérité économique.

Fig. 21
Une *darbazi*

La plupart des bâtiments séculiers ayant été construits en bois, il n'en reste que très peu de traces. Cependant, les structures défensives, telles que les châteaux et les célèbres tours en pierre des villages de Svanétie et de Touchétie [fig. 19] dans les montagnes du nord-ouest et du centre, destinées à se défendre à la fois contre les querelles de voisinage et les envahisseurs étrangers, ont été préservées. Les vestiges d'un grand palais fortifié avec une salle d'audience centrale subsistent à Géguti (Géorgie occidentale, au sud de Koutaïssi), et les sources textuelles témoignent de la richesse de la décoration de ces sites royaux. Nous pouvons également reconstituer certains aspects de la vie dans des citadelles creusées dans la roche, comme celle de Vardzia (Géorgie du Sud-Ouest) [fig. 20], puisque des canalisations pour l'eau, des écuries, des quartiers d'habitation, des cuisines et des zones de stockage pour la nourriture et le vin ont été conservés dans la roche. Il reste des exemples d'habitations en bois des XVIIe et XVIIIe siècles, souvent dotées de belles façades sculptées, et des *darbazis* [fig. 21], des maisons à dômes coniques construits en élevant des cadres carrés ou octogonaux de dimensions décroissantes.

Pourtant, ce sont les bâtiments ecclésiastiques, qui ont toujours été le principal centre d'intérêt des communautés chrétiennes, qui nous en apprennent le plus sur l'architecture géorgienne. En effet, ce sont les églises qui reflètent le mieux le style propre au pays, tel qu'il est apparu au cours de la longue période médiévale. De plus, tout au long de leur histoire, la plupart des églises géorgiennes sont restées construites en pierre de taille bien dressée, ce qui leur a permis de conserver leur style et leurs décorations sculptées à travers les époques.

La proclamation du christianisme par l'État géorgien comme religion officielle au début du IVe siècle a marqué une étape importante dans le développement de l'architecture géorgienne, car à partir de ce moment-là, à la fois l'architecture et la culture géorgiennes ont adopté un caractère national distinct et se sont imposées comme une branche indépendante au sein de l'Orient chrétien. Parmi les plus anciens édifices chrétiens conservés en Géorgie figurent une chapelle au monastère de Nékréssi (3e quart du IVe siècle) ainsi qu'une petite église à coupole construite au monastère de Samtavro, à Mtskhéta, construite avant le reste du complexe monastique.

Les églises géorgiennes présentent en partie les types qui se retrouvent dans l'ensemble du monde chrétien. Au cours de la première période, du IVe siècle jusqu'aux invasions arabo-musulmanes du VIIe siècle, deux types principaux de construction se développent en parallèle : la basilique (construction rectangulaire dont l'intérieur est généralement divisé dans le sens de la longueur en trois nefs, séparées par des colonnades, et qui donne sur une abside arrondie à l'extrémité) et les édifices à coupole centrale. On trouve également de nombreuses petites églises à une seule nef ; c'est à cette catégorie qu'appartiennent la plupart des églises que

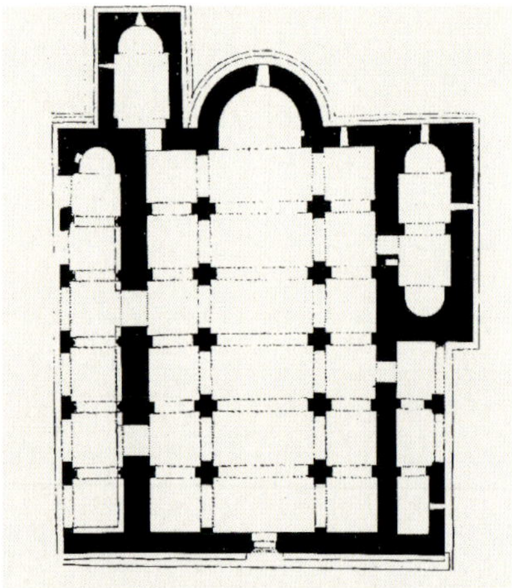

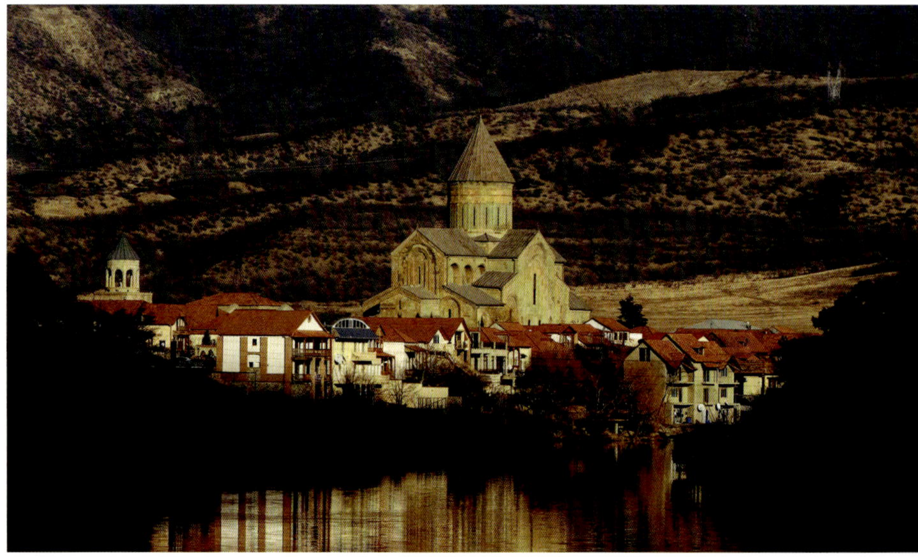

l'on trouve dans les villages. L'architecture ecclésiastique géorgienne médiévale se distingue non seulement par son ampleur (comme l'indiquent diverses sources écrites) mais aussi par les solutions artistiques complexes et variées apportées par les maçons et les constructeurs pour répondre aux divers défis architecturaux posés par les exigences liturgiques. Si les méthodes de construction des églises ont d'abord été importées des centres du christianisme primitif, elles ont rapidement dépassé le stade de la simple reproduction. Au fur et à mesure que l'on cherchait de nouveaux moyens d'expression artistique, des processus nouveaux et originaux de pensée visuelle sont apparus, notamment des variations sur des éléments stylistiques familiers.

Fig. 22 (gauche)
L'église Sioni de Bolnissi a été construite à la fin du Ve siècle et présente une structure basilicale, avec quelques modifications typiques de l'architecture des églises géorgiennes.

Fig. 23 (droit)
Cathédrale Svétiskhovéli à Mtskhéta

La structure basilicale, répandue dans toute la Géorgie au cours de ces premiers siècles en tant qu'héritage du monde hellénistique et romain, présentait une forme totalement étrangère aux traditions architecturales locales. Parmi les exemples du Ve siècle, citons ceux de Dzvéli («Ancienne») Shuamta et de Tskhrakara («Neuf portes») à Matani (Géorgie orientale). La conception a rapidement été adaptée aux besoins locaux et, à la fin du Ve siècle, un nouveau stade de développement a donné naissance à des églises qui présentaient les caractéristiques habituelles d'une basilique, mais avec certaines modifications géorgiennes qui allaient rapidement constituer des caractéristiques nationales. Les exemples les plus anciens et les plus marquants de ce type sont les basiliques de l'église Sioni à Bolnissi [fig. 22] et de Svétitskhovéli à Mtskhéta [fig. 23]. Ces deux structures ajoutent des couloirs latéraux supplémentaires parallèles à la nef et aux bas-côtés. La seconde de ces églises a été construite par le roi Vakhtang Gorgasali, pour remplacer une église en bois du IVe siècle attribuée au roi Mirian, mais nous ne la connaissons qu'à travers des fouilles, car elle a été remplacée plus tard, entre 1010 et 1029, par l'actuelle cathédrale à coupole.

De cette conception de base à trois nefs (parfois avec une galerie supplémentaire de chaque côté, comme à l'église Sioni de Bolnissi), la forme basilicale s'est développée de manière plus spectaculaire. La plus inhabituelle d'entre elles est la basilique dite «à trois églises», semblable de l'extérieur à une basilique normale, mais avec une disposition intérieure complètement modifiée, puisque la nef et les bas-côtés sont séparés par des murs continus au lieu de colonnades, ce qui divise effectivement l'intérieur dans le sens de la longueur en trois églises presque distinctes. On peut trouver deux des plus anciens exemples de ce type à Kvemo (Basse) Bolnissi, au sud, et à Vanati, au nord, qui datent tous deux du Ve ou du VIe siècle. Des basiliques de ce type ne sont connues qu'en Géorgie et ont continué à se développer jusqu'à la fin du Xe siècle, période à laquelle les différents éléments séparés ont commencé à être réunis à nouveau dans le même espace.

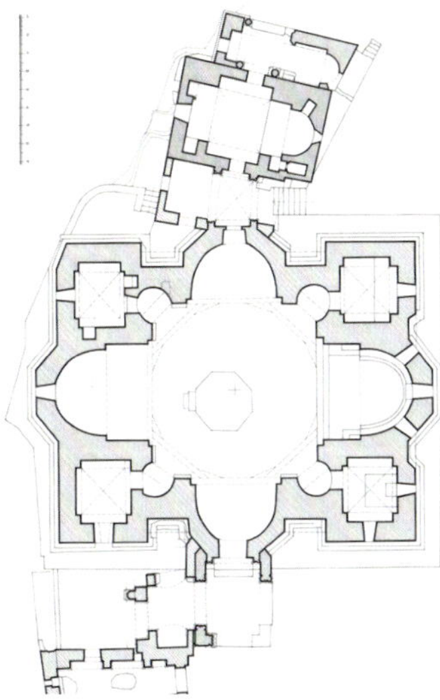

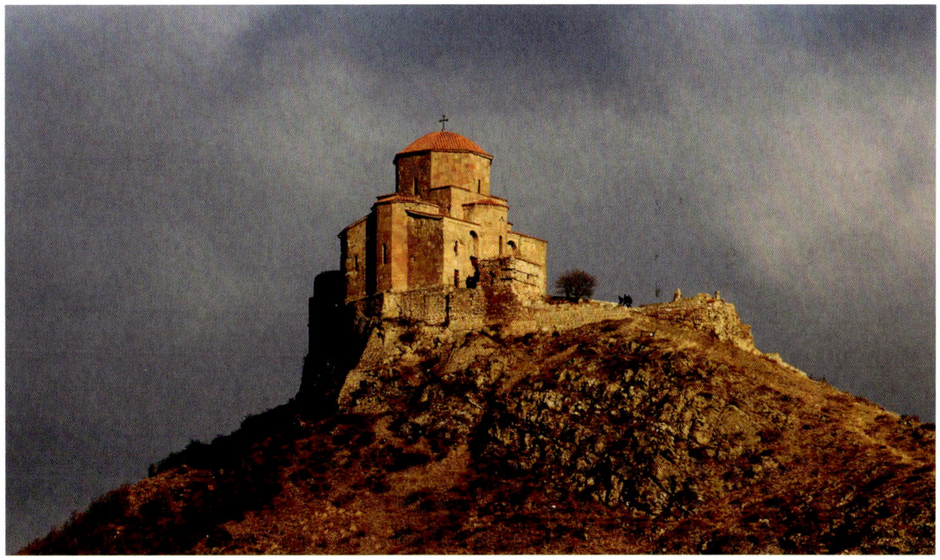

Fig. 25 (gauche)
Plan de l'église de la Sainte-Croix (Djvari)

Fig. 24 (droit)
Église tétraconque de la Sainte-Croix (Djvari) surplombant Mtskhéta

Le deuxième modèle d'église qui est apparu à la même époque est celui de monuments tétraconques à coupole. L'espace central situé sous le tambour et la coupole est ici entouré de quatre absides de taille plus ou moins identique, donnant à l'église une forme cruciforme visible à la fois de l'extérieur et de l'intérieur. Parmi les premiers exemples, citons la première église de Manglissi (Ve siècle) et l'église de Dzvéli (« Ancienne ») Gavazi (VIe siècle). La forme tétraconque a progressivement évolué au fur et à mesure que de nouveaux éléments étaient combinés à cette conception de base pour produire des églises qui, dans leur plan au sol, présentent un jeu d'espaces très élaboré. Dans sa forme « intermédiaire », comme à Ninotsminda dans le nord-est de la Géorgie, des pièces sont ajoutées entre chacune des quatre absides. La forme tétraconque a culminé dans une série d'églises spectaculaires, dont l'exemple le plus célèbre est l'église de Djvari, qui surplombe Mtskhéta (construite entre environ 586 et 604) [fig. 24]. Ici, les pièces entre les absides sont transformées en chambres d'angle et les quatre absides semi-circulaires sont rentrées presque entièrement dans l'épaisseur des façades. On obtient ainsi un extérieur qui peut s'inscrire dans un simple rectangle, mais un intérieur réparti en plusieurs espaces, tout en conservant une relation harmonieuse entre les formes intérieures et extérieures. Si on regarde un plan de masse [fig. 25], la clarté et la beauté de ces projets sautent aux yeux.

Les façades extérieures de l'église de Djvari arborent encore des scènes décoratives sculptées, notamment autour de la porte sud et sur le mur est [fig. 26]. Au VIIe siècle, la construction de stèles indépendantes s'est généralisée. Dès lors, l'exécution des façades des églises a acquis une nouvelle importance artistique

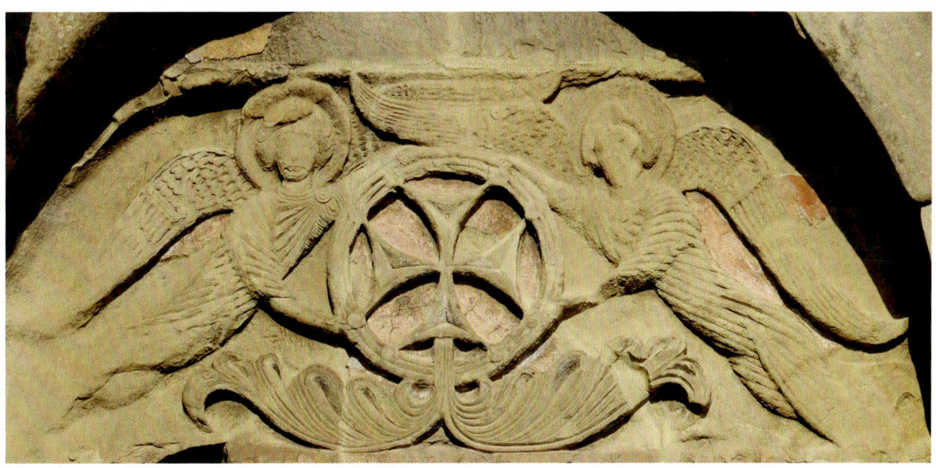

Fig. 26
L'église de Djvari ou église de la Sainte-Croix est la première église géorgienne à avoir été richement décorée de sculptures sur sa façade. La façade orientale présente trois reliefs représentant les donateurs de l'église, les souverains locaux Stéphanos I, son frère Demetre et l'héritier de Stéphanos, Adarnase. Le relief de l'Ascension de la Croix avec deux anges en vol se trouve au-dessus de l'entrée principale sur la façade sud.

indépendante. Par ailleurs, après Djvari, les structures à coupole ont pris une place prépondérante au sein de l'architecture ecclésiastique. L'articulation de l'extérieur des églises se poursuit au VIIe siècle à Tsromi (626-634), dans un bâtiment atypique dont la coupole est soutenue par quatre piliers libres. Cette église a introduit un nouveau type de décoration de façade au moyen d'une arcature aveugle destinée à souligner et à unir les éléments du mur est. Cette technique deviendra une caractéristique presque universelle de l'architecture géorgienne, et dans de nombreuses églises, l'arcature aveugle fait même tout le tour de l'extérieur.

La première phase de développement de l'architecture géorgienne s'est terminée avec les invasions arabes au cours de la seconde moitié du VIIe siècle, alors que le pays sombrait dans l'effondrement économique et politique. Ce n'est qu'au début du IXe siècle, alors que la vie politique du pays commence à reprendre son cours, que les constructions d'églises reprennent véritablement. Le mouvement se concentre dans un premier temps dans la région de Tao-Klardjéti, au sud-ouest du pays et à la frontière orientale de l'Empire byzantin, où Ashot Ier Bagrationi s'est établi en tant que roi. Un grand nombre des églises à coupoles érigées dans son royaume sont l'œuvre du très dynamique moine (et plus tard saint) Grigol Khandztéli (Grégoire de Khandzta). L'importance de cet élément pour la relance de l'économie ne doit pas être sous-estimé, car c'est grâce aux communautés de moines fondées par Grigol sur chaque nouveau site que les activités agricoles ont repris et que les régions se sont repeuplées.

Avec le retour au pouvoir des souverains chrétiens dans le courant du Xe siècle, de nombreuses églises géorgiennes ont été reconstruites et agrandies pour répondre aux besoins croissants des communautés reconstituées. La fin du Xe siècle marque l'apogée de ce processus et le début de la plus grande période d'innovation architecturale géorgienne. Plusieurs églises combinant l'axe longitudinal de la basilique avec la coupole et les multiples espaces séparés des églises à plan centré ont alors vu le jour, toutes d'une ampleur, d'une complexité et d'une majesté inégalées jusqu'alors. L'église d'Oshki, construite par David Kurapalates (le «Curopalate», titre byzantin quelquefois accordé aux princes géorgiens) entre 963 et 973, présente des absides sur les côtés nord, sud et est et une longue nef à l'ouest. Les trois absides sont complétées par deux étages de chapelles tandis que de longues chapelles à nef divisée s'étendent des deux côtés de la nef [fig. 27, 28]. La fonction de tous ces espaces n'a pas encore été clairement établie. Ces églises, construites par l'élite dirigeante de la Géorgie à l'époque de l'unification nationale, se trouvent dans l'ensemble des régions contrôlées par la dynastie des Bagrationi et affichent souvent des dimensions énormes : les autres églises de la série sont la

Fig. 27 (gauche)
Plan de l'église d'Oshki province historique géorgienne du Tao-Klardjéti (Turquie actuelle)

Fig. 28 (droit)
L'église Saint-Jean-Baptiste d'Oshki, dans la province historique géorgienne de Tao (Turquie actuelle), 963-973
Photo d'Ilia Zdanevitch (Ilizad), artiste de l'avant-garde géorgienne, prise en 1917.
Fonds ILIAZD

Célèbre pour son architecture innovante et sa splendide décoration sculptée, l'église principale du monastère d'Oshki est généralement considérée comme l'un des monuments les plus significatifs de l'architecture géorgienne médiévale. Née dans le contexte de la fondation de l'État féodal géorgien et du début de l'unification du pays, l'église est devenue le symbole d'une nouvelle identité royale et nationale.

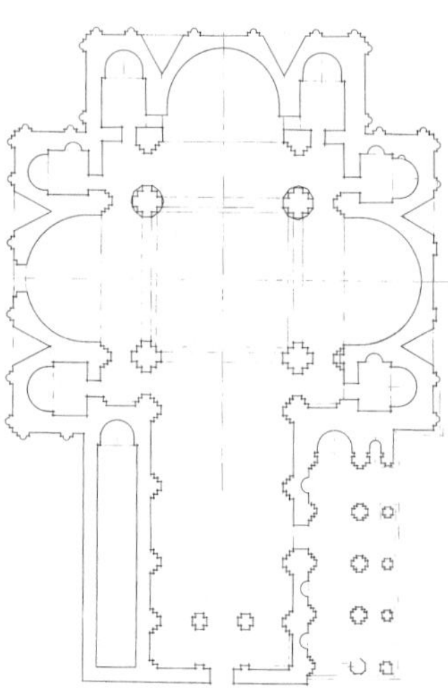

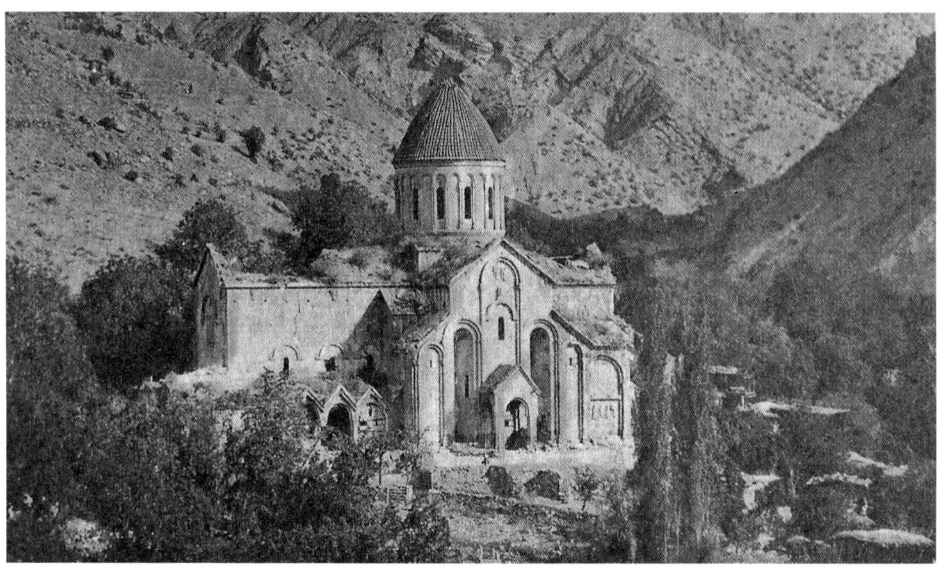

cathédrale Bagrati à Koutaïssi (1003), la cathédrale d'Alaverdi en Kakhétie (1er quart du XIe siècle) et la cathédrale Svétitskhovéli à Mtskhéta (reconstruite par le catholicos Melkisedeck, 1010-1029).

Au cours des siècles qui ont suivi, pendant ce que l'on appelle l'âge d'or de l'histoire géorgienne, des centaines d'églises ont été édifiées, pour la plupart de conception un peu plus simple et généralement à plus petite échelle que les structures géantes apparues entre la fin du Xe siècle et le début du XIe siècle. Ces églises n'en sont pas moins magnifiques dans leur conception, leur construction ou leur décoration. Le meilleur exemple est l'église de Samtavissi [fig. 29], située au centre du pays (vers 1030). Elle présente la forme d'une cruciforme inscrite avec une coupole au-dessus de la croisée de la nef et des transepts, et avec une abside principale et des chapelles latérales à l'est. Elle ressemble par sa forme aux églises byzantines de l'époque mais elle présente de nombreux éléments géorgiens caractéristiques : l'ensemble de l'église est construite en fine pierre de taille, elle présente un tambour allongé et une haute coiffure conique, et elle s'inscrit toujours strictement dans un plan rectangulaire. Les absides sont maintenues à l'intérieur de l'épaisseur du mur est et ne sont articulées que par les niches et les arcades du mur extérieur, ainsi que par une décoration magnifiquement sculptée autour d'une grande croix en relief au-dessus de la fenêtre principale. On trouve des variations autour de ce thème jusqu'au XIIIe siècle, comme à Pitaréti et à Tsughrughashéni.

Les innovations deviennent nettement plus rares à la suite des invasions mongoles du XIIIe siècle et des dévastations ultérieures de Tamerlan au XIVe siècle et, dans les siècles suivants, de nombreuses influences perses se laissent observer. Cependant, dans l'ensemble, l'architecture géorgienne a conservé les formes apparues au XIe siècle. La nouvelle capitale de Grémi, érigée par le roi Lévan de Kakhétie au milieu du XVIe siècle, dispose d'une église royale qui copie les modèles les plus anciens, même si elle est construite en brique, avec une décoration extérieure en tuiles et un dôme sensiblement allongé; l'église forteresse d'Ananauri, construite au XVIIe siècle sur la Route militaire géorgienne dans le centre du pays, présente une forme identique.

L'architecture géorgienne médiévale a connu une phase exceptionnelle entre le début du IVe siècle et la fin du XVIIIe siècle, durant laquelle elle a développé une forme d'expression propre au pays.

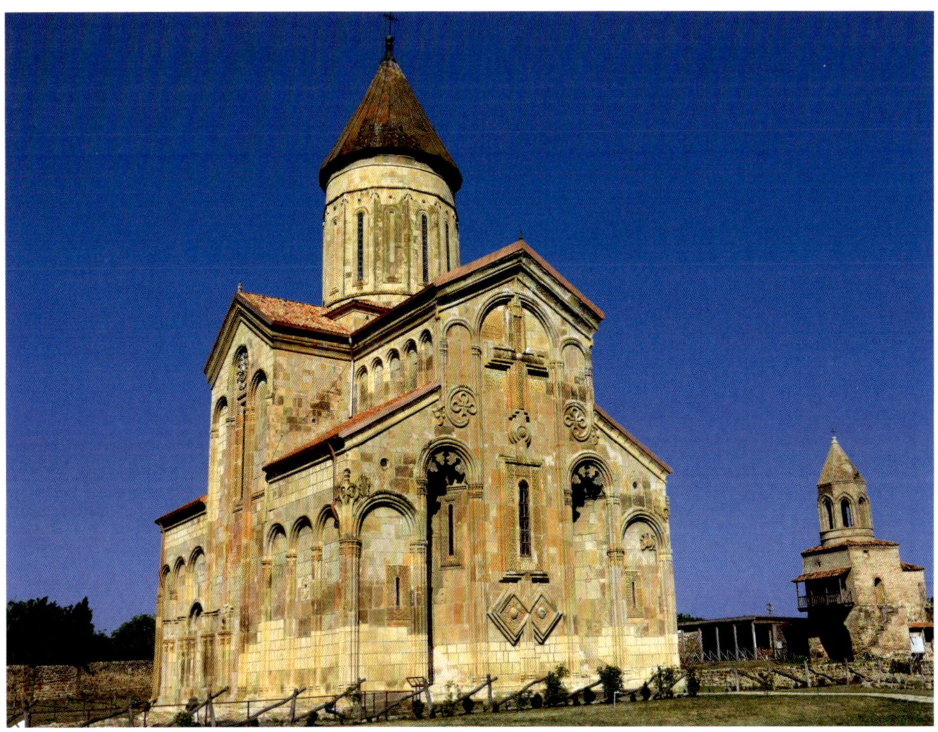

Fig. 29
Cathédrale de Samtavissi, 1030

Bernard Coulie

L'alphabet et les caractères géorgiens

Il existe de nombreuses histoires autour de l'écriture géorgienne, destinées à faire remonter sa création aussi loin que possible dans le passé. Selon les chroniques géorgiennes médiévales, c'est le roi Parnavaz qui l'aurait créée au IIIe siècle avant J.-C. Mais les premiers témoignages conservés proviennent d'inscriptions remontant au Ve siècle après J.-C. et la première datée concerne une inscription de l'église de Sioni à Bolnissi (sud de la Géorgie) qui porte la mention de 493-494 après J.-C. [fig. 30]. De fait, la plupart des chercheurs associent aujourd'hui l'invention de l'écriture au processus de conversion de l'ancienne Géorgie (Ibérie) au christianisme, qui a commencé au IVe siècle de notre ère.

L'organisation de cet ancien alphabet est clairement basée sur l'alphabet grec puisque, par exemple, les trois premières lettres ani-bani-gani suivent l'ordre grec alpha-bêta-gamma. Ensuite diverses lettres sont ajoutées à différents endroits et principalement à la fin de l'alphabet en indiquant des sons propres à la phonétique caucasienne de la langue géorgienne, pour produire un alphabet caractérisé par une correspondance biunivoque entre les lettres et les sons. À l'origine, l'alphabet se composait de 38 lettres, tandis que l'alphabet moderne l'a simplifié en réduisant ce nombre à 33. Le géorgien s'écrit également de gauche à droite.

L'alphabet géorgien se présente sous différentes formes, toutes dérivées les unes des autres. La première est la forme *asomtavruli* ou *mtavruli* («onciale»), également appelée *mrglovani* («ronde»), utilisée dans les inscriptions et les manuscrits les plus anciens. Le dessin des lettres reste difficile à expliquer et fait l'objet de nombreuses hypothèses. La forme *kutkhovani* («anguleuse») apparaît au IXe siècle et est ensuite régulièrement utilisée comme forme minuscule, donc également appelée *nuskhuri* («écriture» ou parfois «minuscule») puisqu'il n'y a pas de distinction entre lettres capitales et minuscules dans les alphabets géorgiens. Au XIe siècle, de nouvelles formes de lettres apparaissent, principalement utilisées dans les textes civils et appelées pour cette raison *mkhedruli* («chevaleresque»), tandis que *mrglovani* et *kutkhovani* restent utilisées pour les textes religieux et ecclésiastiques et portent alors également le nom de *khutsuri* («écriture de prêtre»). Le géorgien moderne s'écrit en écriture *mkhedruli* et utilise parfois les lettres *asomtavruli* comme majuscules. Le géorgien ecclésiastique utilise encore souvent les versions *asomtavruli* et *nuskhuri* de l'écriture géorgienne d'origine.

Il est important de souligner que, bien que son histoire ait été marquée par des invasions de conquérants étrangers et des conflits internes, la Géorgie a toujours été capable de maintenir une tradition écrite ininterrompue basée sur l'alphabet original, et de transformer l'écriture et la langue en puissants marqueurs d'identité [fig. 31].

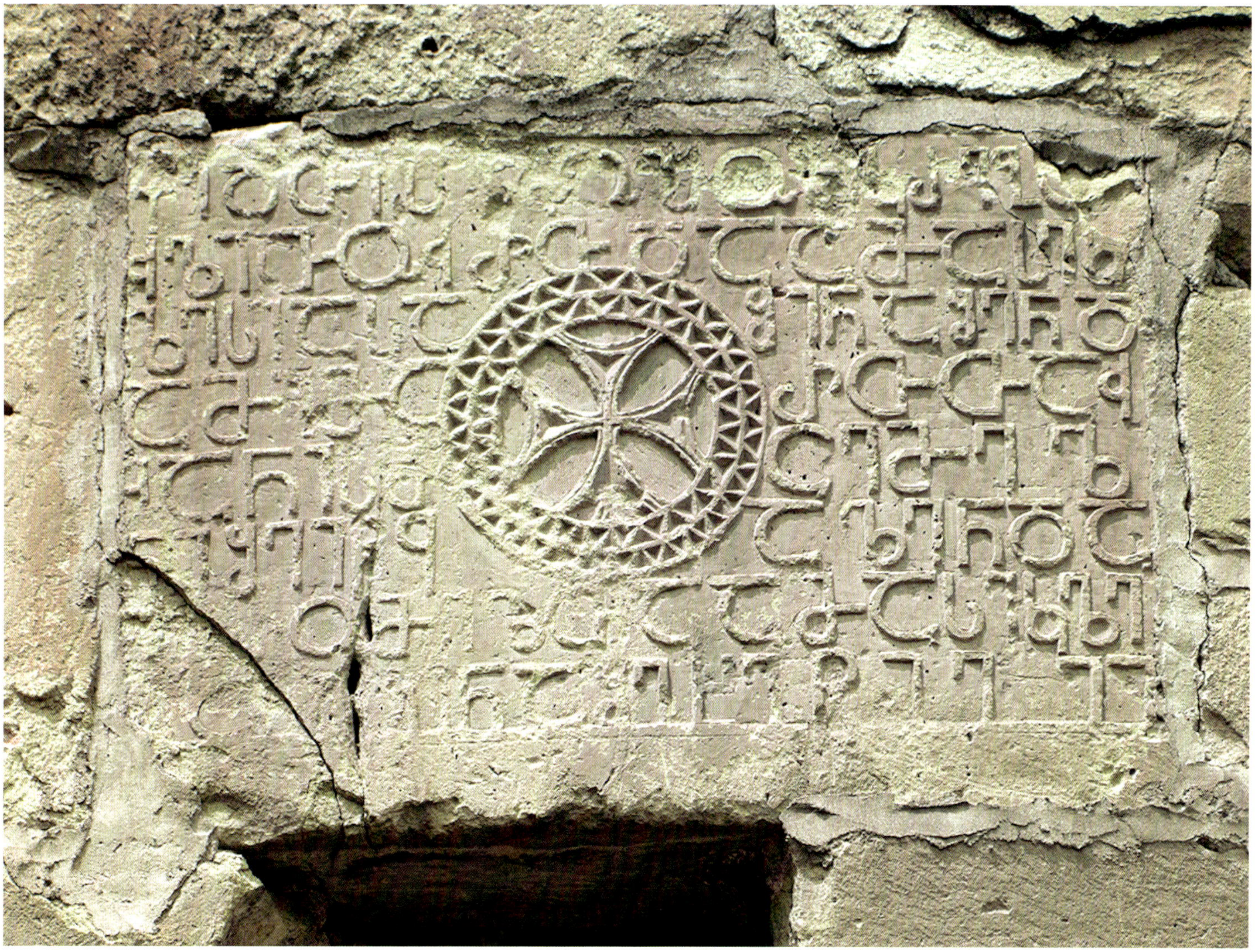

Fig. 30
Inscription de Bolnissi, 493-494 après J.-C.

ქართული ანბანი — Alphabet géorgien

ასომთავრული Asomtavruli	ნუსხური Nuskhuri	მხედრული Mkhedruli	ტრანსლიტერაცია Translittération	რიცხვითი მნიშვნელობა Valeur numérique
Ⴀ	ⴀ	ა	a	1
Ⴁ	ⴁ	ბ	b	2
Ⴂ	ⴂ	გ	g	3
Ⴃ	ⴃ	დ	d	4
Ⴄ	ⴄ	ე	e	5
Ⴅ	ⴅ	ვ	v	6
Ⴆ	ⴆ	ზ	z	7
Ⴡ	ⴡ	ჱ	ē	8
Ⴇ	ⴇ	თ	t‘	9
Ⴈ	ⴈ	ი	i	10
Ⴉ	ⴉ	კ	k	20
Ⴊ	ⴊ	ლ	l	30
Ⴋ	ⴋ	მ	m	40
Ⴌ	ⴌ	ნ	n	50
Ⴢ	ⴢ	ჲ	y	60
Ⴍ	ⴍ	ო	o	70
Ⴎ	ⴎ	პ	p	80
Ⴏ	ⴏ	ჟ	ž	90
Ⴐ	ⴐ	რ	r	100
Ⴑ	ⴑ	ს	s	200
Ⴒ	ⴒ	ტ	t	300
Ⴣ	ⴣ	ჳ	w	400
ႭჃ	ⴍⴣ	უ	u	-
Ⴔ	ⴔ	ფ	p‘	500
Ⴕ	ⴕ	ქ	k‘	600
Ⴖ	ⴖ	ღ	ġ	700
Ⴗ	ⴗ	ყ	q	800
Ⴘ	ⴘ	შ	š	900
Ⴙ	ⴙ	ჩ	č‘	1000
Ⴚ	ⴚ	ც	c‘	2000
Ⴛ	ⴛ	ძ	ż	3000
Ⴜ	ⴜ	წ	c	4000
Ⴝ	ⴝ	ჭ	č	5000
Ⴞ	ⴞ	ხ	x	6000
Ⴤ	ⴤ	ჴ	x̣	7000
Ⴟ	ⴟ	ჯ	j	8000
Ⴠ	ⴠ	ჰ	h	9000
Ⴥ	ⴥ	ჵ	ō	10000

Bernard Coulie

La langue géorgienne

La région du Caucase et ses environs comptent de nombreuses langues différentes : indo-européennes (comme le russe, l'arménien et l'ossète), turques (turc, azerbaïdjanais) et d'autres langues locales généralement appelées «caucasiennes». Le Caucase regroupe en effet trois familles de langues indigènes : le kartvélien (également connu sous le nom de caucasien du Sud; le terme est dérivé de «Kartveli» ou «habitant du Kartli», la partie centrale de la Géorgie), le caucasien du Nord-Ouest (également connu sous le nom d'abkhaze-adyghe ou de caucasien de l'Ouest), et le nakh-daghestanien (également appelé caucasien de l'Est ou caucasien du Nord-Est). Si l'on a longtemps considéré ces trois familles comme apparentées, la majorité des spécialistes rejettent aujourd'hui l'idée d'une relation entre le kartvélien et les deux autres groupes.

Le groupe kartvélien est constitué de quatre langues, toutes parlées au sud du Grand Caucase : le svane, qui compte environ 35 000 locuteurs dans le nord-ouest de la Géorgie; le mégrélien ou mingrélien, qui compte environ 300 000 locuteurs, essentiellement en Mingrélie ou l'ouest de la Géorgie; le laze, parlé par environ 50 000 personnes, majoritairement dans le nord-est de la Turquie; et le géorgien, la langue la plus largement diffusée du groupe, avec une langue standard et 17 dialectes, qui compte au total environ 4 millions de locuteurs en Géorgie et dans de petites communautés en Turquie, en Azerbaïdjan, en Russie et en Iran.

Ces quatre langues découlent toutes du proto-kartvélien (3e-4e millénaire avant J.-C.), qui s'est divisé (probablement au XIXe siècle avant J.-C.) en svane et géorgien-zane, qui se sont à leur tour subdivisés au VIIIe siècle avant J.-C. en géorgien (attesté depuis le Ve siècle après J.-C.), et le proto-zane qui a finalement donné naissance au mégrélien et au laze.

La langue géorgienne est généralement séparée en trois périodes, qui débutent avec l'invention de l'écriture géorgienne : ancienne (du Ve au XIe siècle), moyenne ou médiévale (du XIIe au XVIIIe siècle) et moderne (à partir du XIXe siècle).

Le géorgien possède un riche système consonantique (30 en ancien géorgien, 28 en géorgien moderne), y compris des éjectives, en plus des occlusives qui caractérisent les langues indo-européennes.

Le géorgien est une langue flexionnelle, les nominaux sont fléchis en nombre et en cas, généralement sept pour le géorgien moderne, mais un nombre variable en ancien géorgien, qui sont exprimés par des suffixes, sans distinction de genre.

Le système verbal présente une certaine complexité, puisqu'un verbe peut s'accorder avec un sujet, un objet direct ou un objet indirect. Le système distingue des verbes statifs ou d'action et des verbes transitifs ou intransitifs. Le temps/aspect se divise en trois séries (présent-futur, aoriste, parfait) et la forme d'accord du sujet, de l'objet direct et de l'objet indirect marquée dans le verbe varie en fonction de la série. La présence d'éléments devant la forme verbale, à la fin de celle-ci ou même à l'intérieur de la forme témoigne de la nature en partie agglutinante de la langue.

Fig. 31
Tableau représentant les différentes écritures géorgiennes

Jean-Pierre Mahé

Sainte Nino, illuminatrice de la Géorgie

« Qui es-tu, illuminatrice de nos âmes ? D'où es-tu arrivée dans notre pays ? Avant le Christ, Dieu a envoyé les Prophètes, et ensuite son Fils, les Apôtres et les disciples, mais dans notre pays, tu es la seule qu'il a envoyée ! »

La question demeure. Qui est cette messagère du Christ ? Connaît-on vraiment son nom ? Vers 395, le prince royal Bacurius la présente comme une « captive » anonyme. Le *Bréviaire* latin l'appelle « Christiana ». La chronique géorgienne de la *Conversion du Kartli* semble rompre l'anonymat en appelant le premier roi chrétien Mirian, son épouse Nana et la sainte femme Nino. Les Arméniens l'appellent Nunè, comme une « nonne ». Est-ce un nom propre ou un terme d'affection dans le langage des enfants ? Seul Dieu connaît sa servante, pensent les Coptes, qui la nomment « Theognostos ».

Les enquêteurs de la reine Hélène sont arrivés à des conclusions plus précises. Ses parents étaient cappadociens, comme Saint Georges. Elle a été élevée à Jérusalem où son oncle était le patriarche Juvénal. Il s'agit là d'un anachronisme flagrant, qui rend le rapport inadmissible. Concentrons-nous sur les 35 années de son apostolat géorgien.

Guidée à Mtskhéta par des femmes juives de langue araméenne, elle passe trois ans à l'extérieur des remparts, à prier seule dans une cabane de feuillus près d'un buisson de ronces, où l'on pratique encore aujourd'hui la prière perpétuelle près de l'église de Samtavro. Grâce à la guérison d'un enfant, Nino devint soudain célèbre. La reine Nana, sérieusement malade, l'appela au palais. Devant son refus, Nana se rendit auprès d'elle et repartit soulagée.

Les convictions zoroastriennes du roi ne sont pas ébranlées, mais elles succombent à une succession de miracles : l'obscurité en plein jour, la lumière retrouvée par l'invocation du Dieu de Nino et le miracle de la « Colonne vivante », dressée, malgré l'acharnement des démons, puis gracieusement remise en place par les prières de la sainte. Dès lors, « les hommes croyaient par le roi et les femmes par la reine ». Le roi et Nino adressèrent une lettre à Constantin pour lui demander des prêtres, et tout le monde fut baptisé. La Sainte Croix fut érigée au-dessus de Mtskhéta.

Après la cour et la ville, il restait à pousser Satan dans ses derniers retranchements, les forêts et les montagnes du Caucase, situées au nord et à l'est du pays. Il ne suffit pas de convaincre les élites locales et de détruire les lieux de culte païens. Il faut rattraper les rebelles, qui se sont enfuis avec leurs idoles, et déraciner des rites vieux de plusieurs milliers d'années. Nino tombe malade dans le village de Bodbé en Kakhétie. Elle meurt en présence de Rev, le fils du roi, et de sa femme Salomé. À sa demande, elle est enterrée sur place, là où sont restées ses sœurs, filles de la foi [fig. 32].

Sainte Nino a confectionné une croix à partir de deux branches de vigne (ce qui explique la forme incurvée de la branche horizontale) attachées avec ses cheveux. La croix de Nino se trouve aujourd'hui dans un reliquaire de la cathédrale de Sioni, à Tbilissi.

Fig. 32
Dimitri Ermakov, La croix en sarment de vigne de Sainte Nino
GNM — coll. photographique Dimitri Ermakov

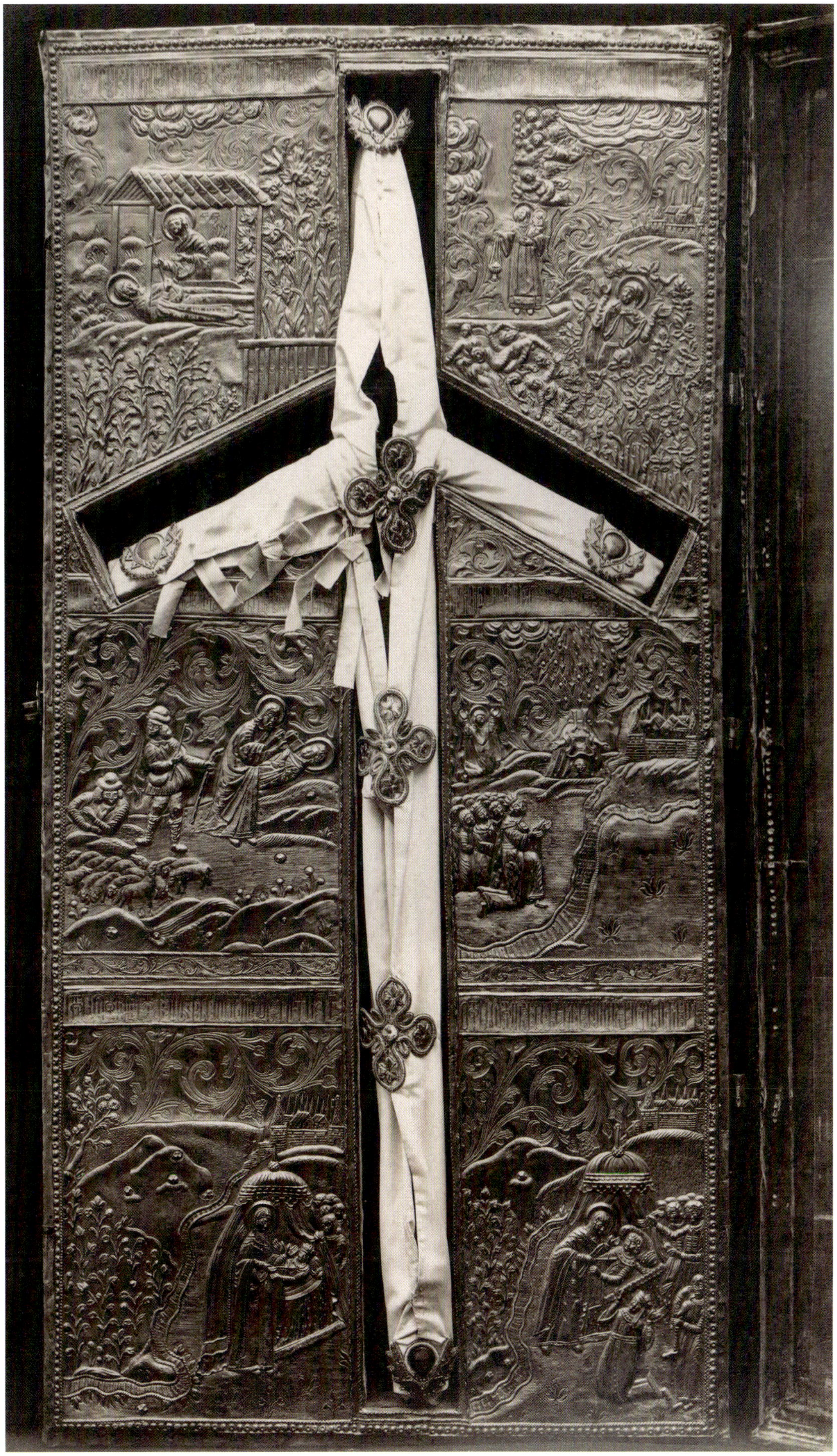

Tamar Abuladze, Tamar Otkhmezuri

Les treize Pères syriens

Si l'on en croit la tradition fondée sur les anciennes chroniques historiques et les ouvrages hagiographiques géorgiens, un moine syrien nommé Iované (Jean) est arrivé en Géorgie avec ses douze disciples au VIe siècle, soit près de deux siècles après la conversion de la Géorgie au christianisme. Ce mouvement missionnaire en provenance de Syrie a pu être plus important, mais le récit voulait faire écho au Christ et à ses douze apôtres. Le plus ancien récit géorgien, la *Conversion du Kartli*, raconte que les moines se sont installés en Géorgie sous le règne du roi ibère Parsman VI (535-537 après J.-C.).

Les Pères syriens ont contribué à consolider la foi chrétienne en Géorgie, à travers la fondation et l'organisation d'une première vie monastique, la lutte contre le paganisme, la mise en œuvre d'activités missionnaires et l'établissement de la tradition de la vie solitaire pour les ermites. Certains textes conservés dans des manuscrits trouvés sur le mont Sinaï racontent que les Pères ont apporté avec eux de saintes reliques et la connaissance du Mandylion, également appelé « Image d'Édesse », un morceau de tissu sur lequel était imprimée une image miraculeuse du visage de Jésus, et qu'ils ont ainsi établi une tradition de peinture d'icônes ecclésiastiques. Ils sont associés à la fondation de plusieurs églises et monastères en Géorgie : Garedja [fig. 33], Martkopi, Shio Mghvimé, Alaverdi, Nékréssi, Tsilkani, Samtavisi et Zédazéni où Iované s'est installé, d'où son nom Iované Zédaznéli (« de Zédazéni »).

Des œuvres hagiographiques géorgiennes retracent la vie de ces Pères syriens. La plus ancienne, rédigée au IXe siècle par le catholicos du Kartli, Arsen Ier, raconte le martyre d'Abibo de Nékréssi, un récit probablement basé sur des récits antérieurs datant des années 630. Durant la seconde moitié du Xe siècle, le catholicos du Kartli Arsen II (955-980) compose la *Vie et les actes de Saint Iované Zedaznéli et ses disciples*, qui réunit la *Vie de Iované Zédaznéli*, les *Vies* de Shio Mghviméli et de David Garedjéli et le martyre d'Abibo Nékrésséli.

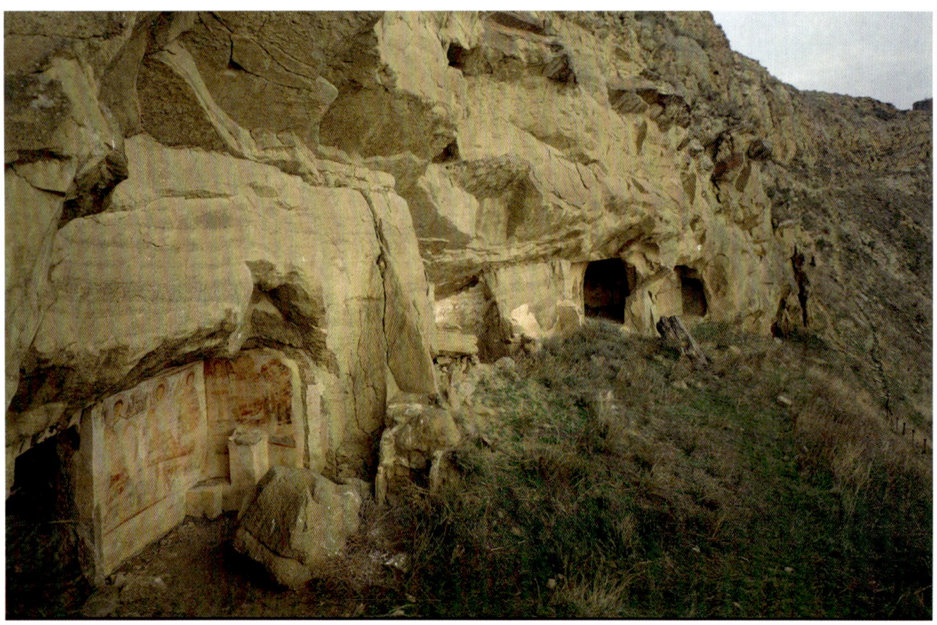

Fig. 33
Le monastère de David Garedja (Kakhétie), qui comprend des centaines de cellules, d'églises, de chapelles et de réfectoires, est un complexe creusé dans la roche et fondé au VIe siècle de notre ère.

En Géorgie, les vies des Pères syriens sont devenues extrêmement populaires (ils sont canonisés saints dans l'Église géorgienne) et on retrouve de nombreuses scènes dans la décoration des églises ou dans les enluminures de manuscrits [fig. 34]. Par exemple, on peut trouver des épisodes de la *Vie de David Garedjéli* sur des fresques datant de la première moitié du Xe siècle dans l'une des églises troglodytes du complexe monastique de Garedja (Géorgie orientale) : le disciple de David Garedjéli, Lukiané, trait des cerfs rassemblés en un beau troupeau ; les cerfs effrayés informent Lukiané qu'un dragon qui vit dans le désert a avalé leur faon ; le dragon est représenté entouré de flammes [fig. 35]. Les marges d'un manuscrit du XIIe siècle de *L'échelle sainte* de Jean Climaque (cat. 74), copié dans le complexe monastique de Garedja, représentent des dragons et des oiseaux considérés comme faisant référence à la *Vie de David Garedjéli*. Un recueil hagiographique du XVIIIe siècle (Centre national géorgien des manuscrits, S-3269) renferme une miniature sur laquelle le dragon s'empare d'un faon.

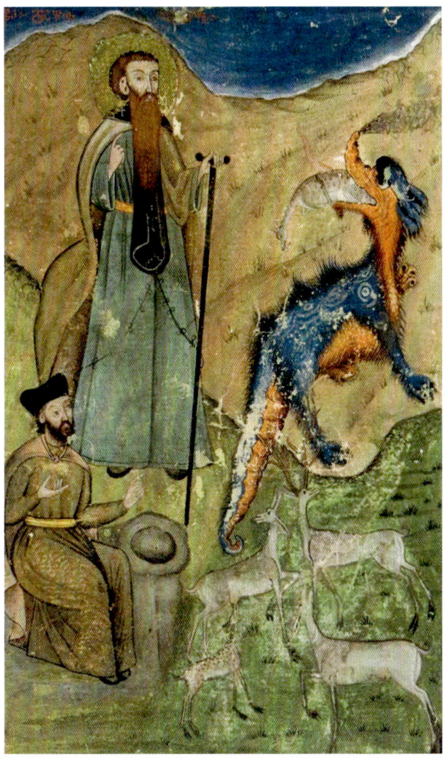

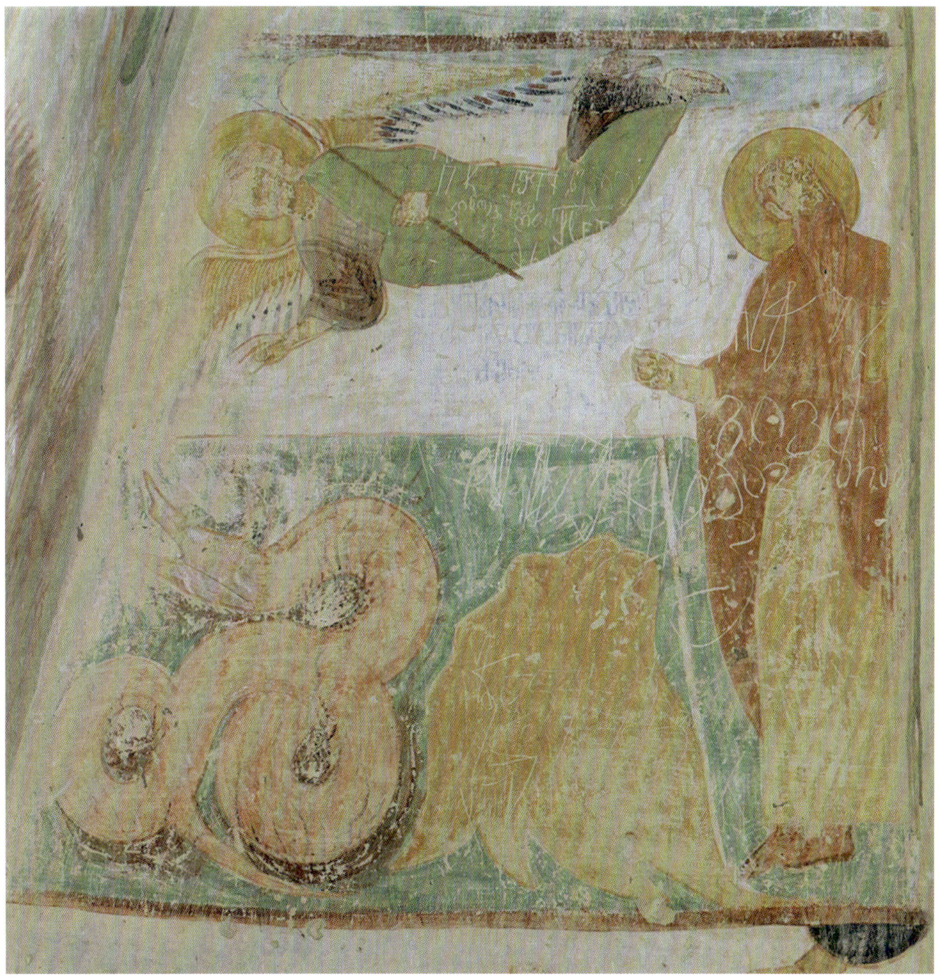

Fig. 34 (ci-dessus)
Collection mixte (S-3269)
Copié au XVIIIe siècle, exemplaire de Gaioz Archimandrite – Papier
Centre national géorgien des manuscrits Korneli Kekelidze

Fig. 35 (ci-dessus)
Miracle de St. David Garedjéli, XIe siècle
Fresque d'une des églises troglodytes du complexe monastique de Garedja

Cat. 74 (page suivante)
Jean Climaque, *L'échelle sainte* (H-1669)
Date de la traduction : X^{e}-XIe siècle
Traducteur : Euthyme l'Athonite
Date de la copie : XIIe-XIIIe siècle
Papier
Centre national géorgien des manuscrits Korneli Kekelidze

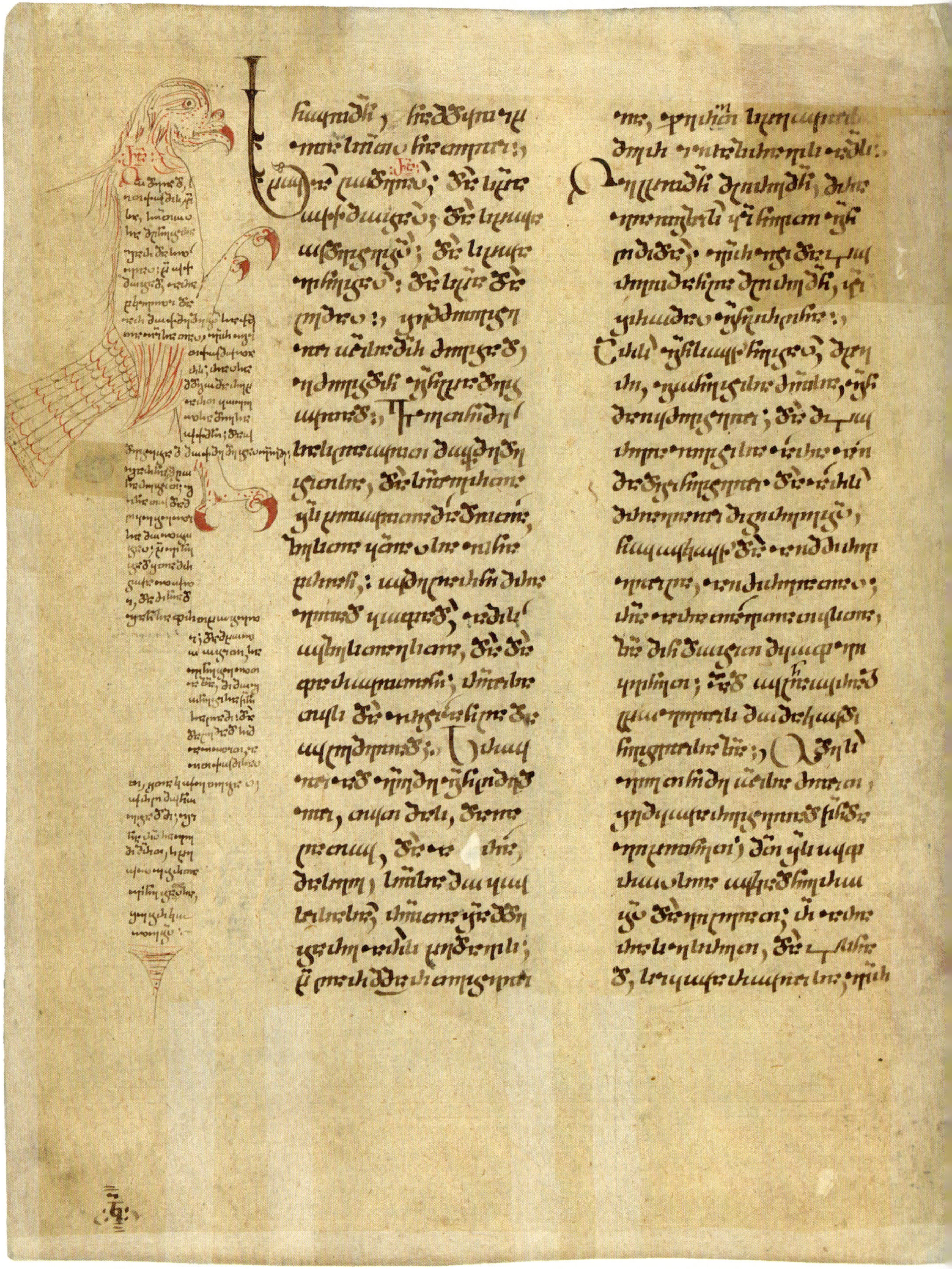

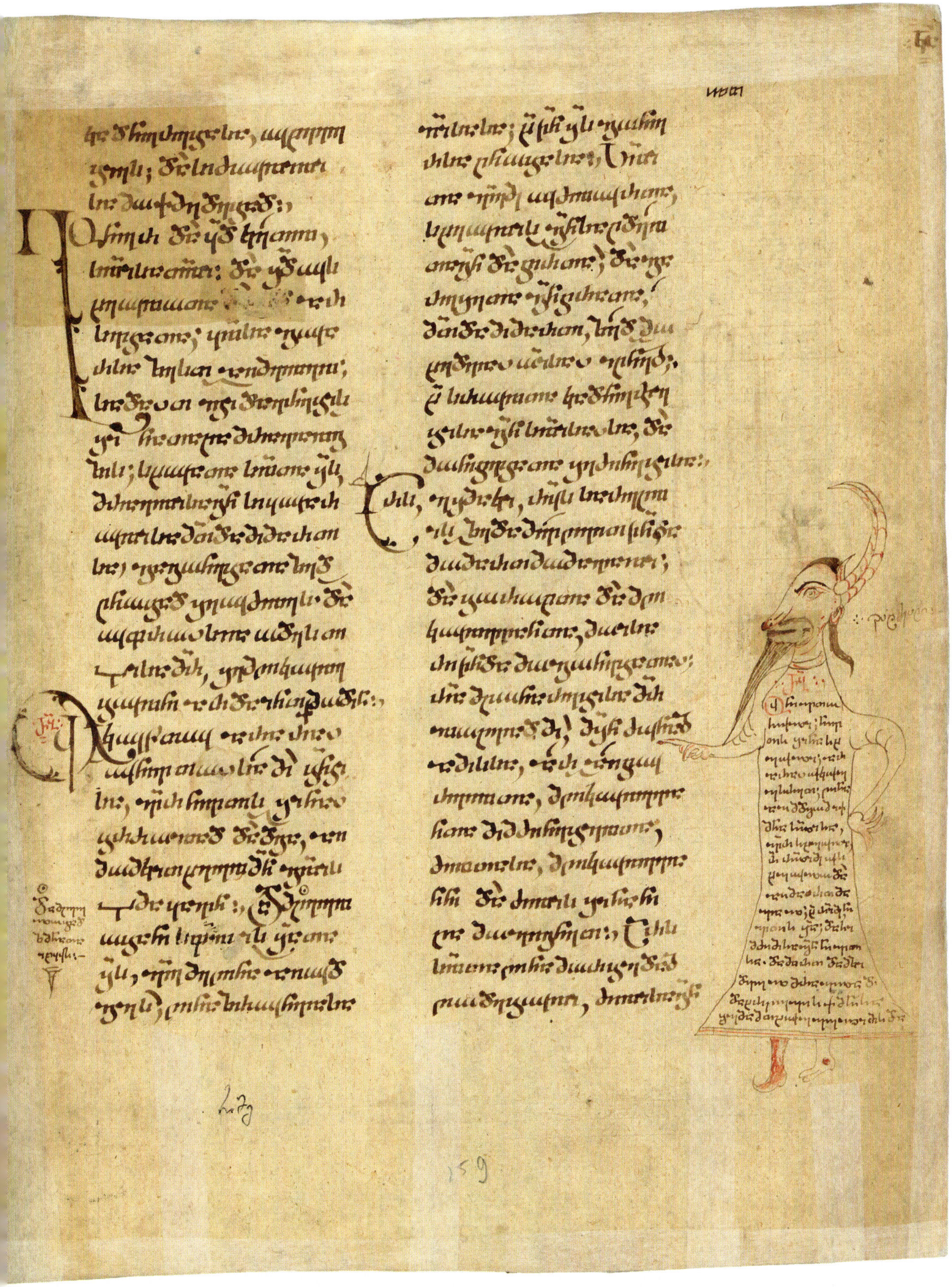

Nina Iamanidzé

Les échanges artistiques entre la Perse sassanide, Byzance et le monde islamique

Durant le haut Moyen Âge, le royaume de Géorgie était un lieu d'interaction culturelle intense, par le biais de contacts politiques et diplomatiques actifs entre les familles dirigeantes locales, les empires sassanide et byzantin, ainsi que les régions islamiques voisines. L'art géorgien de cette période fait à la fois partie intégrante du monde chrétien oriental tout en se rattachant à d'autres contextes culturels. En effet, basé sur les traditions populaires locales, il interprète librement l'héritage classique et modifie les sujets, les images et les formes provenant de l'étranger. Il en résulte un mélange original d'anciens symboles païens avec de nouvelles expressions artistiques chrétiennes, sans oublier une assimilation culturelle d'éléments extérieurs, qu'ils soient hellénistiques, romains, byzantins, persansou, par la suite, islamiques. Ces motifs et ces thèmes ont été mélangés à des modèles, ainsi qu'à des idées provenant des centres spirituels chrétiens orientaux, et combinés à des connaissances locales et traditionnelles. L'art géorgien du haut Moyen Âge rassemble un vaste ensemble de monuments remarquables, d'églises et de hautes croix de pierre, décorés de reliefs originaux. La sculpture apparaît comme l'activité artistique la plus caractéristique de cette époque, les maîtres géorgiens ayant alors rarement recours à d'autres formes d'expression.

Le renouveau de la création artistique géorgienne coïncide avec l'arrivée des Sassanides et s'explique, en partie du moins, par le contexte politique. Les invasions sassanides étaient perçues comme un vecteur d'expansion de la culture perse et la Géorgie se situait dans la zone de son expansion immédiate. Ainsi, l'art sassanide semble être l'un des substrats qui a contribué de manière significative à la conception et à la formation de l'art chrétien géorgien.

Le contexte et l'environnement culturel de la réception des éléments perso-sassanides avaient déjà été préparés à une époque antérieure, préchrétienne, lorsque ces éléments étaient déjà bien connus et largement répandus, occupant une place importante dans l'esprit des Géorgiens au moment où ceux-ci se sont convertis au christianisme. Ce processus, renforcé par l'intensification des relations de la Géorgie avec le monde perse, est devenu l'un des principaux enjeux de la perception géorgienne de l'art aux Ve et VIe siècles.

Parallèlement, la conversion du Kartli, intervenue au début du IVe siècle, représente l'événement spirituel et politique majeur, et constitue un pas fondamental vers Byzance. Cette dernière était l'un des principaux centres de la civilisation chrétienne et devint, avec la Terre Sainte, un lieu de pèlerinage très important pour les premiers pèlerins géorgiens. À partir du Ve siècle, le christianisme apparaît comme un vecteur de résistance à la domination sassanide et au zoroastrisme perse, encore largement pratiqué en Géorgie. Réunie autour de cette idée essentielle, l'élite du Kartli prend conscience de sa principale mission historique de restauration de sa propre identité, ravivée par la nouvelle religion. Cette émergence spirituelle apparaît clairement dans les sources littéraires et artistiques de l'époque : le pèlerinage géorgien à Jérusalem est cité à plusieurs reprises dans le *Martyre de la sainte reine Chouchanik* de Jacques de Tsourtav (Iakob Tsourtavéli). En outre, des monastères géorgiens sont fondés en Syrie et en Palestine. Enfin, le groupe des « Treize Pères syriens » venus de Mésopotamie au début du VIe siècle fonde le monachisme et propage l'ascétisme dans le Kartli. La stabilité s'observe déjà dans la construction d'édifices de culte chrétien, tels que l'église de Djvari (Sainte-Croix) à Mtskhéta (586/587-604/605), affirmant ainsi nettement le choix spirituel des Géorgiens et leur allégeance aux empereurs byzantins. Les inscriptions géorgiennes conservées datant du Ve au VIIIe siècle illustrent aussi l'influence byzantine qui convergeait vers la Géorgie à cette époque : conjointement avec les noms de hauts dignitaires géorgiens, les titres byzantins tels que *patrikios* « patrice » ou *hypatos* « consul » témoignent d'une orientation pro-byzantine qui légitimait également l'autorité des gouverneurs locaux.

Cependant, l'art géorgien du Ve au VIIe siècle demeure l'expression d'une société sous domination sassanide, entraînant la circulation de modèles, l'échange de connaissances, de savoir-faire et de techniques, ainsi que l'émergence d'une culture visuelle partagée. Plusieurs exemples témoignent de l'existence d'un vocabulaire artistique commun entre Sassanides et Géorgiens : le thème sassanide bien connu d'un animal chassant un autre animal apparaît sur le chapiteau oriental de l'église Sioni de Bolnissi (478-493) ; le célèbre *senmurv* persan, perçu comme un gardien et un protecteur, est souvent sculpté sur les façades des églises géorgiennes.

Des scènes de chasse et de combat des souverains sassanides ont également été adoptées par l'élite géorgienne. Ainsi, les premiers exemples de ces images peuvent être observés sur la façade occidentale de l'église Sioni d'Aténi (VIIe siècle). Le motif des ailes, symbole sassanide par excellence du pouvoir royal et de la divinité, apparaissant avec presque toutes les couronnes des rois sur les pièces de monnaie sassanides, est adopté par l'art géorgien en vue d'exprimer l'autorité et la sainteté. Cette fonction se manifeste de manière encore plus évidente lorsqu'elle est associée à la croix chrétienne dans le but d'en renforcer et d'en souligner la signification. Nous pouvons l'observer sur les antéfixes des églises d'Akhiza et d'Urbnissi datant du Ve siècle mais également sur les reliefs du Sioni de Bolnissi, ainsi que sur les églises de Tsilkani ou d'Akvanéba datant du VIe siècle [cat. 75, fig. 36].

Ces motifs et ces symboles empruntés à l'art sassanide ont été réinterprétés et harmonieusement intégrés dans la décoration ornementale géorgienne. Ceux-ci n'ont pas été simplement imités ou copiés, mais sélectionnés en fonction de leur connotation symbolique en conservant, dans leur nouveau contexte, la valeur sémantique qu'ils portaient dans leur culture d'origine.

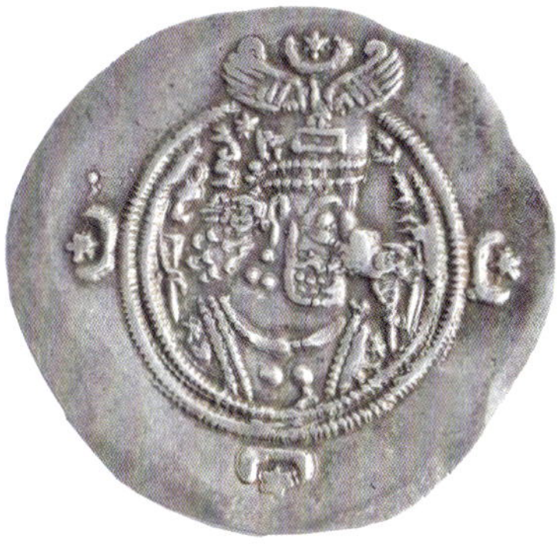

Fig. 36
Pièce de monnaie du roi sassanide Khosrow II (r. 591-628)
Argent
GNM — Musée d'Histoire Simon Janashia de Géorgie

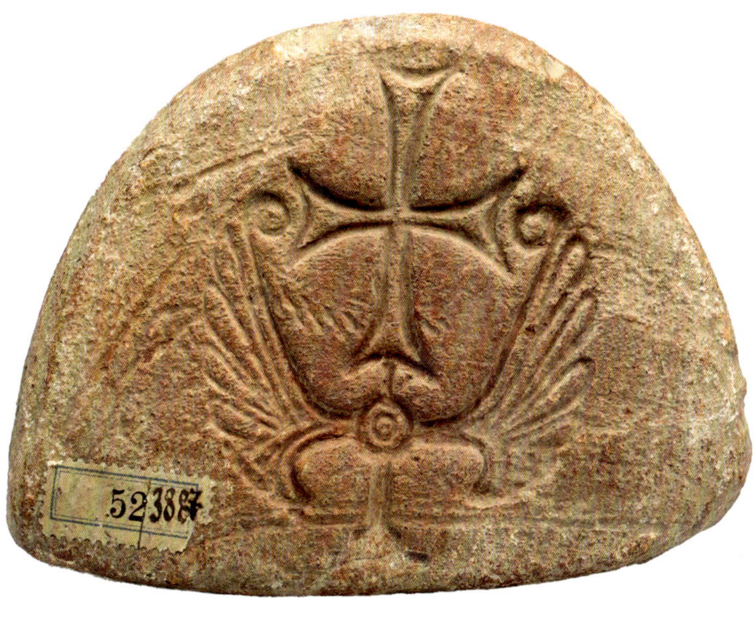

Le motif des ailes est par excellence un symbole sassanide du pouvoir royal et de la divinité.

Cat. 75
Antéfixe, Ve-VIe siècle
Terre cuite – Urbnissi, Kartli intérieur
GNM — Musée d'Histoire Simon Janashia de Géorgie

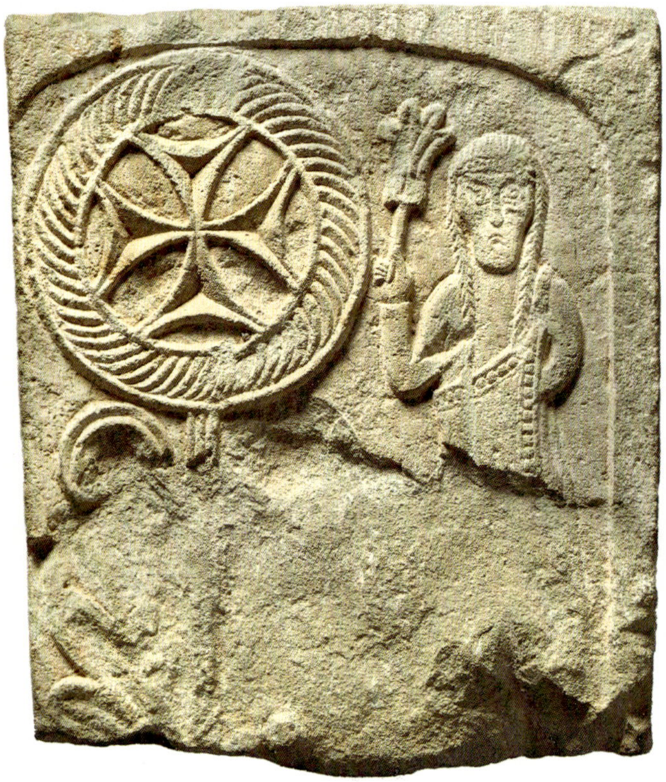

Cat. 76
Fragment d'une stèle avec croix à branches égales, VIe siècle
Pierre – Samtsévrissi, Kartli inférieur
GNM — Musée des Beaux-Arts Shalva Amiranashvili

Cette question devient particulièrement importante dans le cas des artefacts issus du vocabulaire visuel byzantino-sassanide. La combinaison des traditions artistiques devient plus complexe lorsqu'elle s'applique aux représentations de figures humaines. Sur la pierre tombale de Samtsévrissi (Ve-VIe siècle) [cat. 76], par exemple, une donatrice, identifiée par l'inscription comme étant Dzalandouxt, se tient à côté d'un médaillon contenant une croix au sommet d'une colonne ; elle est vêtue d'un costume byzantin, et porte une couronne féminine ornée de *pendilia*, un type de pendentif ou d'ornement attaché à une couronne. Il s'agit de deux éléments qui apparaissent fréquemment dans l'art byzantin dès le Ve siècle en contexte impérial, soulignant ici sa position sociale élevée. Sa tenue confirme la réception de vêtements byzantins comme cadeaux diplomatiques par l'aristocratie du Kartli, en signe d'autorité, de soumission et de protection. En même temps, la donatrice tient dans sa main une fleur à trois pétales, – une tulipe. Cet élément provient directement de l'iconographie sassanide, où la tulipe est un symbole de pouvoir et d'autorité, indiquant le statut social élevé de la personne qui la porte, et l'associant aux divinités les plus vénérées, comme le montre la plaque d'argent du IIIe siècle trouvée dans la nécropole d'Armaziskhévi et sur laquelle figure le portrait d'un dignitaire, identifié par une inscription en persan comme bdeashkh Pabag [cat. 72]. Cette fleur devient un *insigne* omniprésent de l'élite géorgienne, dont la taille augmente avec le rang du porteur. De nombreuses représentations de ce type apparaissent sur des croix monumentales en pierre du VIe siècle (Dmanissi, Nagzauri), avec des éléments, des vêtements, ainsi que des attributs byzantins et sassanides souvent représentés conjointement dans les mêmes scènes [fig. 37]. La fonction principale de ces représentations était de manifester la générosité des donateurs et d'exprimer la force de leur foi, mais aussi d'affirmer leur pouvoir politique, ainsi que leur position privilégiée au sein de la société. Elles illustrent parfaitement la double influence – sassanide et byzantine – qui convergeait dans le Kartli à cette époque.

Fig. 37
Stèle, VIe siècle
Tuf rouge – Nagzaura, Dmanissi, Kartli inférieur
Musée du Centre de culture et d'art de Dmanissi

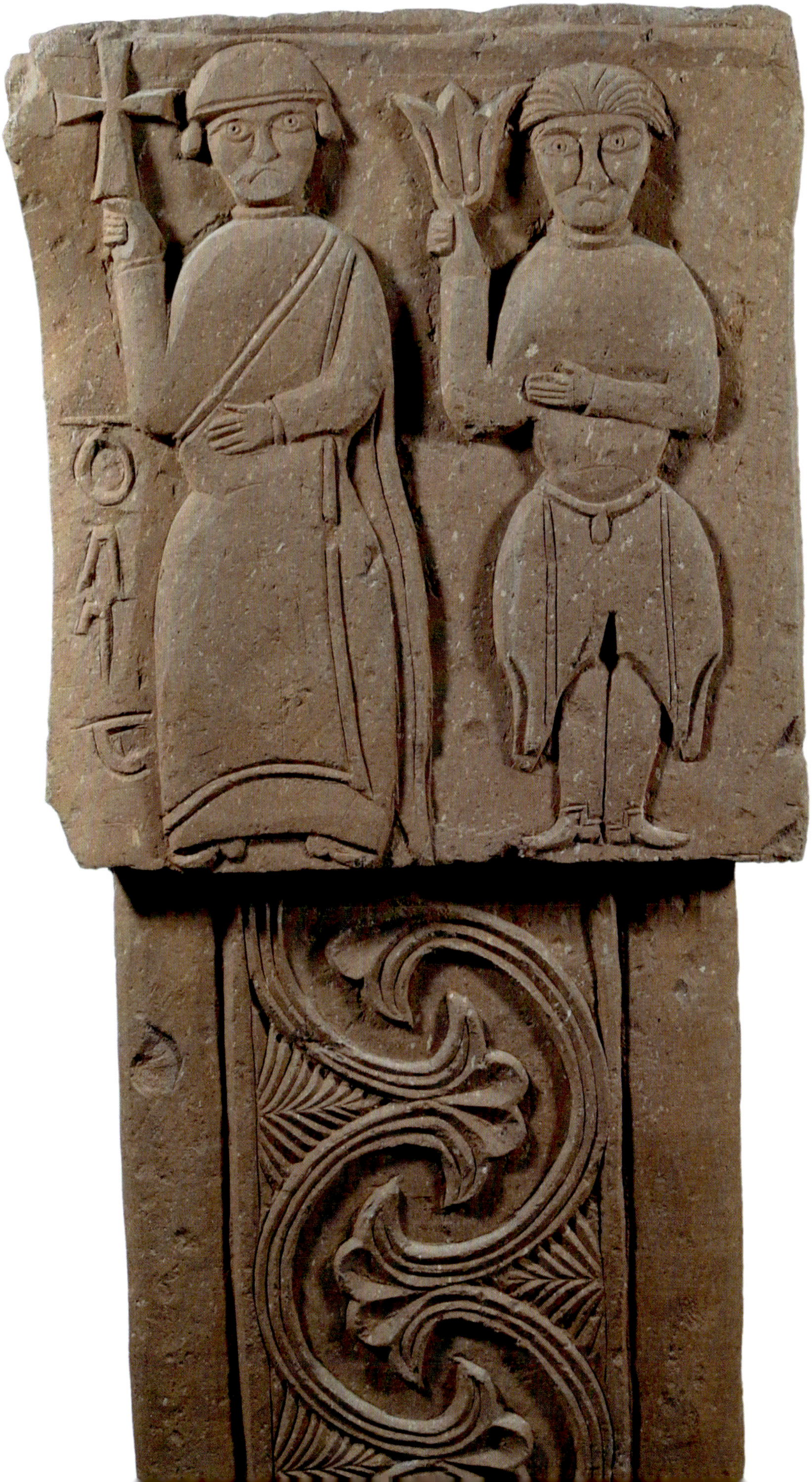

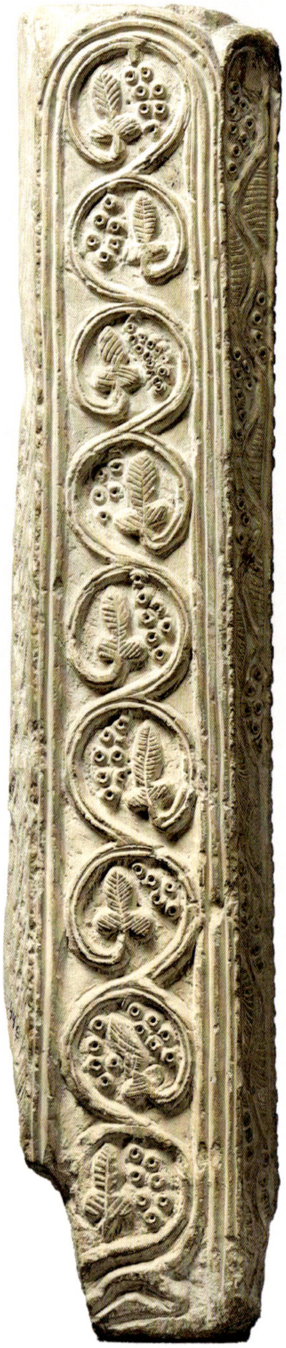
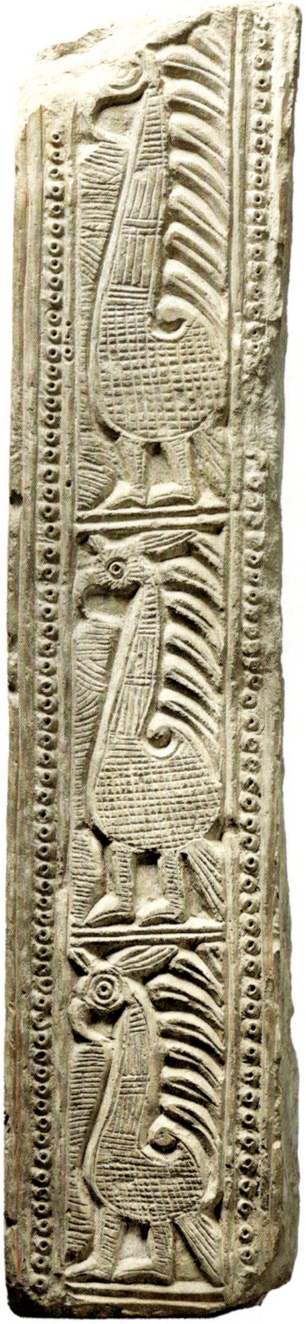
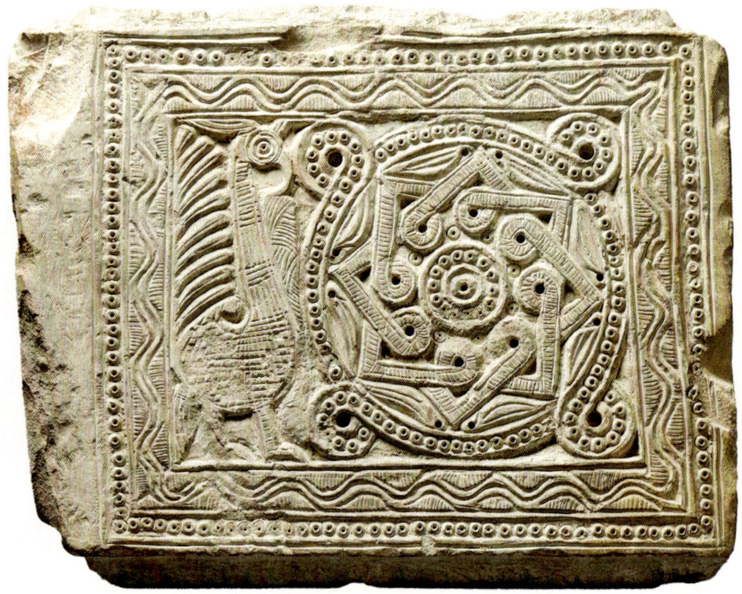
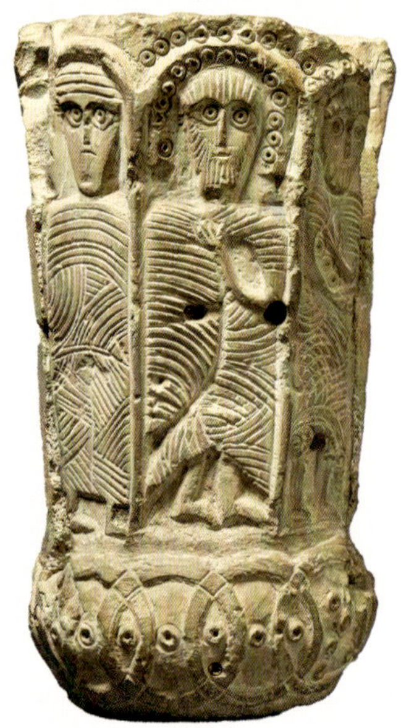

Ce fragment (en haut à droite) allie le style islamique – l'utilisation intensive de la géométrie et en particulier de l'étoile à huit branches – au symbolisme chrétien. Le paon représente entre autres la résurrection dans la vie éternelle. L'étoile islamique à huit branches occupe la place symbolique habituellement occupée dans l'art chrétien par l'octogone représentant la renaissance, puisque, selon la tradition, c'est le huitième jour après son arrivée à Jérusalem que le Christ est ressuscité des morts.

Cat. 78, 79, 80, 81
Fragments d'un mur d'autel avec des images de paons, une étoile à huit pointes et des raisins, VIIIe-IXe siècle
Pierre calcaire – Gveldéssi, Région de Kaspi, Kartli intérieur
GNM — Musée des Beaux-Arts Shalva Amiranashvil

La réception et l'assimilation culturelle de ces éléments ont dépassé largement le cadre de la simple copie, puisqu'ils ont été intentionnellement sélectionnés pour les idées qu'ils véhiculaient, en pleine conscience de leur signification et de leurs connotations symboliques, conformes aux visions artistiques, esthétiques et, dans certains cas, idéologiques de la société géorgienne. Les Géorgiens se sont délibérément inspirés des réalisations des cultures voisines les plus avancées – l'Empire byzantin et la Perse sassanide – qui leur étaient familières. Si l'association des traditions géorgiennes avec ces motifs étrangers a permis de façonner un langage artistique particulier, ces emprunts n'ont pas fondamentalement influencé l'art religieux géorgien : les thèmes et les idées illustrant la peinture ont été intégrés et transformés pour répondre aux notions esthétiques et aux besoins spirituels de la société géorgienne.

Vers le milieu du VIIe siècle, les invasions arabes ont entraîné un affaiblissement de l'influence byzantino-perse en Géorgie. Bien que les conquêtes arabes et la montée de l'islam aient placé les communautés chrétiennes régionales dans un isolement relatif, elles n'ont pas interrompu le développement de la vie spirituelle et culturelle en Géorgie. Paradoxalement, au cours de cette période difficile et politiquement instable, le pays a connu un grand essor religieux et culturel, et le pouvoir spirituel du christianisme a alors atteint son apogée. Il s'agit d'une période marquée par un développement important de l'activité ecclésiastique en Géorgie, qui vit aussi l'instauration du culte des saints locaux. Les VIIIe et IXe siècles représentent une nouvelle étape dans le développement et l'évolution de l'art géorgien, caractérisée par la formation d'une nouvelle mentalité. C'est sous la domination arabe que la littérature géorgienne a connu son plus grand essor et qu'une hymnographie géorgienne originale est apparue. Cette époque a également été propice à la production artistique locale, basée sur des traditions antérieures. Outre les reliefs en pierre ornant les façades des églises, les croix monumentales en pierre et les barrières de chœur (les églises de Télovani et de Tsirkoli, les croix en pierre d'Usanéti et de Kataula, la barrière de chœur de Gveldéssi), la peinture murale s'est développée et des icônes en repoussé et peintes et des objets en émail cloisonné sont produits (les peintures murales de l'église de Télovani, l'encolpion de Martvili, l'icône de la Transfiguration de Zarzma). L'importance croissante des inscriptions constitue une autre « innovation » : dans les compositions picturales, un mot devient égal à l'image par son importance sémantique, et les formes visuelles sont systématiquement consolidées par des mots [cat. 77].

Cette période dite « de transition » se caractérise par une recherche active de nouvelles formes artistiques et propose un nouveau langage artistique conventionnel, visant à créer une image symbolique, axée sur les aspects spirituels. Alors que le mouvement iconoclaste qui a prévalu à Byzance pendant une grande partie du VIIIe au IXe siècle condamnait la représentation d'images de saints et de personnages religieux, l'Église géorgienne a continué à vénérer les icônes. Toutefois, le contact prolongé avec Byzance a favorisé la transmission de ses valeurs spirituelles à la Géorgie, où des objets tels que la croix de pierre d'Usanéti ou la barrière de chœur de Gveldéssi [cat. 78, 79, 80, 81] attestent que même si le mouvement anti-icônes ne s'est pas répandu dans l'art géorgien, la lutte idéologique de la période iconoclaste a contribué, dans une certaine mesure, au processus d'éloignement ou d'abandon des formes antiques, et à l'enracinement d'un style plus dématérialisé et plus abstrait.

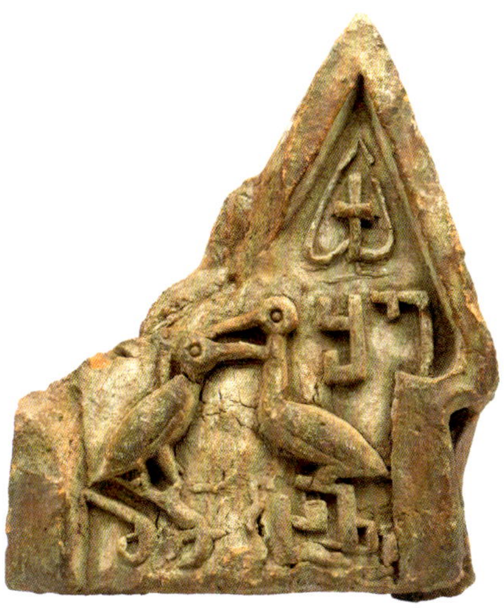

Cat. 77
Antéfixe avec inscriptions géorgiennes *asomtavruli*, VIIIe-IXe siècle
Terre cuite – Bosleti, province d'Artvin (Turquie actuelle)
GNM — Musée des Beaux-Arts Shalva Amiranashvili

Tamar Otkhmezuri

Les manuscrits géorgiens

À l'instar de nombreuses autres cultures avant l'invention de l'imprimerie, le patrimoine écrit géorgien est conservé dans des manuscrits. Prenant ses racines dans la conversion de la Géorgie au christianisme au cours de la première moitié du IVe siècle, ce patrimoine comprend des œuvres ecclésiastiques originales ou traduites en géorgien à partir du grec, du syriaque, de l'arménien et de l'arabe chrétien. Il reflète également les liens de la Géorgie avec le monde islamique durant le haut et le bas Moyen Âge et, par la suite, avec l'Europe. Les manuscrits constituent un élément essentiel de l'histoire intellectuelle de la Géorgie, car ils relatent les voies du développement intellectuel et spirituel de la Géorgie, ainsi que les étapes de la formation de la pensée artistique et philosophique géorgienne. Par ailleurs, ils reflètent l'histoire de la langue et de l'écriture géorgiennes (*asomtavruli*, *nuskhuri* et *mkhedruli*).

La plupart des manuscrits géorgiens préservés sont conservés au Centre national géorgien des manuscrits Korneli Kekelidze, fondé en 1958 à Tbilissi. Le Centre peut se targuer de posséder quelque 10.000 manuscrits géorgiens, 5.000 manuscrits rédigés en langues étrangères, ainsi que 40.000 documents historiques et archives personnelles d'éminents personnages historiques. Des manuscrits géorgiens sont également conservés au sein d'autres bibliothèques en Géorgie et à l'étranger dans les bibliothèques des monastères du mont Sinaï, du mont Athos et de Jérusalem, ainsi que dans des musées et des bibliothèques en Europe, aux États-Unis et en Russie.

Les premières traductions géorgiennes concernent des livres de la Bible et des recueils liturgiques, dont une partie est conservée dans des palimpsestes datant du Ve au VIIe siècle [cat. 82]. La première œuvre originale de littérature géorgienne est le *Martyre de sainte Chouchanik* (Ve siècle ap. J.-C.).

Le plus ancien manuscrit géorgien daté est un livre liturgique copié en 864 dans le monastère de Saint-Sabas en Palestine et conservé actuellement dans la bibliothèque du monastère Sainte-Catherine du mont Sinaï. En effet, depuis le Xe siècle, les moines géorgiens occupent une place importante dans la communauté du Sinaï. De nombreux manuscrits ont été copiés en Terre Sainte, notamment dans le monastère géorgien de la Sainte-Croix, fondé à Jérusalem au XIe siècle.

Les monastères et les scriptoriums (les ateliers de confection des manuscrits) de Tao-Klardjéti (une région historique du sud-ouest de la Géorgie, qui se situe aujourd'hui en Turquie) jouent un rôle exceptionnel dans le développement de la tradition littéraire de la Géorgie, en particulier au cours des IXe et Xe siècles, grâce aux premiers manuscrits géorgiens finement illustrés, par exemple les évangiles d'Adishi, de Djrouchi et de Tsqarostavi.

À partir de la fin du Xe siècle, l'ouverture politique croissante de la Géorgie vers l'Empire byzantin se traduit par la fondation du monastère géorgien d'Iviron – en grec, « des Ibères », ce qui signifie « des Géorgiens » – sur le mont Athos, où de nombreux ouvrages byzantins de théologie et de philosophie font l'objet d'une traduction en géorgien [cat. 83].

Au XIe siècle, un mouvement intellectuel « hellénophile » se développe au sein des centres monastiques de la Montagne Noire en Syrie, où sont copiés des manuscrits proposant un nouveau type de traductions plus littérales du grec. À cette époque, de nombreux évangiles géorgiens sont copiés sur la Montagne Noire, notamment les évangiles d'Alaverdi et de Kalipos. Au cours du même siècle, à la demande de membres de familles aristocratiques géorgiennes vivant à Byzance, plusieurs manuscrits sont copiés et enluminés à Constantinople. Un monastère géorgien est également fondé à Pétritsoni (Batchkovo, en Bulgarie) au XIe siècle.

Cat. 82 (page opposée, en haut)
Quatre évangiles de Khanméti, palimpseste (A-89), VIe-VIIe siècle (couche inférieure), XIe siècle (couche supérieure) – Parchemin
Centre national géorgien des manuscrits Korneli Kekelidze

Cat. 83 (page opposée, en bas)
Monastère d'Iviron sur le Mont Athos, dessin de Timoté Gabashvili, *Journey to the Holy Land and other Places of the East* (H-842) XVIIIe siècle – Papier
Centre national géorgien des manuscrits Korneli Kekelidze

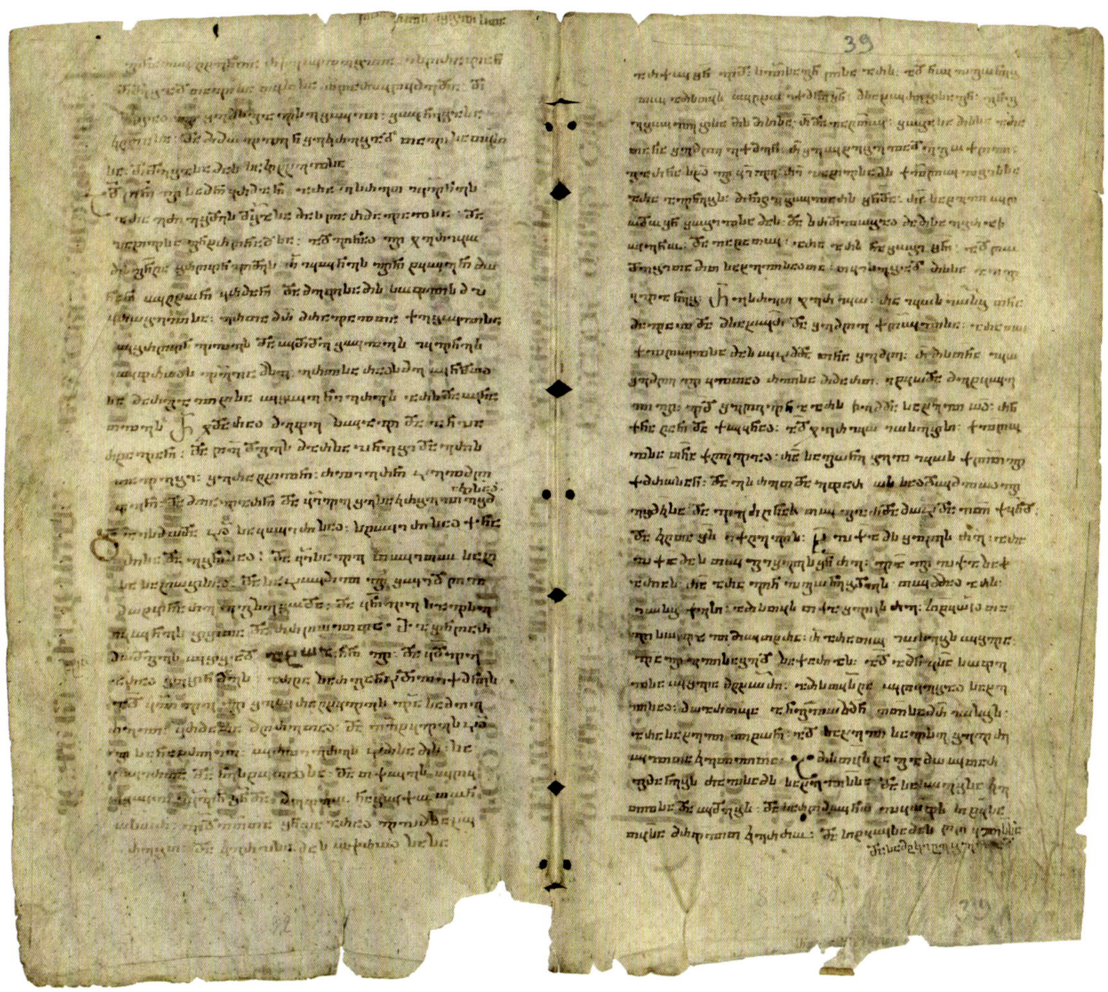

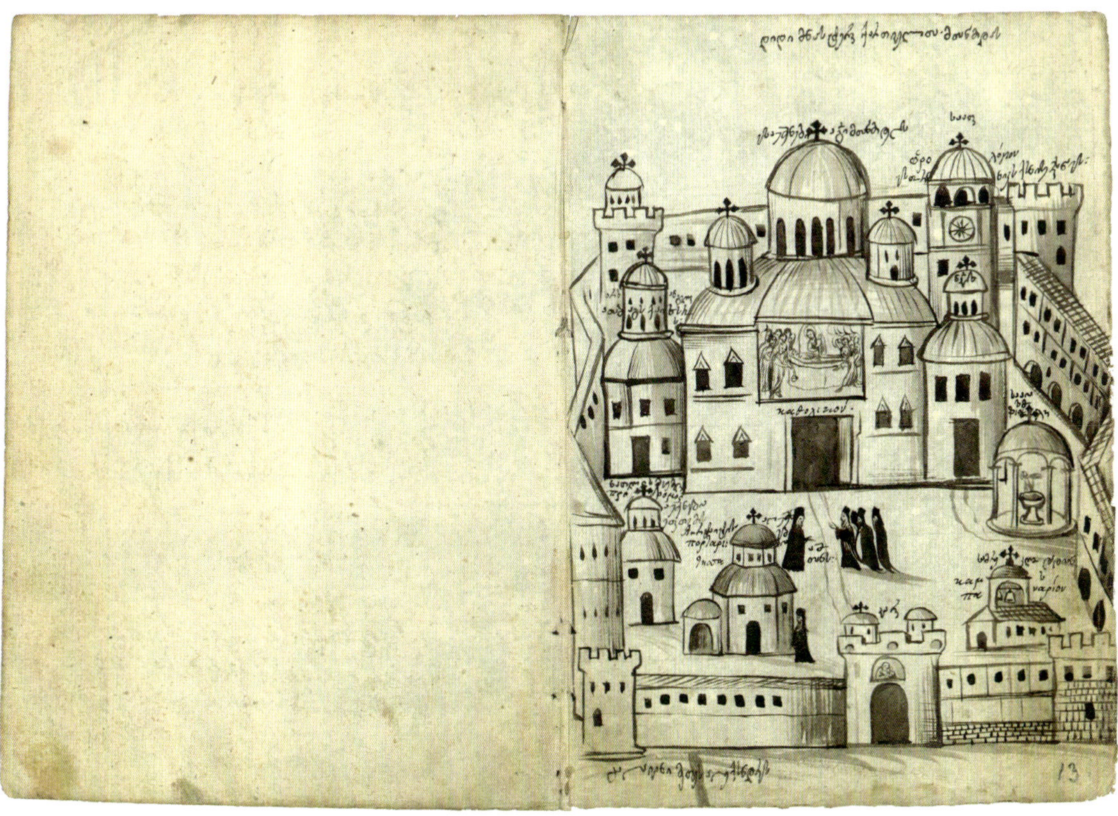

Au début du XIIe siècle, le roi David le Bâtisseur crée l'Académie de Guélati, une institution éducative qui s'inspire des modèles byzantins, où des manuels de logique, d'histoire et de droit canon sont traduits du grec en géorgien.

Le célèbre poème épique de Shota Roustavéli, *Le Chevalier* à *la peau de panthère*, datant de la même période, est conservé dans plus de 100 manuscrits, dont les manuscrits Tavakarishvili et de Tsérétéli constituent des exemples remarquables [cat. 84, 85, fig. 38].

À partir du XIe siècle, des manuscrits géorgiens contenant des œuvres littéraires et scientifiques traduites du persan reflètent les contacts avec l'Iran. Les manuscrits de la *Vie du Kartli*, une collection historique géorgienne unique composée au XIIe siècle, datent du bas Moyen Âge. Les manuscrits tardifs comportant des ouvrages de droit, de lexicographie, de géographie, de cartographie, ainsi que des encyclopédies sont associés à un tournant géorgien vers l'Europe aux XVIIe et XVIIIe siècles.

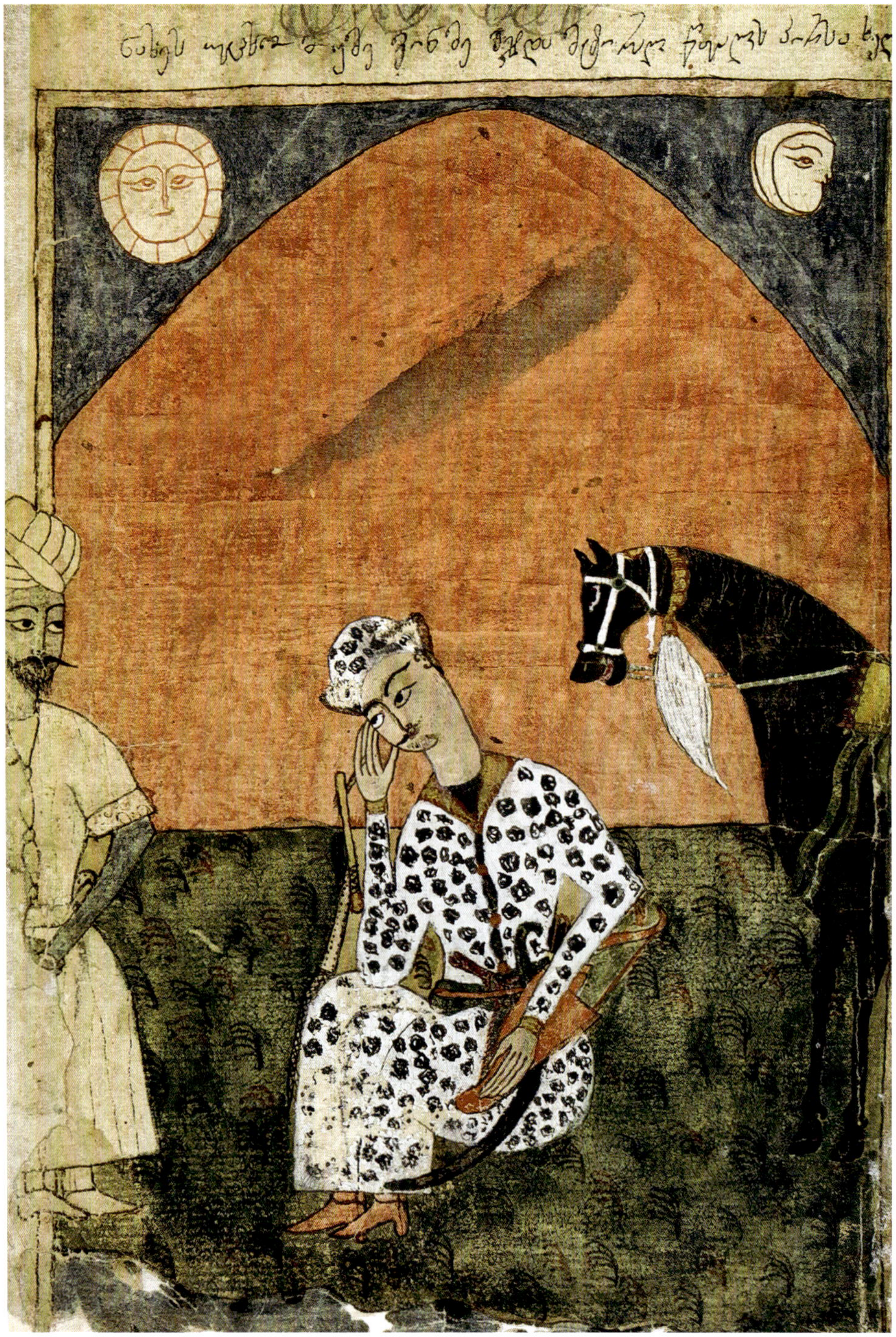

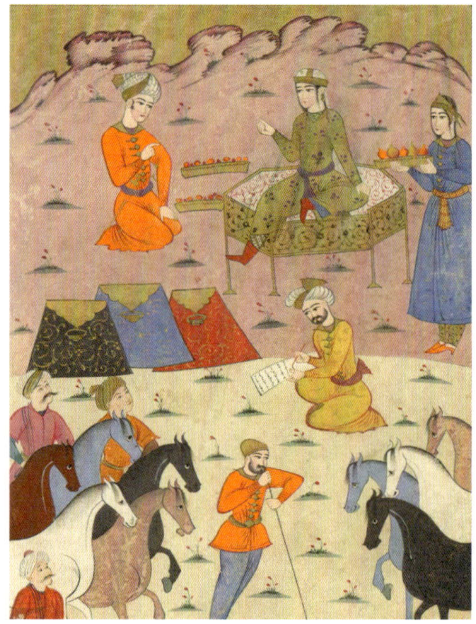

Cat. 84 (gauche)
Shota Roustavéli, *L'Homme à la peau de panthère* (H-599), 1646
Copiste et illustrateur : Mamuka Tavakarashvili
Commande de Lévan II Dadiani
Papier
Centre national géorgien des manuscrits Korneli Kekelidze

Fig. 38 (en haut)
Shota Roustavéli, *L'homme à la peau de panthère* (S-5006)
Exemplaire de Tserétéli
XVIIIe siècle
Papier
Centre national géorgien des manuscrits Korneli Kekelidze

Cat. 85 (droit)
Shota Roustavéli, *L'homme à la peau de panthère* (H-2074)
Exemplaire d'Avalishvili
XVIe-XVIIe siècle
Papier
Centre national géorgien des manuscrits Korneli Kekelidze

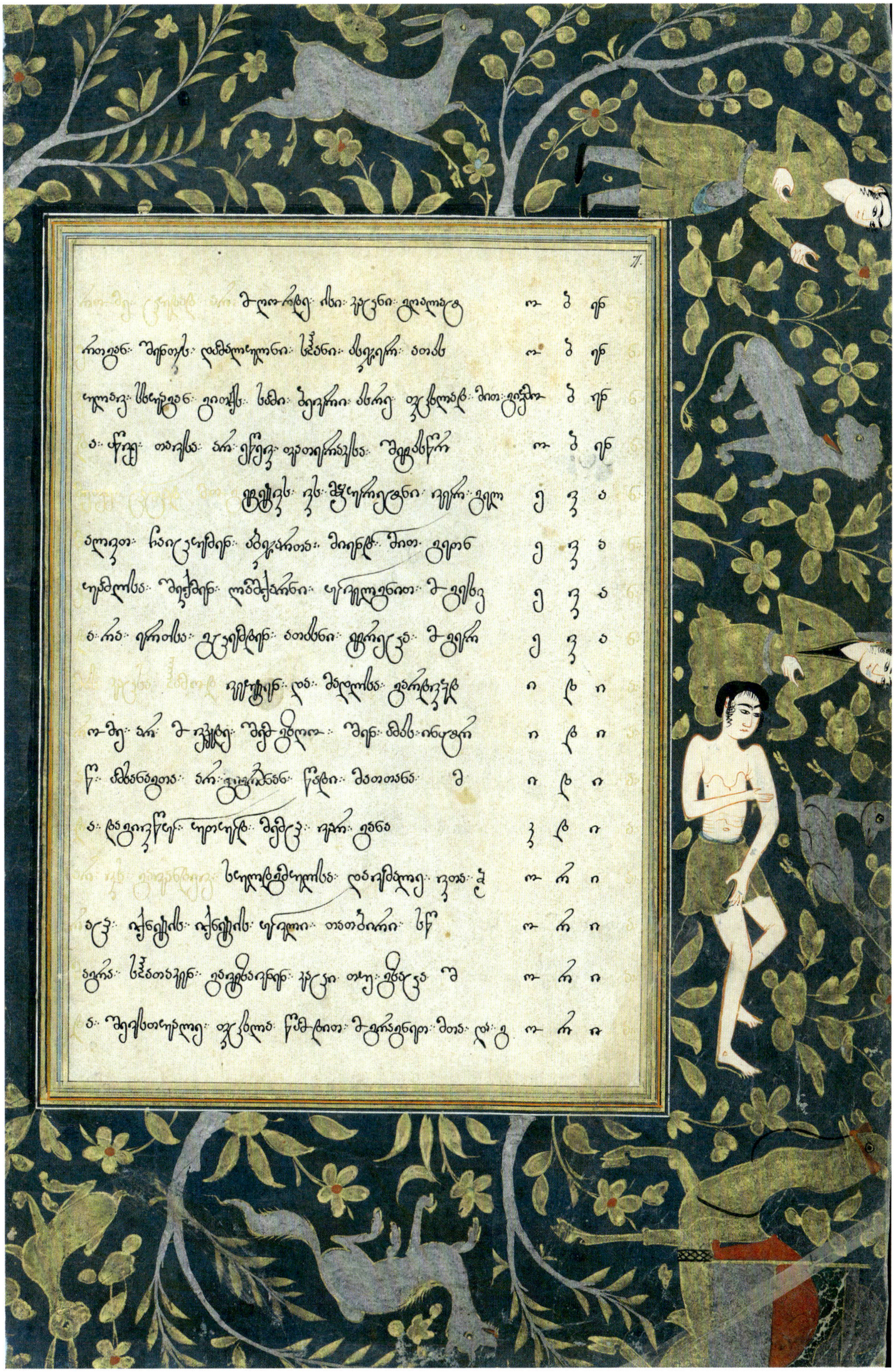

Nino Kavtaria

Les enluminures des manuscrits géorgiens

Les miniatures des manuscrits se caractérisent par une double fonction : elles illustrent le livre et fournissent une interprétation visuelle des mots écrits, décorant ainsi un texte, tout en révélant son symbolisme et son essence. La peinture des miniatures réunit deux aspects essentiels de la pensée métaphorique chrétienne : le mot et l'image.

Les plus anciens exemples de manuscrits géorgiens, conservés sous forme de palimpsestes et datés du Ve au VIIIe siècle, nous enseignent que les copistes prêtaient attention au texte, ainsi qu'à la conception artistique de la page. Ainsi, le raffinement de la calligraphie, la symétrie des lignes, l'équilibre du rythme, l'ornementation et la taille des lettres marquant les nouvelles sections du texte sont autant de principes qui feront partie de l'esthétique des manuscrits géorgiens au cours des siècles suivants.

Les Évangiles d'Adishi, datant de 897 [fig. 39], constituent le plus ancien manuscrit géorgien illustré existant. Illustrés au sein de l'école artistique du Tao-Klardjéti des IXe et Xe siècles, et caractérisés par leur abondance de motifs évoquant les traditions hellénistiques de l'Antiquité tardive, les miniatures de ces évangiles témoignent de liens avec le monde chrétien oriental. La beauté de ce manuscrit festif est également enrichie par l'expressivité artistique de ses grandes lettres monochromes en alphabet *asomtavruli*.

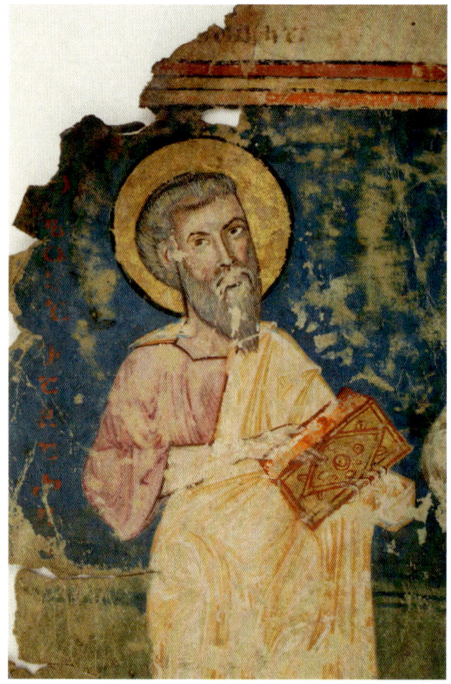

Fig. 39
Les quatre évangiles d'Adishi, 897
Parchemin
GNM —Musée d'Histoire et d'Ethnographie de Svanétie

Au cours de cette période, la liturgie de Jérusalem est remplacée dans les églises géorgiennes par celle du rite constantinopolitain. Cette situation induit un changement d'orientation artistique, remplaçant l'ancienne influence de l'Orient chrétien par celle des Beaux-Arts de la capitale byzantine, comme en témoignent les manuscrits copiés et enluminés au sein des monastères géorgiens tant en Géorgie qu'à l'étranger. À Constantinople, par exemple, des manuscrits ont été copiés et illustrés à la demande de l'évêque Zakaria de Bana dans les années 1030 : le Nomocanon (A-96, S-143) et un Petit Synaxaire (A-648) [fig. 40].

Dans le même temps, en Géorgie, l'école artistique du Tao-Klardjéti crée des manuscrits ornés uniquement selon les traditions locales, ignorant l'excès d'or caractéristique de la décoration byzantine. Les manuscrits copiés et illustrés dans les scriptoriums géorgiens de la Montagne Noire, près d'Antioche, au XIe siècle, occupent également une place particulière.

La diversité du contenu, les changements stylistiques, ainsi que les nouvelles évolutions iconographiques que l'on observe au niveau de la peinture de miniatures à la transition entre le XIe et le XIIe siècle s'expliquent par une influence accrue de la liturgie sur les œuvres d'art (notamment le Triodion A-734 et *L'échelle sainte* de Jean Climaque, S-1669) [cat. 74].

Les XIIe et XIIIe siècles représentent une période exceptionnelle pour l'enluminure des manuscrits géorgiens. Dans l'évangéliaire de Guélati (Q-908, XIIe siècle), des fonds dorés, une palette solennelle et un rendu pittoresque des formes rapprochent les miniatures des meilleurs exemples de la miniature byzantine de cette période. En revanche, l'évangéliaire de Djrouchi (H-1667, XIIe-XIIIe siècle) présente un principe de composition incomparable quant à sa liberté créative par sa manière de placer les miniatures sur la page du manuscrit.

Les Évangiles de Vani (A-1335) [fig. 41] constituent une œuvre exceptionnelle : copié au sein du monastère de Romana à Constantinople pour le confesseur de la reine Tamar, Jean (Iované Sapqari), le manuscrit est orné de miniatures du maître grec Michel de Coressus (Koresi). Les illustrations d'autres manuscrits célèbres, tels que les évangéliaires de Berta, de Tbéti, de Tsqarostavi ou de Vardzia sont l'œuvre de maîtres géorgiens ou grecs inconnus. C'est également à cette époque que l'on trouve les premiers exemples d'œuvres illustrées et exécutées sur des rouleaux, reprenant les textes liturgiques de Basile de Césarée et de Jean Chrysostome, les pères de la liturgie orthodoxe.

Des couleurs claires et vives, ainsi qu'une abondance de pigments mélangés à de la peinture blanche caractérisent les évangéliaires de Shiomghvimé (H-1344) et de Mokvi (Q-902), lesquels constituent de beaux témoignages du style paléologue, introduit à la fin du XIIIe siècle et au début du XIVe siècle.

Au cours du XVe siècle, les manuscrits du scriptorium situé à la cour des atabegs de Samtskhé révèlent l'apparition d'une influence orientale dans un système de décoration orienté vers les traditions post-byzantines.

La production artistique de la Géorgie aux XVIe-XVIIIe siècles se heurte à des conditions particulièrement difficiles. En effet, les influences iraniennes, désormais présentes au niveau de l'ensemble des expressions artistiques géorgiennes, sont également perceptibles dans les miniatures profanes, à la fois dans les œuvres géorgiennes originales, telles que *Le chevalier à la peau de panthère* [cat. 84, 85, fig. 38], ainsi que dans des traductions du persan, comme *Vis et Ramin*, *L'histoire de Rostam*, *Yusuf et Zulaikha*, et le *Shâhnâmeh* [cat. 86].

Outre les ouvrages profanes des XVIIe et XVIIIe siècles, il subsiste de nombreux manuscrits religieux de différents contenus datant de cette période. Les miniatures représentent en quelque sorte l'étape finale de l'évolution de l'art du livre manuscrit géorgien, et laissent transparaître une légère trace de l'art de l'Europe occidentale qui a commencé à gagner de l'influence en Géorgie à cette époque.

Fig. 40 (gauche)
Saint Pachomius et le prophète Zacharie
Petit Synaxaire (A-648), 1030, Parchemin
Lieu de copie : Monastère de Khora, Constantinople
Centre national géorgien des manuscrits Korneli Kekelidze

Fig. 41 (droite)
Les quatre évangiles de Vani (A-1335)
Créés pour la reine Tamar
Copiés par Iované Sapqari
Enluminés par Michel de Coressus (Koresi)
XIIe-XIIIe siècle – Parchemin
Lieu de copie : Monastère de Romana, Constantinople
Centre national géorgien des manuscrits Korneli Kekelidze

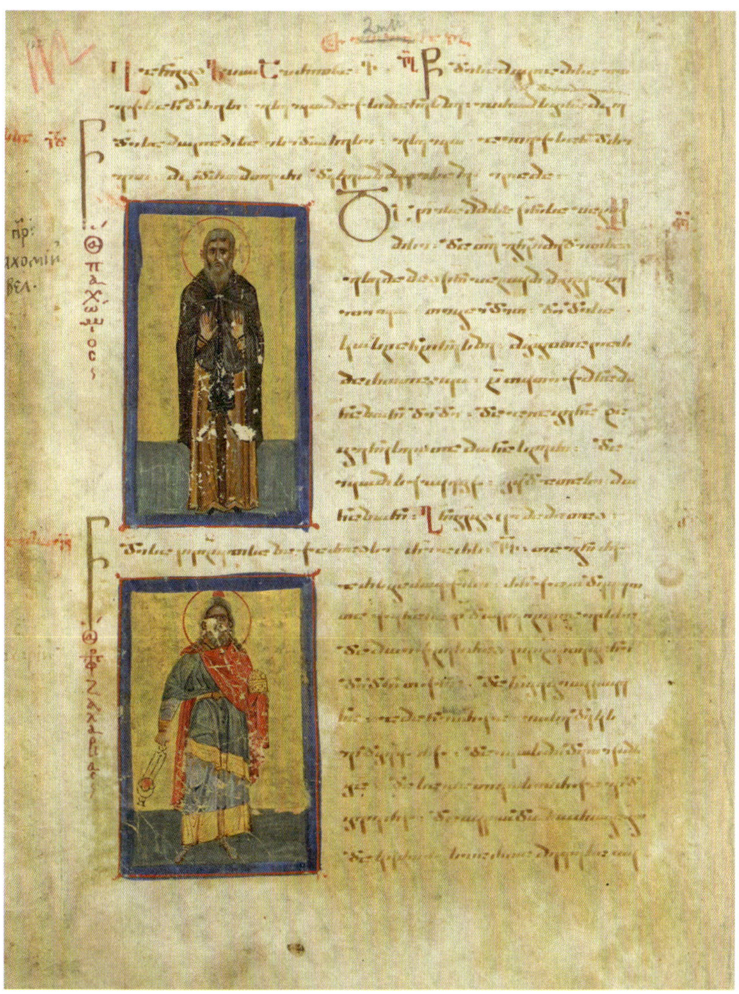

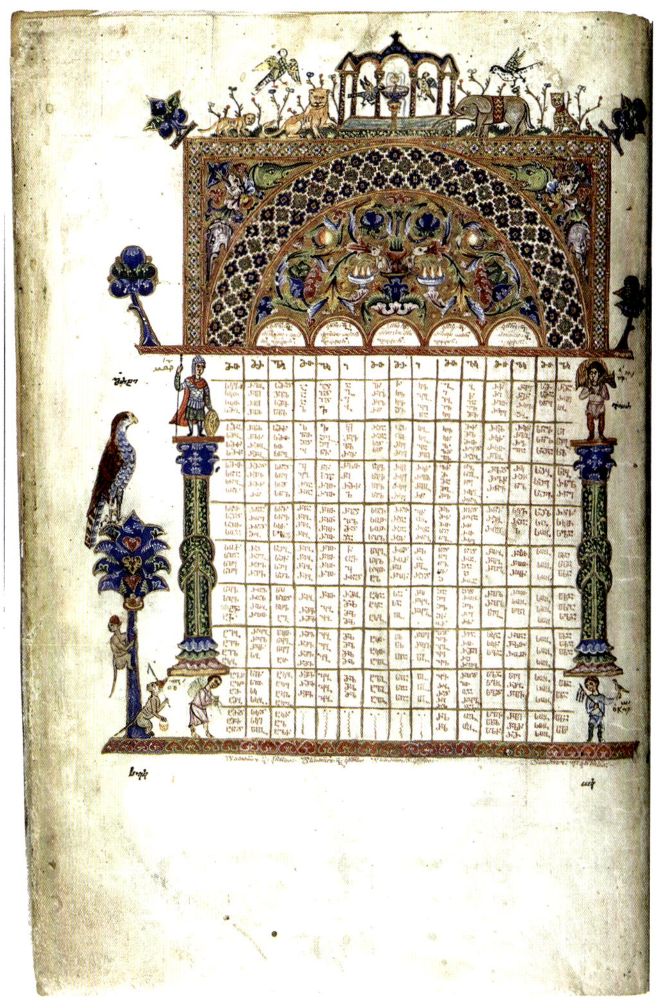

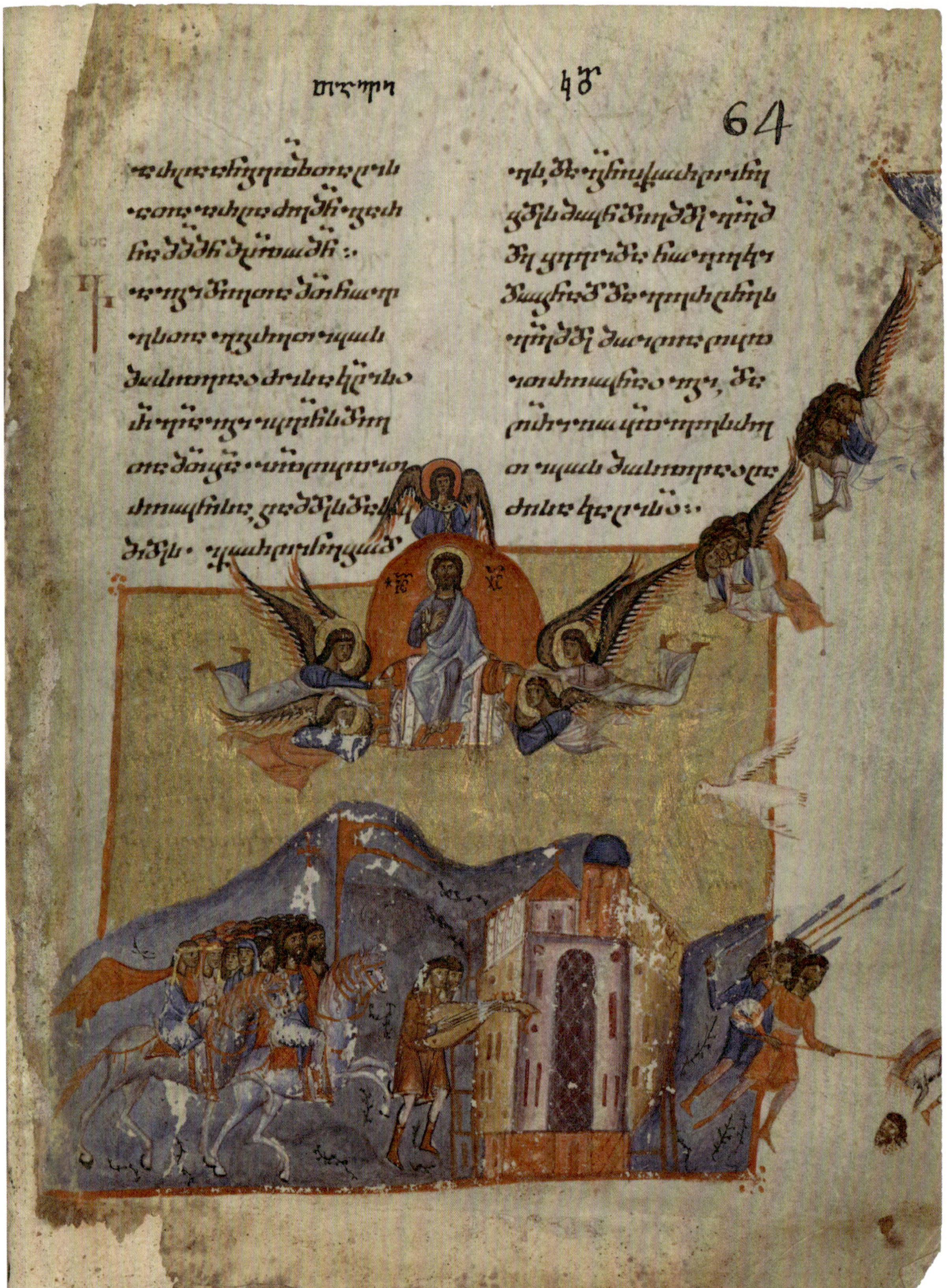

L'Ascension, miniature des quatre évangiles de Djrouchi II (H-1667)
XIIe siècle
Parchemin
Lieu de copie : Tao-Klardjéti
Centre national géorgien des manuscrits Korneli Kekelidze

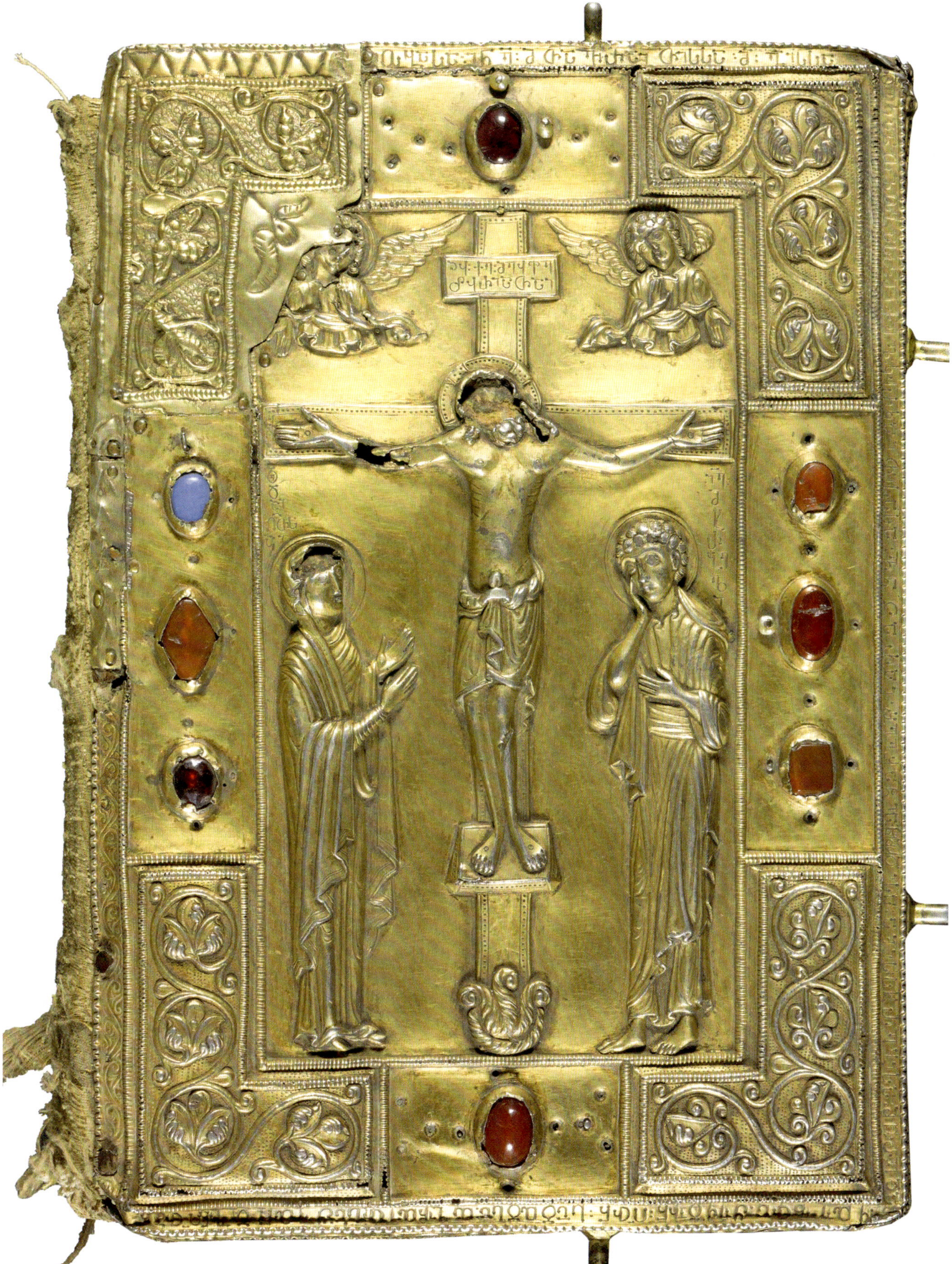

Les quatre évangiles de Berta (Q-906)
XIIe siècle
Couverture ciselée en argent doré, créée par Beshken Opizari
Centre national géorgien des manuscrits Korneli Kekelidze

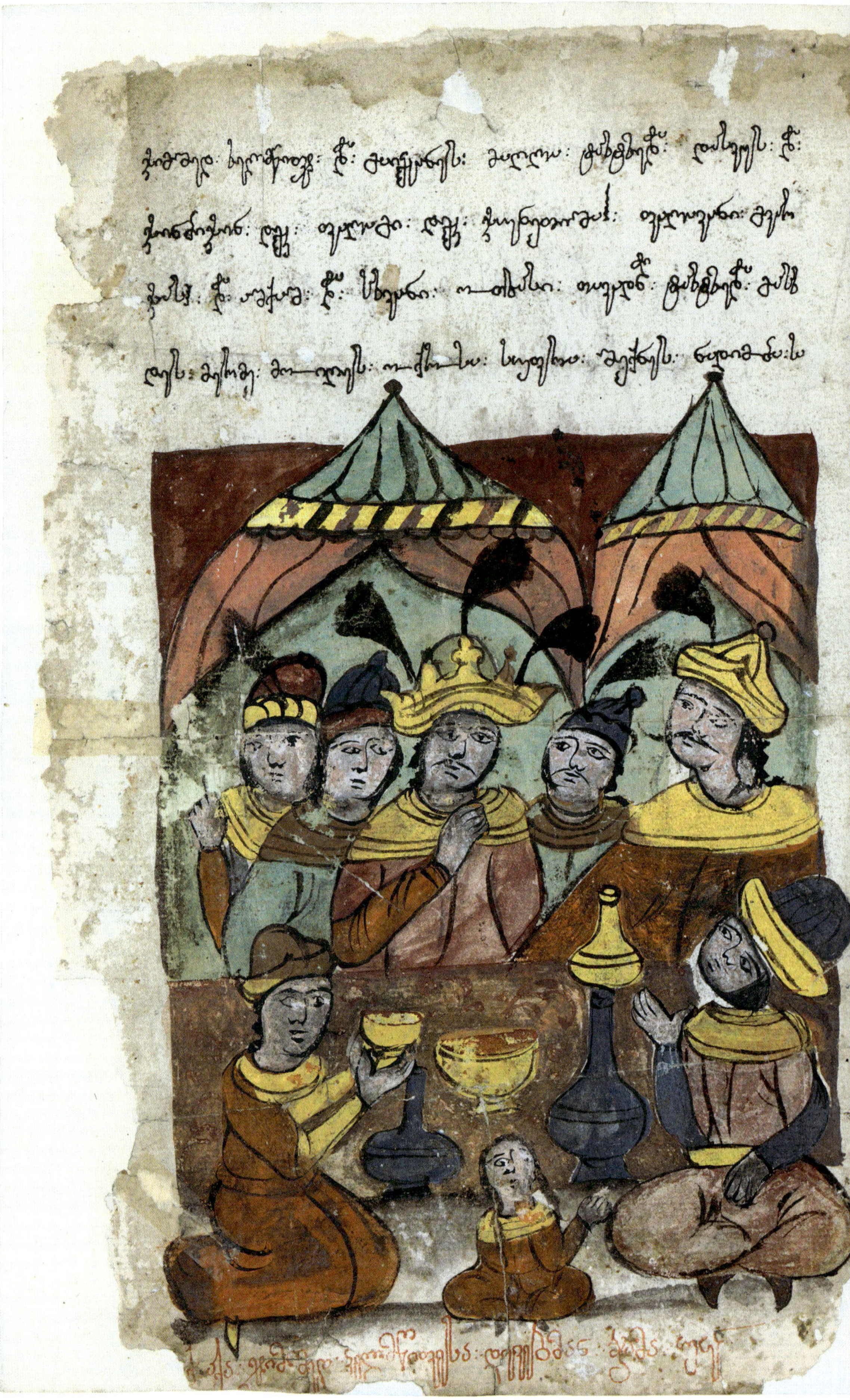

Cat. 86

***Utrutian-Saamiani*, une version géorgienne du *Shâhnâmeh* (S-1594), Copiste et illustrateur : Mamuka Tavakarashvili, 1647 Papier – Commande de Lévan II Dadiani**

Centre national géorgien des manuscrits Korneli Kekelidze

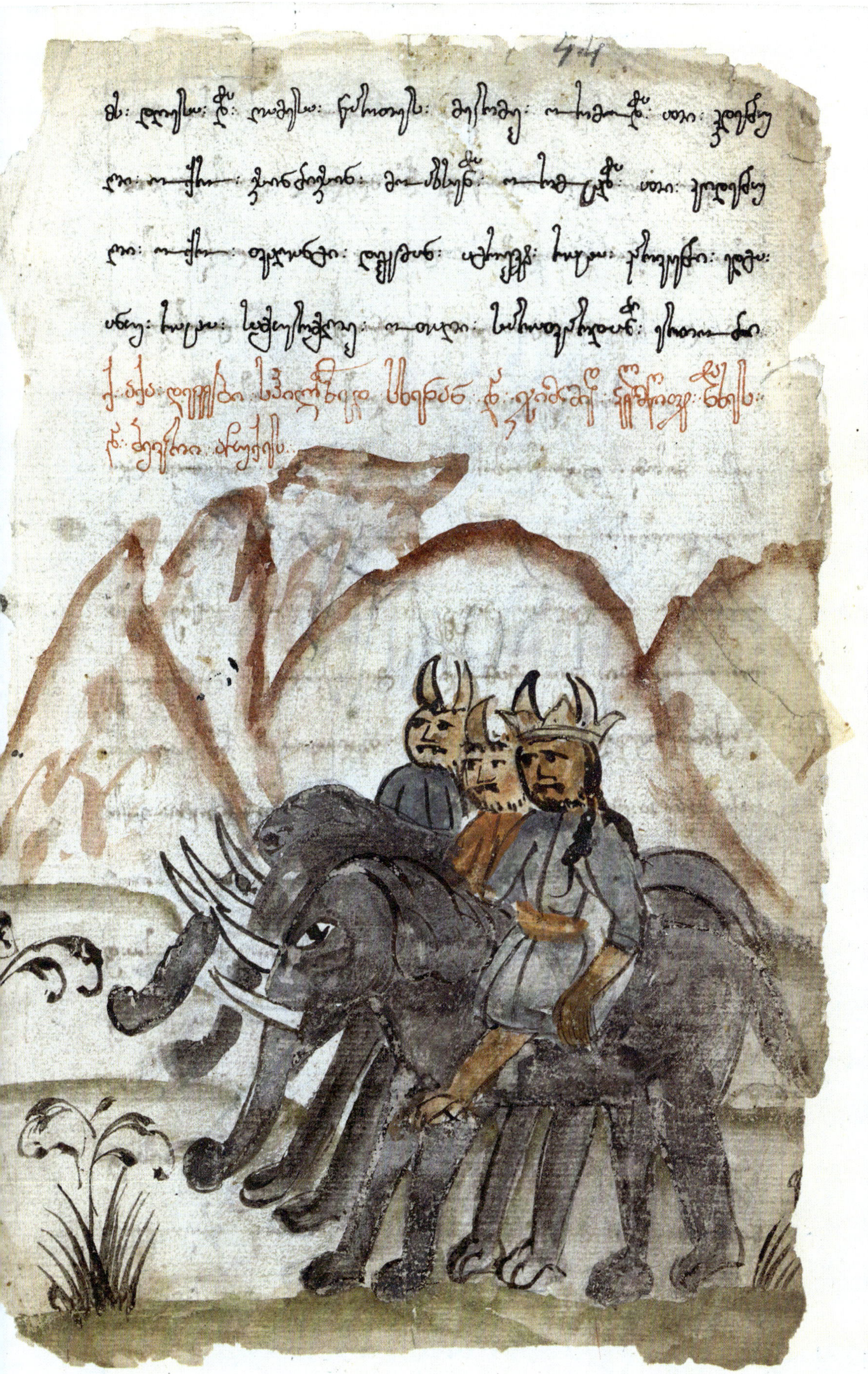

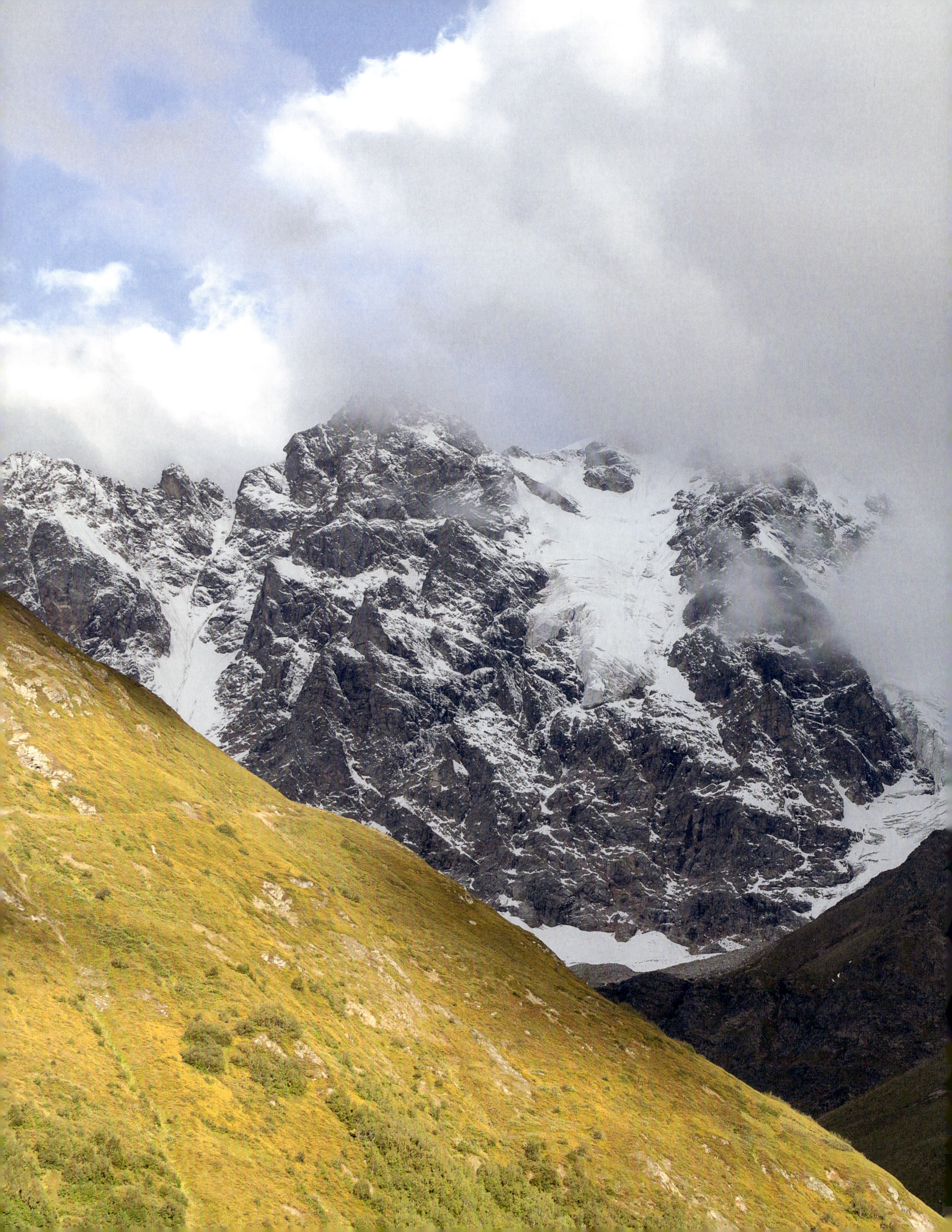

Chapitre 4

L'unification du royaume et l'âge d'or de la Géorgie

(Xe-XIIIe siècles)

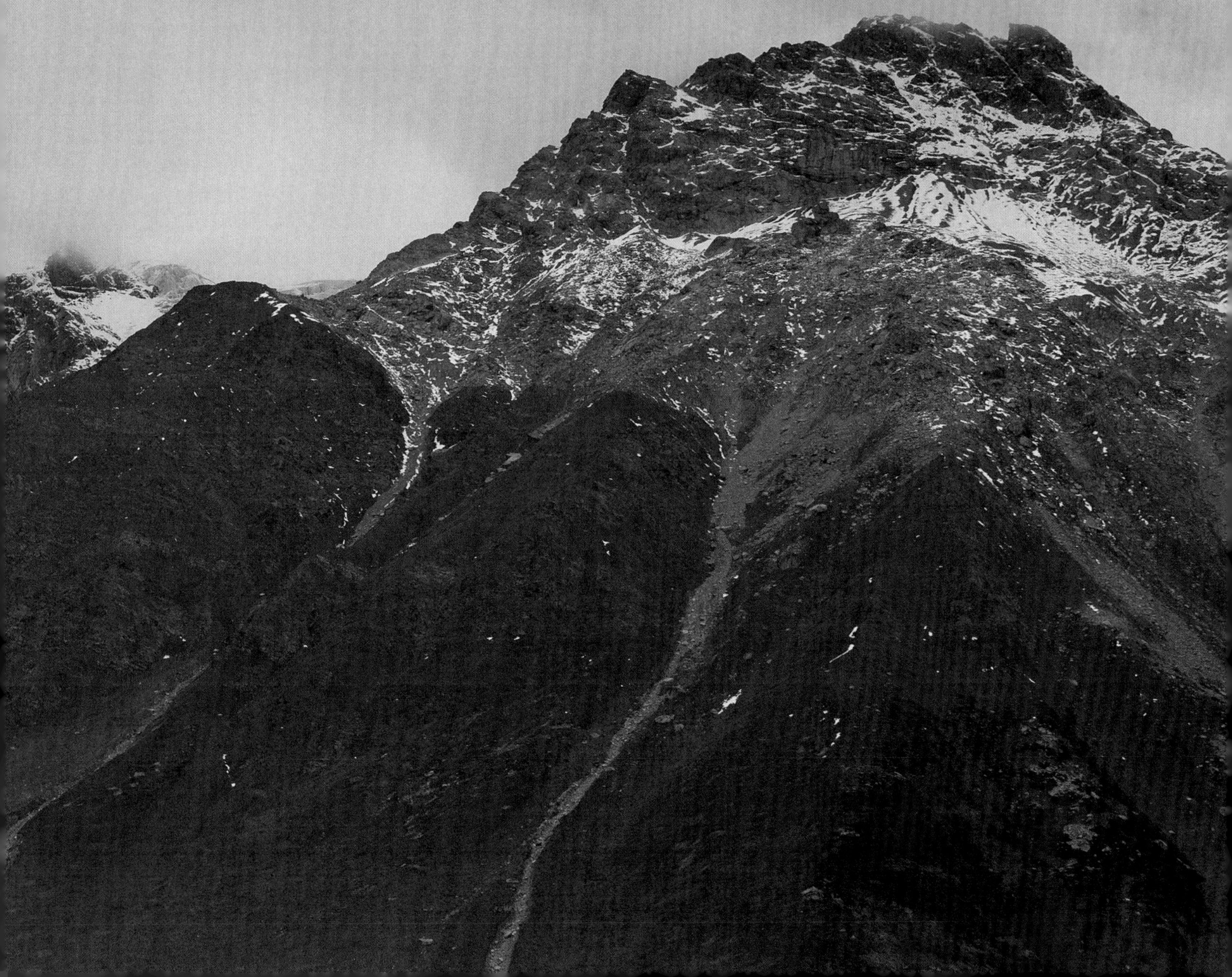

Stephen H. Rapp Jr.

De l’invasion arabe à l’âge d’or

Le crépuscule de l’Antiquité tardive est marqué par une période d’incertitude et de transformation pour le Caucase. En Géorgie orientale, la monarchie du Kartli – établie lors de l’effondrement de la Perse achéménide – a été supprimée par l’Empire sassanide. Les sources caucasiennes mettent en évidence de tels cas d’intervention et de domination iraniennes. Pourtant, les peuples de l’isthme ont appartenu à la vaste communauté culturelle iranienne pendant un millénaire, voire davantage. Conformément à la nature profondément orientée vers l’Iran (iranienne ou « persane ») de la société caucasienne, l’image royale géorgienne mettait en scène des rois-héros empreints de *xwarrah*, le rayonnement divin. Cette formulation iranienne du pouvoir politique n’a pas disparu avec le long interrègne qui a suivi à partir de l’an 580 environ. Pendant cette période, les califes et les empereurs byzantins, rivaux entre eux, ont reconnu des « princes dirigeants », *eristavta eristavni* (littéralement « princes des princes »), qui gouvernaient à la place des rois. Si ces « princes dirigeants » chrétiens ont adapté certaines caractéristiques byzantines, les conceptions du pouvoir géorgien sont restées très largement iraniennes.

Le déclin de l’Antiquité tardive est également ponctué de changements religieux. Dans les années 320, un Parthe acculturé nommé Mirian devient le premier monarque du Kartli à confesser le Dieu chrétien. Sous sa dynastie, les Chosroïdes, le christianisme a éclipsé le mazdéisme kartvélien, ainsi que d’autres religions. Toutefois, l’intégration culturelle de la région au sein du monde iranien n’a pas été rompue pour autant. Vakhtang Gorgasali (r. 447-522), de la lignée des Chosroïdes, laisse le souvenir d’ un puissant roi-héros iranien, enveloppé d’un *xwarrah* christianisé.

Les recherches soulignent la composante chrétienne naissante de l’identité géorgienne à la fin de l’Antiquité, mais le christianisme s’est intégré à une société iranienne en place au moins autant que les éléments existants de cette société ont été remplacés par des éléments chrétiens. La dynamique de la christianisation de la Géorgie et de la « géorgianisation » du christianisme est au cœur de l’identité géorgienne à travers toute l’époque médiévale.

Des changements sismiques des empires encadrent et caractérisent le VIIe siècle. La dernière grande guerre de l’Antiquité, âprement disputée entre les Sassanides et les Byzantins, s’achève par la mise à sac par Héraclius de la capitale iranienne, Séleucie-Ctésiphon. Mais le triomphe byzantin s’avère éphémère. En effet, l’empire, épuisé, n’est pas en mesure de faire face efficacement à l’irruption des forces arabes. Les Arabes musulmans mettent fin à l’empire sassanide en 651. Depuis l’Iran, ils lancent des attaques contre l’Arménie, la Géorgie et l’Albanie. Des colonies arabes s’établissent dans tout le sud du Caucase. En Géorgie, la ville de Tbilissi est transformée en un émirat, lequel perdure jusqu’à sa défaite face au roi David le Bâtisseur en 1121. Si les sources chrétiennes du Caucase mettent souvent l’accent sur l’érosion de « l’ordre naturel » par l’islam et l’hégémonie musulmane, les tensions et les violences ont coexisté avec les retombées positives. Ainsi, le Caucase était intégré dans les réseaux économiques du monde islamique tricontinental. La prolifération des monnaies frappées par les autorités islamiques et géorgiennes sur le territoire géorgien en est le témoin [cat. 90, 91]. Il en va de même pour l’essor d’Artanoudji et d’autres carrefours économiques géorgiens.

La domination islamique, ainsi que les rivalités permanentes avec Byzance constituent à la fois une source de dangers et d’opportunités pour les élites caucasiennes. Certaines maisons nobles ont décliné, comme ce fut le cas des Chosroïdes. En revanche, d’autres ont pu s’élever à des niveaux sans précédent. L’une des

La mer Caspienne est l'étendue bleue en haut à droite, dans laquelle se jette la rivière Mtkvari (Koura), représentée par le trait supérieur bleu. La ville représentée par le cercle rouge en haut à gauche est Tbilissi, qui se situe sur la Mtkvari.

Fig. 42
Tarjūmah-' al-Masālik wa al-Mamālik par Abū Isḥāq Ibrāhīm b. Muḥammad al-Fārisī (Adaptation persane de l’ouvrage d’al-Istakhrī, al-Masālik wa'l-Mamālik)
XIVe siècle
Papier
British Library (I.O. ISLAMIC 1026, f. 49v)

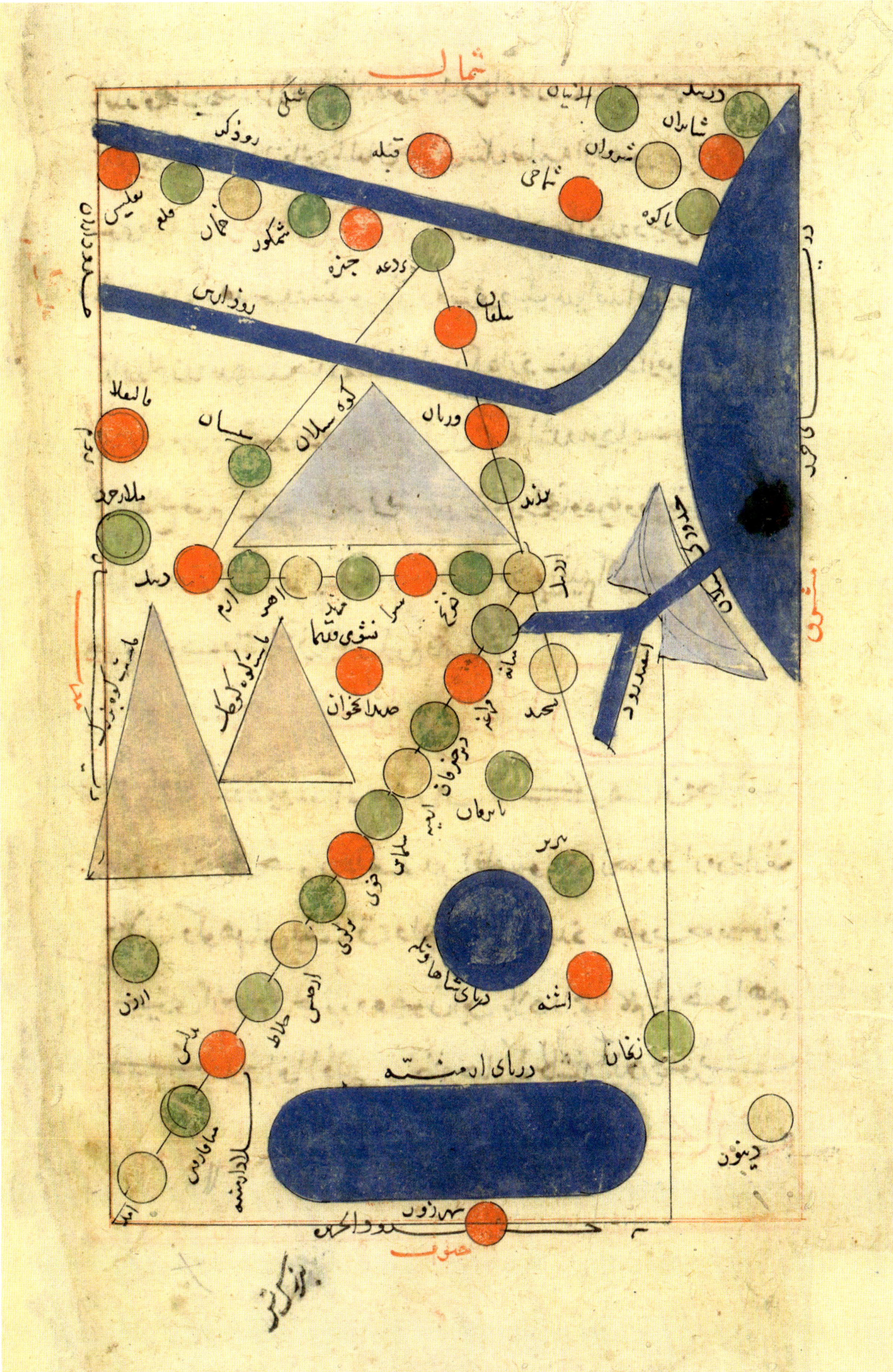
شمال
مشرق
مغرب
جنوب

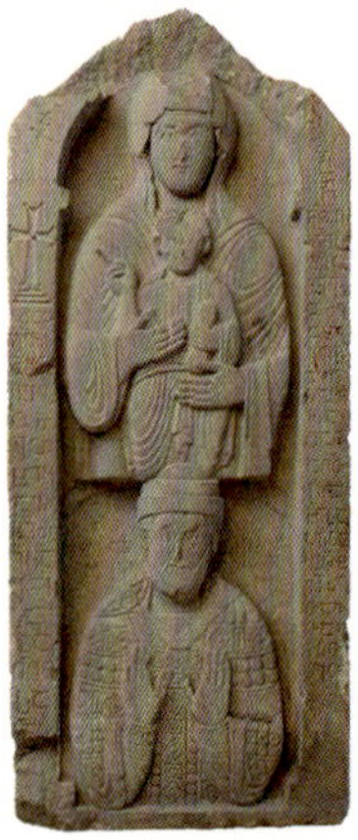

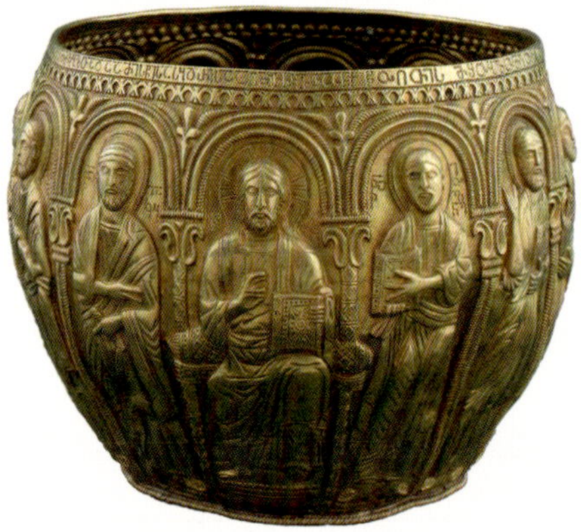

Fig. 43
Relief en pierre de David le « Curopalate » de l'église Saint-Jean-Baptiste, monastère d'Oshki

Cette stèle appartient à l'ensemble des deux images sculptées de donateurs de l'église d'Oshki. Les faces avant et latérales des deux stèles sont couvertes de plusieurs inscriptions géorgiennes qui indiquent l'année 963 comme date du début de la construction de l'église.

Fig. 44
Calice de Bédia
GNM — Musée des Beaux-Arts Shalva Amiranashvili

Ce calice, chef-d'œuvre de l'orfèvrerie géorgienne réalisé à partir d'une seule pièce d'or, a été commandé par Bagrat III (975-1014), roi d'Abkhazie puis de Géorgie, pour le monastère de Bédia (Abkhazie, Géorgie). Elle est ornée de représentations du Christ, de la Vierge et des apôtres et comporte des inscriptions en grec et en géorgien.

bénéficiaires de ce remaniement aristocratique fut la maison des Bagrationi, dont le représentant, Adarnase, réinstaura la royauté géorgienne en 888.

Au cours du XIe siècle, les interventions byzantines ont eu un impact sur la vie politique en Géorgie, mais la dynastie des Bagrationi a su habilement gérer la situation, et a survécu à l'effort éphémère de Basile II visant à structurer certaines parties des territoires du sud-ouest pour former ce que l'on appelle le thème d'Ibérie. Contrairement aux rois arméniens contemporains, les Géorgiens avaient modéré leurs objections à la formulation dyophysite adoptée au Concile de Chalcédoine en 451. Après le passage d'Héraclius sur les terres géorgiennes, de plus en plus de clercs commencent à embrasser le dyophysisme chalcédonien prôné par les Byzantins. Ce tournant christologique est un élément de la « byzantinisation » mesurée de la royauté et du christianisme géorgiens à partir du VIIe siècle. Le processus s'est accéléré sous la dynastie des Bagrationi et leurs alliés religieux, la prélature géorgienne et ses communautés monastiques alliées, dont beaucoup étaient regroupées à la frontière avec Byzance. Parmi les fondations monastiques les plus remarquables du Tao-Klardjéti, citons, notamment, Khandzta, Shatberdi et Opiza.

Le célèbre prince Bagrationi David le « Curopalate » (mort en 1000) était également basé en Tao-Klardjéti [fig. 43]. David a notamment unifié les lignées royales de Géorgie orientale et d'Apkhazéti (Abkhazie) en Géorgie occidentale. Il est ainsi le premier monarque à régner simultanément sur les terres géorgiennes de part et d'autre des monts Sourami. À la suite du règne du roi de toute la Géorgie Bagrat III, qui a débuté en 1008, et jusqu'à la fin de « l'âge d'or » au début du XIIIe siècle, les Bagrationi ont consolidé le pouvoir et gouverné un royaume unifié [fig. 44]. Sous David le Bâtisseur (r. 1089-1125) [fig. 45], la Géorgie se présentait comme un empire pan-caucasien, dont les élites l'imaginaient comme une seconde Byzance. Au zénith de leur règne, les Bagrationi dirigeaient un empire qui s'étendait au nord jusqu'aux régions montagneuses du Caucase et à la steppe eurasienne, à l'ouest jusqu'à l'Anatolie byzantine, au sud jusqu'à l'Arménie et au nord de l'Iran, et à l'est jusqu'à la mer Caspienne. Des affrontements militaires ont été menés contre plusieurs ennemis, notamment les Byzantins, les Arabes et les Seldjoukides.

La prospérité de la vie politique s'est accompagnée d'une efflorescence culturelle [fig. 46, 47-49, cat. 87]. La chrétienté géorgienne s'étend bien au-delà des territoires directement contrôlés par les Bagrationi. Un réseau monastique géorgien s'étendait à travers la Méditerranée orientale, le Moyen-Orient et le Caucase. Ses centres comprenaient des implantations sur le mont Athos, sur le mont Sinaï, à Jérusalem, en Syrie, à Chypre, en Anatolie et en Bulgarie. La production et la transmission de manuscrits ont prospéré au sein de ce réseau monastique. Des œuvres chrétiennes œcuméniques traduites en géorgien côtoyaient des œuvres originales, notamment des hagiographies riches en contenu narratif consacrées aux pères fondateurs du monastère d'Iviron sur le mont Athos. C'est sous les premiers Bagrationi que le récit de la christianisation par le roi Mirian a été élaboré. La *Vie de Sainte Nino*,

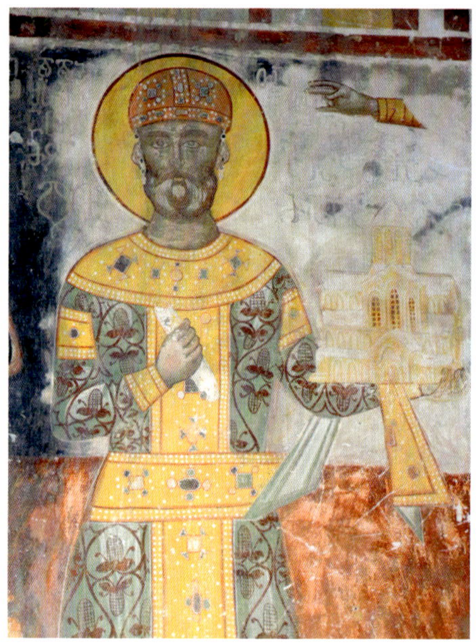

Fig. 45
David le Bâtisseur, sur une fresque du monastère de Guélati, un chef-d'œuvre de l'âge d'or qu'il a commandé en 1106, et l'un des plus importants centres de science et d'éducation de la Géorgie médiévale.

Fig. 46
Le triptyque de Khakhuli, l'une des plus grandes œuvres d'art en émail au monde, est emblématique de l'âge d'or. La grande représentation émaillée de la Vierge était à l'origine conservée au monastère de Khakhuli (province sud-ouest de la Géorgie historique, Turquie actuelle), puis transférée au monastère de Guélati.
GNM — Musée des Beaux-Arts Shalva Amiranashvili

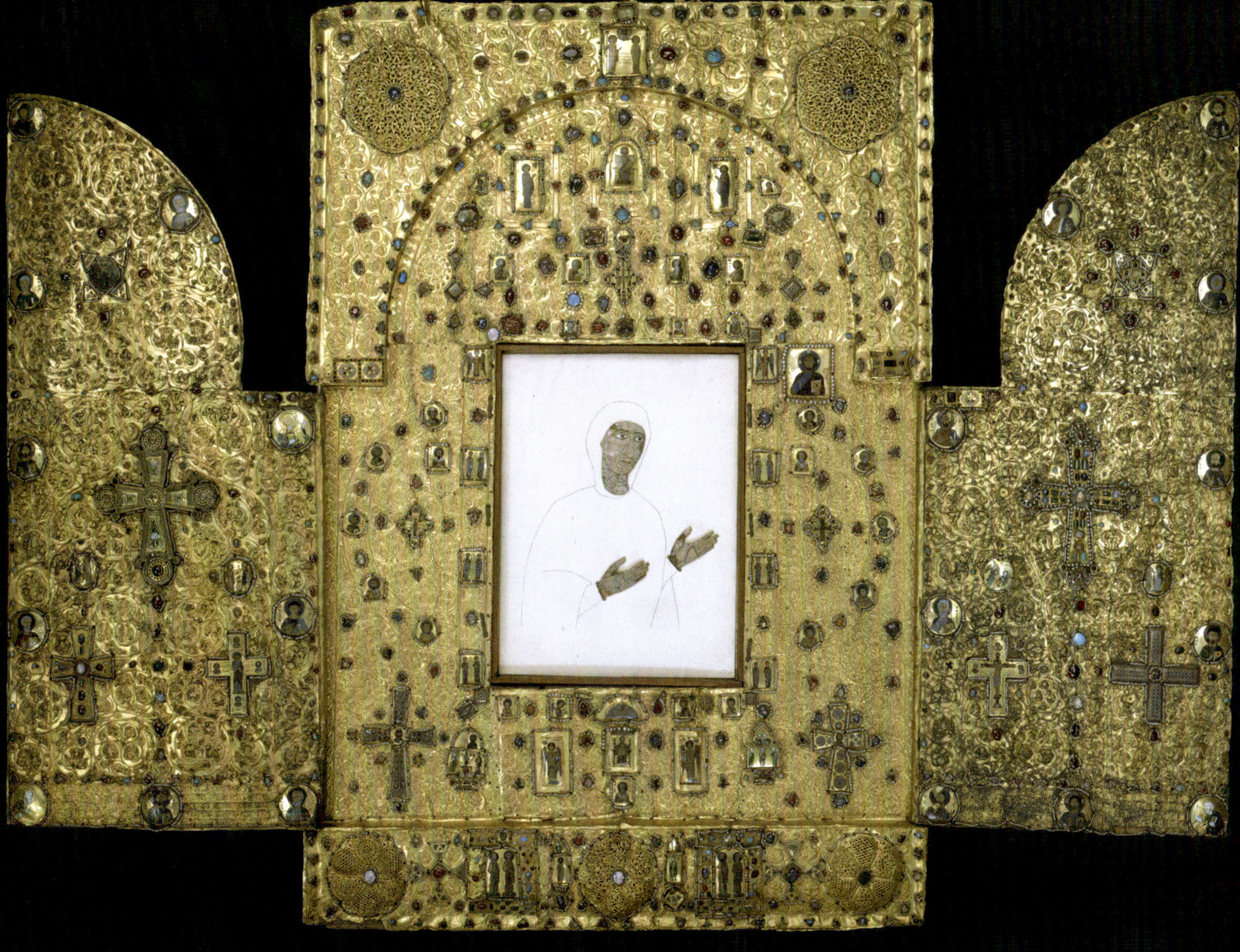

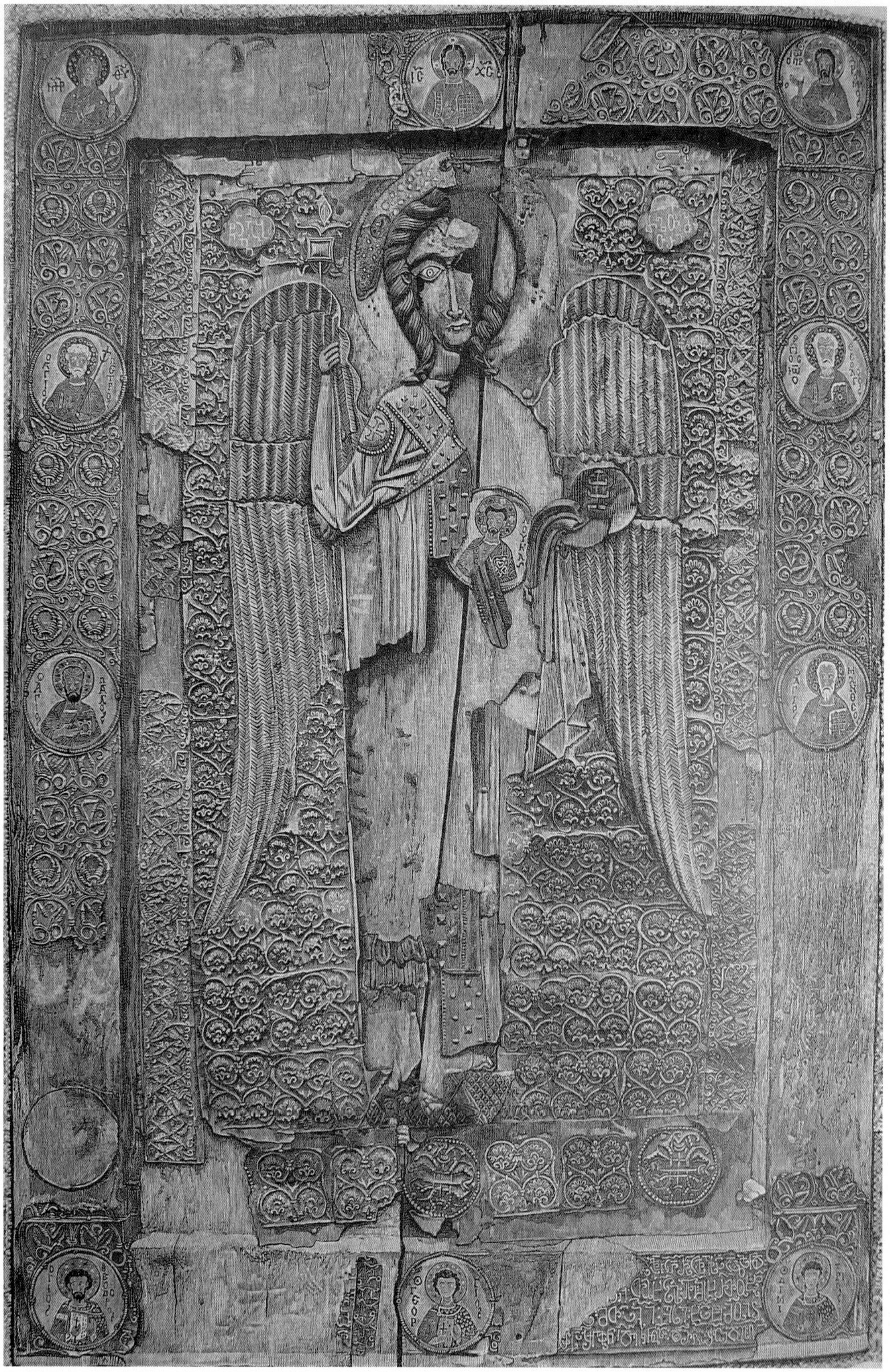

Cette grande icône de l'archange Gabriel provient du monastère de Djoumati (Gourie), de même qu'une icône d'importance similaire de l'archange Michel. Elle était ornée de 12 médaillons en or, argent et émail cloisonné, avec des inscriptions en grec. Les dix médaillons de l'autre icône portaient des inscriptions en géorgien. Dans les années 1880, les icônes furent volées et les médaillons vendus à différentes collections russes. Ils sont aujourd'hui répartis dans les collections de différents musées à travers le monde.

Fig. 47
Icône de l'archange Gabriel (Monastère de Djoumati), photographie du XIXe siècle

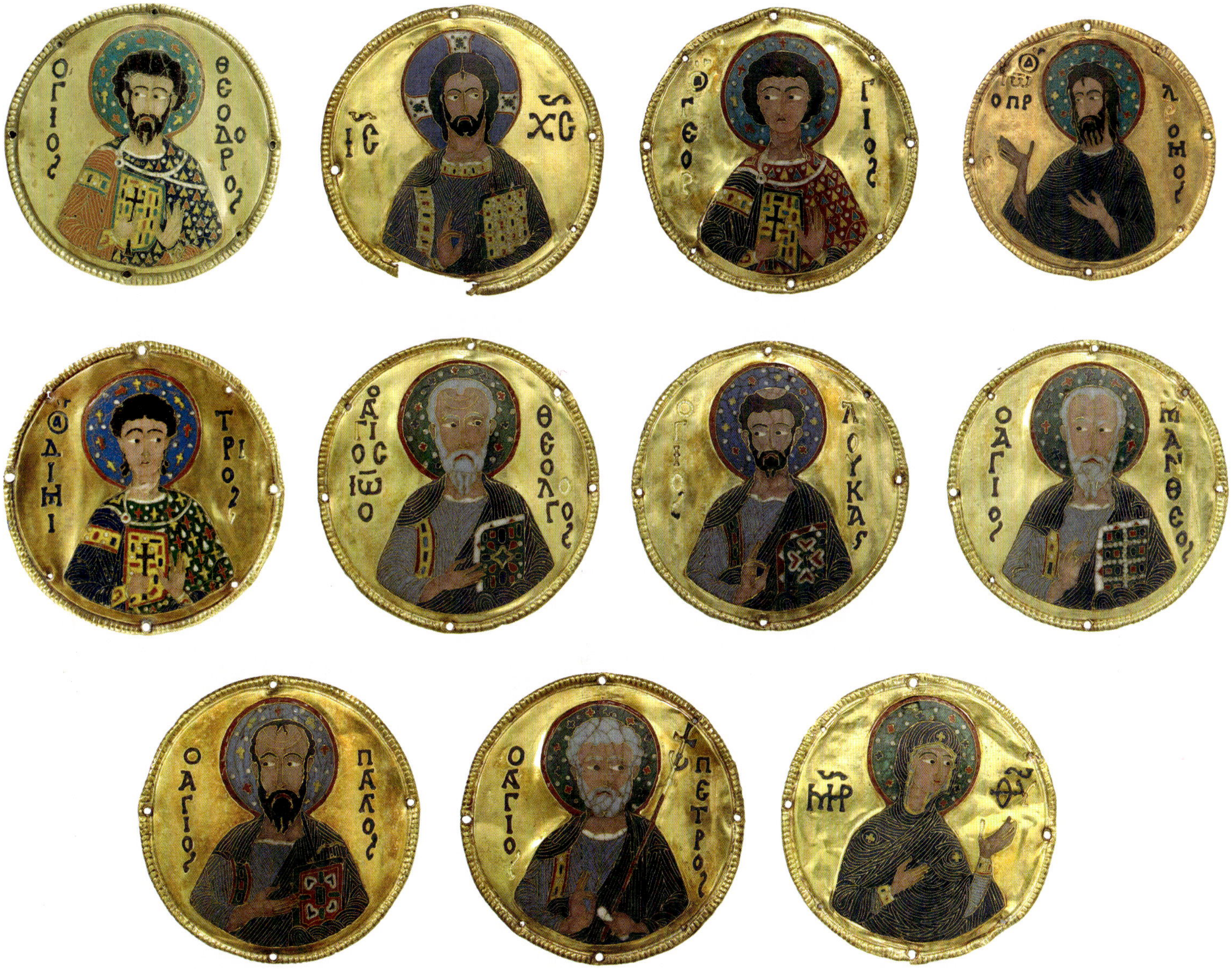

Fig. 49 (en haut à gauche)
Médaillon représentant saint Théodore
Ca. 1100 – Or, argent et émail travaillés en cloisonné
GNM — Musée des Beaux-Arts Shalva Amiranashvili

Fig. 48 (tous les autres)
Ensemble de neuf médaillons représentant saint Pierre, saint Luc, saint Matthieu, saint Paul, saint Georges, la Vierge, saint Jean l'Évangéliste, saint Jean Baptiste et le Christ provenant de l'icône de Djoumati, *ca.* 1100 – Or, argent et émail travaillés en cloisonné – Constantinople
The Metropolitan Museum of Art,
don de J. Pierpont Morgan, 1917

Cat. 87 (ligne du milieu à gauche)
Médaillon représentant saint Démétrios, 1085-1115
Émail cloisonné sur l'or
Constantinople
Paris, Musée du Louvre, Département des Objets d'art

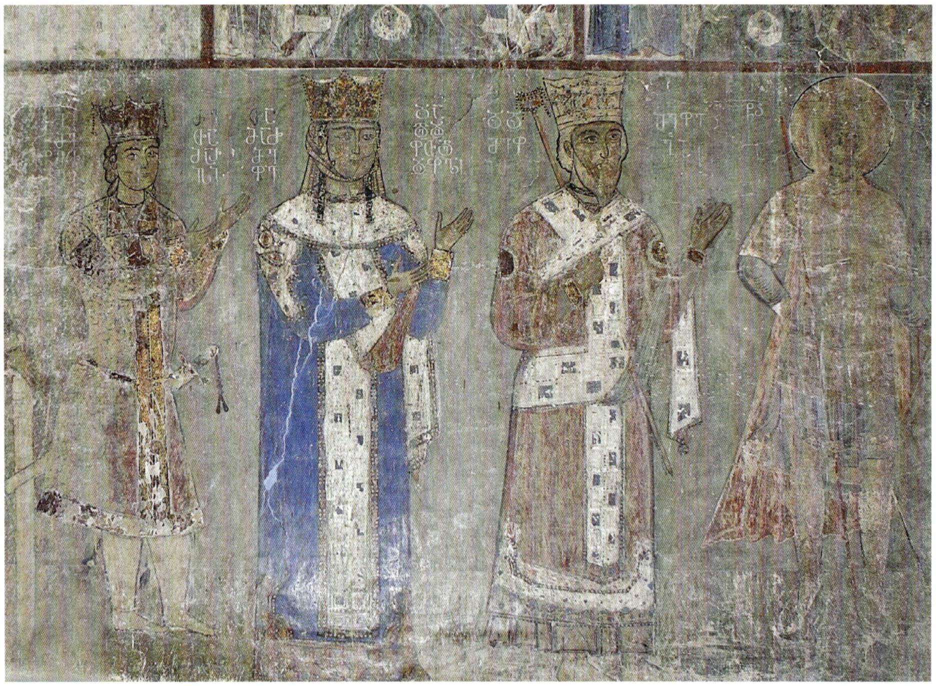

Fig. 50
La reine Tamar, entre le roi Giorgi IV Lasha (à gauche) et le roi Giorgi III (à droite), fresque sur le mur nord du bras nord de l'église principale du monastère de Bétania (début du XIIIe siècle, après 1206-1207)

dont le texte reçu date du IXe ou du Xe siècle, reste jusqu'à aujourd'hui le récit de base de la conversion pour les Géorgiens. Le genre historiographique a également connu un regain d'intérêt. Des récits dédiés exaltent David le Bâtisseur et Tamar (r. 1184-1213) [fig. 50], dont la famille revendiquait une descendance biologique directe avec le roi-prophète biblique David. Vers la fin du XIe siècle, Leonti Mrovéli, archevêque de Rouisi, a rassemblé des récits géorgiens existants et les a édités, compilant ainsi ce qui était probablement la première version de *Kartlis Tskhovreba* (*Vie de la Géorgie*), les « Chroniques géorgiennes ». Le développement de l'écriture *mkhedruli*, utilisée jusqu'à aujourd'hui, constitue un autre développement littéraire du début de l'âge royal des Bagrationi.

Bien que les Bagrationi et leurs alliés religieux se soient délibérément tournés vers la culture byzantine comme jamais auparavant, le caractère iranien de la société géorgienne et caucasienne est resté largement intact. Cette situation est attestée par le souvenir et la mise en valeur des récits des monarques géorgiens antérieurs aux Bagrationi, y compris le roi-héros Vakhtang mentionné précédemment. Si les souverains de « l'âge d'or » cherchent à être présentés dans leurs récits comme des monarques de type byzantin gouvernant une Byzance orientale, l'imagerie iranienne leur est parfois également appliquée. Les *Histoires et louanges des souverains*, un récit de la reine Tamar, sont remarquables à cet égard. Alors que cette imagerie est intentionnellement limitée dans les récits des rois et des reines Bagrationi de « l'âge d'or », elle est célébrée dans la littérature épique chère aux maisons royales et aristocratiques de Géorgie. C'est à cette époque que Shota Roustavéli rédige son célèbre *Chevalier à la peau de panthère*.

Les Mongols sont régulièrement pointés du doigt pour la détérioration de la Géorgie bagratide et pour sa réduction d'un empire à un État mineur. Si les effets des premières invasions mongoles du début du XIIIe siècle ont certainement été préjudiciables, l'érosion de l'empire géorgien était déjà en cours. Les Mongols ont profité de la vulnérabilité existante. À la suite de l'apogée politique atteint sous Tamar, son fils Georges IV Lasha de Géorgie (r. 1213-1223) ne peut plus faire face à l'extension excessive et à l'inefficacité de son pouvoir. Alors que sa sœur, la reine Rousoudan (r. 1223-1245), tente de redresser le navire politique, les invasions mongoles s'abattent sur l'isthme. La domination mongole directe est alors imposée et le Caucase devient par la suite une partie intégrante de l'Ilkhanat mongol [cat. 88].

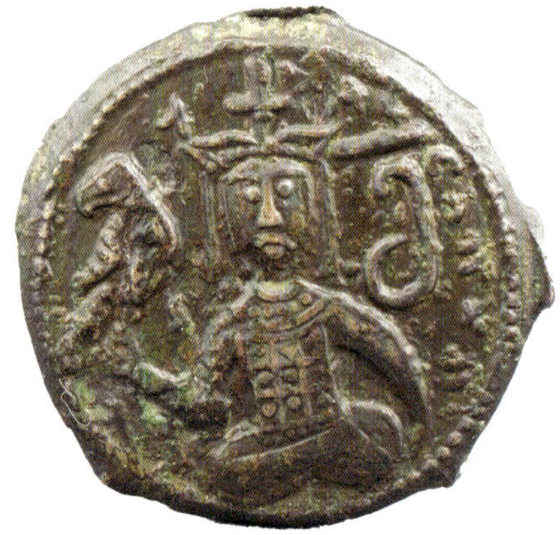

Cat. 89
Pièce de Giorgi III, roi de Géorgie (r. 1156-1184)
Cuivre
GNM — Musée d'Histoire Simon Janashia de Géorgie

Avers : Le roi Giorgi est assis, les jambes croisées, avec une couronne surmontée d'une croix et un faucon sur sa main droite levée. Le nom « Giorgi » est inscrit en écriture géorgienne *mkhedruli*.

Revers : inscription en lettres arabes sur trois lignes : « Roi des rois/Giorgi, fils de Démétré/Épée du Messie ». La pièce est un bon exemple du vocabulaire visuel islamo-chrétien et de la situation géopolitique et économique de la région à cette époque.

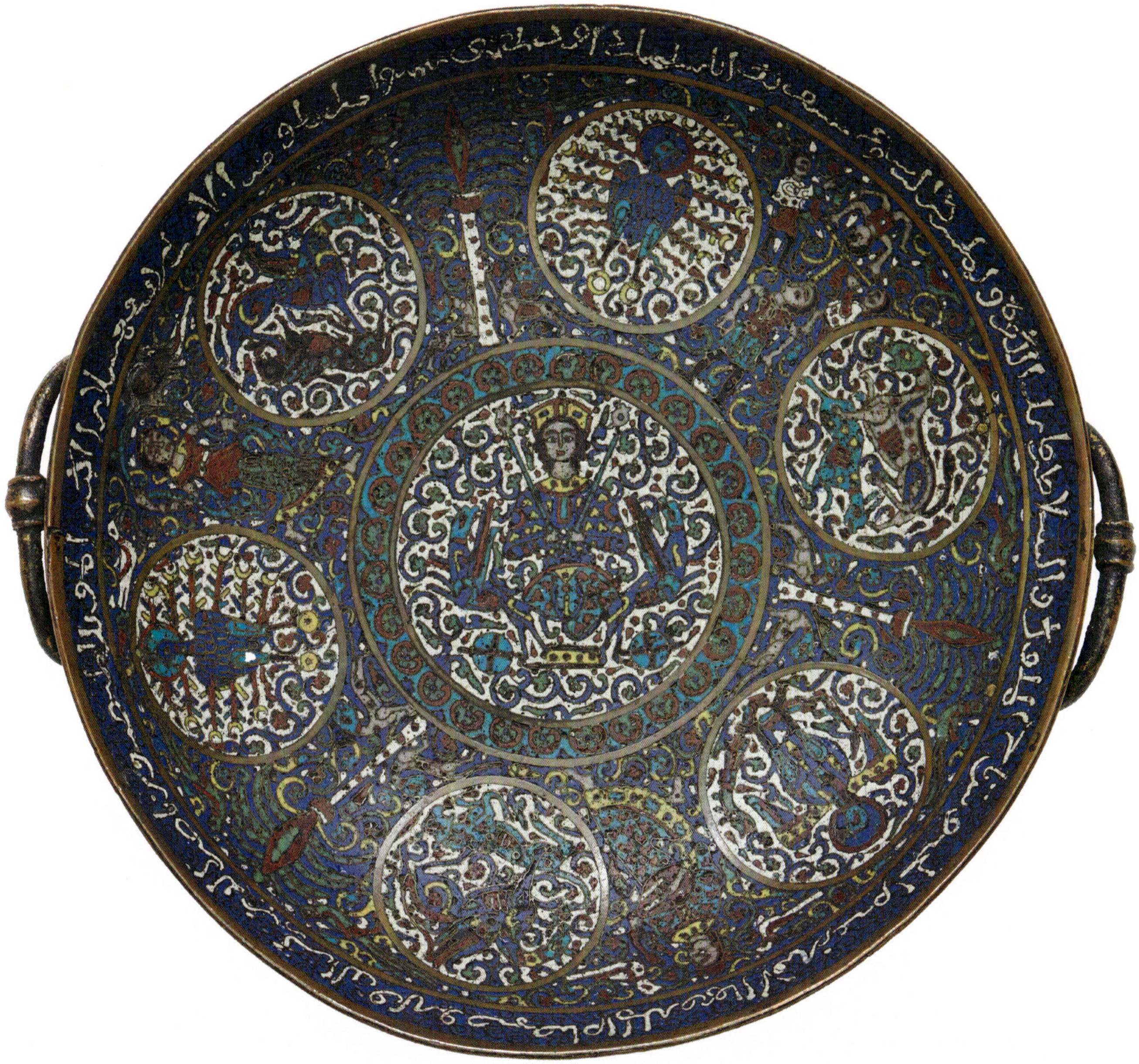

Cat. 88

Plat artuqide (plat de Rukn al-Dawla Dawud)
Première moitié du XIIe siècle
Émail cloisonné sur cuivre
Tiroler Landesmuseum Ferdinandeum, Innsbruck
(Ältere kunstgeschichtliche Sammlung, Inv.Nr. K 1036)

« Ce plat unique est dédiée à Rukn al-Dawla Dawud b. Sökmen, l'un des souverains artuqides de Hisn Kayfa (nord de la Jazira, Turquie actuelle). Il s'agit du seul objet médiéval en émail rappelant la tradition byzantine qui porte le nom d'un souverain musulman. Les artistes de cour, combats d'animaux, oiseaux héraldiques et/ou royaux, ainsi que l'ascension du roi macédonien Alexandre le Grand qui domine le centre de l'intérieur du plat, symbolisent le pouvoir, la royauté et la *dolce vita*, un concept propre aux mondes musulman et chrétien médiévaux. » (www.metmuseum.org)

Mamuka Tsurtsumia

L'idéologie de la guerre dans la Géorgie médiévale

Si la société géorgienne médiévale s'identifiait à l'orthodoxie byzantine, elle se caractérisait également par un système féodal, en partie similaire à celui de l'Europe occidentale. Comme en Europe, les prêtres géorgiens ont été impliqués dans des guerres et des opérations militaires, sans que cela n'entraîne de réactions négatives, comme c'était le cas à Byzance. Le christianisme géorgien était empreint d'un esprit militant. Le titre « Épée du Messie », attribué aux rois géorgiens à partir de David IV (1089-1125), dénote clairement un christianisme militant, plutôt qu'un christianisme fondé sur la mission pacifique du Christ [fig. 51].

La Géorgie chrétienne opposait au *djihad* musulman la « guerre pour la foi du Christ », similaire à la conception de la « guerre sainte » dans la chrétienté latine, une idée étrangère au monde byzantin. Les paroles du roi Giorgi III (1156-1184) avant la bataille d'Ani en 1161 sont éloquentes : « Peuple, mes frères, vous avez un seul esprit et une seule foi ! Vous savez combien il est grand de mourir pour votre foi et pour l'Évangile du Christ ; nous bénissons toujours ceux qui suivent les pas du Christ, et meurent pour Lui en laissant leurs corps périssables. Vous voyez combien il vaut mieux mourir vaillamment que dépérir d'une longue maladie, car le bon exemple et votre bonne réputation resteront à jamais parmi nous... Maintenant, mes lions ailés, prenez des lances et des piques, et frappez ceux qui ne croient pas en la divinité de Celui qui s'est sacrifié pour nous ! »

Dans ses poèmes, le roi Artchil d'Imérétie (1647-1713) décrit fréquemment des batailles livrées pour la foi du Christ. Ainsi, il écrit, par exemple, que Theimouraz Ier (roi de Kakhétie [1605-1648] et de Kartli [1625-1633]) *était prêt* à verser du sang pour la foi, lorsqu'il se préparait à combattre l'armée de Shah Abbas Ier.

La religion occupe une place centrale dans les affrontements militaires et politiques entre la Géorgie chrétienne et le monde islamique. Pour toutes les victoires remportées par les rois géorgiens sur leurs voisins musulmans, les chroniqueurs soulignent l'appartenance religieuse des ennemis, tous identifiés comme musulmans – « païens », « mécréants » et « ennemis de la foi chrétienne ». La victoire sur ces derniers a donc une valeur particulière. David le Bâtisseur « écrasa les païens, tua les barbares... mit en déroute les Arabes, détruisit les Ismaélites et ravagea les Perses ». Faisant l'éloge de Giorgi III (1156-1184) en tant que « destructeur des musulmans, et bâtisseur de la foi chrétienne », le chroniqueur note avec plaisir qu'au début de son règne, « il s'est armé en vue de détruire et d'anéantir les ennemis de la foi chrétienne : les Agarènes, les Ismaélites et les Mahométans. »

Les auteurs européens et orientaux sont unanimes pour décrire les Géorgiens comme des ennemis des musulmans. Dans un traité rédigé en 1316-1317 et intitulé *De Modo Sarracenos Extirpandi* (*Comment éliminer les Sarrasins*), Guillaume Adam, un missionnaire dominicain qui a visité l'Ilkhanat mongol d'Iran, souligne que « de tous les hommes de l'Orient, les Géorgiens sont les guerriers les plus vigoureux. Ils ont une soif insatiable du sang des Sarrasins, et aspirent plus que tout à une croisade ». Cette affirmation est confirmée par les musulmans eux-mêmes. Le sultan seldjoukide Sanjar (1118-1157) accorde la même importance à la conquête des terres de l'islam par les « mécréants » francs et géorgiens. Lassé des attaques des Géorgiens et excédé par leur supériorité, Ibn al-Athir écrit à propos de la Géorgie que « cette région frontalière a toujours été l'une des plus dangereuses pour ceux qui vivaient près d'elle, les Perses avant l'islam, et après eux les musulmans depuis le début de l'islam jusqu'à l'heure actuelle », tandis que l'encyclopédiste arabe Al-Nuwayri (1279-1333), qui a servi à la cour des sultans mamelouks, parle des Géorgiens comme des « ennemis les plus farouches des musulmans ».

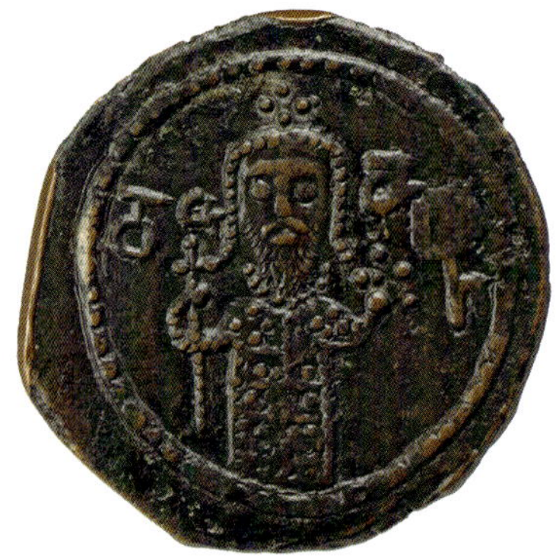

Pièce de David le Bâtisseur (1089-1125)
Cuivre, frappée en 1118
GNM — Musée d'Histoire Simon Janashia de Géorgie

Avers : Le roi David IV est vêtu de l'habit impérial, portant le stemma et tenant un globe crucifère. L'inscription en géorgien qui l'accompagne se réfère à lui : « Roi David »

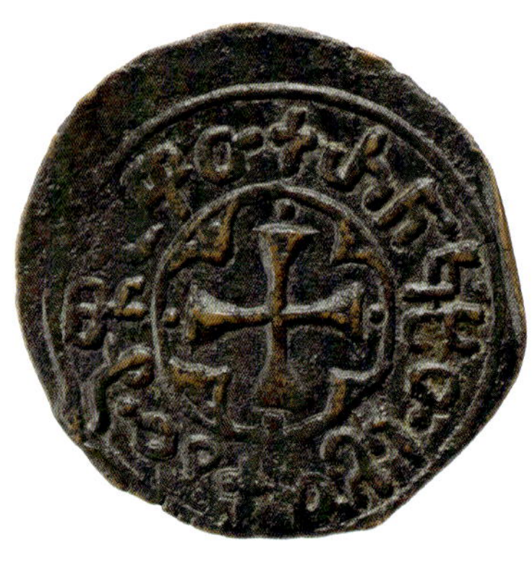

Revers : Une invocation en géorgien entourant une croix énumère l'étendue du royaume de David : « Seigneur, aide David, roi des Abkhazes, des Kartvéliens, des Iraniens, des Kakhètes, des Arméniens ».

Fig. 51
Le Christ bénissant et couronnant saint Procope et saint Mercure
Psautier (H-1665)
XVe siècle – Papier
Centre national géorgien des manuscrits Korneli Kekelidze

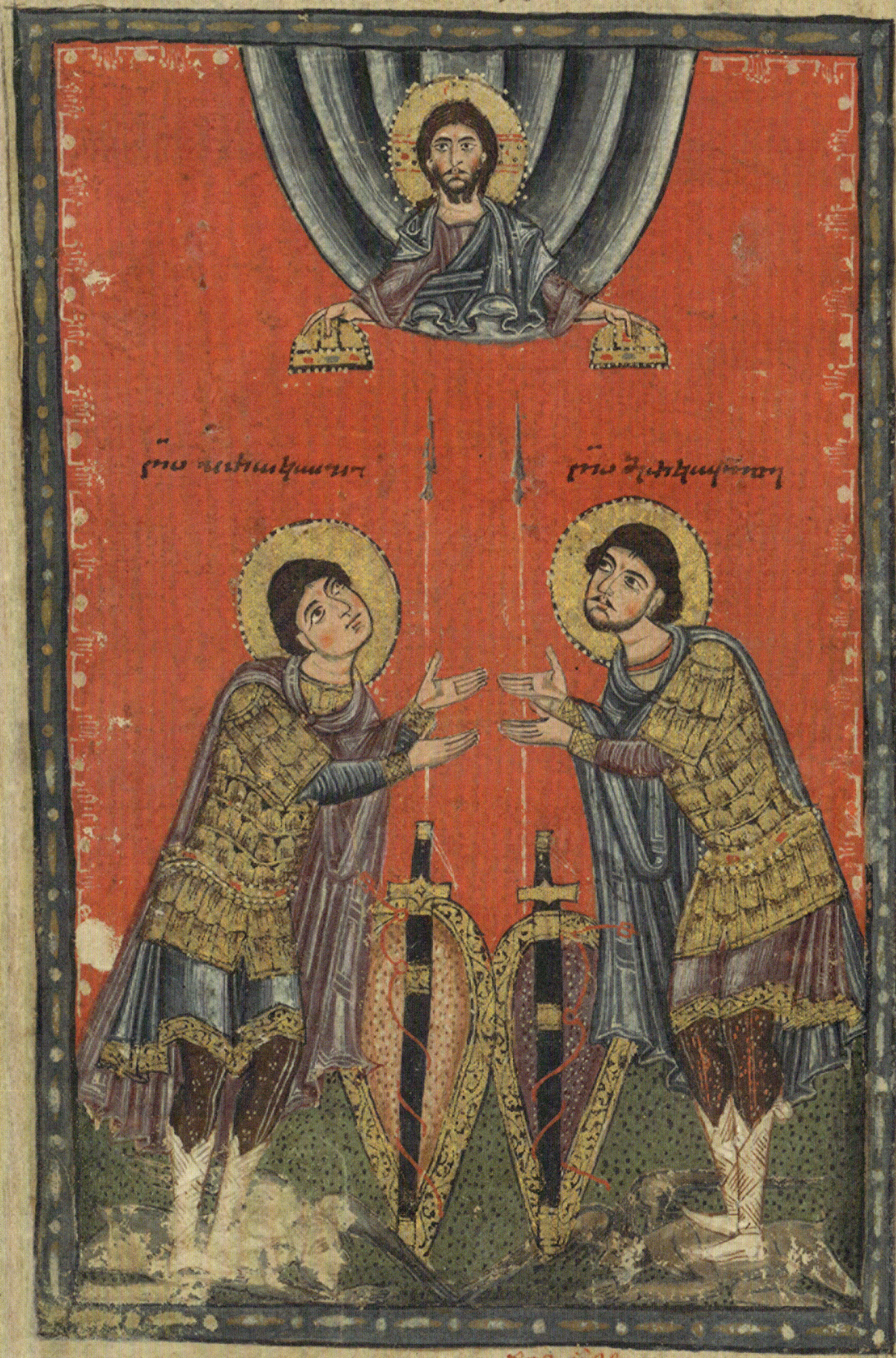

À partir des Xe et XIe siècles, à la suite de l'essor de la chevalerie en Géorgie, le concept de martyre des guerriers et de saints patrons des guerriers devient de plus en plus répandu. Dans les œuvres hagiographiques de l'époque, les laïcs exécutés pour leur foi sont comparés à de saints guerriers ; Constantin Kakhi, torturé à la suite de l'invasion du général turc Bugha en 853, est présenté comme l'égal de Saint Georges, tandis que Stepané Mtbévari, un auteur du Xe siècle, compare la mort de Gobron au martyre de Saint Georges et de Saint Théodore. Le chroniqueur du XIe siècle, Sumbat Davitisdzé, appelle les guerriers combattant dans la forteresse de Svéti en 1028 « de vrais martyrs de Dieu ». À la bataille d'Ani, selon le chroniqueur, le roi Giorgi III « a imité les exploits et la couronne du proto-martyr Georges ». Avant la bataille de Shamkor en 1195, les commandants encouragent leurs guerriers à suivre l'exemple des dévots de la foi et du Christ, qui ont été sévèrement torturés.

L'atabeg du Samtskhé, Béka I Djakéli (1285-1306), se fait l'écho des pensées d'un croisé lorsqu'il décrit ses convictions concernant les récompenses pour la lutte contre les musulmans : « Rassemblons toutes nos forces, et luttons contre les Turcs afin de les empêcher de prendre nos têtes et nos enfants. Le Seigneur ne condamnera pas ceux qui placent leur confiance en Lui et professent en Lui ; Il nous enverra la victoire face à eux, comme Il a accordé la victoire à nos pères. Tombons sur le champ de bataille pour garder notre foi pure, et sauvons nos frères. Il n'y a pas de doute que le Seigneur nous accordera la vie ». Dans son *Enseignement*, le roi Artchil exhorte les jeunes Géorgiens à devenir des « défenseurs sanguinaires de leur foi », ajoutant : « Si vous mourez de la main des ennemis, vous ferez partie du groupe des martyrs. »

En 1431, le roi Alexandre Ier (1412-1442) s'empare de Lori, et libère le Tashir de ses envahisseurs musulmans. Le catholicos de Géorgie, Théodore, promet l'auréole des martyrs chrétiens aux guerriers qui mourront dans la lutte contre les musulmans : « Combattez maintenant de toutes vos forces, et si l'un d'entre vous trouve la mort sur le champ de bataille, considérez-vous comme faisant partie des martyrs du Christ ; et si l'un d'entre vous souffre de coups, de blessures ou d'autres maux, le Christ considérera tout cela comme une souffrance en son nom. »

Dans une lettre écrite en 1596 par le roi du Kartli Simon Ier (1556-1569 et 1578-1599) au pape, le roi Louarsab Ier de Kartli (1527-1556), tué lors de la bataille de Garissi (1556), est qualifié de martyr : « Je déclare à votre Sainteté que le très vénéré *père, le saint roi* Louarsab, comme vous l'avez peut-être appris, a reçu une couronne de notre Seigneur pour avoir été tué pour l'amour du Christ par les mains des infidèles dans la lutte contre les Agarènes. »

En Géorgie, à l'instar de l'Occident latin, on croyait que la lutte pour le Christ et la patrie méritait une récompense céleste, tandis que, comme son frère européen, le chevalier géorgien était également convaincu qu'il gagnerait l'immortalité éternelle dans la lutte contre les « ennemis du Christ ».

Au cours du premier quart du XIIIe siècle, avec la bénédiction du pape, les souverains de Géorgie – Giorgi IV Lasha (1213-1223) et Rousoudan (1223-1245) – décident de libérer Jérusalem, un événement qui n'est pas isolé dans l'histoire géorgienne, mais qui représente la fin logique des « guerres pour la foi » géorgiennes. La lettre de Rousoudan adressée au pape Honoré III indique qu'après la conquête de Damiette par les Croisés en 1219, Giorgi IV s'était préparé à participer à la cinquième croisade, mais que l'invasion mongole avait contrecarré ces plans ; Rousoudan envisageait cependant de participer à une nouvelle campagne avec l'empereur germanique Frédéric II. Rousoudan informe le pape que son commandant en chef Ivané Mkhargrdzéli et de nombreux membres de la noblesse de son royaume ont pris la Croix et attendent que l'empereur lance la campagne. Le 12 mai 1224, le pape Honoré III écrit une réponse à Rousoudan dans laquelle il promet des indulgences aux croisés géorgiens, ainsi qu'à leurs assistants.

Sous les auspices de l'Église géorgienne, les Géorgiens ont mené pendant des siècles une guerre pour la « foi du Christ » qui, dans son esprit et son but, était très proche des croisades. Bien qu'il soit exagéré de qualifier ces guerres de croisades et de les considérer comme partageant toutes les caractéristiques de ces dernières, les « guerres pour la foi » géorgiennes s'en rapprochent le plus dans leur essence, et il n'est pas déplacé de conclure que les guerres géorgiennes pour la foi du Christ entrent dans la catégorie des guerres saintes.

Mamuka Tsurtsumia

La Géorgie et les croisades

Deux manuscrits géorgiens conservant la mémoire de croisés provenant du monastère géorgien de la Croix à Jérusalem (Synaxaire du Calvaire, H-1661, et tétraévangile, manuscrit géorgien 28 de la Bibliothèque nationale de France, Paris) constituent une source intéressante au sujet de l'histoire des croisés et des Templiers. Dans certains cas, il est également possible d'associer les notes à des événements et à des individus particuliers. Les dons constituaient l'une des principales sources de revenus des monastères géorgiens à l'étranger, et les commémorations, qui étaient censées être lues pendant les offices à des jours déterminés, étaient consignées en réponse aux dons offerts au monastère par les fidèles pour le salut de leurs âmes. De telles notes étaient parfois rédigées en colophon de manuscrits.

Les commémorations des manuscrits susmentionnés font référence à des membres de l'Ordre du Temple, ainsi qu'à des Templiers de haut rang, tels que Geoffrey Fulcher, commandeur et trésorier de l'Ordre, ainsi que Philippe de Naplouse, grand maître de l'Ordre. Outre les Templiers, les commémorations mentionnent également d'éminentes familles de croisés (les seigneurs de Césarée, les comtes de Sidon ou les vicomtes de Naplouse) mais également d'autres ordres religieux, dont l'Ordre des Hospitaliers et l'Ordre de Montjoie.

Ces commémorations sont importantes pour la compréhension des relations entre les croisés et les chrétiens d'Orient. Il est évident que les croisés, et même les membres des ordres militaires, visitaient souvent les églises orientales, y faisaient des dons et y cherchaient une aide spirituelle. La présence de représentants de haut rang des ordres militaires et religieux reflète le grand prestige dont jouissait le monastère géorgien au sein du monde chrétien, tant oriental qu'occidental. Les croisés ont été attirés par les reliques du monastère, et son association avec la Vraie Croix.

Le monastère de la Croix était bien connu des colons francs en Orient, ainsi que des pèlerins et des croisés. Ces commémorations démontrent l'étendue des liens entre le monastère et les Latins, liens entretenus à la fois par des individus et des institutions, et offrent un éclairage intéressant des interactions culturelles au sein du royaume de Jérusalem.

Antony Eastmond

La représentation de l'identité royale

En 813, un prince mineur, Ashot Bagrationi (mort en 826 ou en 830), accède au pouvoir au Tao-Klardjéti, la province du sud-ouest de la Géorgie. Au cours des trois cents années suivantes, sa famille, la maison des Bagrationi, est parvenue à dominer l'ensemble de la Géorgie, étendant son pouvoir à l'Abkhazéti (Abkhazie), au Kartli et enfin à la Kakhétie. La dynastie des Bagrationi a régné sur la Géorgie pendant les mille années suivantes, jusqu'à l'annexion par la Russie en 1801. Le rôle d'Ashot dans la fondation d'une nouvelle dynastie est tel qu'il a été surnommé « Ashot le Grand ».

Afin de consolider son pouvoir et de le montrer à ceux qu'il gouvernait, Ashot a commandé un relief en pierre, placé à l'extérieur de l'église Saint-Jean-Baptiste à Opiza [fig. 52]. Opiza était le principal monastère du royaume d'Ashot, et un allié important dans ses tentatives de construire son nouvel État à la suite des dévastations causées par les invasions arabes des VIIe et VIIIe siècles. Le relief montre l'alliance intime entre l'État et l'Église qui était appelée à renforcer la légitimité des Bagrationi pendant le millénaire suivant. Ashot, à gauche, offre l'église d'Opiza au Christ, assis en majesté sur un trône reposant sur un arc-en-ciel. Le Christ est accompagné du roi et du prophète de l'Ancien Testament, David, dont les Bagrationi prétendaient descendre. Les gestes exagérés des mains, les corps abstraits, le regard fixe, les grands yeux mettent en évidence la relation étroite entre le roi et Dieu, ainsi que l'approbation et le soutien du Christ à la nouvelle dynastie.

Le panneau en bas-relief d'Ashot souligne l'importance de la piété en tant que vertu fondamentale du pouvoir mais également la nécessité de l'exprimer matériellement par des dons de terres et d'argent afin de construire des églises et d'en assurer l'entretien. Le relief a établi un modèle que les successeurs d'Ashot ont souvent choisi d'imiter, mais il ne s'agissait pas d'une idée nouvelle. Ashot lui-même s'inspirait d'exemples antérieurs d'images de souverains en Géorgie, datant des VIe et VIIe siècles.

Les plus célèbres et les plus visibles de ces images sont un ensemble de reliefs représentant les *erismtavaris* (les archiducs) de Kartli placés à l'extérieur de l'abside de l'église de la Sainte-Croix de Djvari, construite vers 600 et surplombant l'ancienne capitale de Mtskhéta, au confluent des rivières Mtkvari et Aragvi. Ils montrent les souverains bénis par le Christ mais révèlent aussi à quel point les *erismtavaris* devaient se soumettre à la domination de la puissance perse en Géorgie à cette époque [fig. 53]. Chaque souverain est représenté vêtu d'un costume de cour iranien. La nécessité d'équilibrer les intérêts chrétiens et perses était ressentie au sein de l'ensemble de la société géorgienne à cette époque, comme en témoigne la stèle de Nagzauri [voir fig. 37], montrant un prêtre tenant une croix et se tenant à côté d'un noble tenant un lys, un attribut associé aux souverains sassanides d'Iran [cat. 76].

Au moment où Ashot accède au pouvoir au IXe siècle, les armées de l'islam ont conquis l'Iran sassanide. Dans le but de préserver leur identité chrétienne face aux invasions islamiques, les souverains géorgiens commencent à s'aligner plus étroitement sur leurs voisins chrétiens, les Byzantins, à l'ouest, comme en témoigne une image de donateur commandée par David II Bagrationi (r. 961-1001). Celui-ci avait fait ériger une église extraordinairement somptueuse pour le monastère d'Oshki, dans laquelle il est représenté trois fois avec son frère Bagrat. Ils portent des habits de cour byzantins, notamment de magnifiques robes de soie et des couronnes impériales [fig. 54]. Toutefois, même à cette époque, les dirigeants géorgiens ont dû modérer leur identité chrétienne en reconnaissant que la Géorgie se trouvait encore principalement dans un monde économiquement dominé par les États islamiques

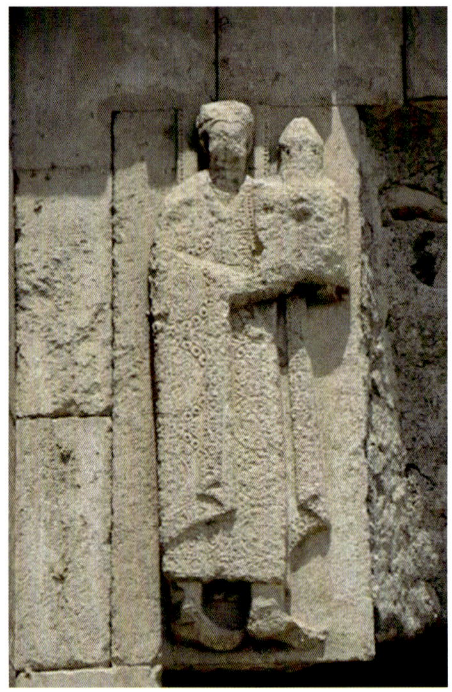

Fig. 54
David II le « Curopalate »
Relief en pierre de 963-973 sur la façade sud du monastère d'Oshki, Tao-Klardjéti (Turquie actuelle). Il fait partie du panneau de donation avec les figures grandeur nature de deux donateurs offrant chacun un modèle d'église au Christ par l'intercession de la Vierge et de saint Jean-Baptiste.

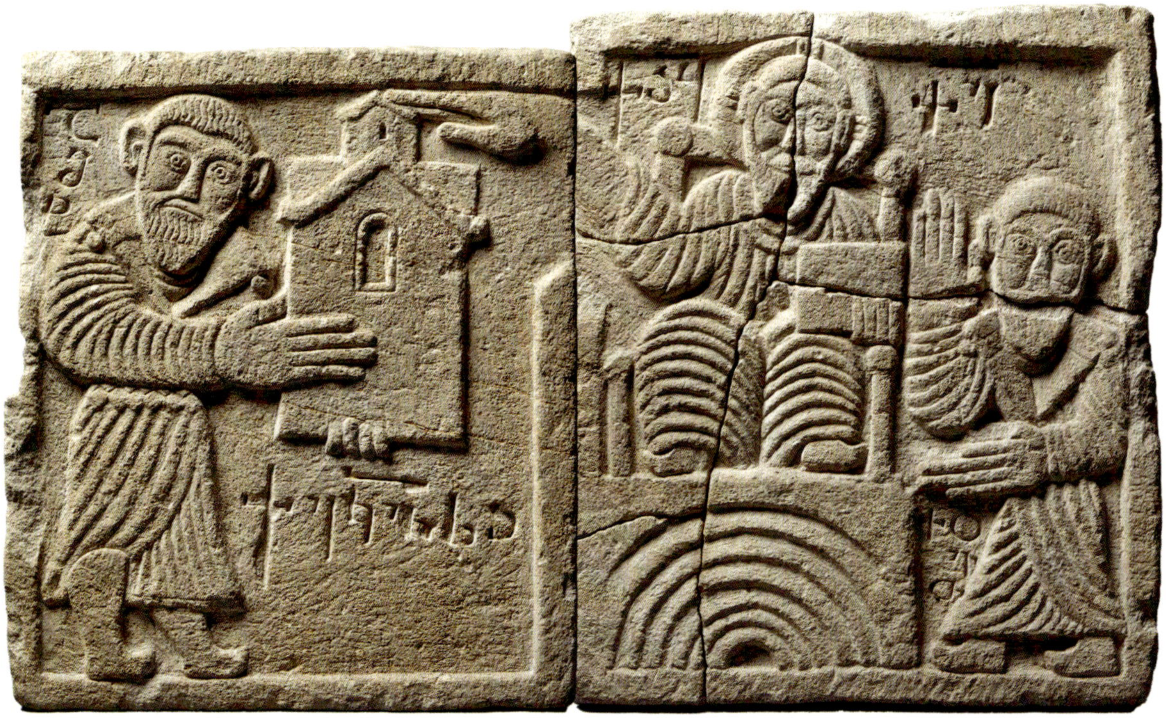

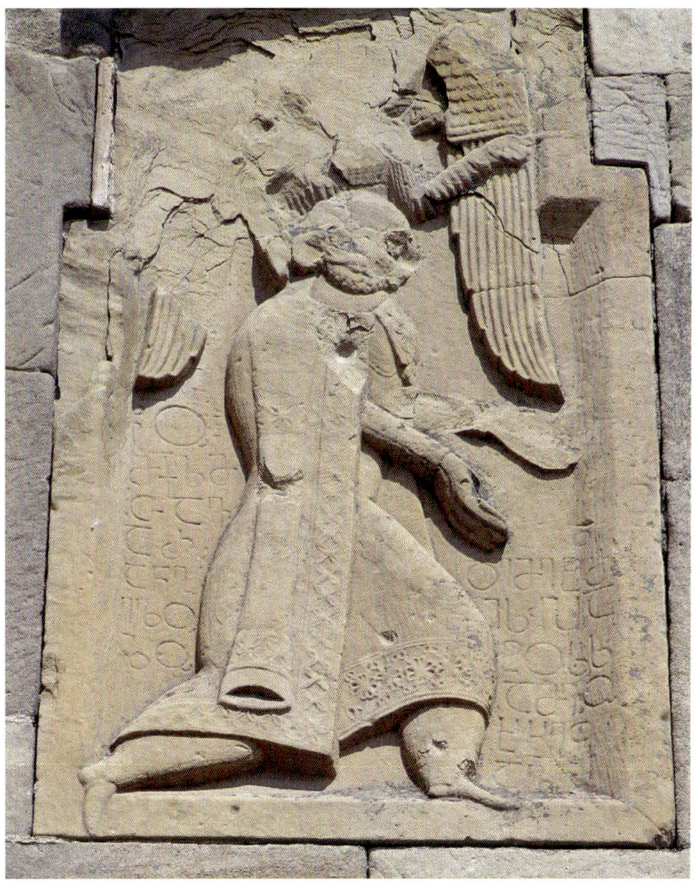

Fig. 52 (en haut)
Ashot Ier Bagrationi
Relief en pierre datant d'environ 820 et provenant du monastère d'Opiza, Tao-Klardjéti (Turquie actuelle)
GNM — Musée des Beaux-Arts Shalva Amiranashvili

Fig. 53 (ci-dessus)
Démétré hypatos
Relief en pierre de la fin du VIe-début du VIIe siècle, mur oriental, côté sud, église de la Sainte-Croix (Djvari), Mtskhéta (Kartli intérieur). Voir aussi fig. 24, 25 et 26.

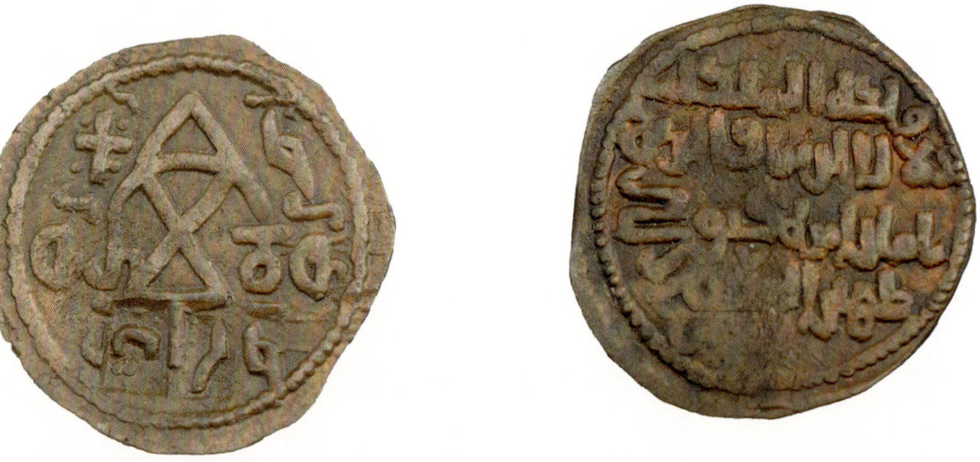

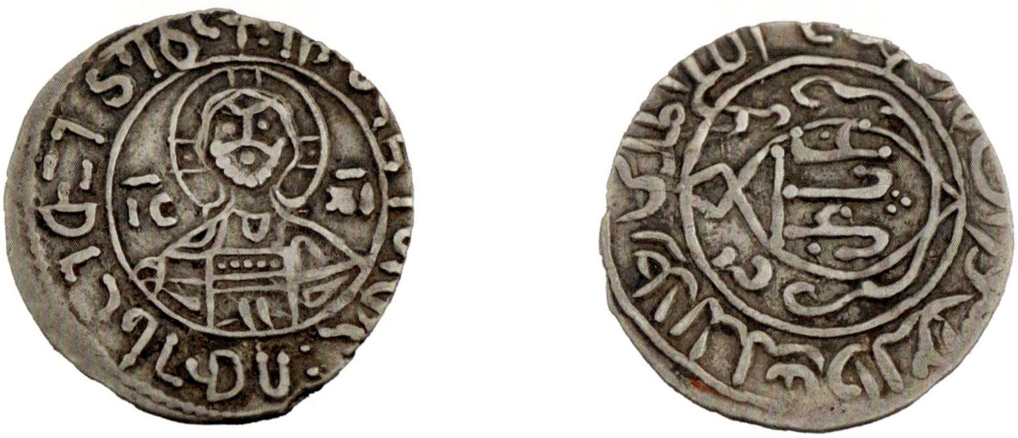

Cat. 90 (ligne du haut)
Pièce de monnaie de la reine Tamar et de son second époux David Soslan, 1200
Cuivre – Trésor de Vedjini, région de Gurdjaani, Kakhétie
GNM — Musée d'Histoire Simon Janashia de Géorgie

Avers : L'image centrale représente soit le christogramme, soit l'emblème royal de la dynastie régnante des Bagrationi. Autour d'elle, des lettres géorgiennes indiquent les noms de la reine Tamar et de son second mari David Soslan, ainsi que la date.

Revers : inscriptions en lettres arabes : « La reine des reines/Gloire du monde et de la foi/Tamar fille de Giorgi/Championne du Messie. »

Cat. 91 (ligne du bas)
Dirhem (Drahma) de la reine Rousoudan, 1223-1245
Argent
GNM — Musée d'Histoire Simon Janashia de Géorgie

L'avers représente le Christ barbu. Les abréviations grecques des mots « Jésus » et « Christ » encadrent ses épaules droite et gauche. La date est mentionnée dans une inscription en géorgien. Au centre du revers, le nom de Rousoudan est abrégé en lettres géorgiennes. Une bordure linéaire ronde présente un motif ornemental d'étoiles et de croissants. Sur le pourtour, une inscription en lettres arabes se lit comme suit : « Reine des reines/Gloire du monde et de la foi/Rousoudan, fille de Tamar/Championne du Messie. »

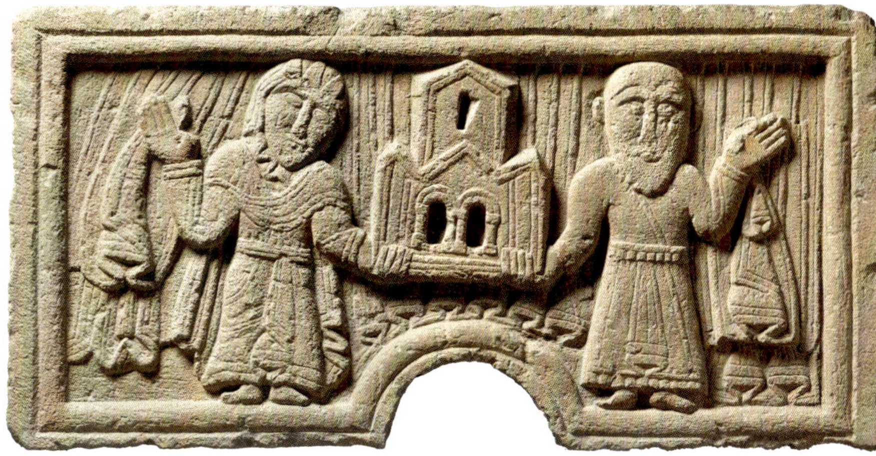

Fig. 55
Relief ornant une fenêtre, avec la représentation des donateurs
Xe siècle – Pierre
Église de Petobani, Samtskhé-Djavakhétie
GNM — Musée des Beaux-Arts Shalva Amiranashvili

en Irak, en Syrie et en Iran. À côté de pièces de monnaie géorgiennes déclarant leur allégeance chrétienne, ils devaient également émettre des pièces portant des inscriptions en arabe que les marchands pouvaient utiliser en vue de faire du commerce dans le monde islamique du Proche-Orient. Cette réalité économique s'est poursuivie jusqu'au XIIIe siècle, époque à laquelle des pièces bilingues étaient encore frappées [cat. 90, 91].

Le modèle d'images des souverains établi par les Bagrationi a été suivi par l'élite fortunée dans toute la Géorgie. Ainsi, à Petobani, dans le Samtskhé, une région située dans le sud-ouest, un couple anonyme offre conjointement une église à Dieu [fig. 55]. À Joisubani, dans la région de Ratcha, située dans le nord, l'abbé Gabriel offre de la même manière l'église qu'il a fondée [cat. 92]. Le bas-relief de Joisubani rappelle que le but ultime de ces donations était d'assurer le salut lors du Jugement dernier. L'abbé est représenté en face de la Pesée des âmes, tandis qu'au-dessus est assis le Christ rendant son jugement.

À partir de la fin du XIe siècle, alors qu'ils consolidaient leur domination sur toute la Géorgie, les rois Bagrationi choisissent de plus en plus d'être représentés dans des peintures murales monumentales, reflétant peut-être la préférence pour les images peintes qui se fait jour ailleurs dans le monde byzantin au sens large. Les peintures murales permettaient aux peintres de travailler avec beaucoup plus de détails et de créer des images plus complexes. Les images des souverains ont pris une importance sans cesse croissante au cours du XIIe siècle, lorsque les Bagrationi ont été confrontés à une série de révoltes internes. Plusieurs souverains ont été contraints d'abdiquer en faveur de leur fils ou de leur frère cadet. Ces usurpations minent l'aura de légitimité que les Bagrationi s'étaient forgée, et conduisent parfois à une rébellion ouverte. En réaction, les souverains ont commencé à renforcer leur droit au trône en mettant en avant la longévité de la dynastie des Bagrationi et les générations de souverains dont ils ont hérité le pouvoir. La nécessité d'une légitimité est devenue particulièrement importante en 1184, lorsque la dynastie est confrontée à un nouveau défi : l'accession de la reine Tamar, première femme à régner de plein droit en Géorgie. Elle se heurte à l'opposition farouche d'une cour très patriarcale qui exige qu'elle se marie en vue d'assurer la présence d'un homme sur le trône. On connaît six portraits de la reine Tamar, ce qui montre à quel point il était important pour elle de prouver son droit de régner. À la fin de son règne, elle avait pleinement affirmé son autorité, et est ainsi surnommée dans une inscription « le quatrième membre de la Trinité ».

La reine Tamar n'était pas le premier souverain géorgien à se heurter au conflit entre l'idéologie religieuse de l'autorité de droit divin et le jeu de la *Realpolitik* des intrigues et des factions de la cour. Son grand-père, Démétré Ier (r. 1125-1156), a été représenté en 1140 dans l'église du Sauveur à Matskhvarishi (Svanétie) en une image unique. Au moment où il est couronné par le Christ, les nobles de Démétré le ceignent de « l'épée de David », rappelant qu'il a besoin de leur soutien de plus en plus inconstant.

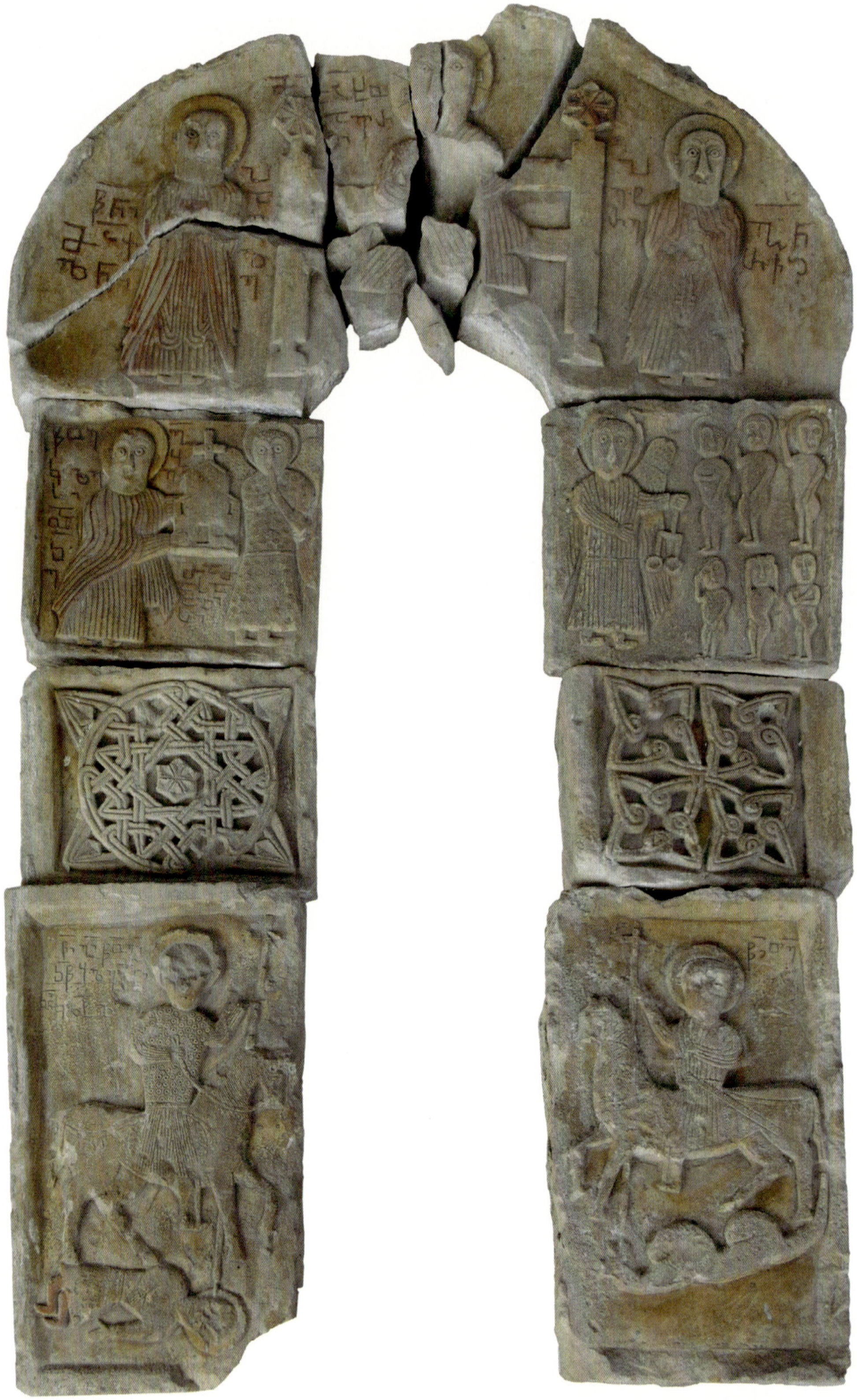

Cat. 92
Décoration de la façade est de l'église Saint-Georges de Joisubani
X^{e}-XIe siècle
Oni, Ratcha
Musée des Traditions locales d'Oni

Les reliefs qui encadrent la fenêtre du chœur représentent l'une des premières versions iconographiques du Jugement dernier. En haut : le Christ trônant entre les apôtres Paul (à gauche) et Pierre (à droite), avec des inscriptions sculptées et peintes indiquant « Jugement » et « Sauveur ». À gauche, de haut en bas : le donateur avec l'église dans ses mains et un ange avec une trompette annonçant le Jugement dernier; saint Georges tuant l'empereur Dioclétien avec ses chaussures peintes en rouge. À droite, de haut en bas : l'archange Michel pesant les âmes de ceux qui seront jugés, représentés sous forme de figures nues; saint Théodore tuant le dragon.

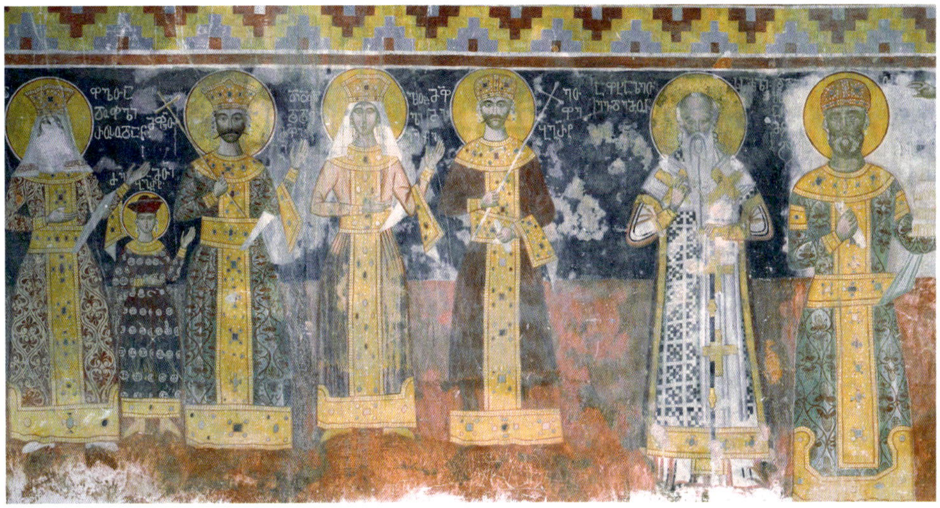

Fig. 56
Peinture murale de *ca.* 1570 sur le mur nord de l'église principale, monastère de Guélati, Imérétie
Les rois et reines d'Imérétie du XVIe siècle se présentent sur cette fresque comme les héritiers et successeurs du grand roi David IV le Bâtisseur (à droite).

Fig. 57
Portrait de David II Imamquli Khan (Imām Qulī Khān) (copie du XIXe siècle de la charte de 1708 pour la tombe de saint David Garedjéli)
GNM — Musée d'Histoire Simon Janashia de Géorgie

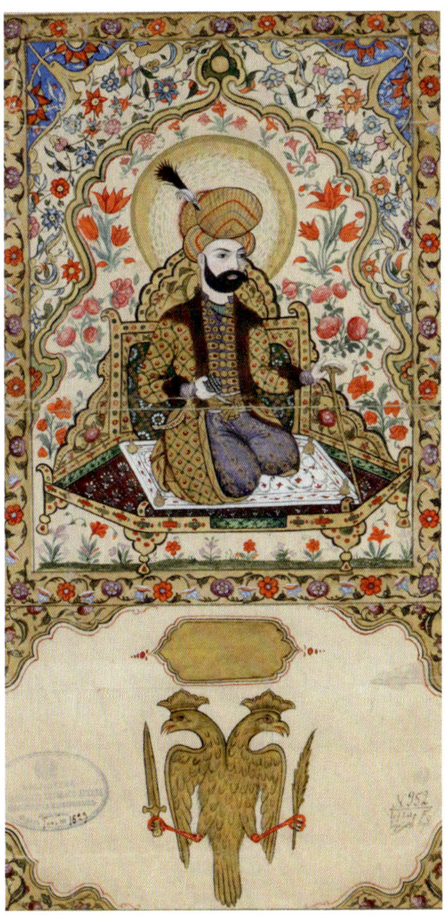

Peu après la mort de la reine Tamar, les Mongols envahissent la Géorgie et le royaume unifié dirigé par les Bagrationi est irrémédiablement fracturé. Il devint de plus en plus difficile pour un individu de gouverner l'ensemble de la Géorgie et le pays s'est souvent fragmenté entre des souverains rivaux. Certaines régions sont restées nominalement sous l'autorité des Bagrationi, mais étaient en réalité indépendantes. Dans le Samtskhé, la famille Djakéli arrive au pouvoir et se fait représenter dans une série d'églises au moyen de portraits qui imitent les portraits royaux des Bagrationi en tous points, à l'exception de la couronne royale et du titre de roi [fig. 68] – ils se font appeler les atabegs (un titre turc signifiant tuteur du roi, mais qui indique désormais leur indépendance effective).

Vers le milieu du XVe siècle, la division de la Géorgie devient permanente, lorsque des branches rivales de la famille Bagrationi deviennent rois en Imérétie, au Kartli et en Kakhétie. Cet événement coïncide avec la chute de l'Empire byzantin et, pendant les trois cents années suivantes, la Géorgie est alors dominée par deux nouvelles puissances islamiques : les Ottomans en Turquie à l'ouest, et les Safavides en Iran à l'est. Les différents rois géorgiens continuent à faire ériger des églises au sein desquelles ils célébraient leurs donations au moyen de l'art. Ces portraits ont conservé leurs anciennes formes byzantines, mais sous une forme de plus en plus fossilisée, renvoyant à un passé idéalisé plutôt que reflétant les réalités du pouvoir actuel. En Kakhétie, le roi Lévan (r. 1520-1574) fait réaliser six portraits différents pour l'ensemble de son royaume, y compris dans sa capitale, Grémi. Il soutient également le christianisme à l'étranger et un septième portrait subsiste au monastère de Philothéou sur le mont Athos [fig. 70]. En Imérétie, les derniers Bagrationi concentrent leur attention sur le monastère de Guélati, lequel servait de mausolée dynastique depuis le XIIe siècle. Le complexe se présente aujourd'hui comme une véritable galerie de portraits des rois d'Imérétie, avec plus de trente portraits ajoutés au fil des générations [fig. 56].

De cette dernière période, davantage d'images subsistent dans d'autres supports et dans des contextes différents. Elles suggèrent qu'en dehors des commandes religieuses, la visualisation du pouvoir s'est adaptée au nouveau paysage politique. Les chartes royales (généralement en rapport au prix du sang ou aux donations aux monastères) témoignent de la façon dont les souverains géorgiens ont adopté les coutumes des cours ottomanes et safavides. Une charte de 1708 du roi David II Imam-Kuli Khan de Kakhétie (r. 1709-1722) le montre agenouillé sur un trône bas, vêtu d'un kaftan et d'un turban de cour iraniens très élaborés [fig. 57]. En tant que vassal safavide, il a été obligé de devenir musulman, mais il continuait à soutenir les sites chrétiens dans son royaume : ce portrait apparaît en tête d'une charte de donation pour la tombe de Saint David Garedjéli, l'un des principaux saints chrétiens de Kakhétie.

En 1801, le tsar Paul Ier abolit la monarchie des Bagrationi et annexe les royaumes géorgiens à la Russie. Cette décision met fin à un millénaire de pouvoir royal et fait entrer la Géorgie dans un monde nouveau, de plus en plus européanisé.

Antony Eastmond

Les femmes dans la Géorgie médiévale : pouvoir et sainteté

En tant que seul pays à avoir été converti au christianisme par une femme évangéliste, Sainte Nino, les femmes ont toujours tenu un rôle important dans la société géorgienne. Toutefois, l'importance des femmes ne transparaît pas toujours dans les documents visuels, car les portraits des donateurs dans les églises et sur les icônes tendent à les reléguer au second plan, en privilégiant leur position d'épouses et de filles, plutôt que de figures indépendantes et puissantes.

On dispose de nombreux témoignages qui révèlent que les femmes pouvaient exercer un pouvoir important. Mariam, la mère de Bagrat IV (r. 1027-1072), a effectivement gouverné la Géorgie pour son fils au cours de sa jeunesse et a mené à bien des ambassades diplomatiques auprès des empereurs byzantins à Constantinople. Sa petite-fille, Marie d'Alanie, a épousé l'empereur Michel VII Doukas (r. 1071-1078). On la voit avec son premier mari dans l'émail qui couronne le triptyque de Khakhuli [fig. 58], et il est probable que de nombreux autres émaux sur l'icône proviennent de couronnes et d'autres pièces du trésor impérial qu'elle a ramenés en Géorgie à son retour pour l'enterrement de son père en 1072. Après l'abdication de Michel, son successeur Nicéphore III Botaniatès (r. 1078-1081) a également choisi d'épouser Marie, ce qui laisse supposer l'importance de cette dernière dans le gouvernement byzantin [fig. 59].

La reine Tamar (r. 1184-ca. 1210) a régné sur la Géorgie au moment où cette dernière était au sommet de sa puissance économique, culturelle et militaire, pour autant la quantité de portraits la représentant témoigne de son besoin constant de proclamer sa légitimité. Au début de son règne, elle est représentée avec son père Giorgi III (r. 1156-1184), décédé, pour bien montrer qu'elle est sa véritable héritière. La famille royale est représentée avec des auréoles pour indiquer son statut semi-divin et porte des vêtements impériaux byzantins qui témoignent de son pouvoir. La richesse des portraits, ornés de feuilles d'or et de lapis-lazuli, témoigne de la réussite de son règne, alors que les richesses affluaient dans le trésor royal grâce à la croissance de l'économie et aux succès remportés à la guerre [fig. 60]. Plus tard, sa fille Rousoudan (r. 1223-1245) succède à Tamar. Les chroniqueurs contemporains considèrent le règne de Rousoudan comme un échec et lui reprochent son libertinage. Pourtant, en réalité, son règne a été marqué par les dévastations des Mongols, qui ont submergé tous les États qu'ils ont rencontrés, de l'Asie centrale à l'Europe centrale. On peut se faire une idée de ce qu'elle aurait pu réaliser dans d'autres circonstances grâce à une icône fabriquée pour son pupille Silikhan, qui témoigne de la richesse, du savoir-faire et de la sophistication théologique présents au sein de son royaume.

Plus de 400 ans plus tard, les femmes royales assuraient toujours une activité vitale dans le soutien du christianisme géorgien, au moment où leurs maris étaient tenus de se convertir à l'islam par leurs suzerains iraniens. Mariam Dadiani (morte en 1682), épouse de deux rois successifs de Kartli au XVIIe siècle, fut une mécène de premier plan. Elle a contribué à la restauration de Svétitskhovéli, la principale cathédrale de Géorgie à Mtskhéta [fig. 61, 62], ainsi que de plusieurs autres églises importantes, dont la Sioni de Bolnissi. Elle est également responsable de la préservation du *Kartlis Tskhovreba*, la plus importante chronique de l'histoire de la Géorgie depuis le IVe siècle [cat. 95].

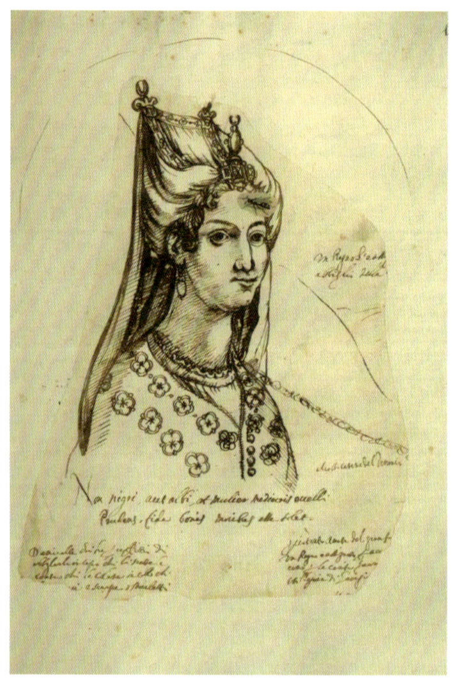

Fig. 62
Mariam Dadiani
Dessin issu de l'album du missionnaire catholique romain Cristoforo Castelli, qui vécut en Géorgie de 1627 à 1654.
Bibliothèque communale « Leonardo Sciascia », Palerme, Album 3QqE95

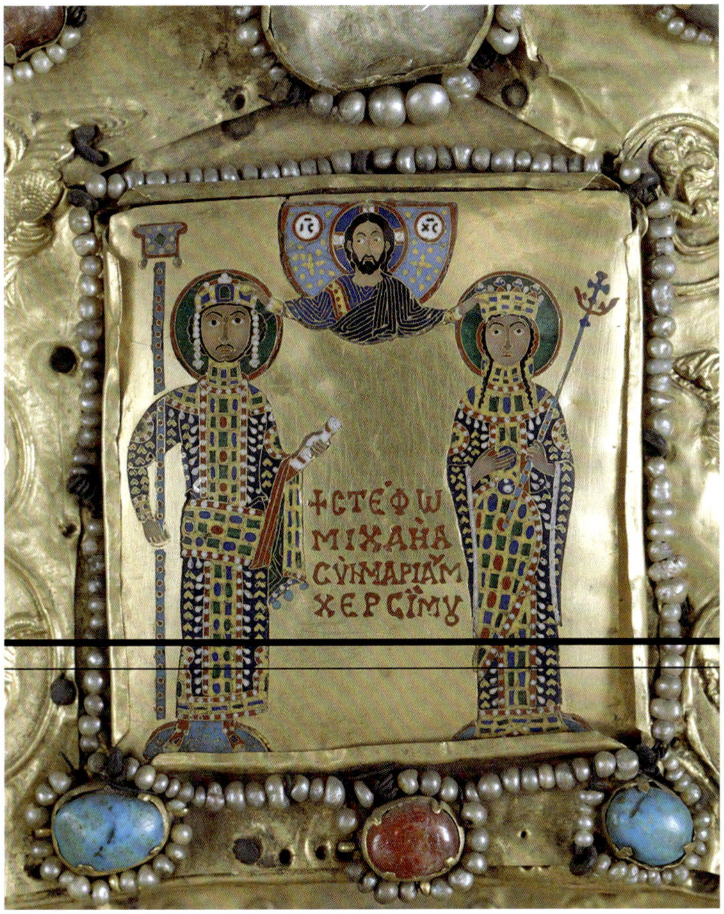

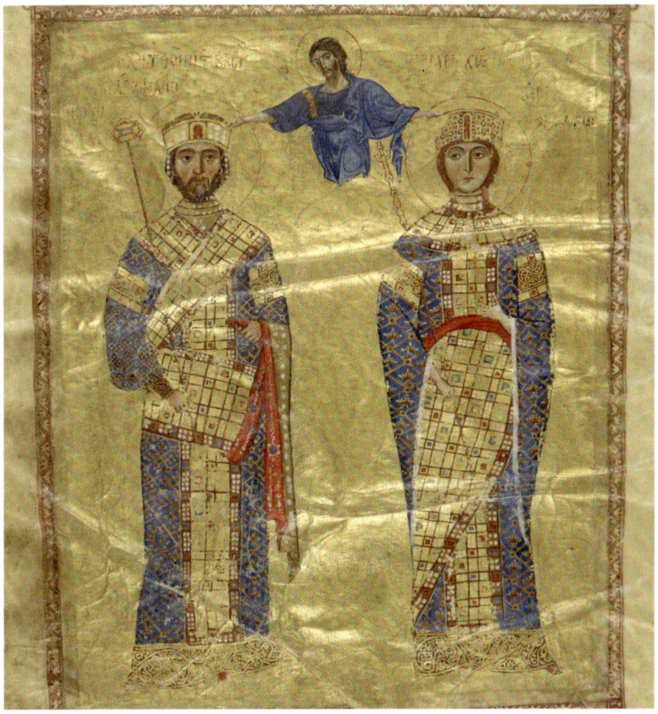

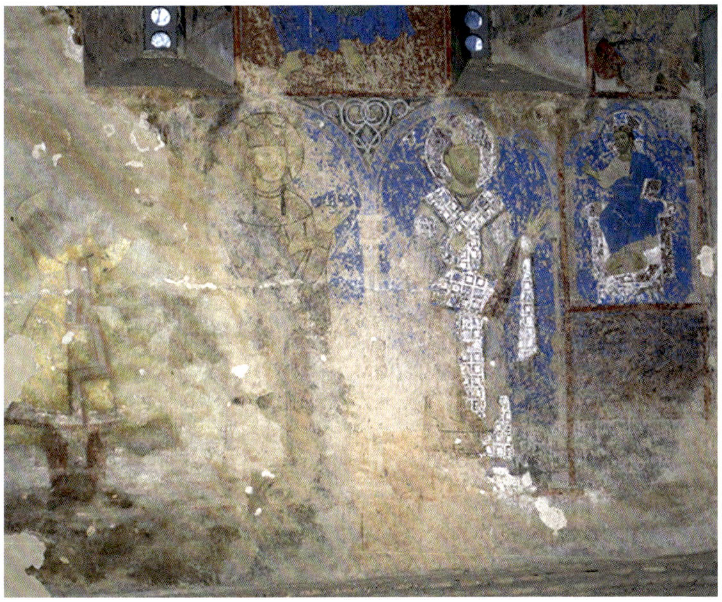

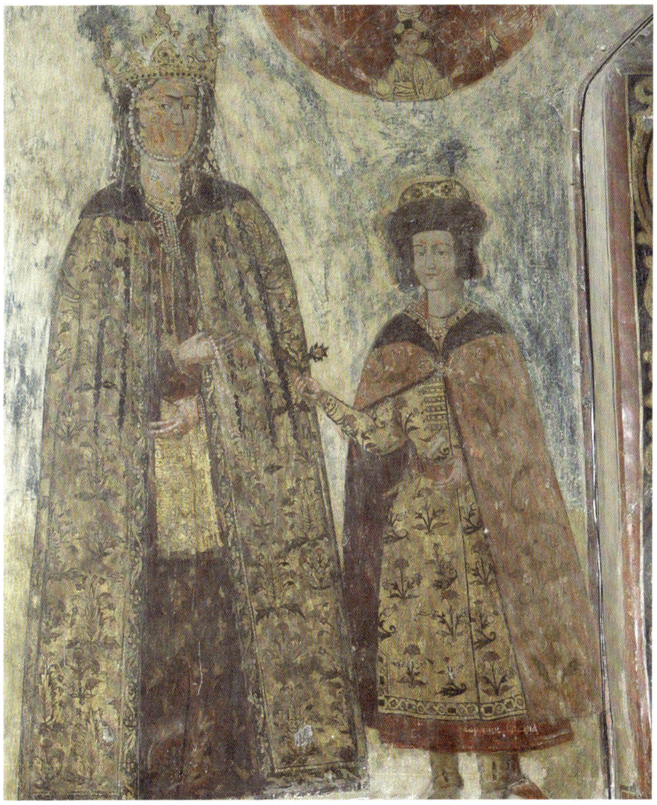

Fig. 58 (en haut à gauche)
Marie d'Alanie et
Michel VII Doukas
Émail de 1072-1078 ajouté au triptyque de Khakhuli (voir fig. 46) vers 1130 (détail)

Fig. 59 (en haut à droite)
Le Christ couronnant l'empereur Nikephoros III Botaneiates et son épouse Marie d'Alanie
Bibliothèque nationale de France
Manuscrit Coislin 79, Homélies de Jean Chrysostome, 1078-1081, folio 2bis-v

Fig. 60 (en bas à droite)
La reine Tamar, entre son père Giorgi III et son fils Giorgi IV Lasha, Église Saint-Nicolas, monastère de Qintsvissi, Kartli intérieur, Début du XIIIe siècle. Tamar et son père portent des robes byzantines impériales, tandis que Giorgi IV Lasha porte une courte robe de cour géorgienne.

Fig. 61 (en bas à gauche)
Mariam Dadiani et son fils Otia
Peinture murale dans la cathédrale de Svétitskhovéli, Mtskhéta (milieu du XVIIe siècle)

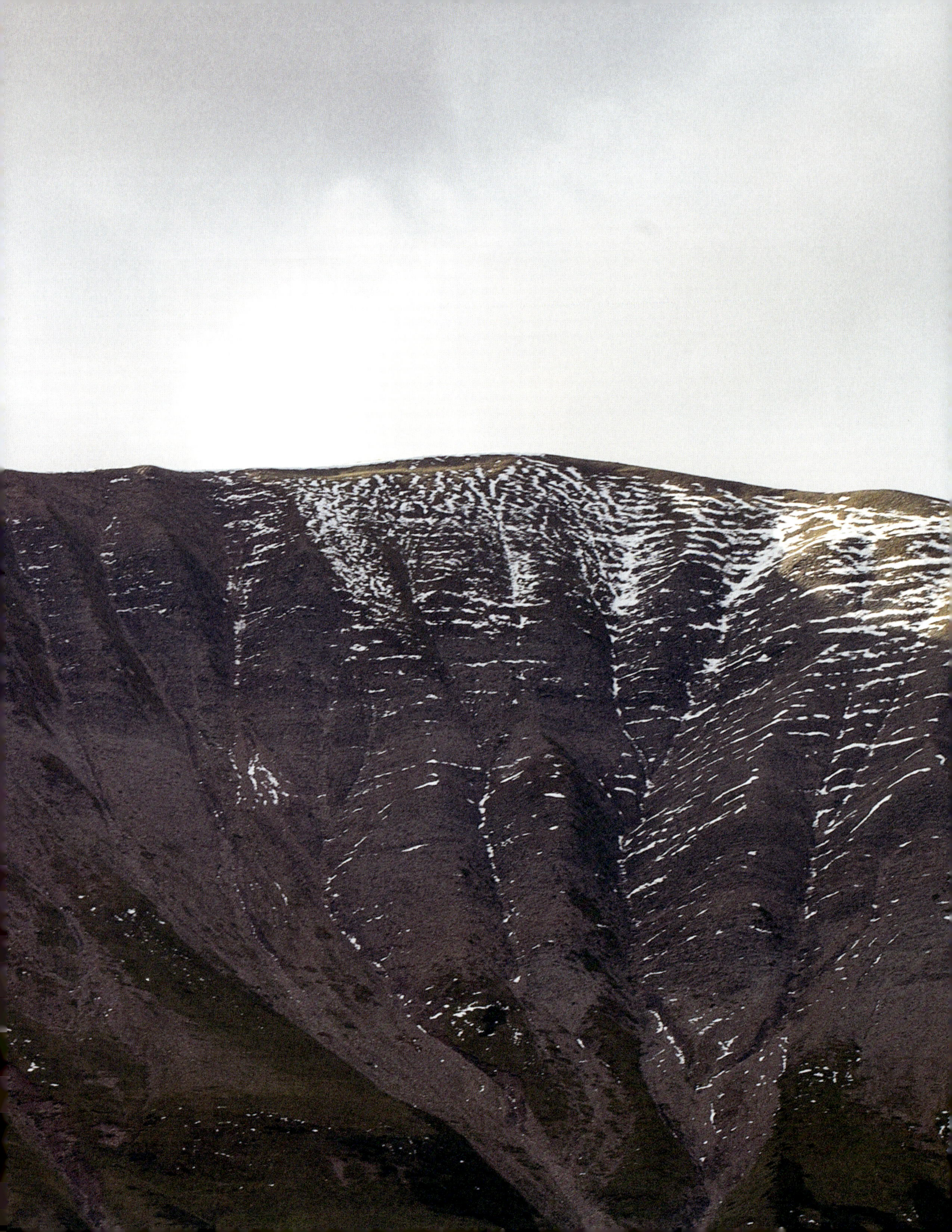

Chapitre 5

La désintégration du royaume géorgien unifié

(XIIIe et XIVe siècles)

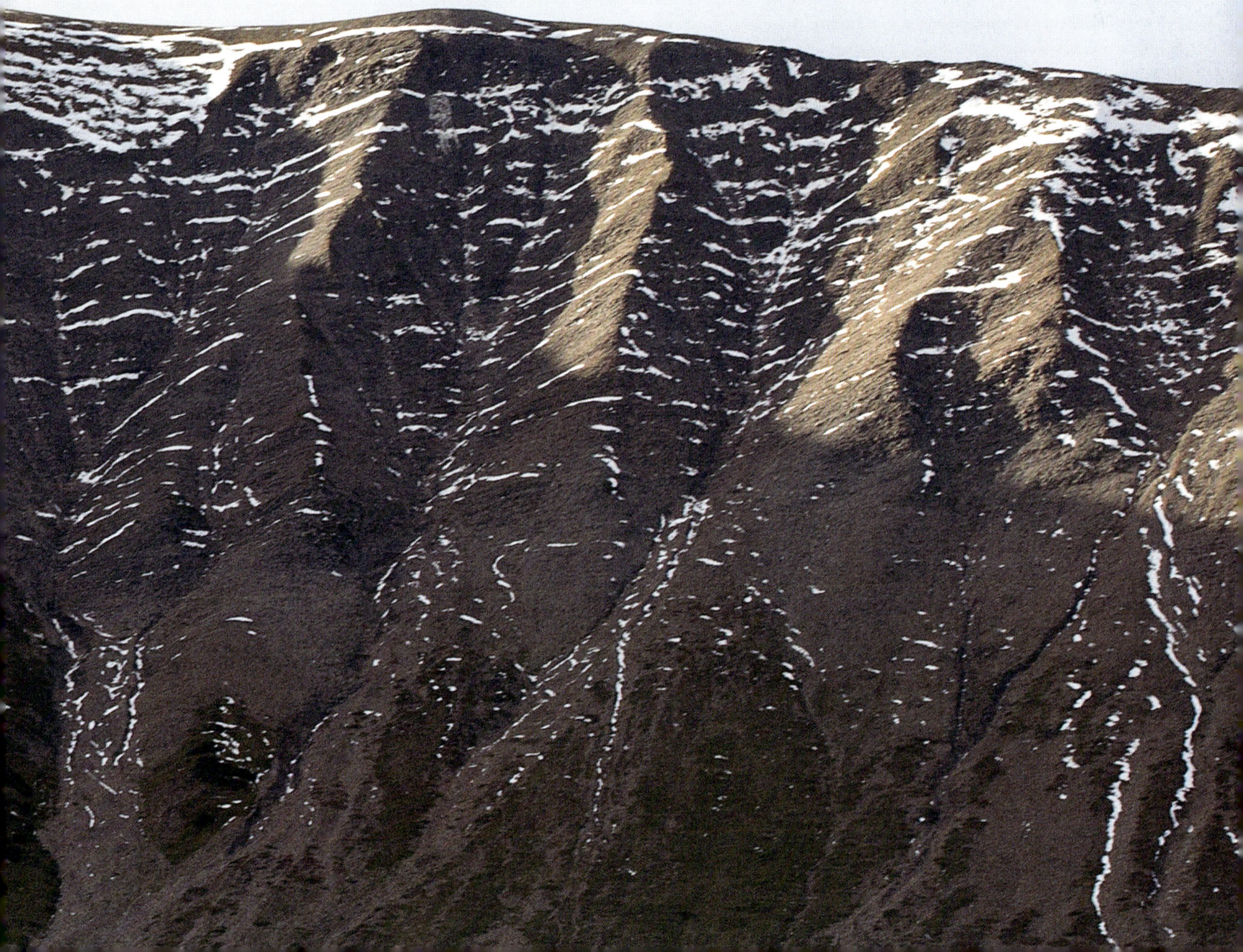

Andrew C.S. Peacock

Les invasions mongoles en Géorgie

Pour la Géorgie, au même titre que pour une grande partie de l'Eurasie, les invasions mongoles du XIIIe siècle marquent une rupture politique, économique et culturelle. La monarchie géorgienne était subordonnée aux khans mongols et à partir du milieu du XIIIe siècle toute la région du Caucase se retrouva sur une ligne de front précaire entre les deux États mongols rivaux de la Horde d'or, basée dans le sud de la Russie, et de l'Ilkhanat d'Iran. Malgré les lourdes taxes exigées par les suzerains mongols et les dévastations successives d'une grande partie du pays par leurs troupes, allant jusqu'à mettre à sac les célèbres monastères royaux de David Garedja en 1265, les relations de la Géorgie avec ses nouveaux maîtres étaient empreintes d'une grande complexité.

Notre principale source géorgienne relative à la période mongole, l'auteur anonyme de la *Chronique de cent ans*, rédigée au début du XIVe siècle, est loin d'être hostile aux Mongols, même lorsqu'il décrit la dévastation subie par la Géorgie comme une punition divine pour ses péchés. Il écrit que les Mongols « possédaient une sorte de beauté merveilleuse... Ils détenaient toutes sortes de sagesse, et étaient en pleine possession de la raison et de la maîtrise de soi. Le mensonge n'avait pas sa place parmi ce peuple ; ils n'étaient serviles devant aucun homme, ni grand, ni petit, ni même devant une assemblée ; ils se soumettaient au bon ordre créé par Gengis Khan ». Le chroniqueur dépeint même Gengis Khan (mort en 1228) comme ayant reçu une révélation divine de Jésus-Christ. De plus, il note avec fierté que Batu Khan (mort en 1255) considérait les Géorgiens comme « les meilleurs et les plus nobles parmi les tribus soumises aux Mongols ». Des troupes géorgiennes étaient recrutées au sein de l'armée mongole, comme celles d'autres peuples soumis, mais elles ont joué un rôle particulièrement important dans les conquêtes mongoles au Moyen-Orient islamique.

Les origines de cette attitude complexe à l'égard des Mongols remontent à la première confrontation des Géorgiens avec les envahisseurs. La première incursion mongole dans le Caucase a eu lieu du vivant de Gengis Khan, en 1220 et 1221, lorsque ses généraux Subötai et Djebé ont traqué l'ennemi juré des Mongols, le souverain musulman de Khwarezm (dans l'actuel Turkménistan), Jalal al-Din, dans toute la région. [fig. 63]. Le roi de Géorgie Giorgi IV Lasha (r. 1213-1223) prépare une

Fig. 63 (page suivante)
« Cette peinture de style moghol, tirée de l'épopée *Chinggiskhannama*, illustre Jalal al-Din Khwarazm-Shah traversant le rapide fleuve Indus, échappant à Gengis Khan et à son armée. La rivière, peuplée de poissons bondissants, sépare Gengis Khan de Jalal al-Din, qui porte un parasol, une grande perche et une épée. Au loin, on aperçoit une ville fortifiée. »
British Museum (Reg. nr. 1980,0512,0.9)

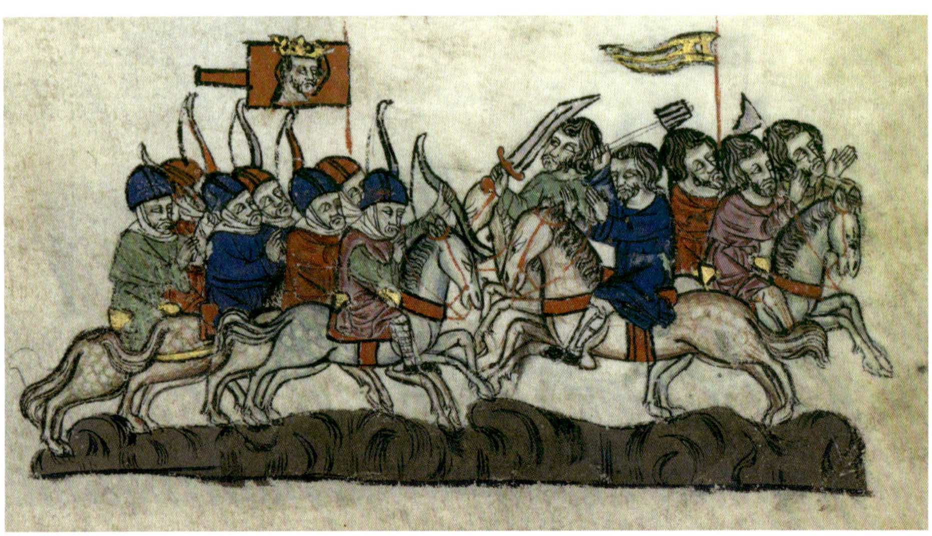

Fig. 64 (gauche)
Illustration de la chronique médiévale *La Flor des estoires de la terre d'Orient*, écrite en vieux français par un prince arménien de Cilicie, Hayton de Corycus (décédé en 1311 ?). L'illustration représente une bataille entre les Mongols (à gauche) et les Géorgiens (à droite) : Les Mongols préfèrent les combats à distance à l'aide d'arcs, tandis que les Géorgiens optent pour la technique du combat rapproché à l'aide d'épées et de masses ou de fouets, comme celui qui se trouve dans les mains d'un personnage en bleu qui pourrait représenter le roi Giorgi Lasha.
Bibliothèque Nationale de France, manuscrit NAF 886.

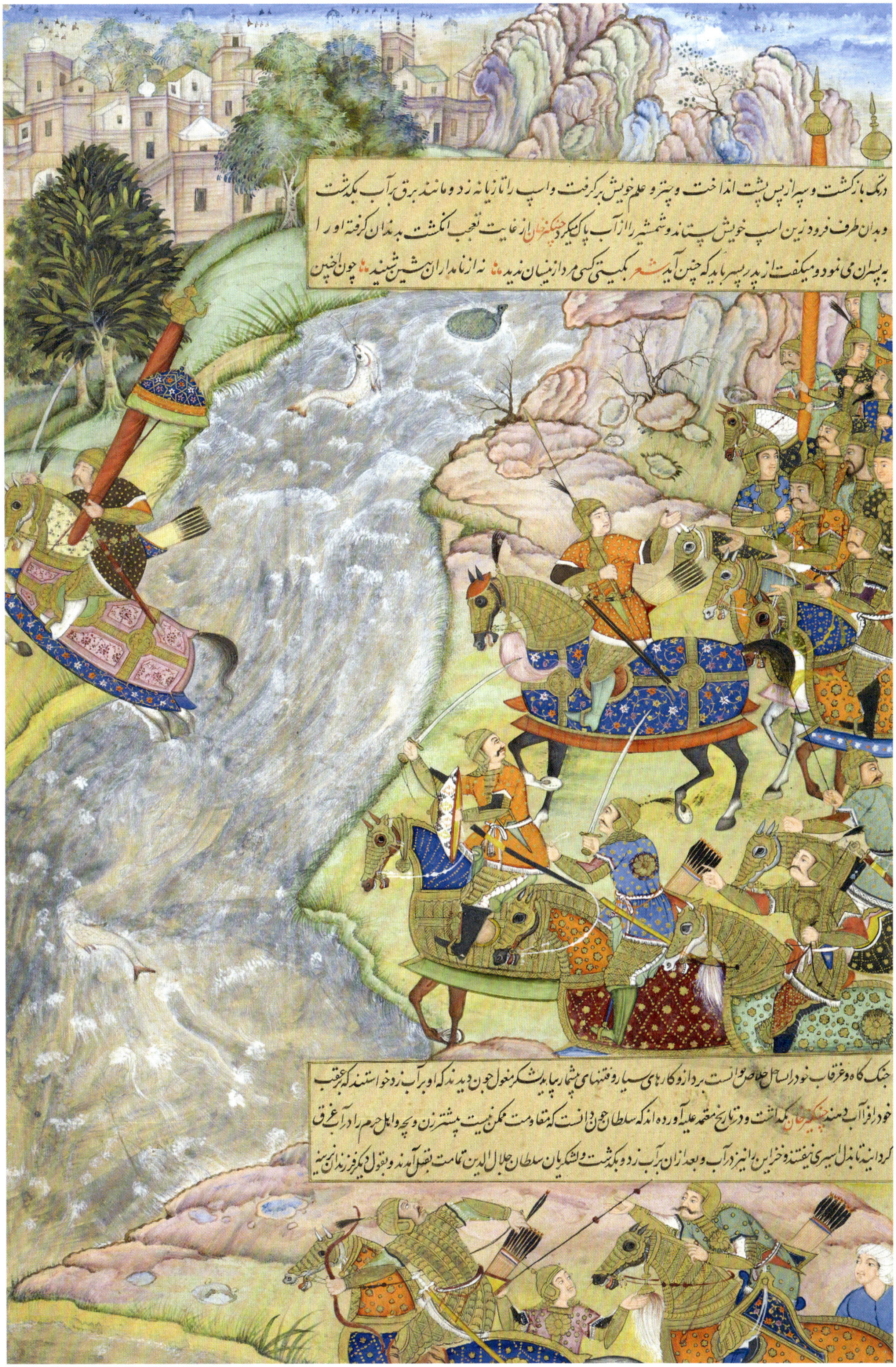
درنگ بازگشت و سپر از پس پشت انداخت و چتر و علم خویش برگرفت و اسپ را تازیانه زد و مانند برق بر آب بگذشت
و بدان طرف فرود زین اسپ خویش پستاند و شمشیر را از آب پاک میکرد چنگیز خان از غایت تعجب انگشت بدندان گرفته او را
به پسران می نمود و میگفت از پدر پسر باید که چنین آید شعر بگیتی کسی مرد زینسان ندید نه از نامداران پیشین شنید چون اچنین
جنگ گاه و غرقاب خود را بساحل خلاص تواند و کارهای بسیار و فتنهای بیشمار پیدا کرد لشکر مغول چون دیدند که او بر آب زد خواستند که بر عقب
خود را در آب دهند چنگیز خان بگذاشت و در تاریخ معتمد علیه آورده اند که سلطان چون دانست که مقاومت ممکن نیست پیشتر زن و بچه و اهل حرم را در آب غرق
گردانید تا بذل اسیری نیفتند و خزاین را نیز در آب و بعد از آن بر آب زد و بگذشت و لشکریان سلطان جلال الدین تمامت بقتل آمدند و بقول دیگر فرزند نرینه

armée pour faire face à l'envahisseur, dont il n'avait probablement qu'une vague idée de l'identité, mais il subit une défaite écrasante [fig. 64]. Alors que les Mongols disparaissent pour le moment, Tbilissi devient brièvement la base de l'empire éphémère de Jalal al-Din, que les sources géorgiennes rendent largement responsable des dévastations au cours de cette période. La Géorgie est également en proie à l'instabilité dynastique, car Giorgi IV Lasha meurt sans héritier légitime, léguant son royaume à sa sœur Rousoudan (r. 1223-1245), bien que son fils illégitime David Oulou soit préféré par de nombreux notables. Le chroniqueur anonyme donne à penser que les fautes morales personnelles de Giorgi et de Rousoudan sont responsables du désastre qui a frappé la Géorgie.

Les Mongols sont revenus en 1236, et cette fois ils sont restés. La Géorgie est annexée à l'Empire mongol, faisant initialement partie de l'apanage de Batu, un petit-fils de Gengis Khan qui allait fonder l'État mongol de la Horde d'or. La Géorgie est divisée en quatre, les grandes familles nobles géorgiennes faisant office de gouverneurs et de collecteurs d'impôts de Batu. Avant sa mort en 1245, Rousoudan envoie son fils, David Narin, au Grand Khan de Mongolie pour se faire reconnaître comme corégent et héritier, selon la coutume des Mongols qui veut que leurs vassaux leur rendent hommage en personne dans leur capitale de Karakorum. Cependant, le fils illégitime de Giorgi IV Lasha, David Oulou, avait également des prétentions au trône, et les deux David ont passé de nombreuses années en Mongolie à attendre la décision de celui qui serait reconnu. Finalement, comme ils l'ont fait ailleurs (notamment en Anatolie), les Mongols ont adopté une stratégie de diviser pour régner en reconnaissant les deux David comme roi. À la suite d'une première période de règne conjoint, en 1262 la Géorgie est divisée en une moitié occidentale sous David Narin et une moitié orientale sous David Oulou.

La décision du Grand Khan Möngke (r. 1251-1259) d'attribuer à son frère Houlagou (mort en 1265) les terres conquises et non encore conquises en Asie occidentale, dont la Géorgie, est d'une importance encore plus grande [fig. 65]. Progressant vers l'ouest en compagnie d'une vaste armée, l'entrée de Houlagou au Moyen-Orient marque non seulement le début d'une nouvelle série de conquêtes, mais aussi la déchéance des droits de ses proches, les souverains de la Horde d'or, qui considéraient auparavant cette région comme leur domaine. Les Géorgiens ont joué

Fig. 65 (page de droite)
Houlagou et sa femme Dokuz Kathoun, d'après l'*Histoire du monde* de Rachid Ad-Din, vers 1430-1434
Bibliothèque nationale de France, Manuscrit « Supplément Persan 1113 »

Carte. 7 (en bas)
Carte des quatre Khanats

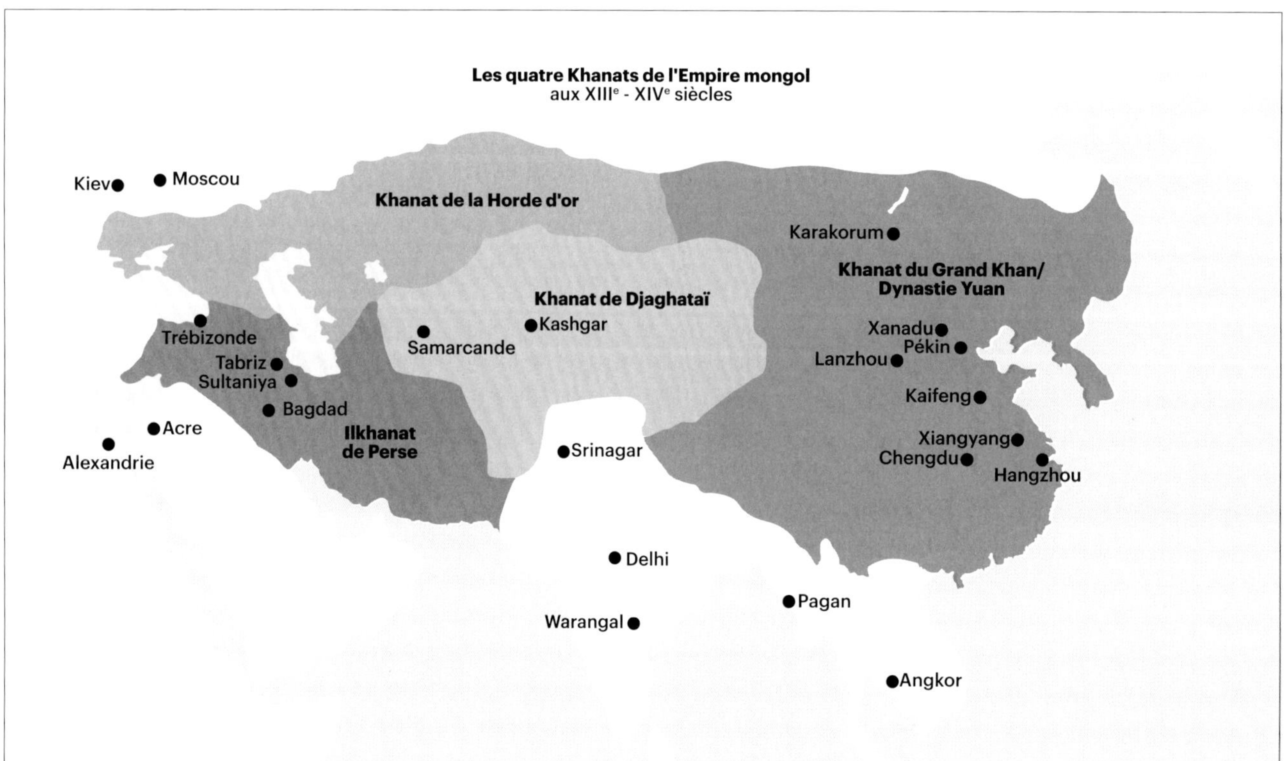

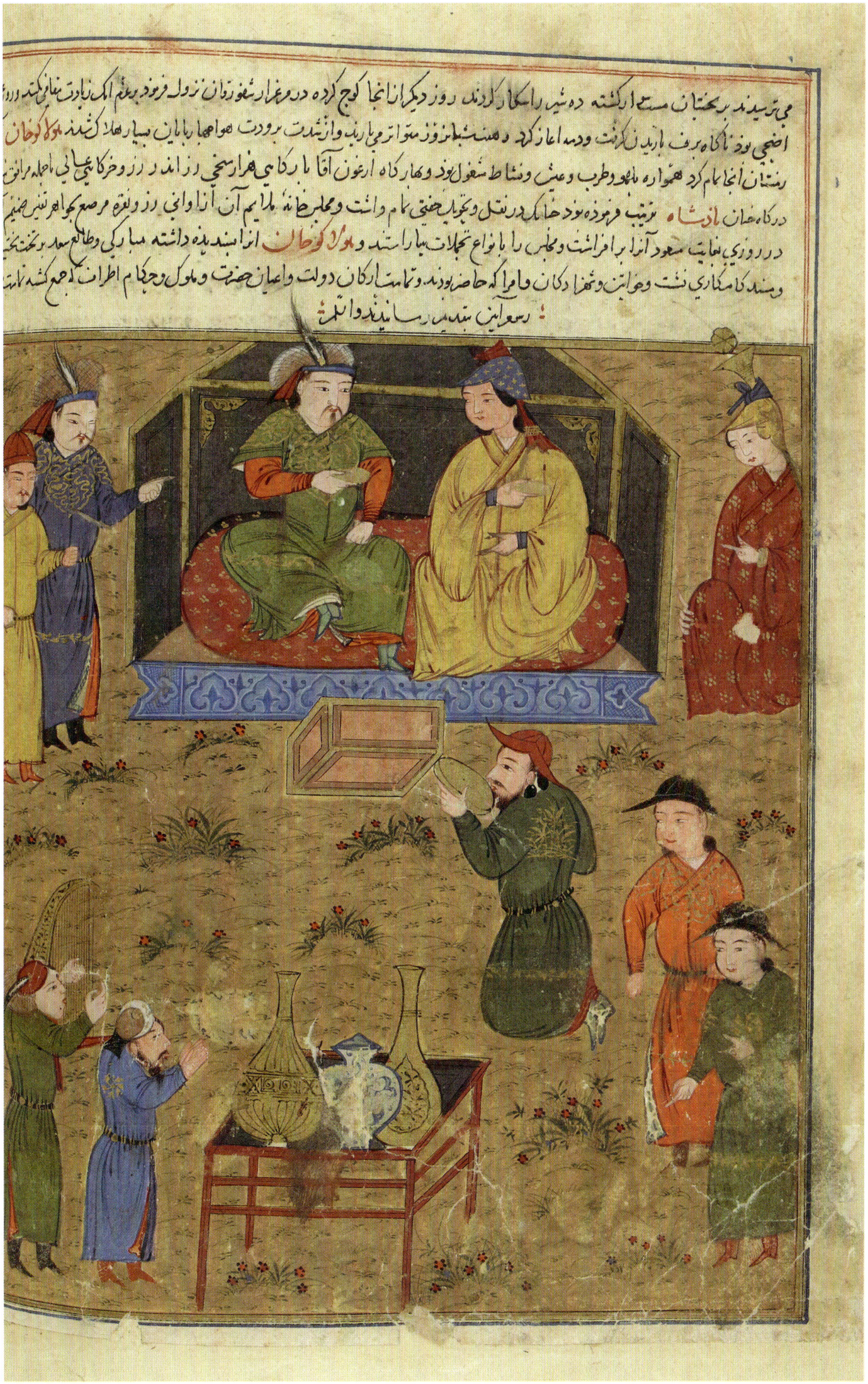

un rôle de premier plan dans les victoires de Houlagou contre la secte ismaélienne basée dans leur forteresse montagneuse isolée d'Alamut, dans le nord de l'Iran, ainsi que dans sa conquête de Bagdad en 1258 et dans les campagnes mongoles de la fin du XIIIe siècle contre les Mamelouks en Égypte. La Géorgie a été incorporée dans le nouvel État mongol fondé par Houlagou en Iran, l'Ilkhanat de Perse.

Les deux David étant devenus tributaires de Houlagou, la *Chronique de cent ans* évoque cette période comme une période de paix et de prospérité. La Horde d'or ne renonce pas pour autant à ses prétentions sur le Caucase : pour elle comme pour les Ilkhans, il s'agit d'une frontière cruciale [carte 7], en raison à la fois de la présence de vastes pâturages nécessaires aux armées mongoles et des importantes routes commerciales qui traversent la région. La Horde d'or a envahi la région à plusieurs reprises à la fin du XIIIe siècle et au début du XIVe siècle, et s'est parfois alliée aux rois géorgiens. Bien que la Horde n'ait jamais réussi à s'implanter durablement au sud des montagnes du Caucase, ces campagnes ont contribué à la dévastation de la région, tout comme les invasions répétées de groupes nomades turcs à la fin du XIIIe siècle. Dans le même temps, alors que Tbilissi et la Géorgie orientale restaient sous le contrôle étroit des Ilkhanides, l'influence de l'Ilkhanat semble avoir été nettement plus faible en Géorgie occidentale.

Les sources géorgiennes font à peine allusion à l'événement sismique que fut la conversion de l'Ilkan Ghazan à l'islam en 1295, rendant désormais la Géorgie vassale d'un État islamique. Le pouvoir et le prestige dont jouissaient les rois géorgiens du début du XIVe siècle restaient étroitement liés à leur fonction de vice-rois des Ilkhans, tandis que la Géorgie était la principale base du pouvoir de l'homme fort militaire ilkhanide, Chupan. Néanmoins, l'influence ilkhanide commence à s'estomper après la chute de Chupan en 1327, en particulier en Géorgie occidentale, où Giorgi V (« Georges V le Brillant », r. 1314-1346) établit un royaume quasi-indépendant.

À la mort de l'Ilkhan Abu Sa'id en 1335, l'Ilkhanat implose et est remplacé par les États successeurs éphémères des Djalayirides et des Qara Qoyunlu, qui incorporent la Géorgie à leurs domaines. Tout au long de cette période obscure de l'histoire géorgienne, le pays est ravagé à plusieurs reprises par divers groupes turco-mongols. Peut-être plus dévastatrice encore sera la peste noire, qui se déclara en 1346 et resurgit à plusieurs reprises. Ces désastres sont aggravés par la montée en puissance du grand conquérant turc d'Asie centrale, Timour (r. 1370-1405), qui se considère comme le successeur de Gengis Khan et l'héritier des idéaux mongols d'un empire mondial [fig. 66]. On assiste alors à une relance de la dynamique stratégique qui avait fait de l'Ilkhanat et de la Horde d'or des rivaux, les armées des deux camps s'affrontant à nouveau à plusieurs reprises sur le territoire du Caucase. Bien que ses chroniqueurs aient qualifié les campagnes géorgiennes de *djihad*, et que des élites géorgiennes aient parfois été converties de force à l'islam, Timour n'a montré aucun intérêt au maintien d'une présence permanente en Géorgie et, à cet égard, son empire diffère fondamentalement de celui de l'Ilkhanat. Cependant, les désastres du XIVe siècle ont jeté les bases pour l'effondrement de la monarchie géorgienne unifiée, la Géorgie étant divisée en trois royaumes et cinq principautés au cours de la seconde moitié du XVe siècle.

Fig. 66
« Timour avant la bataille », Folio d'une copie dispersée du *Zafarnama (Livre des victoires)* de Sharaf al-din 'Ali Yazdi. Ce folio illustrait autrefois un manuscrit du *Zafarnama*, une biographie du souverain Timour. La peinture représente l'arrivée de l'armée timouride devant le château de Gortin, en Géorgie, le vendredi 14 Muharram, en 806 de l'hégire (3 août 1403 après J.-C.). » (www.metmuseum.org)

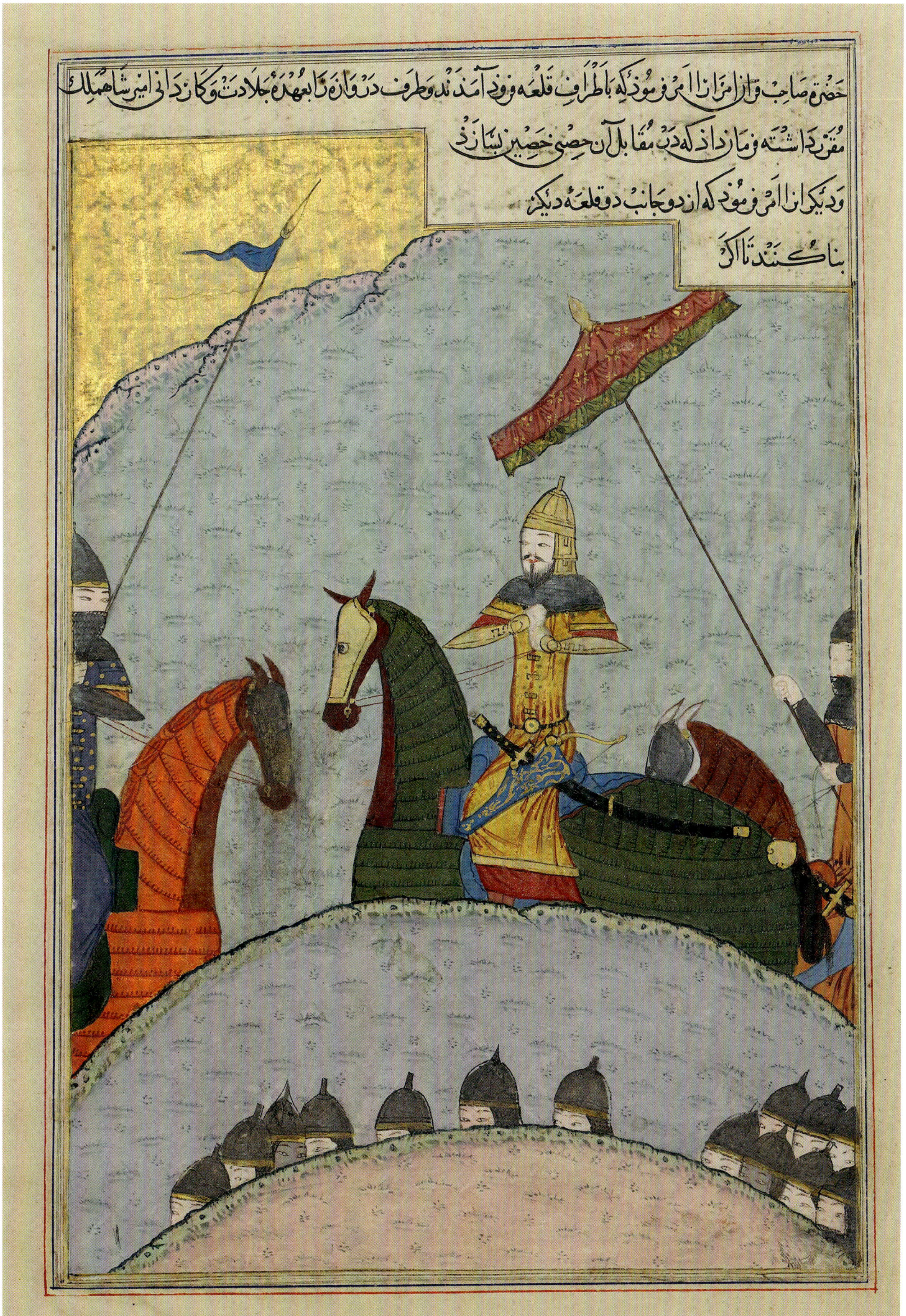
حضرت صاحبقران امیرزادگان را امر فرمود که باطراف قلعه فرود آمدند و طرف دروازه را بعهدهٔ جلادت و کاردانی امیر شاه ملک
مقرر داشته فرمان داد که در مقابل آن حصنی حصین بسازند
و دیگران امر فرمود که از دو جانب دو قلعهٔ دیگر
بنا کنند تا اگر

Nina Iamanidzé

Une image syncrétique de la foi chrétienne : l'art géorgien aux XIIIe et XIVe siècles

La période des XIIIe-XIVe siècles, marquée par la longue domination mongole et les invasions de Tamerlan, est associée à une décadence culturelle en Géorgie. À partir du premier quart du XIIIe siècle, le pays s'est retrouvé impliqué dans une guerre perpétuelle, qui a entraîné un affaiblissement politique et économique ainsi qu'un isolement prolongé. Les guerres ont été désastreuses, non seulement en termes humains et matériels, mais surtout pour le fonctionnement du pays et l'autorité du pouvoir royal, entraînant une démoralisation du peuple géorgien. Ces faits ont impacté la vie culturelle tandis que les influences extérieures auxquelles la Géorgie était exposée ont transformé l'art de cette époque. La qualité de la production artistique baisse et les ateliers géorgiens, tout en étant attachés à l'ancien répertoire, absorbent les nouveaux éléments issus de l'environnement iranien, turc ou mongol et les adaptent en fonction de leurs propres perceptions et convictions.

Le mot « décadence » peut certainement être employé pour qualifier le style de l'architecture géorgienne, surtout à partir de la deuxième moitié du XIIIe siècle, bien que, paradoxalement, un grand nombre d'édifices chrétiens aient été construits à cette époque. Les célèbres églises de Zarzma, Sapara, Mgvimévi, Daba et Métékhi ont toutes été fondées sous la domination mongole. Mais il semble que l'environnement mongol et les invasions de Tamerlan ont stoppé le processus de développement original. Le recours systématique aux anciens motifs et leur reproduction mécanique ont mené au déclin et à la baisse de qualité de l'exécution. Il semble également que les architectes n'accordaient alors plus beaucoup d'intérêt au décor sculpté, dont à la fois la qualité et la quantité diminuent, et la simplification des formes devient évidente. Les changements s'observent dans l'interrelation entre l'architecture et la sculpture, les systèmes de décoration, les formes artistiques et les modes d'expression. Les arcades décoratives qui « animaient » les façades des églises à l'époque précédente sont progressivement rejetées, l'importance de la représentation d'une grande croix sculptée sur les murs sobres s'est accrue, tandis que celle des images figuratives diminue. En revanche, les églises de cette époque se distinguent par la polychromie, le pittoresque et la fantaisie décorative et ornementale. Le décor aniconique, constitué de motifs végétaux et géométriques schématisés, domine. Les images de petite taille, sculptées de manière conventionnelle et simplifiée, se « perdent » sur la grande surface du mur, parfois même invisibles au premier regard. La diversité thématique est progressivement réduite, les scènes narratives sont rares et la technique et la manière de sculpter sont également altérées. L'absence de monumentalité, la diminution de l'importance des images figuratives et le caractère ornemental, laconique et symbolique du décor sont caractéristiques de la sculpture architecturale de cette époque.

En revanche, la production livresque à contenu religieux et patristique a poursuivi son développement et, malgré le contexte difficile, les enluminures de cette époque ont su préserver le style local traditionnel, établi au cours des siècles précédents. L'évangile copié en 1300 à l'église de la Vierge à Mokvi, richement orné de miniatures, en est un des exemples le plus précieux et explicite [fig. 67].

Les peintures livrent des informations contrastées. Selon les chroniques de l'époque, les monastères diminuèrent alors en nombre et en rang, mais la vie artistique n'a pas été arrêtée : l'iconographie et les inscriptions indiquent que des monastères et des églises continuent à être fondés par des donateurs locaux, ce qui prouve que les communautés régionales ont su garder leur statut officiel et que l'attitude observée à l'égard du patronage ecclésiastique n'a pas empêché la construction et la décoration des monuments chrétiens. Mais la tradition proprement locale semble marquer un coup d'arrêt au milieu du XIIIe siècle, car à partir de là, en certains cas, nous n'avons plus affaire à des interprétations de modèles venus de l'extérieur, mais à des citations directes de la peinture des Paléologues. Plus encore, les peintures commencent à « parler » grec, phénomène rare auparavant, comme dans les églises d'Ubissi et de Tsalendjikha (fin XIVe siècle) à forte influence byzantine. Le style des Paléologues s'installe en Géorgie, mais se voit parfois bridé par une forte tradition locale. La Géorgie occidentale apparaît plus réceptive aux nouveaux éléments grâce à la proximité géographique de Byzance, alors que la Géorgie orientale, dont les relations avec Byzance ont été considérablement affaiblies, reste isolée de ce processus « d'innovation » et ignore ces traits. Parfois, la tradition locale est si forte que les nouvelles tendances byzantines sont rejetées, comme c'est le cas à l'église de Kharéba (Annonciation) du monastère de David Garedja à Udabno. Parfois les deux tendances se mêlent et le mélange d'éléments « archaïques » et « nouveaux », associé à une libre interprétation de l'ancienne iconographie et aux images purement « géorgiennes », produites selon la tradition locale, peut également être considéré comme un signe de l'époque.

Les sources historiques et archéologiques portent les traces de l'impact que la situation politique de la région a eu sur la vie culturelle. Dans le contexte politique difficile de l'époque, les provinces géorgiennes révèlent de fortes tendances séparatistes et certaines régions, comme la Gourie ou le Samtskhé, gouvernées par des familles princières locales, expriment clairement leur opposition en refusant de se soumettre à l'autorité du roi. Un des monuments le plus significatifs illustrant l'histoire de la Géorgie de cette époque se trouve justement dans la province du Samtskhé, un royaume à part aux frontières de l'Anatolie, incluant aujourd'hui une grande partie du sud de la Géorgie et du nord-est de la Turquie. Il a été gouverné pendant plusieurs siècles par le clan féodal des Djakéli qui, malgré son lien de parenté avec la dynastie des Bagrationi, est surtout connu par sa politique séparatiste à l'égard du pouvoir royal. Ayant une autonomie considérable et parfois une indépendance totale, les Djakéli ont adopté des noms iraniens et turcs, ainsi que le titre turco-islamique d'*atabeg*, et ont fait connaître leur domaine sous le nom de *Saatabago* (« la terre de l'atabeg »). Ils étaient souvent en mesure de forger des alliances avec des dirigeants de sociétés nomades, notamment des Mongols, relations qu'ils utilisaient pour promouvoir leur propre indépendance au détriment de la monarchie géorgienne. Mais les Djakéli sont également connus comme de grands mécènes, qui ont fondé et décoré plusieurs églises du Samtskhé.

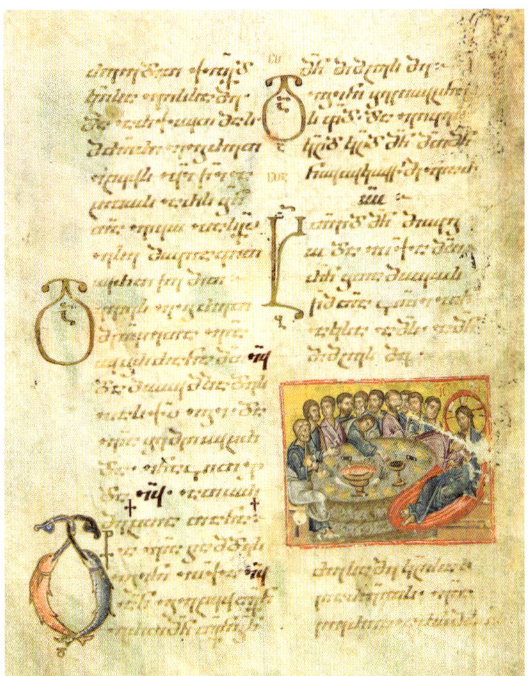

Fig. 67
Les quatre évangiles de Mokvi (Q-902)
La Cène, 1300
Parchemin – Lieu de copie : église de la Vierge du monastère de Mokvi, Abkhazie, Géorgie
Centre national géorgien des manuscrits Korneli Kekelidze

L'une des plus remarquables est le monastère de Sapara, dont la construction avait débuté au Xe siècle. À la fin du XIIIe siècle, Béka Djakéli fait construire la grande cathédrale Saint-Sabas et un clocher, et à partir de cette époque le monastère devient la résidence officielle des Djakéli ainsi que leur nécropole familiale.

On constate la nature composite de ce décor, daté de la première décennie du XIVe siècle, marqué par les mains de plusieurs artistes ainsi que des traces de rénovation. Dans le programme iconographique qui se développe autour du thème courant de la Résurrection et du Salut, le « portrait » de membres de la famille Djakéli situé sur le mur sud de l'église, mérite une attention particulière : quatre hommes y font le geste de supplication en se dirigeant vers l'image de Saint Sabas [fig. 68]. Les légendes donnent les noms et la titulature des personnages, soulignant ainsi leur rôle de fondateurs. Sargis Ier, vêtu d'une robe de moine est désigné à la fois par son nom monastique – Saba – et par son titre de dignitaire – *atabagi* – pour souligner son double rôle et pour affirmer son pouvoir juridique ainsi que celui de ses successeurs. Derrière Sargis se tient son fils Béka *mandaturtukhutsesi* (haut dignitaire administratif), qui tend la maquette de l'église vers Saint Sabas, assurant ainsi sa réputation de « bâtisseur d'églises et de monastères ». Béka est suivi par son fils Sargis II *spasalari* (mot arabo-perse désignant un chef d'armée) de Samtskhé et par un autre personnage, rajouté plus tardivement et identifié peut-être comme le deuxième fils de Béka, Qvarqvaré. Les hommes reçoivent la bénédiction de la main du Christ. Cette imagerie conçue pour attirer l'attention sur le pouvoir dynastique des gouverneurs du Samtskhé renvoie directement aux portraits royaux de l'époque de la reine Tamar, connus par les peintures des églises de Bétania, Qintsvissi, Vardzia et autres. Cependant, aucune figure de roi n'est attestée à Sapara. De ce fait, les Djakéli affirment leurs droits souverains en revendiquant leurs particularités culturelles et, surtout, ils s'égalent aux rois. En effet, par leurs ambitions et leurs activités, ils rivalisent avec les Bagrationi. Il apparaît ainsi qu'à cette époque de division du royaume de Géorgie, l'art créé par des souverains régionaux est beaucoup plus impressionnant et grandiose que celui conçu par la famille royale. Cela est certainement une conséquence de la domination mongole, mais c'est surtout une preuve de l'affaiblissement du pouvoir royal.

Les événements historiques ont eu un impact direct sur la production artistique géorgienne des XIIIe et XIVe siècles. À cet égard, le grand nombre de monuments préservés datant de cette période est une preuve évidente de la créativité de l'époque. Il semble que les Géorgiens aient répondu à la violence et aux hostilités constantes par une multiplication des actions artistiques. Ces étincelles de créativité en période de tensions sont aussi importantes que le développement artistique complet et l'originalité des périodes plus favorables [cat. 93].

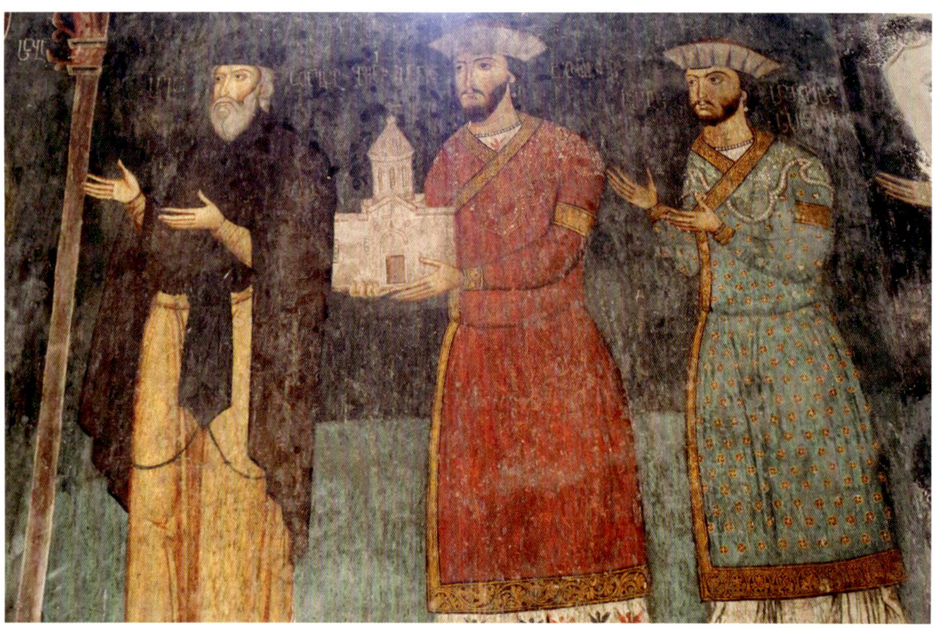

Fig. 68
La famille Djakéli, *atabegs* de Samtskhé
Peinture murale du début du XIVe siècle, mur sud de l'église Saint-Sabas, monastère de Sapara, Samtskhé-Djavakhétie

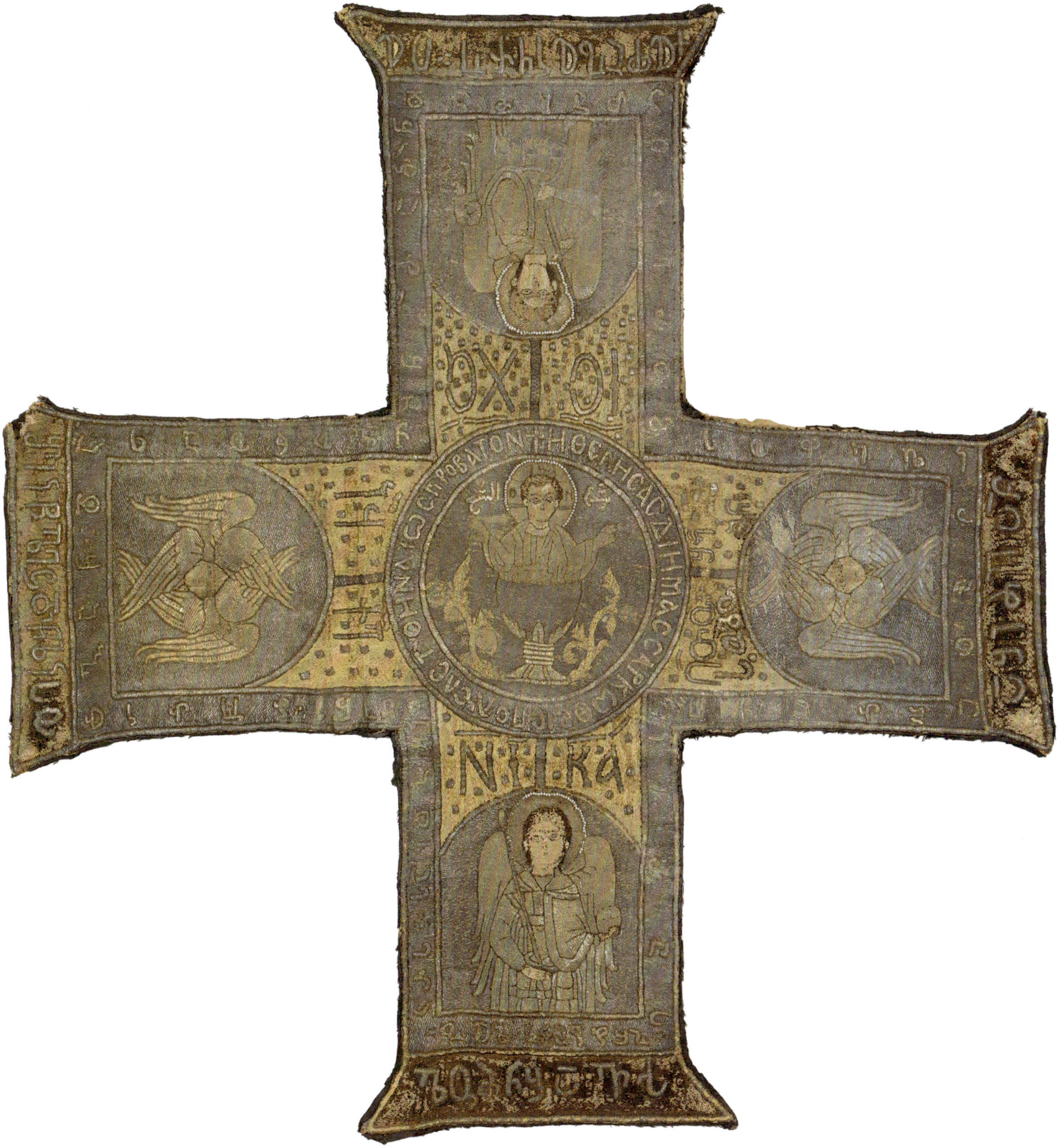

Cat. 93
Voile de calice avec inscriptions géorgiennes, arabes et grecques
Broderie au fil de soie et de métal sur un fond de satin de soie doublé d'une toile de lin
Fin du XVe siècle, Abkhazie, Géorgie
The Metropolitan Museum of Art, don de J. Pierpont Morgan, 1917 (17.190.128)

David Turashvili, Nino Simonishvili

Gurdji Khatoun et le patronage des mystiques soufis en Anatolie

Les alliances dynastiques des XIIe et XIIIe siècles, ainsi que la mobilité de l'élite dirigeante et des artistes, ont contribué de manière décisive au transfert des connaissances à des publics divers, dans des contextes différents. Le mélange d'éléments religieux et visuels, tant chrétiens que musulmans, reflète les échanges et l'interaction entre la Géorgie, Byzance et le Moyen-Orient. En Géorgie, par exemple, des motifs seldjoukides sont utilisés pour décorer des églises chrétiennes, tandis qu'en Anatolie le langage visuel chrétien est adapté au contexte islamique.

Ce syncrétisme culturel caractérise la vie et les activités de la princesse géorgienne Tamar (1220-1286), mieux connue sous son sobriquet turc Gurdji Khatoun (« Dame géorgienne »), fille de la reine Rousoudan (r. 1223-1245) et petite-fille de la célèbre reine Tamar (r. 1184-1210). À différentes étapes de sa vie, elle a été confrontée aux coutumes et aux autorités chrétiennes et musulmanes, et elle a joué le rôle d'ambassadrice des relations interculturelles. Gurdji Khatoun a également exercé une forte influence sur la politique grâce à ses origines nobles, ses relations familiales, ses mariages et son mécénat pour l'art et la science.

En effet, selon les chroniques chrétiennes relatant sa vie, Gurdji Khatoun est arrivée à Konya en tant qu'épouse du sultan seldjoukide Kay Khusraw II (r. 1237-1245) avec des icônes, des prêtres et des moines, et a été autorisée par le sultan à préserver sa foi chrétienne. Tolérante à l'égard de nombreuses confessions, elle a développé autour d'elle une communauté multiconfessionnelle. Une chronique rapporte que l'amour et l'admiration de Kay Khusraw II pour Gurdji Khatoun étaient si forts que le soleil figurant sur les pièces de monnaie seldjoukides de son époque symbolisait la princesse géorgienne, tandis que le sultan était symbolisé par le lion [cat. 94]. Cet emblème, connu sous le nom de *shir-u hurshid* (« le soleil et le lion »), a été largement diffusé dans le monde islamique.

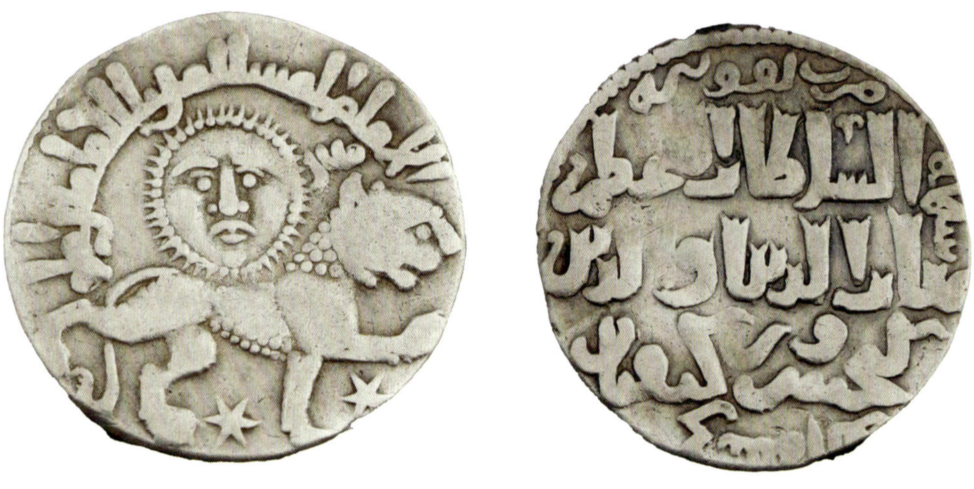

Cat. 94
Pièce de monnaie du sultan Kay Khusraw II (r. 1237-1245)
Argent
GNM — Musée d'Histoire Simon Janashia de Géorgie

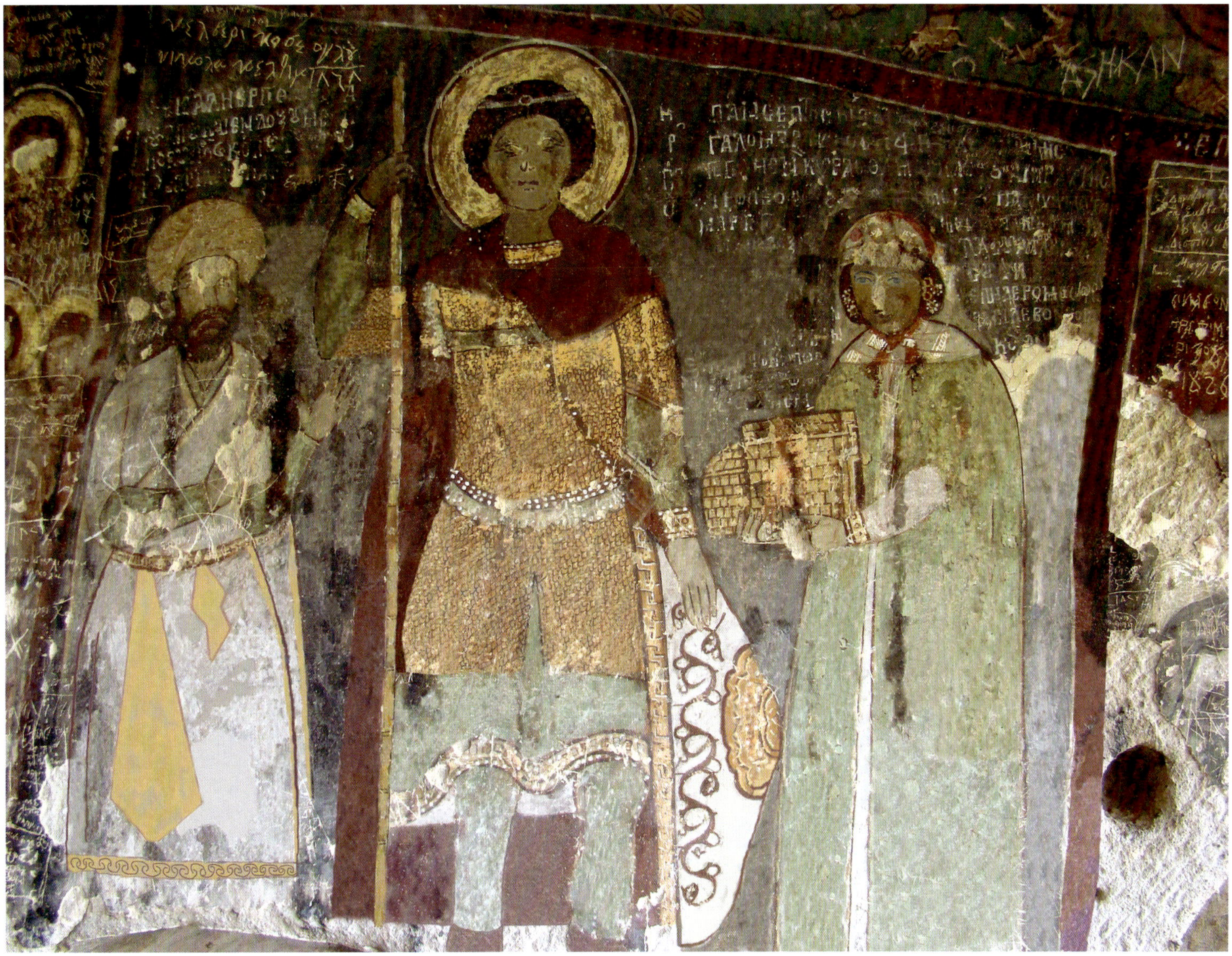

Fig. 69
Fresque de Kırkdamaltı Kilise (église Saint-Georges), XIIIe siècle, Belisirma, vallée d'Ihlara, Cappadoce, Turquie

Par la suite, Gurdji Khatoun sera convertie de force à l'islam par son mari, ou changera de foi sous l'influence d'un érudit islamique et mystique soufi Djalāl al-Din Rūmi Mawlānā, lequel s'installe à Konya vers l'an 1228. Selon sa biographie, Gurdji Khatoun était l'une des plus ferventes partisanes et proches disciples du mystique, qui lui donna son surnom. Le soutien et le patronage de Gurdji Khatoun ont contribué non seulement à l'établissement de l'Ordre soufi (également connu sous le nom d'Ordre des Derviches tourneurs) à Konya, mais aussi à la diffusion des idées de Rūmi dans toute l'Anatolie et au-delà. À la mort de Rūmi en 1273, elle parraine la construction du tombeau de ce dernier à Konya, tombeau qui reste aujourd'hui encore un lieu de pèlerinage.

L'identité multiculturelle de Gurdji Khatoun apparaît sur une image de donateur dans l'église Saint Georges près du village de Belisirma dans les gorges d'Ihlara en Cappadoce [fig. 69]. Il se peut qu'elle soit identifiée à Tamar, représentée sur les fresques (datées d'environ 1280) avec son troisième mari, Basile Giagoupès, un militaire chrétien de haut rang de l'armée du sultan seldjoukide, qu'elle a épousé après que son deuxième mari, le souverain nommé par les Mongols du sultanat de Rūm, Pervane Mu'in al-Din Suleiman, fut tué en 1277.

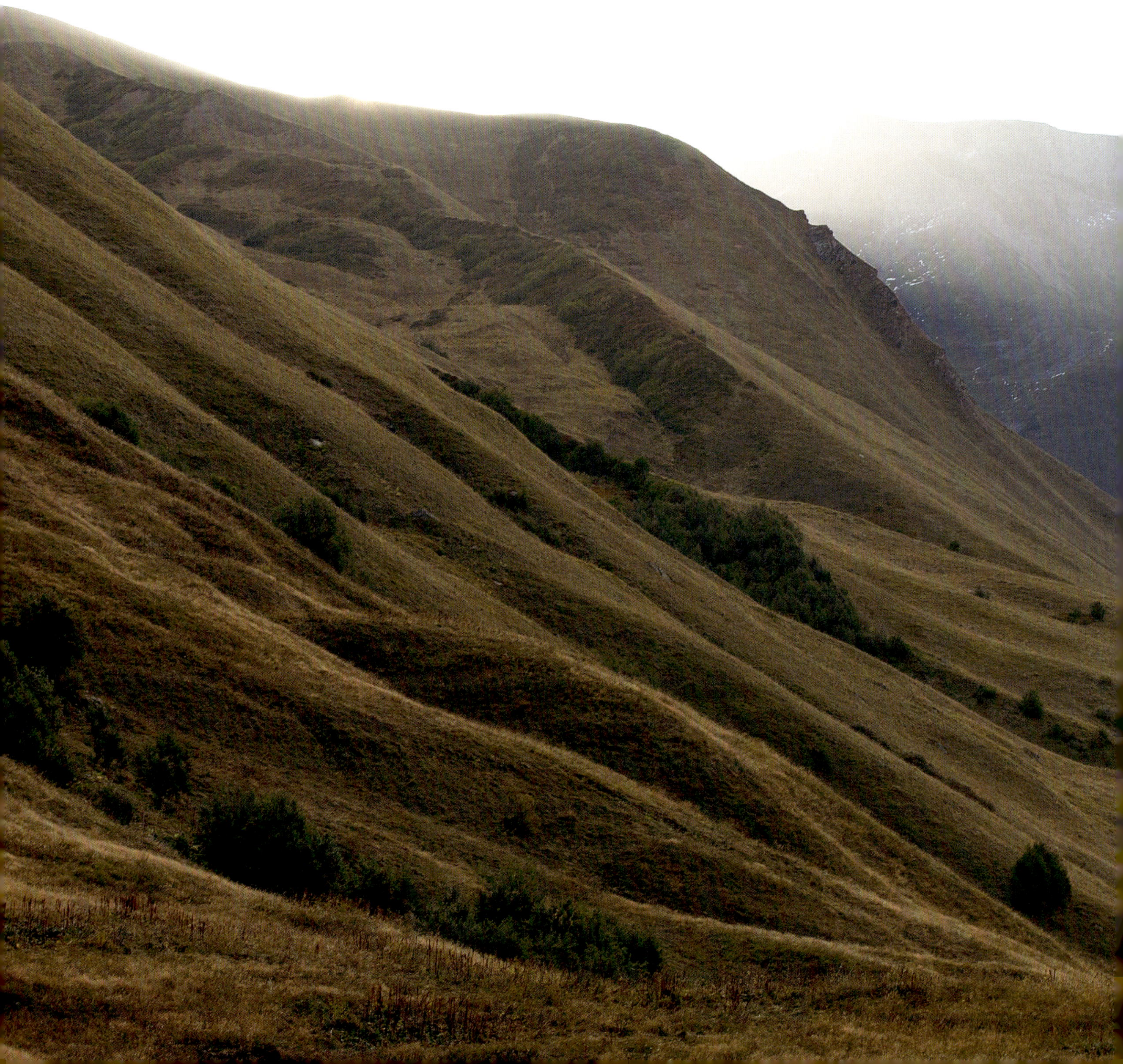

Chapitre 6

La Géorgie entre les Ottomans, les Perses et les Russes

(XVe – XVIIe siècles)

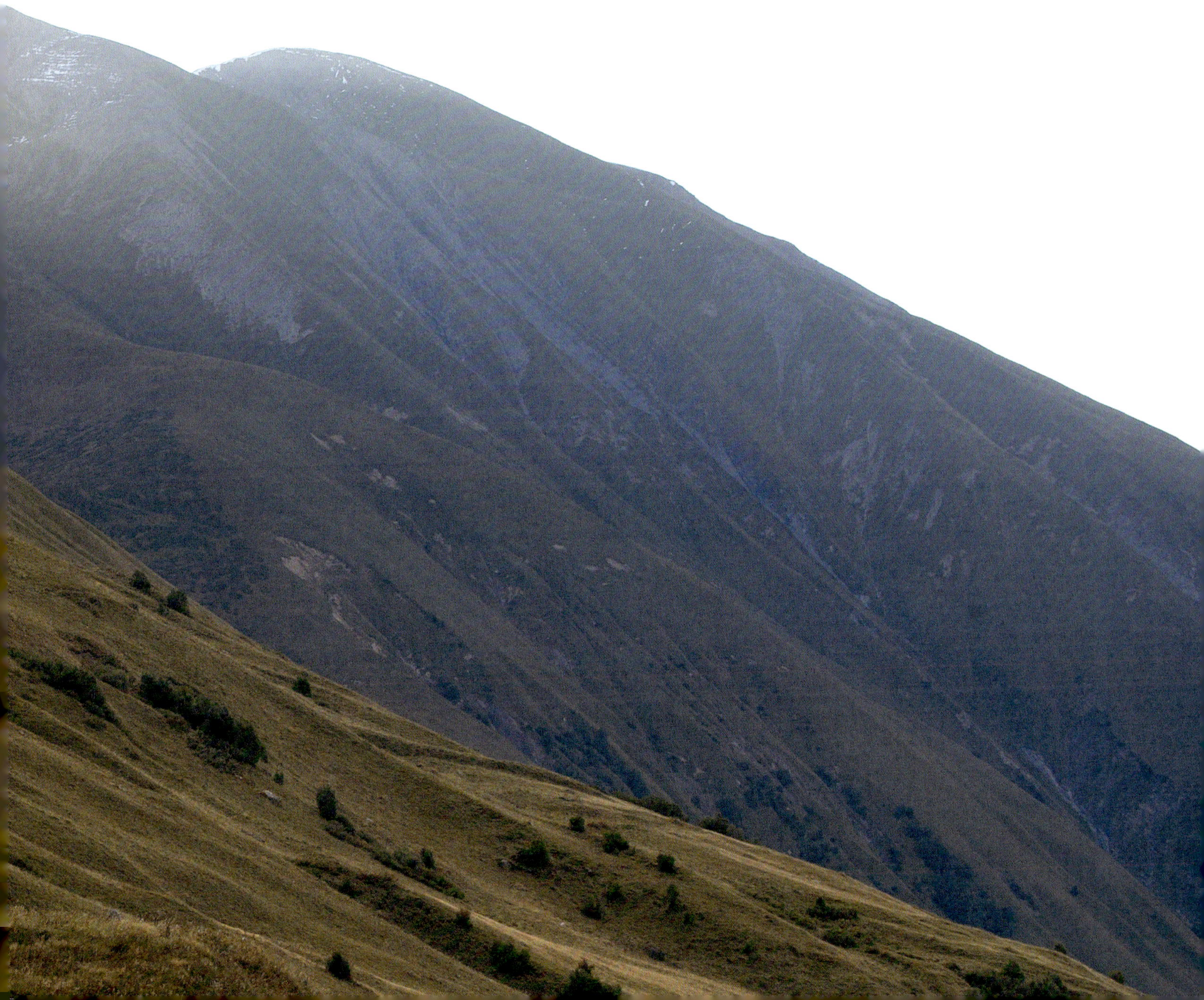

Jaba Samushia

Les royaumes géorgiens entre Ottomans, Perses et Russes

Au XVIe siècle, la Géorgie est confrontée à de nouveaux défis. Après la désintégration de la Géorgie en principautés et royaumes distincts à la suite des campagnes mongoles et des guerres civiles, ces entités sont impliquées dans les guerres qui ont débuté en 1514 entre deux puissants voisins, l'Empire ottoman et l'Iran safavide, eux-mêmes entretenant entre eux des relations tendues. En 1505, David X (1505-1525) accède au trône du royaume de Kartli, mais sa position, affaiblie par l'opposition de la noblesse, est exploitée par le roi Alexandre II d'Imérétie (1484-1510), lequel s'empare d'une partie du Kartli, bien qu'une invasion ottomane de l'Imérétie en 1510 ait permis au roi de Kartli de reconquérir le territoire perdu. Des tensions se développent également entre le royaume de Kartli et le royaume de Kakhétie, dans l'est de la Géorgie. Après la capture et la mort de Giorgi II (1511-1513), David X annexe la Kakhétie quelques années plus tard. Lorsque le shah Ismaïl Ier (1501-1524) menace les frontières du Kartli en 1518, David X évite la guerre en envoyant son fils rencontrer le shah et demander la paix. Bien qu'un accord ait été conclu, en 1522 le shah Ismaïl Ier attaque à nouveau le Kartli et s'empare d'importantes places fortes. En 1525, le roi David abdique et entre dans les ordres monastiques ; son fils, Louarsab Ier (1527/1530-1556/1558), monte sur le trône en 1527.

En Géorgie occidentale, le roi d'Imérétie, Bagrat III (1510-1565), était désireux d'annexer la Géorgie méridionale et ses entités politiques géorgiennes indépendantes de Samtskhé-Saatabago. En vertu d'un accord entre les rois d'Imérétie et de Kartli, la partie occidentale du Samtskhé-Saatabago fait alors partie de l'Imérétie, tandis que la partie orientale est annexée au Kartli. Mais les Ottomans convoitent également le sud de la Géorgie et tentent d'expulser les rois géorgiens de la région.

La guerre irano-ottomane reprend en 1547. Dès 1550-1551 les Ottomans ont établi un contrôle total sur l'une des plus grandes provinces du sud de la Géorgie, le Tao-Klardjéti. Le shah d'Iran Tahmasp Ier (1524-1576) lance une série de campagnes contre le Kartli (1541-1554). La paix d'Amasya (29 mai 1555) octroie aux Ottomans le contrôle de la Géorgie occidentale et de la partie occidentale du Samtskhé-Saatabago, tandis que les Iraniens revendiquent le contrôle de la Géorgie orientale et de la partie orientale du Samtskhé-Saatabago. Le successeur de Louarsab Ier, Simon Ier (1556-1569 ; 1578-1599), poursuit la lutte contre l'Iran.

La Russie tsariste commence également à s'intéresser au Caucase méridional. En 1561, le roi Lévan de Kakhétie (1518/1520-1574) envoie un émissaire à la cour d'Ivan le Terrible à Moscou afin de lui demander d'envoyer des troupes russes pour assurer la garnison des palais et des forteresses. Le tsar envoie un petit effectif russe qui reste en Kakhétie pendant sept ans (1564-1571). L'habile diplomatie du roi Lévan permet à la Kakhétie de se développer économiquement. Le commerce extérieur s'intensifie grâce à l'exportation de produits tels que le vin, la soie, les chevaux et les moutons, facilitée par la proximité de la « route de la soie » d'Astrakhan. Le développement culturel est également important, avec la restauration et la construction d'églises décorées de peintures. Le roi déplace la capitale de la Kakhétie de Télavi à Grémi, où il construit des palais entourés de jardins, des fontaines, des bains et des chapelles, sans oublier des marchés florissants au carrefour entre l'est et l'ouest. Le rayonnement international de la Kakhétie s'étend jusqu'à Jérusalem et au mont Athos, où une fresque du roi Lévan, représenté avec son fils et successeur Alexandre II (1574-1601; 1602-1605), peut être admirée dans le réfectoire du monastère de Philothéou [fig. 70].

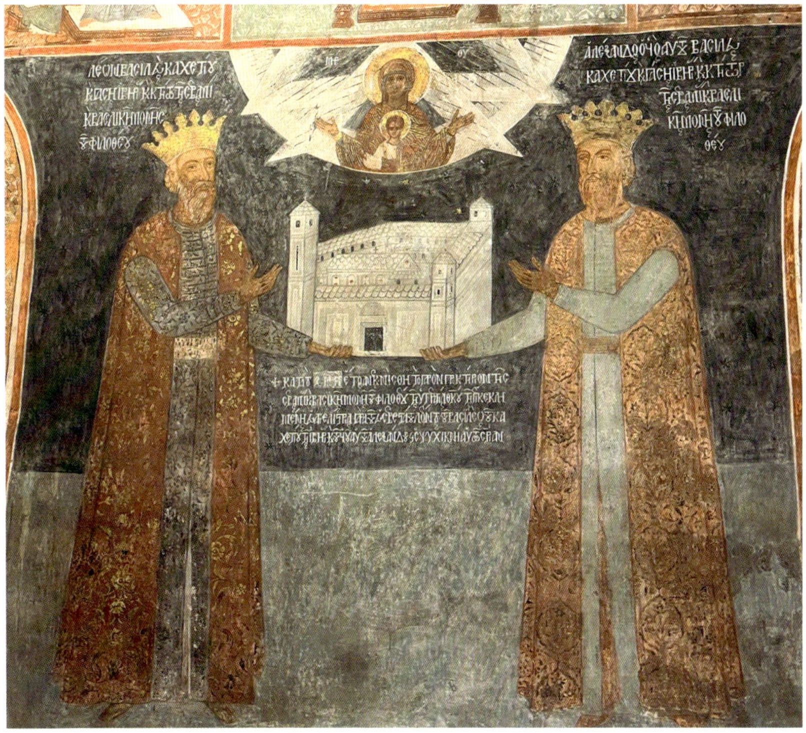

Fig. 70
Le roi Lévan (à gauche) et son fils Alexandre II dans le réfectoire du monastère de Philothéou, sur le Mont Athos

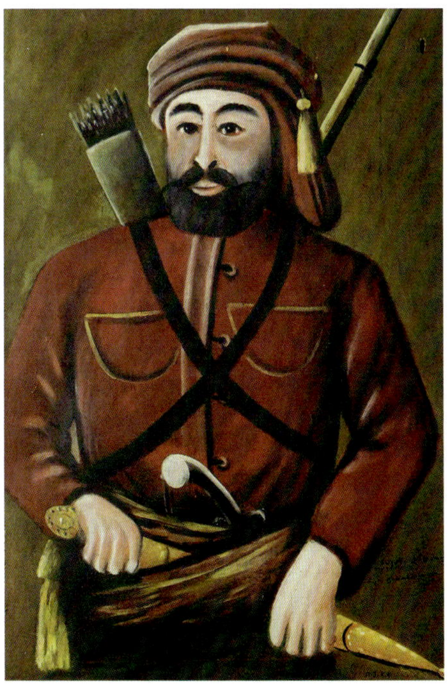

Fig. 72
Niko Pirosmani (1862-1918)
Portrait de Giorgi Saakadzé, 1910-1912
Huile sur carton
GNM — Musée des Beaux-Arts Shalva Amiranashvili

En 1578, un nouveau conflit entre l'Iran et l'Empire ottoman se termine par une paix temporaire, l'Iran reconnaissant la Géorgie orientale et méridionale comme des possessions ottomanes [fig. 71]. En 1590, cependant, la paix d'Istanbul signée entre les deux puissances fait passer une grande partie du Caucase méridional, y compris la Géorgie, sous domination ottomane.

Une nouvelle guerre entre l'Iran et l'Empire ottoman éclate en 1603, date à laquelle les rois de Kartli et de Kakhétie sont alliés à l'Iran. Le shah d'Iran Abbas Ier (1585-1629) envahit le sud du Caucase et assiège Erevan. Méfiant à l'égard des rois de Géorgie, Abbas Ier, avant de se rendre en Kakhétie, envoie en émissaire le fils d'Alexandre II, Constantin, avec la mission secrète de tuer son père et de s'emparer du royaume. Constantin exécute les instructions du shah, invitant son père et son frère à une réunion le 12 mars 1605, au cours de laquelle il les fait massacrer par les troupes Qizilbash. En réaction, une rébellion éclate en Kakhétie, durant laquelle Constantin est tué au combat par les rebelles, et le jeune Theimouraz Ier (1606-1648) est intronisé. Bien que le shah ait été contraint de consentir au choix du roi par les rebelles, la cérémonie d'onction a lieu en Iran.

À la mort du roi Giorgi X de Kartli en 1606, son fils Louarsab II (1606-1615) accède au trône avec le soutien d'Abbas Ier. Profitant des hostilités en cours entre Iraniens et Ottomans, l'épouse du souverain du Samtskhé-Saatabago Manoutchar Djakéli, envoie son fils auprès du shah d'Iran. À la fin de l'année 1608, avec l'aide des habitants du Kartli et d'une armée iranienne, il chasse les Ottomans d'Akhaltsikhé, et s'empare de la ville. En réaction, le sultan envoie rapidement une grande armée dans le Samtskhé-Saatabago. En juin 1609, l'armée ottomane envahit également le Kartli de manière inattendue. Lors d'une bataille décisive à Tashiskari, les Géorgiens, menés par le commandant géorgien Giorgi Saakadzé, remportent finalement une brillante victoire [fig. 72].

En 1613, le shah Abbas Ier progresse vers la Kakhétie. Theimouraz Ier envoie sa mère, la reine Kétévan, auprès de lui en tant qu'émissaire. Alors qu'Abbas Ier accepte ce geste avec respect, il la fait arrêter en route et l'envoie en Iran, où elle est cruellement torturée à mort en 1624 [fig. 77]. Le shah envahit ensuite la Kakhétie en 1614 et passe de là dans le Kartli, tandis que Louarsab II et Theimouraz Ier se réfugient dans le royaume d'Imérétie en Géorgie occidentale. Bien que le roi d'Imérétie refuse de les livrer malgré les exigences d'Abbas Ier, le shah réussit, par des promesses

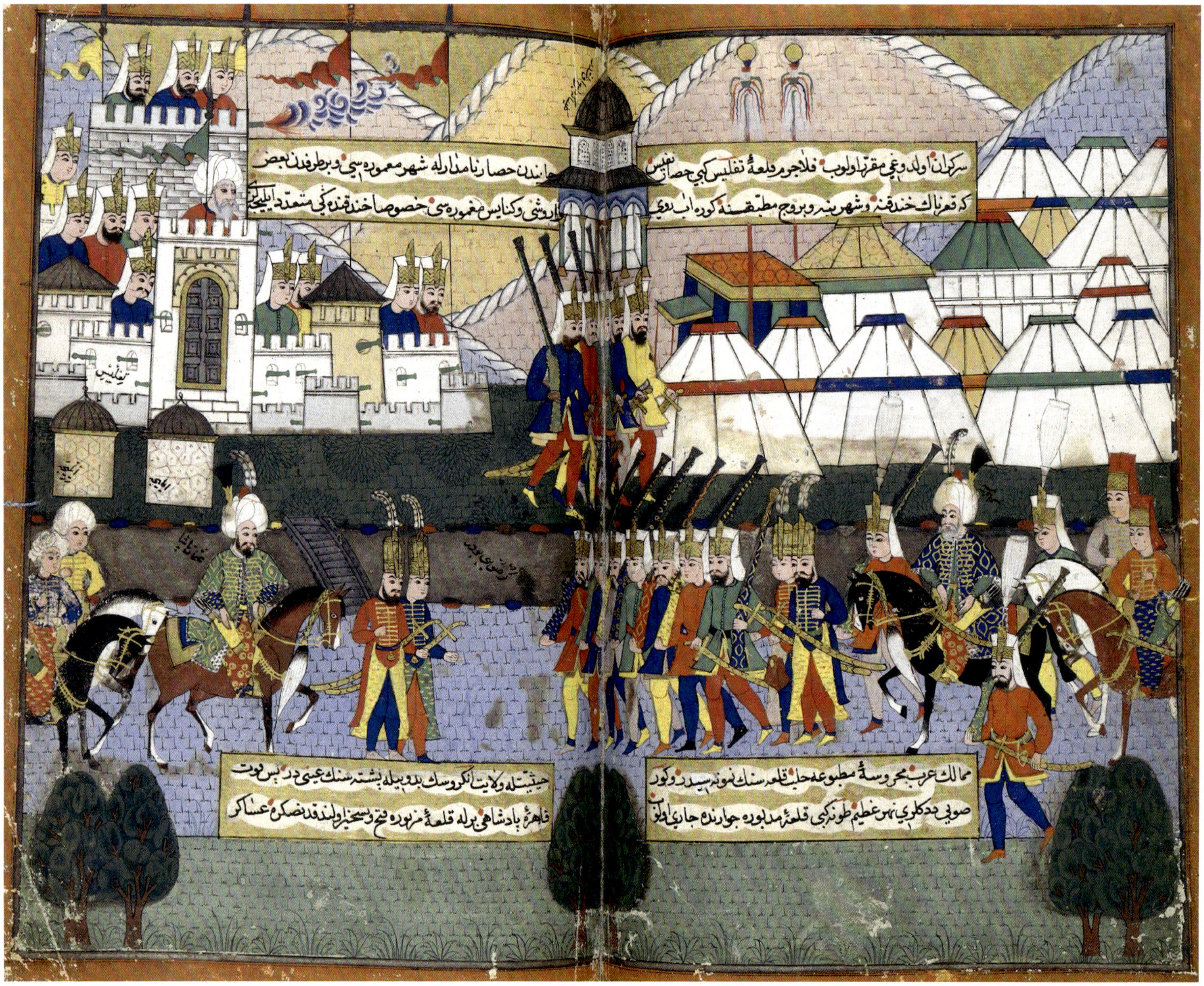

Fig. 71
L'armée ottomane de Lala Mustafa Paşa défilant devant les murs de Tiflis (Tbilissi) en août 1578 après l'évacuation de la ville par Daud Khan. Peinture miniature à double page tirée d'un manuscrit ottoman du XVIe siècle, *Nusretname* (« *Le livre des victoires* » de Gelibolulu Mustafa Ali, British Library).

astucieuses, à attirer Louarsab au Kartli, où il le fait emmener en Iran, l'emprisonne et le tue en 1622.

En 1615, une rébellion en Kakhétie conduit les Géorgiens à vaincre les Iraniens et à les chasser hors du pays. En 1616, Abbas Ier envahit à nouveau la Kakhétie et retourne en Iran avec 130.000 prisonniers, dont les descendants vivent encore aujourd'hui dans la province de Fereydounshahr. L'emprise de l'Iran sur Kartli est également renforcée et, en 1619, le shah confirme Simon Khan, encore mineur, en tant que roi de Kartli et nomme Giorgi Saakadzé en qualité de gouverneur du royaume.

Au début de l'année 1625, une grande armée iranienne progresse vers Kartli, sous la conduite de Qarchikha Khan, dans le but de soumettre définitivement la Kakhétie et, secrètement, de mettre le Kartli à feu et à sang. Les Géorgiens sont informés du plan des Iraniens et les attaquent au village de Martkopi le 25 mars 1625, leur infligeant une sévère défaite. Cherchant à se venger, le shah Abbas envahit le Kartli en juin de la même année, mais malgré une défaite géorgienne dans les plaines de Marabda, le shah ne parvient pas à atteindre son objectif.

Au cours du premier quart du XVIIe siècle, la situation est également tendue en Géorgie occidentale, où les royaumes d'Imérétie, d'Odishi (ou Mingrélie), de Gourie et la principauté d'Abkhazie sont en conflit entre eux. Un état de guerre civile presque ininterrompu, ajouté à l'anarchie, au commerce des prisonniers et aux raids ottomans, laisse cette partie de la Géorgie dans une situation dramatique. En 1604, Giorgi III (1604-1639) devient roi d'Imérétie, tandis qu'en 1611, Lévan II Dadiani (1611-1657), dont le nom est associé au renforcement de la principauté d'Odishi, accède au pouvoir.

En négociant avec l'Empire ottoman et la Russie et en nouant des relations étroites avec les autres royaumes et principautés de Géorgie, Lévan Dadiani s'efforce d'assurer l'indépendance d'Odishi. Il renforce la capacité militaire de la principauté en commandant des canons à la France, en achetant des fusils et en entraînant intensivement son armée. Il s'emploie également à relancer l'économie d'Odishi. Sous son règne, par exemple, un atelier monétaire est installé à Zugdidi où sont frappées des monnaies iraniennes, et des marchands arméniens et juifs s'installent à Rukhi pour favoriser le développement du commerce. Le transport de la soie iranienne vers l'Europe en passant par la Géorgie fait également l'objet d'une grande attention. Sous le patronage de Lévan II, les églises et les monastères commencent à être restaurés et décorés, non seulement au sein de son royaume, mais aussi au-delà des frontières de la Géorgie. Il rembourse les dettes du monastère géorgien de la Croix

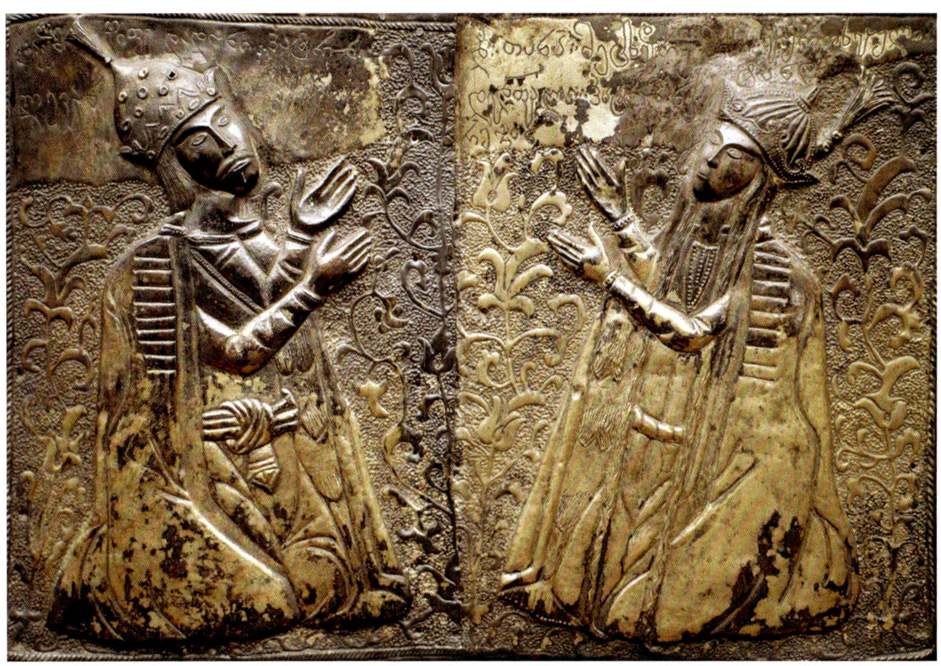

Fig. 73
Le donateur Prince Lévan II Dadiani (r. 1611-1657) et son épouse Nestan-Daredjan
Fragment de l'icône des douze prophètes, provenant de l'atelier d'orfèvrerie du prince Lévan II Dadiani, 1640
Argent doré
GNM – Musée des Beaux-Arts Shalva Amiranashvili

L'ensemble du fond est décoré d'un tapis de motifs végétaux et floraux. L'ornementation et les vêtements des deux personnages reflètent l'influence de la Perse Safavide.

à Jérusalem et engage des fonds suffisants pour sa restauration. À Odishi, il fonde un atelier d'orfèvrerie où sont réalisées de nombreuses icônes importantes [fig. 73]. Lévan II commande à Mamuka Tavakalashvili le plus ancien manuscrit existant du *Chevalier à la peau de panthère* (H-599) [cat. 84, 85, fig. 38]. Il invite également des missionnaires, des marchands et des artisans européens dans sa principauté.

En 1629, à la mort d'Abbas Ier, le tarugha (gouverneur) d'Ispahan, le prince géorgien Khosro-Mirza (Rostom Khan), assure la montée de Safi Ier (1629-1642) sur le trône iranien. La nomination de Rostom Khan en tant que gouverneur du Kartli en 1633 ouvre une période de paix au Kartli grâce à sa capacité à maintenir de bonnes relations avec l'Iran, sans pour autant porter atteinte aux traditions et aux coutumes géorgiennes. Son épouse, la reine Mariam, lance de nombreux projets en Géorgie, encourageant la restauration et la décoration d'églises et de monastères détruits par les invasions et parrainant la copie de manuscrits. L'édition de la collection historique intitulée *Vie du Kartli* connue sous le nom de « édition de Mariam » a été réalisée entre 1633 et 1646 à son initiative [cat. 95]. Rostom Khan est en conflit avec le roi Theimouraz Ier de Kakhétie et annexe la Kakhétie après avoir vaincu Theimouraz en 1648. L'administration de la Kakhétie est confiée à Sélim Khan de Gandja par le shah Abbas II (r. 1642-1666) en 1656.

À la mort de Rostom en 1658, le trône de Kartli passe au roi islamisé Vakhtang V, également connu sous le nom persan de shah Nawaz (1658-1675). Il s'agit d'une période de paix pour le Kartli qui connaît, malgré la domination politique de l'Iran,

Fig. 74
Le festin de Tifflis, planche issue du *Journal du voyage du chevalier Chardin en Perse*, Londres, 1686
KBR — Bibliothèque royale de Belgique, VB 11.193 C, p. 237

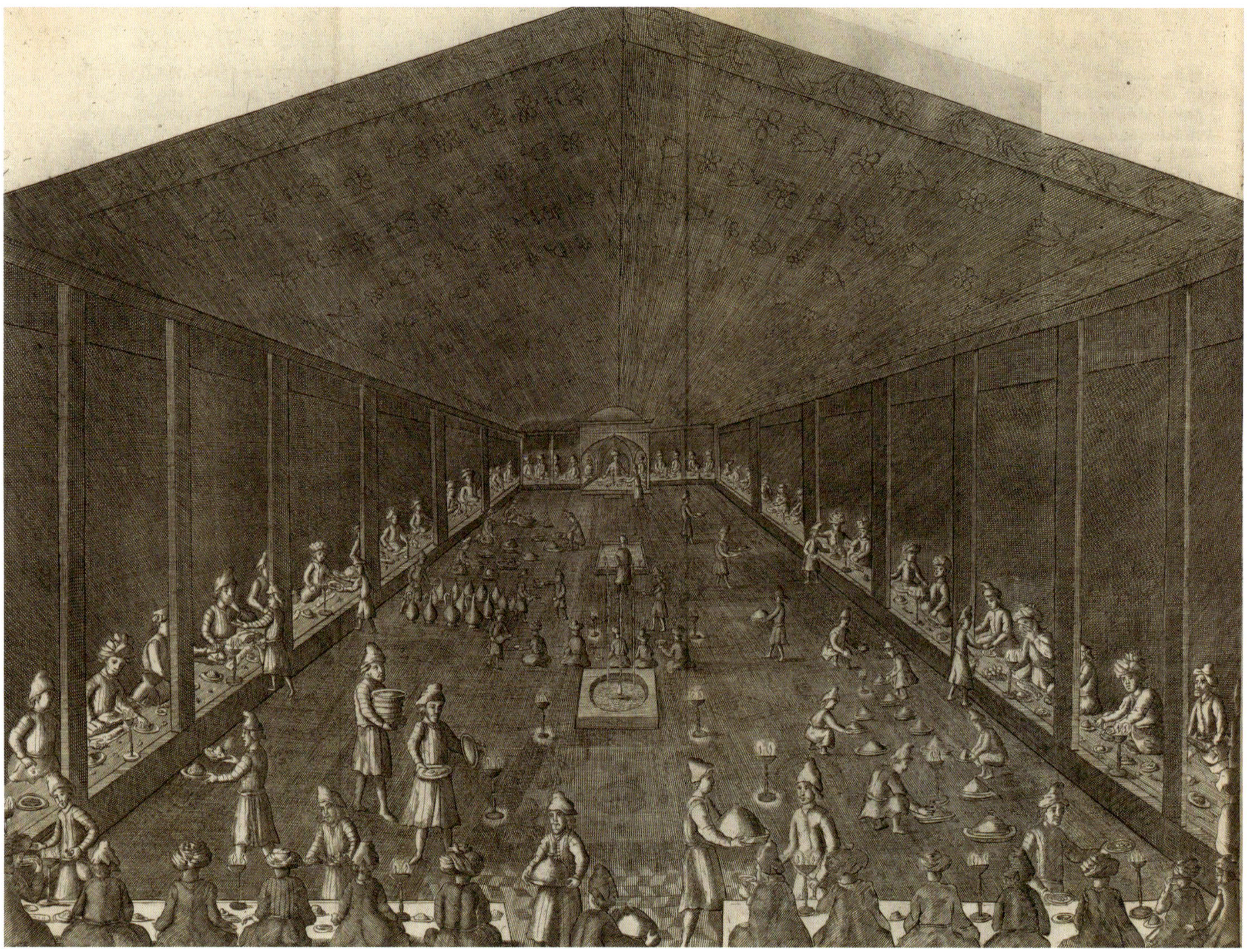

une reprise économique et une influence croissante sur les autres royaumes et principautés. L'agriculture se développe, ainsi que les relations commerciales avec l'Iran et l'Empire ottoman. Le roi Vakhtang V demande au voyageur français Jean Chardin d'établir un contact avec la Compagnie des Indes orientales, afin que les marchandises européennes soient exportées vers l'Iran et l'Orient en transitant par la Géorgie [fig. 74].

En Géorgie occidentale, l'anarchie féodale atteint son apogée : entre 1660 et 1701, l'État est renversé dix-sept fois dans le seul royaume d'Imérétie (à titre d'exemple, Bagrat IV revendique la couronne quatre fois, et Artchil Ier cinq fois). De ce fait, les royaumes et les principautés de Géorgie occidentale sont incapables de résister aux incursions des Turcs, également facilitées par les nobles géorgiens, lesquels invitent les Ottomans dans la région. Cette situation entraîne le renforcement de la domination ottomane en Gourie, en Mingrélie et en Abkhazie. Vers la fin du XVIIe siècle, les forteresses de la côte occidentale de la Géorgie sur la mer Noire sont occupées par des garnisons ottomanes, tandis que le commerce des prisonniers prend une ampleur sans précédent, des milliers de prisonniers étant alors transportés de Géorgie chaque année pour être vendus sur les marchés européens et asiatiques.

Vakhtang V de Kartli profite des troubles internes en cours au sein du royaume d'Imérétie et tente de s'emparer de la ville de Koutaïssi en 1661, ce qui est considéré par l'Empire ottoman comme une violation des termes de sa paix avec l'Iran ; les Ottomans obligent Vakhtang V à quitter Koutaïssi en même temps que son fils Artchil, lequel sera bientôt appelé en Iran, s'y convertira à l'islam et prendra le nom de Shah-Nazar-Khan, avant que le shah Soleiman Ier (1666-1694) ne le nomme roi de Kakhétie en 1664. À cette époque, le petit-fils de Theimouraz Ier, Erekle Batonishvili, qui s'était réfugié en Russie depuis longtemps, tente de s'emparer de la Kakhétie. Vakhtang V meurt lors d'un voyage en Iran en 1675, et Soleiman Ier confie la royauté de Kartli à Giorgi XI et attribue la royauté de la Kakhétie à Qizilbash Khan, plutôt que de réunifier les deux royaumes.

Le dernier quart du XVIIe siècle est l'une des périodes les plus difficiles de l'histoire du Kartli et de la Kakhétie. Au Kartli, Giorgi XI, incité par le shah, s'oppose au petit-fils de Theimouraz Ier, Erekle Ier, revenu de Russie. Par l'intermédiaire de missionnaires présents en Géorgie, Giorgi XI entame des négociations avec le pape et se convertit même au catholicisme. Bien que les États européens aient toujours considéré l'Iran comme un allié potentiel contre l'Empire ottoman, les négociations de Giorgi XI avec Rome restent infructueuses.

En 1688, le shah détrône Giorgi XI et place Erekle Ier (1688-1703) sur le trône. Giorgi se réfugie en Géorgie occidentale. En 1691, il retourne au Kartli et combat Erekle Ier pendant quatre ans dans un conflit fratricide qui ravage le royaume. Finalement, Giorgi XI est vaincu et contraint de se plier à la volonté du shah. Il se rend en Iran en 1697, convoqué par le shah Soltan Hossein (1694-1722). Erekle Ier sert loyalement l'Iran en tant que vassal et obtient la reconnaissance de ses droits sur la Kakhétie par le shah, lequel invite également son fils David en Iran,et le nomme commandant en second de son père.

La désintégration politique de la Géorgie durant les XVIe et XVIIe siècles a de graves conséquences pour les sites géorgiens situés au-delà des frontières de la Géorgie, en dépit de quelques initiatives individuelles visant à les revaloriser. La domination ottomane a vidé d'innombrables monastères géorgiens, tandis que les moines géorgiens, privés du soutien de leur patrie au mont Athos, à Jérusalem et au monastère de Petritsoni, dans l'actuelle Bulgarie, sont opprimés par le clergé grec, si bien que des monastères géorgiens ont fini par se transformer en monastères grecs. À la fin du XVIIe siècle, par exemple, le patriarche de Jérusalem, Dosithée (1639-1709), prend possession du monastère de la Croix et le transforme en monastère grec. Si des moines géorgiens sont toujours présents sur certains de ces sites, la langue géorgienne n'est plus utilisée dans la liturgie.

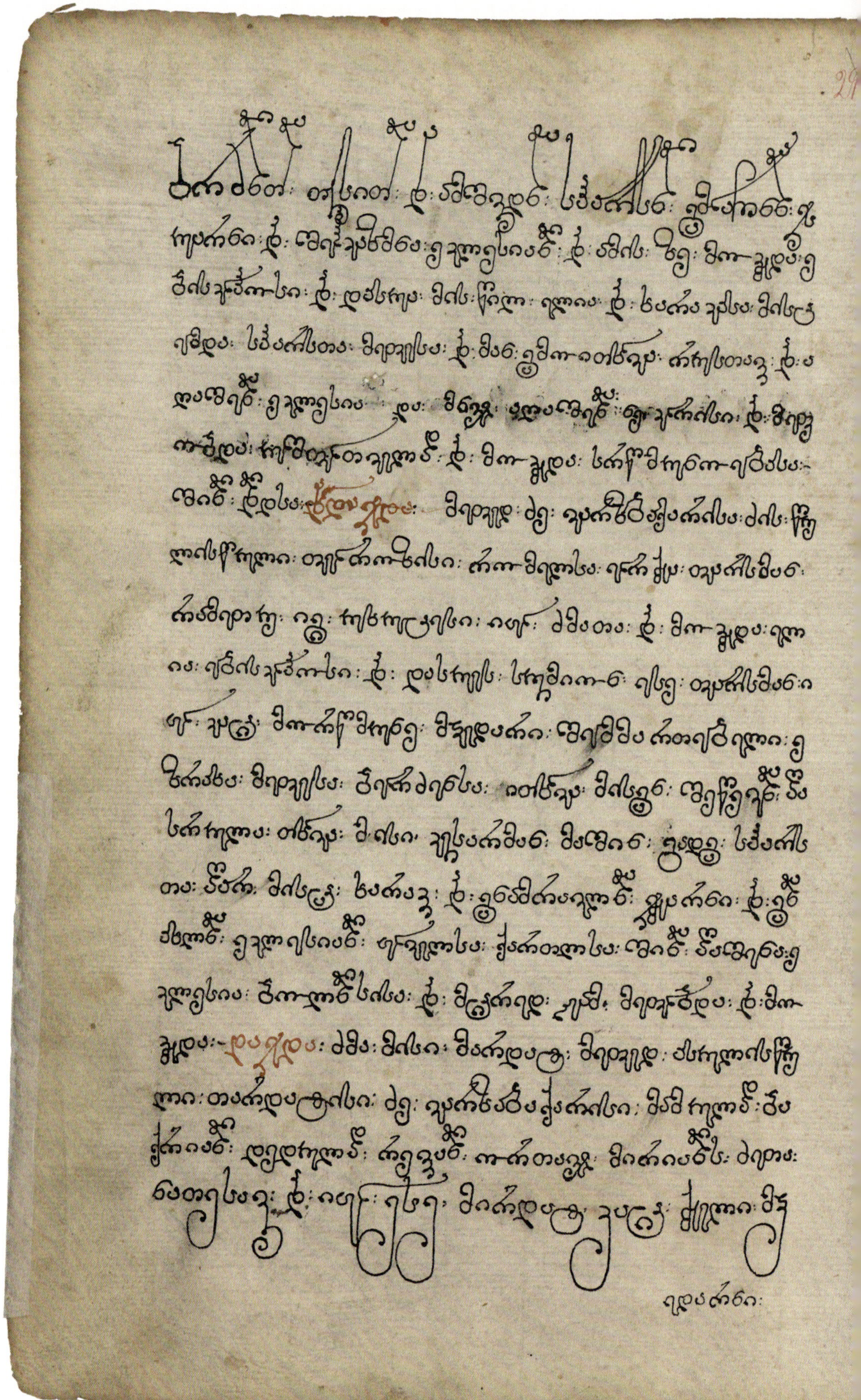

Cat. 95
Kartlis Tskhovreba (Vie du Kartli, chroniques géorgiennes) (S-30)
Copie de la reine Mariam de Kartli, 1636-1646
Papier
Centre national géorgien des manuscrits Korneli Kekelidze

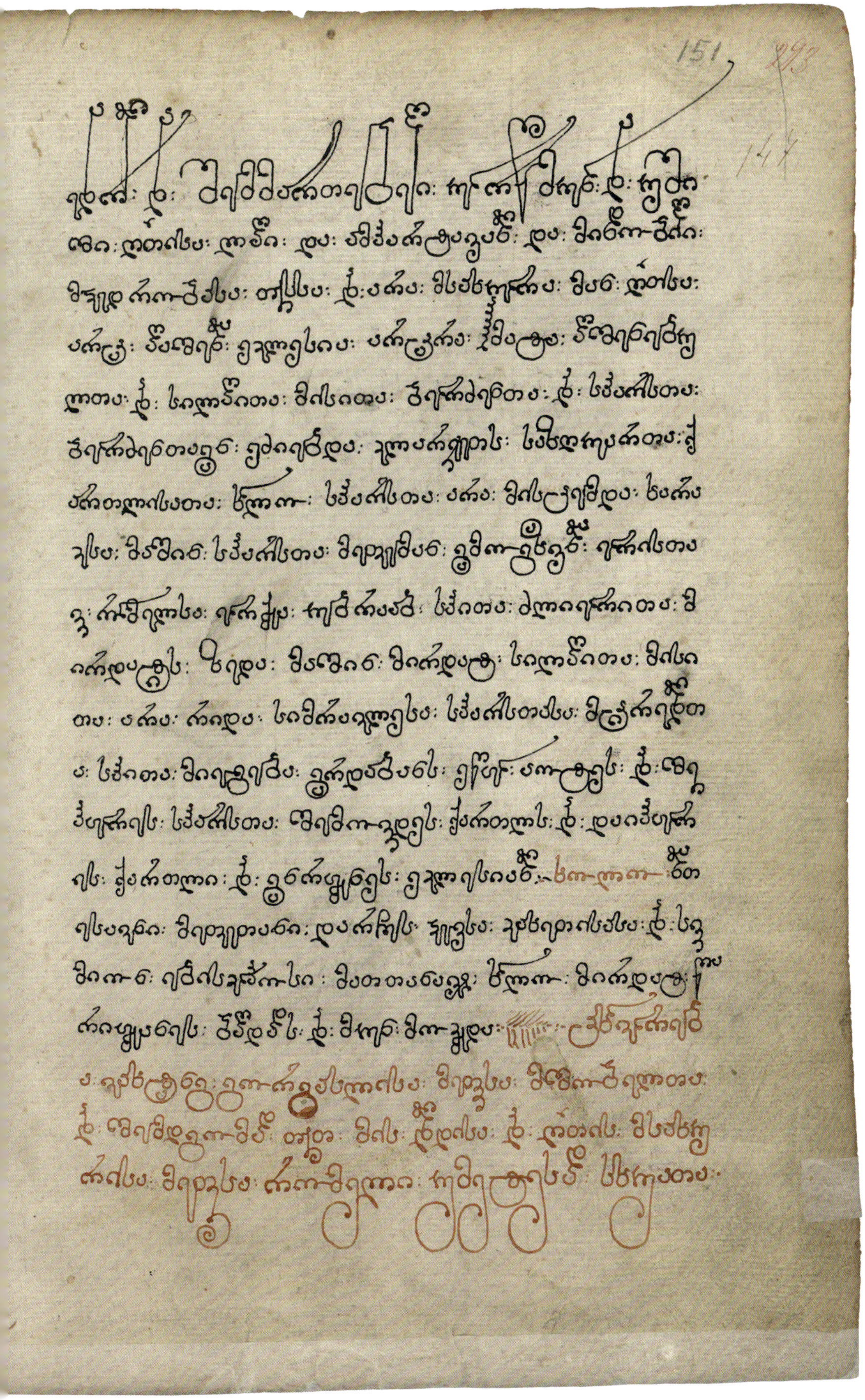
151
147

Nino Simonishvili

Un regard européen sur la Géorgie : les activités missionnaires

Les conquêtes mongoles au Proche-Orient ont incité l'Europe à lancer un mouvement missionnaire, en particulier après l'élection du pape Jean XXII en 1316, lorsque le retour de la Terre Sainte et l'unité avec les églises chrétiennes en Orient sont devenus des éléments centraux de la politique orientale du Saint-Siège. Celle-ci est à l'origine des relations intenses de la Géorgie avec le monde catholique romain et, par conséquent, de l'activité des missionnaires catholiques en Géorgie.

En 1329, le pape Jean XXII transfère le centre épiscopal de l'Église catholique de Smyrne (l'actuelle Izmir) à Tbilissi, où les missions dominicaines et franciscaines fondent leurs monastères. Cependant, le nombre de missionnaires diminue au cours des XVe et XVIe siècles en raison de la situation politique complexe de la Géorgie.

Le regain de l'activité missionnaire en Géorgie commence au cours de la première décennie du XVIIe siècle avec l'arrivée des Théatins, lesquels établissent des missions à Tbilissi, Gori, Koutaïssi, Batoumi et Akhaltsikhé. Les observations de première main de ces missionnaires se révèlent être une source extrêmement importante d'informations sur les coutumes et la culture de la Géorgie du XVIIe siècle.

Le missionnaire italien Arcangelo Lamberti, né à Naples et vivant en Géorgie entre 1630 et 1649, publie un livre intitulé *Relation de la Colchide aujourd'hui appelée*

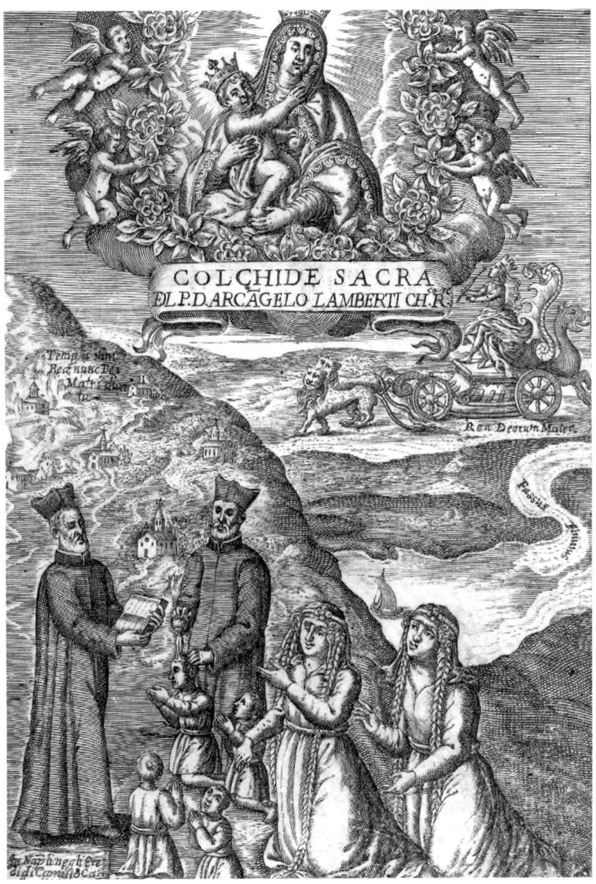

Fig. 75
Arcangelo Lamberti, *Colchide Sacra*, 1657

Mengrélie (*Relazione della Colchide oggi detta Mengrelia*), qui fournit un aperçu détaillé de la situation politique et socio-économique, de la culture, des coutumes locales et des ressources naturelles de la principauté d'Odishi et de la Géorgie en général. Dans *Colchide Sacra*, publié en 1657, Arcangelo Lamberti raconte ses expériences et celles de ses compagnons à Gori, à Grémi et en Mingrélie. Il décrit la situation religieuse, politique et sociale du pays, l'histoire locale et les coutumes quotidiennes, l'organisation des missions et les aventures qu'ils ont vécues au cours de leurs périples [fig. 75].

Les missionnaires étaient souvent choisis en fonction de leur talent artistique et de leur expérience médicale. Theimouraz Ier (1589-1663), roi de Kartli-Kakhétie, et Zacharie (1613-1630), patriarche catholicos de la Géorgie orientale, envoient une lettre à Rome demandant l'envoi en Géorgie d'une personne compétente en médecine et en arts. Le choix se porte sur le Père Cristoforo Castelli (1600-1659). Celui-ci passe ainsi 25 ans de sa vie en Géorgie (1631-1654), où il devient célèbre pour ses compétences artistiques et son expérience en tant que médecin, ce qui lui vaut d'être chaleureusement accueilli à la cour des rois et des princes géorgiens. Cristoforo Castelli *écrit* des lettres et des rapports au sujet de sa vie en Géorgie et compile des albums remplis de dessins. À son retour à Rome en 1655, le pape Alexandre VII l'envoie en repos à Palerme. L'un de ses précieux albums se perd au cours du trajet entre Naples et Palerme. Installé à Palerme, Cristoforo Castelli tente de dessiner à nouveau ce qu'il avait observé en Géorgie et passe les deux dernières années de sa vie (1657-1659) à trier son matériel et à restaurer les dessins perdus, en ne se fiant qu'à sa mémoire. Sept albums, contenant jusqu'à un millier de dessins, sont encore conservés à la Bibliothèque communale de Palerme [fig. 76].

Un autre événement de l'histoire de la Géorgie est lié aux missionnaires occidentaux. De grands panneaux en carreaux de céramique, représentant le martyre de la reine géorgienne Kétévan (1560-1624) se trouvent au couvent de Graça à Lisbonne [fig. 77]. Les scènes se fondent sur les récits de missionnaires catholiques augustiniens portugais, qui ont été les témoins oculaires de son martyre en Iran, où elle a été torturée à mort en 1624 pour avoir refusé de se convertir à l'islam. Des missionnaires actifs à l'époque à Shiraz ont secrètement apporté certaines de ses reliques en Géorgie. Le reste de sa dépouille aurait été enterré à l'église Saint-Augustin de Goa, en Inde. L'histoire du martyre de la reine est répandue en Europe et figure, par exemple, dans le livre *Histoire tragique de notre temps* de Claude Malingre, publié à Paris en 1635.

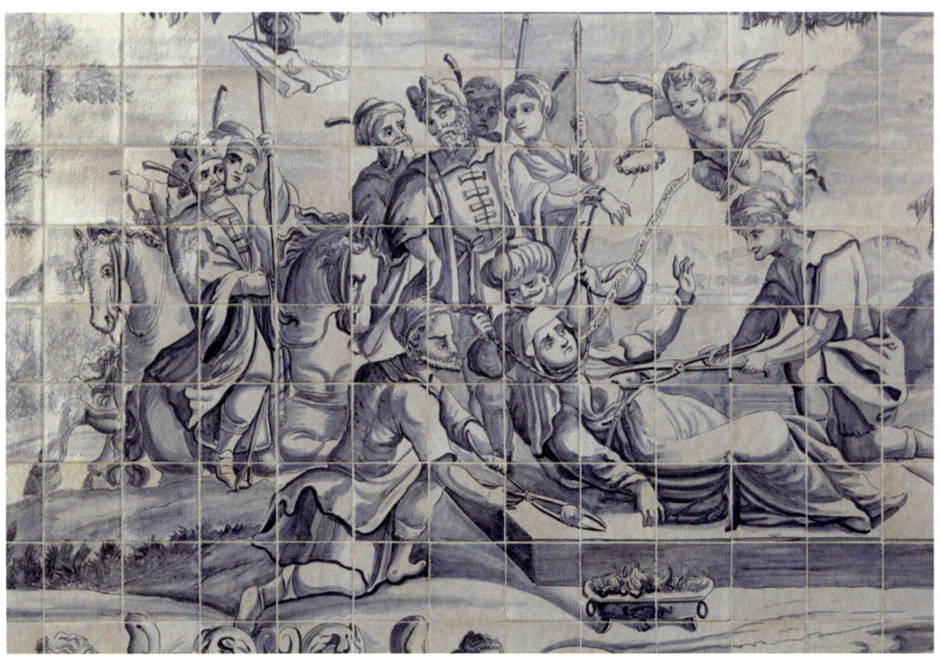

Fig. 77
Martyre de la reine Kétévan
Convento da Graça, Lisbonne

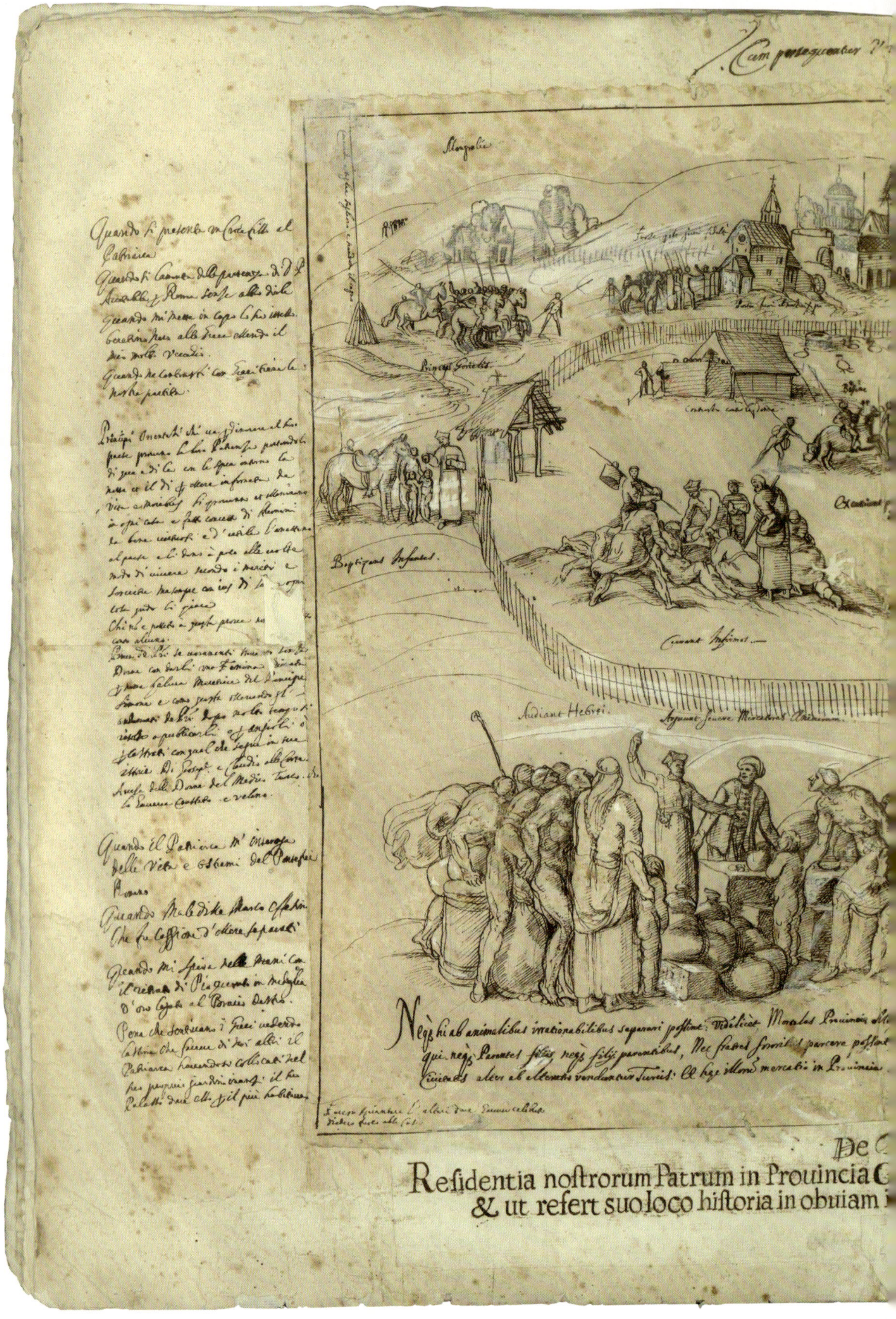

Fig. 76
Cristoforo Castelli, La résidence des Théatins en Gourie, papier, plume et encre
Bibliothèque communale « Leonardo Sciascia », Palerme, Album 3QqE93

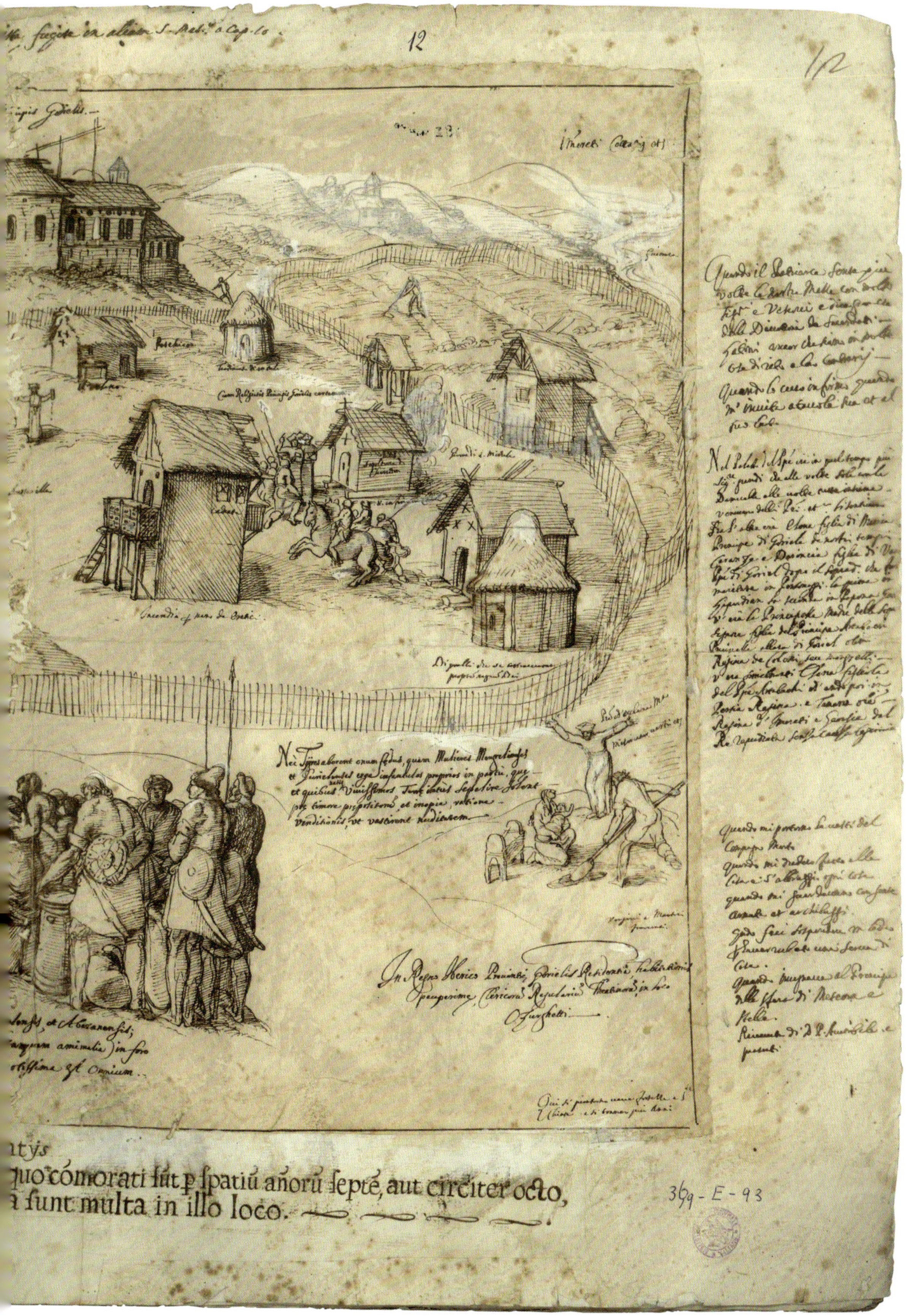
12
atys
quo cōmorati sūt p ſpatiū anorū ſeptē, aut circiter octo,
a ſunt multa in illo loco.
369-E-93

Jaba Samushia

Les élites géorgiennes dans les pays musulmans

La paix d'Amasya, signée en 1555 entre l'Iran safavide et l'Empire ottoman, divise la Géorgie en deux zones d'influence au sein desquelles chaque puissance peut poursuivre ses objectifs : en Géorgie occidentale, les Ottomans facilitent le commerce des prisonniers, des milliers de Géorgiens étant vendus sur les marchés aux esclaves du Proche-Orient, tandis qu'en Géorgie orientale les gouverneurs iraniens s'efforcent d'exiler en masse des Géorgiens vers l'Iran. Cela a pour effet d'augmenter considérablement le nombre de Géorgiens présents dans d'autres pays, ainsi que le rôle joué par les Géorgiens dans les affaires de ces pays. Les prisonniers amenés de Géorgie réussissent rapidement à se frayer un chemin dans les organismes gouvernementaux locaux et à obtenir des promotions à des postes importants, qu'il s'agisse de gouverneurs mamelouks ou de grands vizirs ottomans à l'ouest, ou de prisonniers de Géorgie orientale formant la majorité de l'aristocratie militaire de l'Iran safavide, parmi lesquels des membres de familles aussi importantes que les Bagrationi, les Undiladzé, les Saakadzé, les Baratishvili, les Guramishvili, pour ne citer que quelques exemples.

À la fin du XVIe siècle, l'Iran utilise des Caucasiens islamisés pour former une garde pour le shah – l'armée Qouli – dont le premier commandant, Allahverdi Khan Undiladzé, est un Géorgien d'origine. Ce poste sera principalement occupé par des Géorgiens jusqu'au début du XVIIIe siècle. La fonction de *tarugha*, ou préfet, d'Ispahan, qui remplissait un rôle à la fois civil et militaire et exerçait une grande influence à la cour du shah, a été occupée par des Géorgiens à partir de 1618. Le premier d'entre eux était le neveu du roi de Kartli Simon Ier, Rostom Khan, connu sous le nom de Khosro-Mirza [fig. 78]. En 1629, à la mort du shah Abbas Ier, c'est avec l'aide de Khosro-Mirza que le jeune Safi Ier s'empare du trône et, en signe de gratitude, appelle

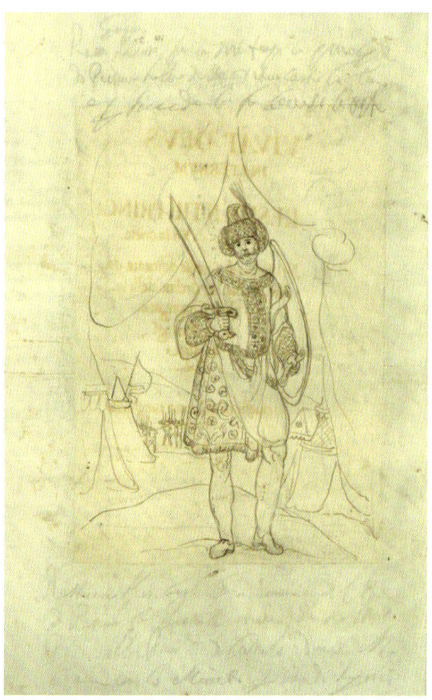

Fig. 78
Rostom Khan, connu sous le nom de Khosro Mirza. Portrait de Cristoforo Castelli.
Bibliothèque communale « Leonardo Sciascia », Palerme, Album 3QqE93

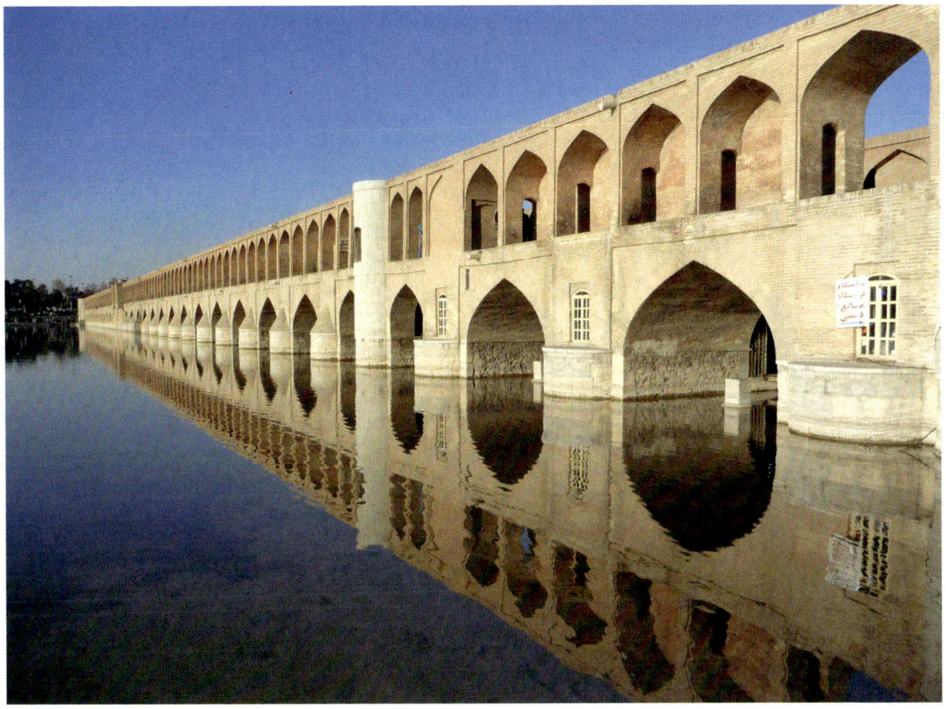

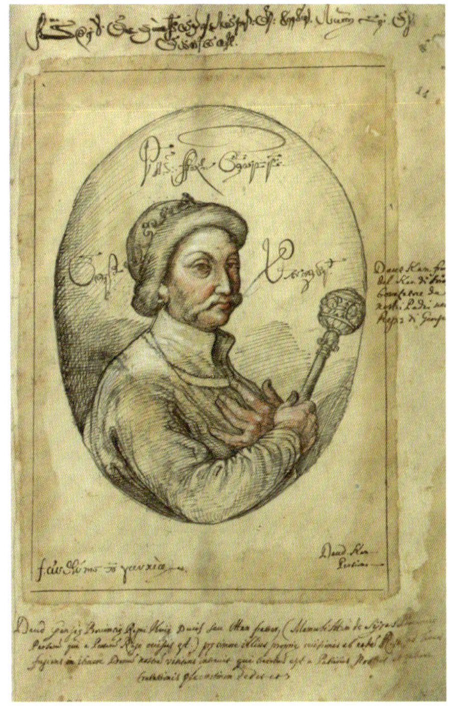

Fig. 79 (à gauche)
Pont Allahverdi Khan à Ispahan

Fig. 80 (à droite)
Portrait de Daud Khan par Cristoforo Castelli
Bibliothèque communale « Leonardo Sciascia », Palerme, Album 3QqE94

Khosro-Mirza « son frère ». Parmi les *tarughas* géorgiens ultérieurs d'Ispahan figurent Alexandre, fils du roi de Kartli Vakhtang V, Constantin et David, fils d'Erekle Ier, roi de Kartli et de Kakhétie, ainsi que Kaikhosro et Rostom, fils du prince Lévan de Kartli.

Les Undiladzé, mentionnés pour la première fois dans des sources géorgiennes datant du XIIIe siècle, ont formé l'une des familles les plus influentes au tournant des XVIe et XVIIe siècles, avant de devenir ultérieurement les vassaux des Baratishvili. À la cour du shah d'Iran, Allahverdi Khan Undiladzé, emmené en captivité en Iran alors qu'il était enfant, se forge une brillante carrière et devient le personnage considéré comme le plus proche du shah Abbas Ier. Il occupe le plus haut poste militaire d'Iran, celui de *Qullar-aghasi* de l'armée safavide, et est le plus actif parmi les réformateurs de l'armée. Allahverdi Khan participe à toutes les campagnes militaires menées par l'Iran safavide et remporte plusieurs victoires sur les Ottomans, mais il ne prend jamais part aux batailles menées par l'Iran contre la Géorgie. Le shah Abbas Ier lui accorde finalement le poste de beylerbey de la province de Fars au centre de l'Iran. À Ispahan, le célèbre pont Allahverdi Khan, comportant 33 arches et construit à son initiative, constitue une autre preuve de son rôle prépondérant [fig. 79]. Ses fils, Imam Qouli Khan, également beylerbey de Pars, et Daoud Khan, beylerbey du Karabagh, occupent également de hautes fonctions à la cour du shah [fig. 80].

Au début du XVIIIe siècle, lorsque la rébellion afghane éclate dans les provinces orientales de l'Iran, le shah Hossein Ier envoie le roi de Kartli, Giorgi XI, et une armée géorgienne en Afghanistan. Giorgi XI réussit à soumettre les Afghans et à capturer leur chef, Mir Weis. Toutefois, parvenant à soudoyer l'entourage du shah et à retourner en Afghanistan, Mir Weis fait tuer Giorgi XI par ruse et anéantit sa garde géorgienne en 1709. Le shah confirme alors le neveu de Giorgi XI, Kaikhosro, roi de Kartli et beylerbey de Kandahar, et le charge de soumettre les Afghans. À l'instar de son oncle, Kaikhosro meurt en combattant les Afghans en 1711 lors d'un assaut sur Kandahar.

L'aristocratie géorgienne joue également un rôle important au sein de l'Empire ottoman, en tant que grands vizirs ou gouverneurs de province. En 1579, à la suite de l'établissement du pachalik d'Akhaltsikhé dans le sud de la Géorgie, la province est gouvernée par des nobles géorgiens de la famille Djakéli. Les ventes de prisonniers de Géorgie par les Ottomans – au XVIIe siècle, entre quatre et cinq mille prisonniers sont amenés chaque année pour être vendus sur les marchés d'Europe et d'Asie – entraînent une réduction de la population restée en Géorgie et une augmentation du nombre de Géorgiens présents dans l'Empire ottoman. Les principaux centres de ce commerce sont situés sur la côte de la mer Noire (Anaklia, Qulévi, Poti, Gonio) et à Akhaltsikhé. Le processus est facilité par l'implication des seigneurs féodaux géorgiens et d'autres groupes qui tirent d'importants revenus de leur participation. Les prisonniers amenés et vendus depuis la Géorgie remplissent également les rangs de l'armée ottomane. Certains ont ainsi la possibilité d'accéder aux postes les plus élevés de l'Empire ottoman. Près de vingt Géorgiens sont devenus grands vizirs. Nommé directement par le sultan, le grand vizir était, dans la pratique, chargé de la gestion de l'empire et assurait la responsabilité de la direction de plusieurs départements administratifs à la fois. Il participait également aux opérations militaires en tant que commandant en chef. Parmi les grands vizirs d'origine géorgienne, citons Mehmed Pacha (1622-1623), un autre Mehmed Pacha (1651-1652), Youssouf Pacha (1711-1712), Ismaïl Pacha (1735), Mehmed Saïd Pacha (1755-1756), Shahin Ali Pacha (1785-1786), Koya Youssouf Pacha (1786-1789 ; 1791-1792), Razi Hasan Pacha d'Algérie (1790), Youssouf Ziya Pacha (1798-1805 ; 1809-1811) et Khursid Ahmed Pacha (1812-1815).

L'élite militaire géorgienne a également joué un rôle important en Égypte et en Irak, où elle était connue sous le nom de Mamelouks. Le terme arabe *mamluk* (qui signifie « qui appartient à un autre ») désignait une classe de soldats esclaves, composée de prisonniers originaires des Balkans et du Caucase et achetés sur les marchés aux esclaves. Les Géorgiens sont connus parmi les mamelouks d'Égypte des XIIIe et XIVe siècles mais possèdent une influence limitée par rapport aux mamelouks d'origine kipchak et circassienne. Le rôle et l'influence des mamelouks géorgiens se sont accrus à partir du XVIIe siècle, lorsqu'ils sont devenus les réels dirigeants de l'Égypte et, dans les années 1670, ont réussi à libérer l'Égypte de la domination ottomane. Parmi les figures marquantes, citons Mohammed Beg Katamish (date de naissance inconnue, tué en 1736), qui a été particulièrement puissant dans les années 1730 et a régné pratiquement sur l'Égypte, ou Ibrahim Katkhuda Al-Kadzaghli (gouverneur de l'Égypte entre 1749 et 1754), Ali-Beg Al-Kabir (gouverneur de l'Égypte entre 1768 et 1772), Ismail Beg Al-Kabir (gouverneur de l'Égypte entre 1777 et 1778, ainsi qu'entre 1786 et 1791), et Ibrahim Beg Shinjikashvili (gouverneur de l'Égypte entre 1775 et 1798). Ali-Beg Al-Kabir, né en 1728 en Abkhazie d'un prêtre nommé David, est enlevé à l'âge de 13 ans et vendu comme esclave ; il est associé à la déclaration d'indépendance de l'Égypte en 1770, puis dirige le pays en tant que sultan jusqu'en 1773. Mentionnons également Ibrahim Bey et Mourad Bey, dont 12 des 16 beys mamelouks étaient d'origine géorgienne. Né dans la famille d'un prêtre, Ibrahim Bey était originaire du village de Martkopi. Bien qu'il ait été enlevé à l'âge de 15 ans et emmené en Égypte, il n'a pas perdu ses liens avec la Géorgie et, plus tard, a forgé une relation étroite avec les rois de Kartli-Kakhétie Erekle II et Giorgi XII. Une église et une tour érigées grâce aux fonds envoyés par Ibrahim Bey subsistent encore aujourd'hui à Martkopi.

Depuis le début du XVIIIe siècle, l'Irak est lui aussi gouverné principalement par des mamelouks d'origine géorgienne. Le premier Géorgien à accéder à ce poste aurait été Hasan Pacha (1704-1723), remplacé plus tard par Ahmed Pacha (1723-1747). Ensuite, le pays a été gouverné par Soleiman Abu Lail (1749-1762), Omar Pacha (1762-1776), Soleiman Buyuk (1780-1802), Ali Pacha (1802-1807), Saïd Pacha (1813-1816) et enfin par le plus important de tous les mamelouks géorgiens d'Irak, Daoud Pacha Manvelashvili, lequel a gouverné l'Irak de 1817 à 1831. Bien qu'il ait été arraché à sa patrie et emmené en tant que prisonnier dans l'Empire ottoman à un jeune âge, Daoud Pacha parvient à maintenir des relations avec la Géorgie. C'est avec son aide que Louarsab Orbéliani réussit à libérer de l'esclavage la mère et les frères de Daoud Pacha. En sa qualité de gouverneur de l'Irak, Daoud Pacha mène des réformes sociales, économiques et culturelles. Bien qu'il se soit rebellé contre les Ottomans en 1829-1830 et qu'il ait été vaincu lors d'une bataille contre ces derniers, le sultan a fait preuve de clémence à son égard et, au cours de la période qui a suivi, Daoud Pacha a occupé plusieurs postes de haut niveau : de 1838 à 1839, par exemple, il a dirigé le Conseil d'État de l'Empire ottoman. En 1846, Daoud Pacha s'installe à Médine et prend le poste honorifique de *cheikh al-haram*, dont les fonctions incluent la garde du tombeau du prophète Mahomet.

Tamar Abuladze

Les débuts de l'imprimerie géorgienne

Les premiers livres imprimés en géorgien apparaissent au cours du premier quart du XVIIe siècle, lorsque le royaume de Kartli-Kakhétie tente de compenser l'oppression iranienne du shah Abbas Ier en essayant d'établir des contacts avec les États européens. Une ambassade est envoyée en Italie, dirigée par le diplomate et prêtre géorgien Niceforo Irbachi (Nikoloz Irubakidzé-Choloqashvili, 1585-1658). Ce dernier est directement lié à la création d'une police de caractères géorgienne et à l'impression, au sein de la Congrégation de la Propaganda Fide à Rome, des premiers livres imprimés contenant des textes géorgiens – *Alphabetum ibericum, sive georgianum, cum oratione dominicali* [cat. 96] (*L'alphabet ibère ou géorgien avec prière dominicale*) et *Dittionario giorgiano e italiano* (*Dictionnaire géorgien-italien*) [cat. 97] en 1629.

Les évolutions ultérieures sont réalisées grâce au soutien des rois géorgiens et de leurs cercles culturels actifs vivant en émigration en Russie. À l'initiative du roi Artchil Ier, le concepteur de polices de caractères Miklós Kis crée des poinçons et des matrices pour les écritures *nuskhuri* et *mkhedruli* ; ceux-ci sont envoyés à Stockholm, où, grâce aux efforts d'Alexandre Bagrationi, prisonnier en Suède, l'imprimeur Henrik Keyser III crée une police de caractères géorgienne, qui est ensuite envoyée à Moscou, où les *Davitni* (*Psaumes de David*) sont imprimés sur la presse d'Artchil Ier en 1705.

La première imprimerie de Géorgie ouvre ses portes à Tbilissi en 1709 grâce à Vakhtang VI Bagrationi, roi de Kartli (r. 1716-1724) [fig. 81], qui fait venir le maître imprimeur Mihai Iștvanovici de Valachie dans la capitale géorgienne. En commençant

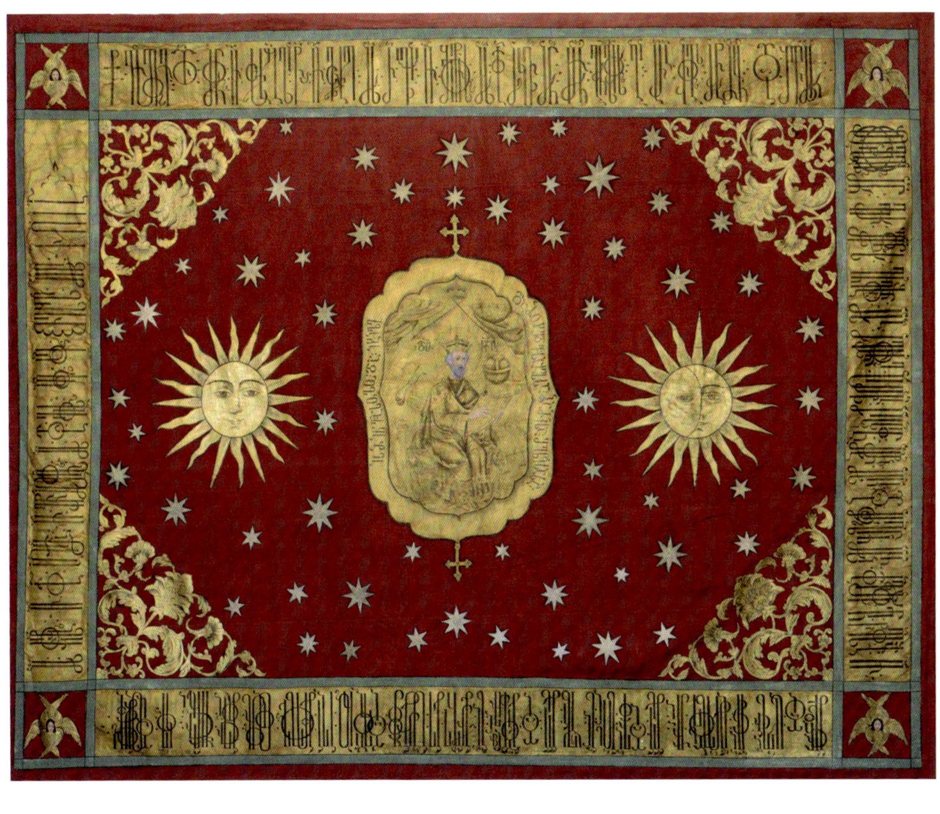

Fig. 81
Copie du drapeau du roi Vakhtang VI (1716-1724), représentant le roi biblique David, une référence à la revendication d'une origine davidique par les Bagrationi.

par les Évangiles, 11 titres sont imprimés entre 1709 et 1712, dont une édition savante du *Chevalier à la peau de panthère*, éditée et commentée par Vakhtang VI (1712). La presse est équipée de caractères géorgiens – pour les écritures *asomtavruli*, *nuskhuri* et *mkhedruli* – ainsi que de caractères grecs et latins. En outre, les livres comportent également des gravures.

L'imprimerie de Tbilissi est détruite en 1723, mais une partie de l'équipement est conservée et constitue la base d'une nouvelle activité d'impression de livres en Géorgie, dirigée par Erekle II Bagrationi, roi de Kakhétie (r. 1744-1762), puis de Kartli et de Kakhétie (r. 1762-1798), avec une nouvelle presse en service de 1749 à 1800. Cette presse est incendiée à la suite de la destruction de Tbilissi par Agha-Mohammad Khan. Grâce aux efforts du dernier roi géorgien Giorgi XII (1798-1800), l'imprimerie de Tbilissi est partiellement restaurée. Parmi les textes publiés, citons, notamment, une version géorgienne du Manifeste du tsar russe Alexandre Ier.

Des années 1820 au début des années 1900, pendant la période russe, les dirigeants du mouvement national des *Tergdaleulebi* ont créé et publié des périodiques tels que *Sakartvelos Moambe* (*La Chronique géorgienne*), *Droeba* (*Le Temps*) et *Iveria* (*L'Ibérie*), qui ont joué un rôle important pour la défense de la langue et de la culture géorgiennes et pour l'éveil de la conscience nationale de la Géorgie.

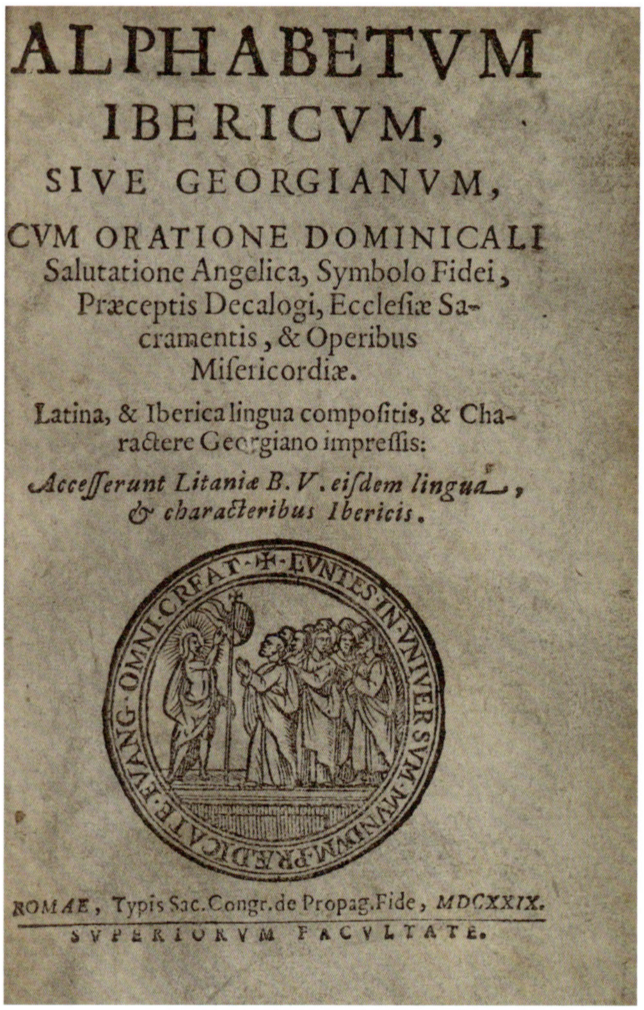

ALPHABETVM IBERICVM, SIVE GEORGIANVM, CVM ORATIONE DOMINICALI Salutatione Angelica, Symbolo Fidei, Præceptis Decalogi, Ecclesiæ Sacramentis, & Operibus Misericordiæ.

Latina, & Iberica lingua compositis, & Charactere Georgiano impressis:

Accesserunt Litaniæ B. V. eisdem lingua, & characteribus Ibericis.

ROMAE, Typis Sac. Congr. de Propag. Fide, MDCXXIX.

SVPERIORVM FACVLTATE.

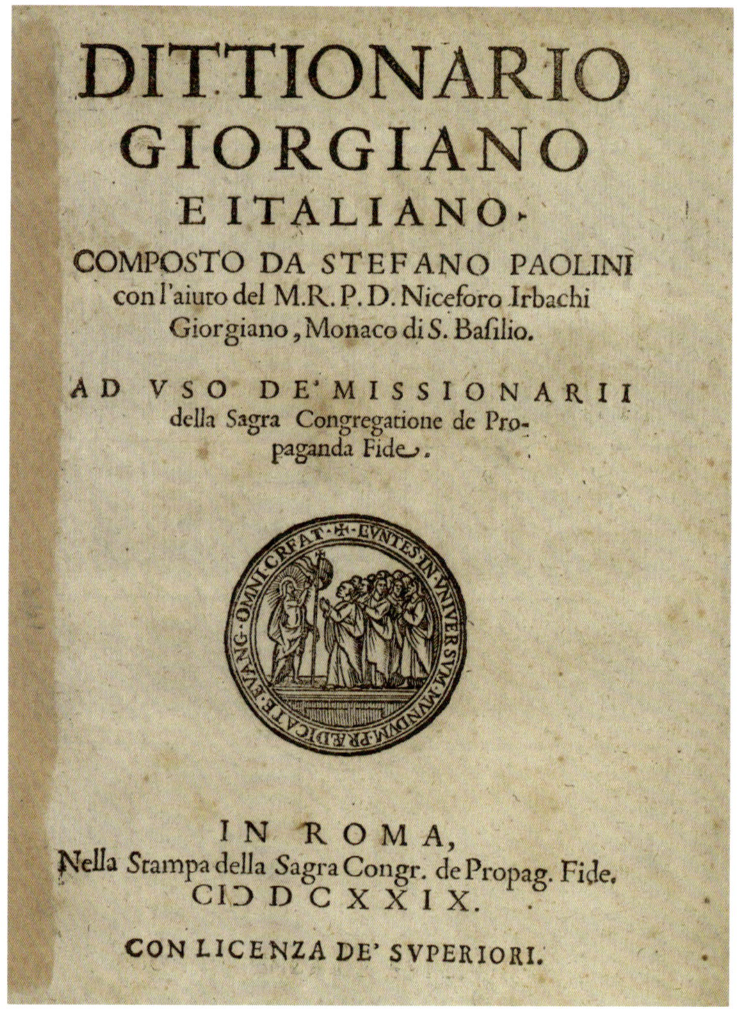

DITTIONARIO GIORGIANO E ITALIANO.

COMPOSTO DA STEFANO PAOLINI con l'aiuto del M.R.P.D. Niceforo Irbachi Giorgiano, Monaco di S. Basilio.

AD VSO DE' MISSIONARII della Sagra Congregatione de Propaganda Fide.

IN ROMA, Nella Stampa della Sagra Congr. de Propag. Fide. CIↃ DC XXIX.

CON LICENZA DE' SVPERIORI.

Cat.96
Alphabetum ibericum, sive georgianum, cum oratione dominicali, imprimé à Rome, 1629
Papier
Centre national géorgien des manuscrits Korneli Kekelidze

Cat. 97 (ci-dessus et page de droite)
Stefano Paolini, *Dittionario giorgiano e italiano*
Imprimé à Rome, 1629
Papier
Centre national géorgien des manuscrits Korneli Kekelidze

ALFABETO
GIORGIANO.

Figura.		Nome.	Potestà.
ა	ან	An	a,
ბ	ბან	Ban	b,
გ	გან	Ghan	gh, come il ג Heb. ghe, ghi.
დ	დონ	Don	d,
ე	ენ	En	e,
ვ	ვინ	Vin	u, consonante.
ზ	ზენ	Zen	z, come in Ital. Zefiro.
ჱ	ჱაი	Hai	h,
ჴ	ჴაი	Hhai	hh, come il خ Arab.
თ	თან	Than	th, come il θ Greco.
ი	ინ	In	i,
კ	კან	Kan	k,
ლ	ლას	Las	l,
მ	მან	Man	m,
ნ	ნარ	Nar	n,
ო	ონ	On	o,
პ	პარ	Par	p,
რ	რაი	Rai	r,
ჟ	ჟან	jan	j, come in Spagnuolo, hijo.
ს	სან	San	ſ,
ტ	ტარ	Tar	t,
უ	უნ	Vn	u, Vocale.

A ვ

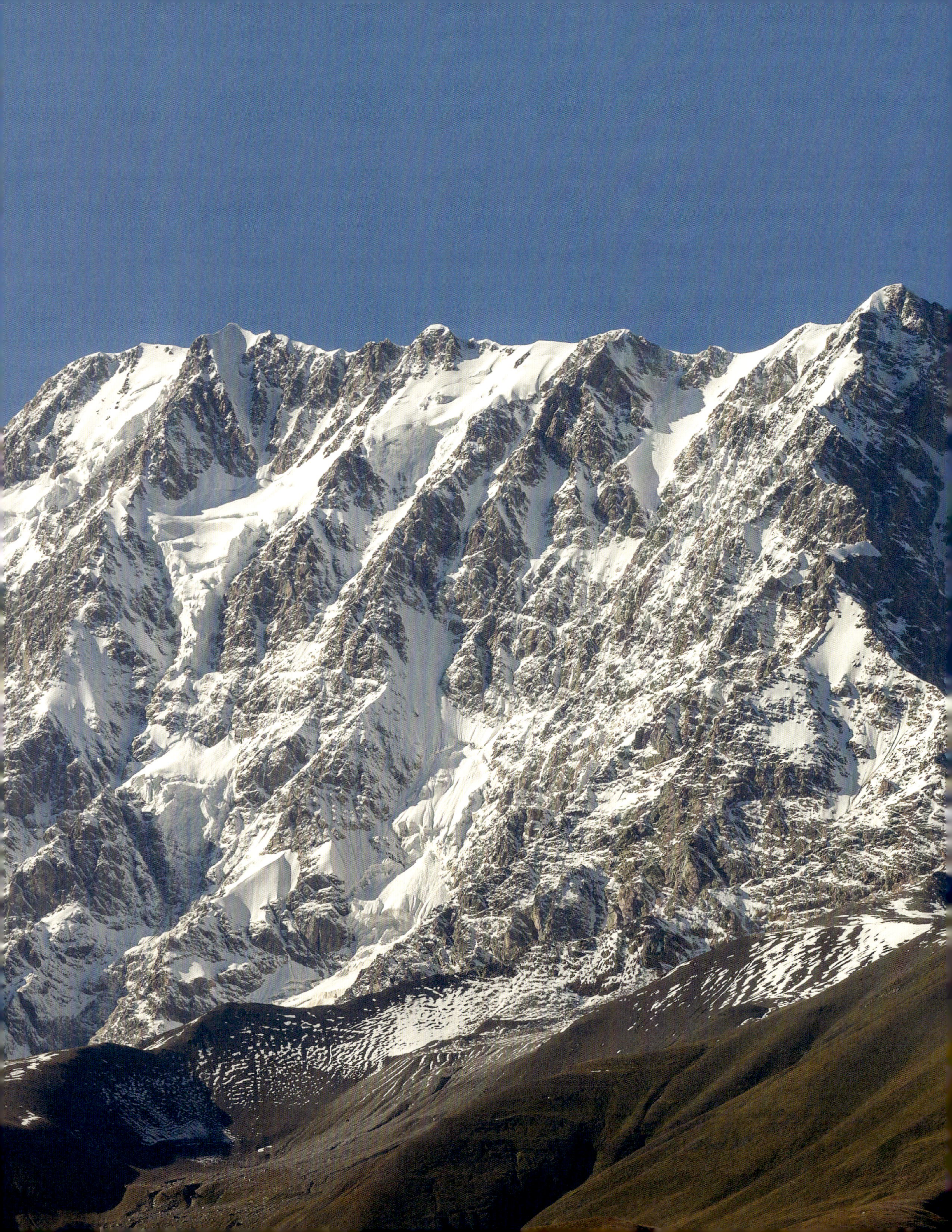

Chapitre 7

Des derniers royaumes à l'annexion russe

(XVIIIe siècle)

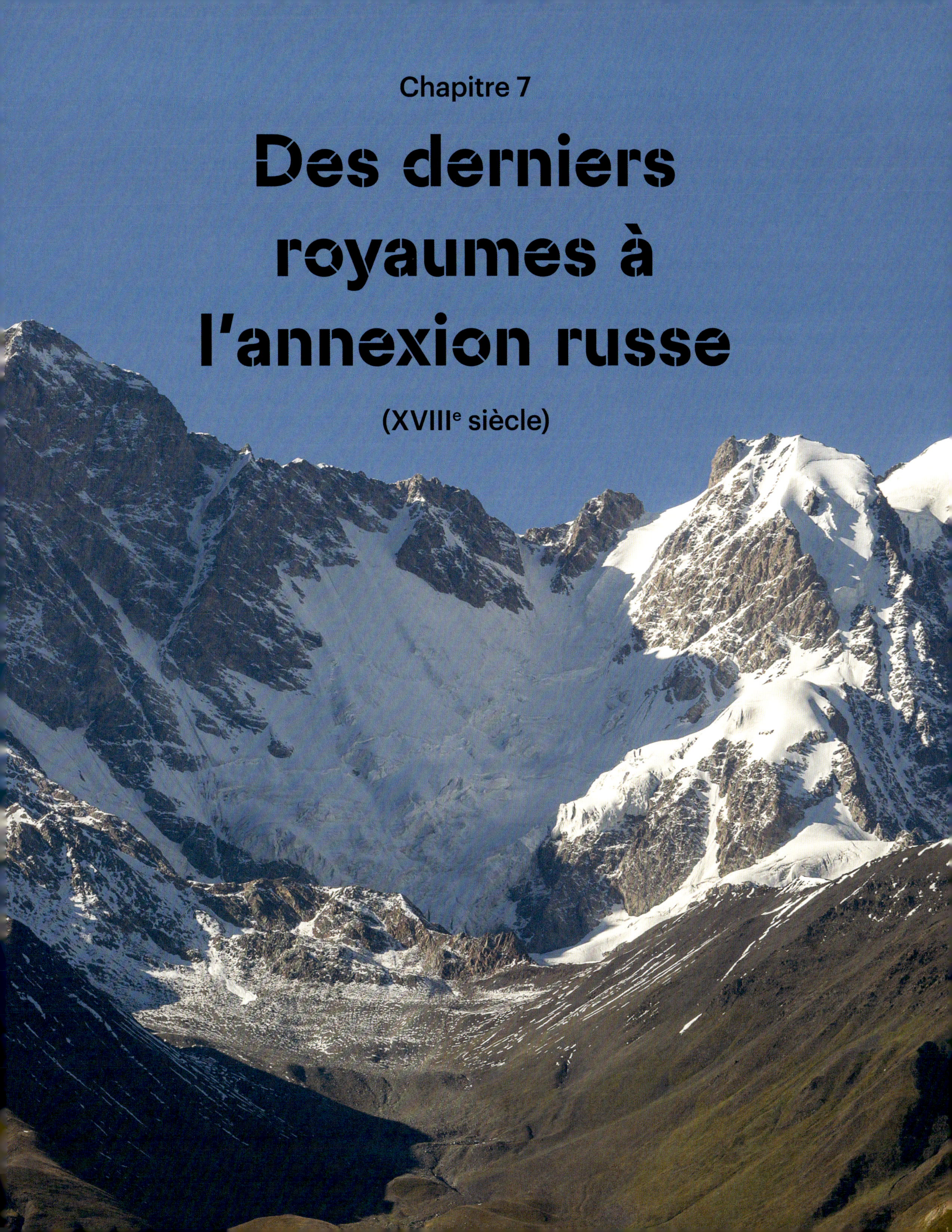

Aldo Ferrari

La lutte pour la survie : la fin de l'indépendance politique de la Géorgie

Le XVIIIe siècle représente une période extrêmement complexe pour la Géorgie. Si plusieurs rois ont tenté de renouer avec la grandeur du passé, cette aspiration a également été fortement entravée par la fragmentation politique du pays. Cet éclatement a commencé dès le XVe siècle, faisant de la Géorgie une proie facile pour de puissants voisins musulmans. En effet, les régions occidentales, en particulier le royaume d'Imérétie, sont placées sous l'hégémonie ottomane, tandis que les royaumes orientaux de Kartli et de Kakhétie tombent dans l'orbite politique de la Perse. Les rois géorgiens ont parfois dû intervenir dans les guerres opposant les Ottomans et les Perses en prenant parti pour l'un des deux rivaux, et nombre d'entre eux ont dû se convertir à l'islam, même si ce n'était que de manière fictive, afin de conserver leur royaume. Tel a également été le cas de l'un des plus grands rois de l'histoire géorgienne, Vakhtang VI, régent (*janishin*) de Kartli en 1703, lequel a joué un rôle primordial dans le renouveau politique, social et culturel de la Géorgie, par exemple en rédigeant un important recueil de lois (*dasturlamali*) en 1707-1709 et en créant à Tbilissi, en 1709, la première imprimerie sur le territoire de la Géorgie [fig. 82]. Alors qu'il est emprisonné en Perse parce qu'il avait refusé de se convertir à l'islam, Vakhtang parvient à envoyer son principal conseiller, Sulkhan-Saba Orbéliani, afin de solliciter l'aide des puissances européennes – le roi de France et le pape – contre les musulmans qui menacent la Géorgie. L'échec de cette mission conduit Vakhtang à se convertir officiellement à l'islam. En 1716, il est alors reconnu roi de Kartli par le shah et, en 1719, il est autorisé à retourner dans son pays.

Ses aspirations politiques rencontrent alors celles de la Russie, État chrétien orthodoxe comme la Géorgie, désireuse de s'étendre vers le Caucase du Sud. En 1722, les Russes, menés par Pierre le Grand, l'emportent facilement sur les Perses et occupent certaines régions de la côte de la mer Caspienne avec les villes de Derbent et de Bakou (dans l'actuel Azerbaïdjan), ainsi que les provinces de Guilan et de Mazandéran en Iran. Face à la réaction négative de l'Empire ottoman et afin d'éviter une confrontation directe avec Constantinople, Pierre le Grand, en échange de la reconnaissance de ses récentes acquisitions sur les côtes de la mer Caspienne, permet aux Ottomans d'occuper la région du Caucase occidental, abandonnant ainsi les Géorgiens (et les Arméniens, notamment du Karabagh, qui se battaient à leurs côtés). Vakhtang est alors contraint de quitter son pays et de se réfugier en Russie, où il meurt en 1737. Avec lui, de nombreux personnages importants de la société géorgienne s'installent en Russie, tels que Sulkhan-Saba Orbéliani, ainsi que le prince Vakhoushti, fils de Vakhtang, qui écrit en exil une remarquable *Description du royaume de Géorgie* [cat. 99].

Cette première tentative d'alliance entre la Géorgie et la Russie débouche sur une courte mais terrible période de domination ottomane, connue en géorgien sous le nom d'*osmanloba* (1723-1735). Cette période s'achève en 1735 lors du retour de la puissance perse dans le Caucase du Sud sous l'égide d'un nouveau souverain, Nader Shah. En récompense pour leur aide dans ses campagnes militaires, Nader Shah a permis en 1744 à Theimouraz et à son fils Erekle d'être couronnés respectivement roi de Kartli et de Kakhétie.

Dans le chaos qui suit l'assassinat de Nader Shah en 1747, Theimouraz et Erekle parviennent à s'établir dans une grande partie du sud-est du Caucase et, pendant quelques décennies, la Géorgie semble pouvoir renouer avec les jours glorieux

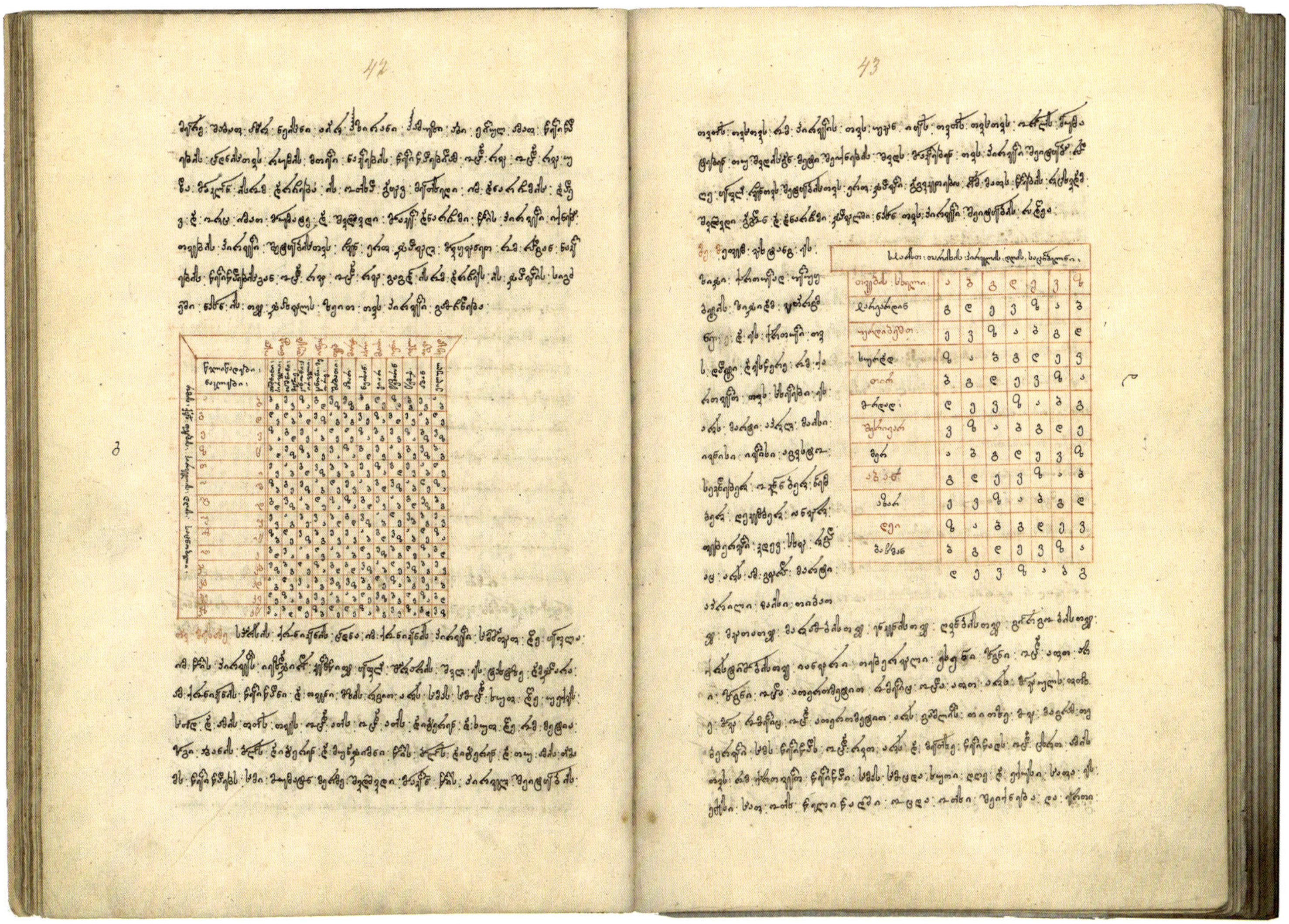

Le roi Vakhtang VI a également travaillé comme traducteur d'ouvrages scientifiques en géorgien.

Fig. 82
Ulughbeg, *Zijj* (*Catalogue d'étoiles*) (S-161)
Traducteur : Roi Vakhtang VI, 1735-1737
Papier
Lieu de copie : Russie
Centre national géorgien des manuscrits Korneli Kekelidze

du passé. À la mort de son père en 1762, Erekle II réunifie les royaumes de Kartli et de Kakhétie, puis étend son pouvoir sur les khanats du Karabagh, de Gandja et d'Erevan, créant ainsi un vaste état multiethnique, au sein duquel les Géorgiens, en particulier la noblesse, jouent un rôle politique prédominant, tandis que les Juifs et principalement les Arméniens sont dominants dans les villes.

En Géorgie occidentale, Solomon Ier (1752-1765, 1768-1784) d'Imérétie s'oppose avec ténacité aux Ottomans, notamment en interdisant leur lucratif commerce d'esclaves qui, pendant des siècles, a été un véritable fléau pour la société géorgienne. Contraint de céder le trône pendant quelques années en raison d'une invasion ottomane, il reprend le contrôle de son pays, et décide en 1769, en accord avec Erekle, de demander à nouveau l'aide de la Russie.

Catherine II relance en effet certains projets de la politique étrangère de Pierre le Grand dans le Caucase, toujours en lien partiel avec les aspirations des Géorgiens, menacés non seulement par les Empires ottoman et perse mais également par les raids incessants des montagnards du Caucase du Nord, notamment les Lezguiens.

La fragmentation politique interne et les constantes menaces extérieures rendent l'orientation de la Géorgie vers la Russie plus nécessaire que jamais. Durant la guerre russo-ottomane de 1768-1774, Saint-Pétersbourg accepte la demande d'aide de la Géorgie et envoie dans le Caucase du Sud une unité commandée par le général Gottlob Tottleben. Mais les avantages sont limités : Tottleben abandonne les Géorgiens au moment crucial du conflit, et la mission envoyée par Erekle II en 1773 en vue de signer un traité d'alliance arrive à Saint-Pétersbourg alors que la Russie est bouleversée par la révolte de Pougatchev et ne souhaite donc pas s'impliquer dans les aventures caucasiennes. En 1774, la Russie signe le traité de paix de Kutchuk-Kaïnardji, ignorant les intérêts géorgiens et reconnaissant la souveraineté ottomane sur la Géorgie occidentale. Malgré cette nouvelle déception, Erekle poursuit les négociations avec Saint-Pétersbourg, ce qui aboutit au traité de Georgievsk (1783), stipulant qu'Erekle et ses descendants peuvent rester sur le trône à condition que les nouveaux rois soient approuvés par Saint-Pétersbourg. En outre, la noblesse géorgienne est mise sur un pied d'égalité avec la noblesse russe, une armée russe doit être placée en Kartli-Kakhétie et la politique étrangère du pays doit suivre les directives de Saint-Pétersbourg. La même année, la Russie commence la construction de la célèbre Route militaire géorgienne afin de relier les deux côtés du Caucase.

Cependant, le traité de Georgievsk ne garantit pas aux Géorgiens la sécurité pour laquelle Erekle a renoncé à une partie de sa souveraineté. En effet, lorsqu'une nouvelle guerre avec l'Empire ottoman éclate en 1787, le contingent russe stationné en Kartli-Kakhétie est transféré sur le front des Balkans, Saint-Pétersbourg manquant manifestement à son engagement vis-à-vis du traité de Georgievsk.

Malgré le désengagement de la Russie dans la région, l'Empire ottoman n'a pas tenté de l'envahir pendant la guerre. Toutefois, le shah de Perse, Agha-Mohammad Khan, le fait en 1795 : les Géorgiens sont vaincus, la capitale Tbilissi est conquise et mise à sac, et le roi Erekle s'enfuit à Ananuri. Pour tenter de reprendre le contrôle de la situation, Catherine II met rapidement sur pied une expédition militaire confiée au général Valérien Zoubov. En 1796, l'armée russe revient en force dans le Caucase du Sud, chasse les Perses et occupe Bakou, Derbent et Tbilissi. Cependant, Catherine II meurt et le nouvel empereur, Paul Ier, rappelle son armée victorieuse. La conquête finale de la Géorgie par les Russes n'allait pas tarder.

À la mort du roi Erekle II en 1797, le nouveau roi, Giorgi XII, craignant une nouvelle invasion perse et menacé par les intrigues dynastiques de ses frères, envoie une ambassade à Saint-Pétersbourg pour demander que le royaume de Kartli-Kakhétie rejoigne l'Empire russe à la condition que lui et ses successeurs puissent rester sur le trône. Toutefois, la demande s'avère contradictoire. Giorgi a probablement à l'esprit une forme de vassalité similaire à la relation que son pays entretenait auparavant avec la Perse, mais ce type de relation n'existe pas dans l'Empire tsariste. Et, en décembre 1800, Paul Ier proclame tout simplement l'annexion du royaume de Kartli-Kakhétie. Giorgi XII meurt avant la fin de l'année 1800, et son fils aîné, David, s'autoproclame régent, tandis que son frère Alexandre entre au service de la Perse, tout en posant sa candidature au trône de Géorgie. La situation se complique encore en mars 1801 en raison de l'assassinat de Paul Ier dans le cadre d'une conspiration de palais. En septembre 1801, le nouvel empereur Alexandre Ier confirme l'annexion de la Géorgie orientale à la Russie. Les régions occidentales du pays sont également rattachées à l'Empire russe au cours des années suivantes.

Le XVIIIe siècle, marqué par de grands efforts politiques et culturels en vue de redonner à la Géorgie sa grandeur d'antan, s'achève avec le début de l'extinction de son indépendance fragmentée et l'inclusion de l'ensemble du pays dans l'Empire russe.

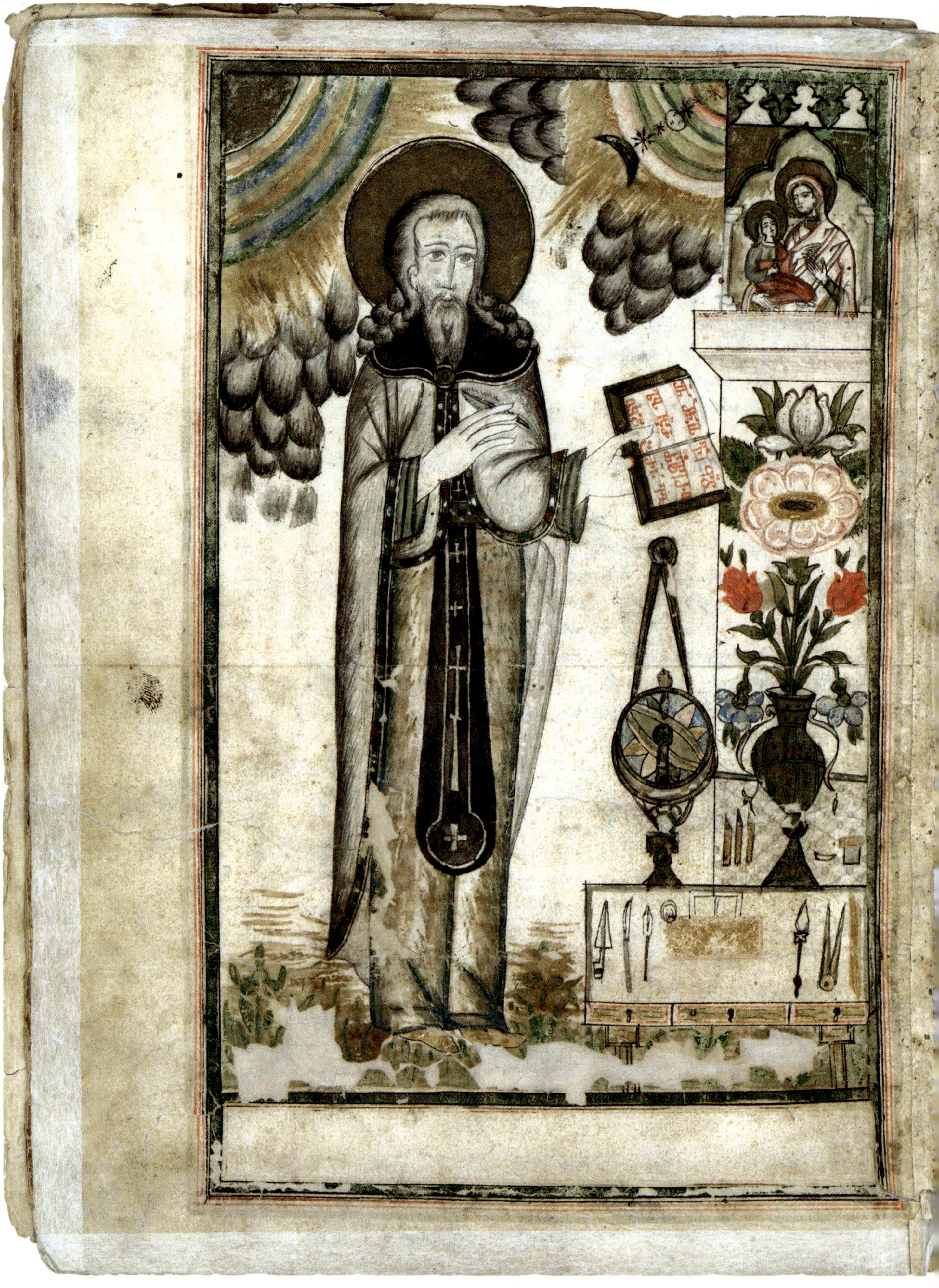

Valeri Asatiani

L'ambassade de Sulkhan-Saba Orbéliani en Europe

Sulkhan-Saba Orbéliani, élevé à la cour de Géorgie, était un partisan du roi de Kartli, Giorgi XI (1676-1688, 1703-1709), et s'est retrouvé en exil avec lui à la suite de l'ascension du roi islamisé Erekle I (Nazar Ali Khan) sur le trône de Kartli en 1688. Sulkhan-Saba Orbéliani se convertit secrètement au catholicisme en 1687 ou 1692, puis entre dans les ordres monastiques en 1698 au monastère de Saint-Jean-Baptiste dans le complexe monastique de David Gardja, où il s'installe sous le nom de Saba. Sulkhan-Saba redevient politiquement actif en 1703 lors de l'accession au trône de Vakhtang VI, à l'éducation et à la formation duquel il avait beaucoup contribué. Il devient le conseiller politique du roi et initie des réformes économiques et culturelles.

Le 12 avril 1712, Vakhtang entreprend un périple en Iran en vue de se faire confirmer roi de Kartli. Invité à se convertir à l'islam pour recevoir l'assentiment du shah, le roi refuse, espérant que l'Europe allait le soutenir dans la défense de la foi chrétienne.

En effet, la seconde moitié du XVIIe siècle et le début du XVIIIe siècle voient la France emporter des succès croissants au Proche-Orient. En 1711, avant de se rendre en Iran, le missionnaire français Jean Richard avait séjourné à Tbilissi, où il avait rencontré le roi Vakhtang ainsi que Sulkhan-Saba Orbéliani et avait été informé de la situation du christianisme au Kartli. Lors de cette visite, Jean Richard avait conclu que si Rome et Paris souhaitaient répandre le catholicisme en Orient, la Géorgie était susceptible de constituer une tête de pont fiable dans le cadre de leurs efforts.

Le 17 août 1713, Sulkhan-Saba Orbéliani et Jean Richard partent pour l'Europe en mission diplomatique, laquelle prévoit qu'ils se rendent d'abord à Paris, puis à Rome. Sulkhan-Saba Orbéliani devait demander au roi de France Louis XIV d'user de son influence afin que Vakhtang VI soit libéré de sa captivité en Perse et revienne sur le trône, avec l'espoir aussi que le pape agisse en tant que médiateur et apporte son soutien à Vakhtang VI, conjointement avec le roi de France.

Le 23 janvier 1714, Sulkhan-Saba Orbéliani arrive à Marseille, où il écrit au pape Clément XI en vue de solliciter l'aide de Louis XIV. Le pape accède à cette demande et, le 21 mars 1714, Sulkhan-Saba Orbéliani arrive à Paris et présente à la cour de France une lettre de Vakhtang VI exprimant le grand désir de ce dernier d'établir un contact avec la France. Entre-temps, Paris avait reçu une lettre du pape adressée au roi de France concernant l'aide à apporter à Vakhtang VI.

En mai 1714, Sulkhan-Saba Orbéliani rencontre une seconde fois les représentants de la cour de Louis XIV. En dépit d'un accueil chaleureux, la demande d'aide de Sulkhan-Saba Orbéliani est poliment refusée, car les puissances d'Europe occidentale, dont la France, ont leurs propres intérêts commerciaux et économiques en Iran. Ces mêmes puissances voient également dans ce pays un allié potentiel contre l'Empire ottoman. Malgré le soutien de Rome, la mission diplomatique de Sulkhan-Saba Orbéliani en Europe n'aboutit à aucun résultat. Ce dernier retourne alors en Géorgie en 1716.

Il suit le roi Vakhtang VI dans son exil en Russie et meurt le 26 janvier 1725 ; il est enterré à Vsekhsvyatskoye.

Cat. 98
Sulkhan-Saba Orbéliani, *Sitkvis Kona* (littéralement « *Bouquet de mots* », le premier dictionnaire explicatif complet de la langue géorgienne) (S-4748)
Portrait probable de Sulkhan-Saba Orbéliani
Copié et illustré par Alexi-Meskhishvili, 1730
Papier
Centre national géorgien des manuscrits Korneli Kekelidze

Valeri Asatiani

Les élites géorgiennes à la cour de Russie

À la suite de la chute de Constantinople en 1453, la Géorgie s'est retrouvée coupée des sphères culturelles de Byzance et de l'Europe occidentale et entourée par le monde islamique. À partir de cette période, les royaumes de Géorgie orientale et occidentale n'ont cessé de chercher à établir des relations diplomatiques avec la cour de Russie, dans l'espoir non seulement de nouer des liens commerciaux et économiques avec elle, mais également d'obtenir son aide militaire dans la lutte contre leurs oppresseurs musulmans. Au cours des XVIIe et XVIIIe siècles, lorsqu'aux assauts de l'Iran et de l'Empire ottoman s'ajoutent les incursions impitoyables des Lezguiens du Daghestan, la situation des royaumes géorgiens devient particulièrement délicate. Toutefois, les tentatives entreprises par les Géorgiens en vue de se sortir de cette situation difficile avec l'aide de la Russie sont vaines. En effet, l'objectif de l'Empire russe est d'établir son pouvoir sur la mer Noire et la mer Caspienne et de ramener le Caucase à l'intérieur de ses frontières. À cette fin, des membres de la famille royale géorgienne ont commencé à être déplacés de la Géorgie vers la Russie, rendant ainsi impossible la restauration du trône géorgien et le maintien de la nation en tant qu'État indépendant.

En 1680, le roi Artchil d'Imérétie (1647-1713) envoie un émissaire à Moscou en vue de solliciter une aide militaire. À partir de 1682, l'aggravation de la situation l'oblige à se rendre personnellement en Russie et à demander au tsar Fédor III (1676-1682) de l'autoriser à s'y installer, mais sa mission se solde par un échec. Finalement, en 1699, les tensions politiques obligent le roi à se rendre à Moscou en compagnie de l'ensemble de sa famille, où ils sont accueillis plus chaleureusement par Pierre le Grand (1672-1721).

Dans un premier temps, les représentants de la famille royale des Bagrationi au sein des communautés géorgiennes établies à Moscou et à Saint-Pétersbourg tentent de préserver le système éducatif national et les enfants issus de la noblesse géorgienne sont éduqués exclusivement en langue géorgienne. Cependant, il est rapidement apparu que pour permettre aux jeunes Géorgiens de se familiariser avec les avancées scientifiques et culturelles qui avaient été introduites en Russie par l'Occident, mais aussi de les maîtriser, il serait nécessaire de les intégrer dans les systèmes militaires et éducatifs de l'Empire russe ; cette démarche leur permettrait également de populariser la culture chrétienne européenne et russe au sein d'une Géorgie fortement influencée par la culture islamique. Les jeunes Géorgiens ont également la possibilité de fréquenter les différents collèges militaires de l'Empire et de maîtriser les éléments essentiels des théories militaires les plus avancées de l'époque avec des carrières militaires commençant par la formation qu'ils reçoivent au sein du Corps des Cadets. Cette intégration s'est avérée fructueuse. Deux branches de la dynastie des Bagrationi, bien connues en Russie sous les noms de Gruzinsky et Imeretinsky, ont pris de l'importance et ont joué un rôle remarquable dans la vie militaire et culturelle de l'Empire.

Les Géorgiens ont également cherché à rapprocher les nobles géorgiens et russes par le biais de mariages. Ainsi, le fils d'Artchil, Alexandre, épouse la fille d'Ivan Miroslavsky en 1687. Une fois installé avec son entourage à Moscou, le roi Artchil entame une période d'activité culturelle extraordinairement productive, créant des œuvres originales de la littérature géorgienne telles que les *Artchiliani* et les *Theimuraziani*, ainsi que d'autres recueils de poèmes. Par ailleurs, il traduit en géorgien la littérature ecclésiastique et théologique ainsi que des œuvres telles que les *Aleksandriani* et les *Visramiani*. Il fonde également une imprimerie géorgienne à Moscou.

Le fils d'Artchil, Alexandre Bagration-Imeretinsky (1674-1711), qui était un ami proche de Pierre le Grand, est nommé premier général de l'artillerie de l'Empire par décret du tsar, promulgué le 19 mai 1700. Pierre le Grand avait déjà emmené Alexandre avec lui en Europe en 1697 en tant que membre de sa Grande Ambassade, dont l'objectif était d'étudier la construction navale et de s'informer sur les progrès contemporains de la civilisation européenne afin de les apporter en Russie.

En 1723, sur ordre de Pierre le Grand, les nobles géorgiens commencent à être acceptés dans les rangs de l'armée impériale. Les premières unités géorgiennes voient ainsi le jour et les jeunes membres de la communauté géorgienne gravissent progressivement les échelons. Le 30 novembre 1729, le prince géorgien Bakar, qui avait reçu le grade de lieutenant-général, est nommé commandant de l'artillerie de la région de Moscou. Le 25 mars 1738, sur ordre de la tsarine Anna (1693-1740), la première formation nationale géorgienne de l'armée russe – la Compagnie des Hussards géorgiens – est créée, dont le premier chef était un autre membre de la dynastie des Bagrationi, Mamuka Bagration-Mukhraneli.

Dès le 17 mai 1738, les Hussards géorgiens, dont l'effectif s'était accru sur la base d'une décision du Sénat, comptaient un grand nombre de membres de la noblesse géorgienne, notamment des membres de familles nobles aussi importantes que les Orbéliani, les Amilakhvari, les Eristavi, les Andronikashvili, les Tcholoqashvili et les Guramishvili. En 1741, les Hussards géorgiens de l'armée russe comptaient quatre compagnies ; un Régiment de Hussards géorgiens sera formé ultérieurement en leur sein. Le courage, les prouesses martiales et l'habileté à diriger dans le chef des Géorgiens se reflètent dans les succès militaires qu'ils remportent, car, au XVIIIe siècle, les forces géorgiennes participent à pratiquement toutes les batailles et campagnes importantes menées par les Russes.

Les réalisations culturelles et scientifiques géorgiennes en Russie atteignent leur apogée après le 15 juillet 1724, lorsque la situation politique tendue en Géorgie contraint le roi Vakhtang VI (1675-1737) à se réinstaller à Moscou. Le roi et son entourage de près de 1.200 personnes poursuivent brillamment la tradition de leurs prédécesseurs. Les œuvres originales les plus importantes de la littérature géorgienne créées au cours de cette période comprennent la *Description du royaume de Géorgie* de Vakhoushti Bagrationi (1706-1757), qui relate l'histoire de la Géorgie depuis l'Antiquité jusqu'au XVIIIe siècle et présente également la géographie, les différentes régions et les coutumes du pays [cat. 99]. En outre, soulignons l'importance des activités de traduction des Géorgiens actifs en Russie, qui ont permis aux membres de la société géorgienne de se familiariser avec la littérature et l'érudition russes et européennes dans leur langue maternelle.

Les Géorgiens poursuivent des grandes carrières au sein de l'armée russe. Le lieutenant-général Ivané Bagrationi, fils de Vakhoushti Bagrationi, participe à la guerre de Sept Ans (1756-1763) et à la guerre russo-turque (1768-1774) et dirige également le Corps sibérien. Le colonel géorgien Dimitri Tsitsishvili est nommé chef de la Légion des grenadiers en 1786 et promu général de division sur ordre de Catherine II. Le même grade est aussi attribué au colonel géorgien Simon Gangeblidzé pour ses services dans les guerres menées par la Russie contre la Suède, la Prusse et la Turquie (1768-1774). Kirilé Bagrationi (1750-1828) est une autre personnalité militaire géorgienne qui a participé à deux guerres russo-turques (1768-1774 ; 1787-1791), à la Campagne de Pologne (1793-1794) et également à une campagne victorieuse en 1795 contre le shah d'Iran, Agha Mohammad Khan. Le général Pétré Bagrationi (1765-1812), qui, en 1799, prend part avec son régiment à la campagne d'Alexandre Souvorov en Italie et en Suisse, devient particulièrement illustre à la suite des opérations réussies lors des batailles d'Austerlitz (1805) et de Borodino (1812).

Les universités de Moscou et de Saint-Pétersbourg jouent un rôle important dans la vie des jeunes Géorgiens de cette époque. Les étudiants géorgiens acquièrent des connaissances approfondies en matière d'érudition et de littérature russes et européennes, travaillent avec d'éminentes personnalités russes dans ces domaines, et jouent un rôle actif dans la vie publique. Les divers travaux académiques des Géorgiens vivant en Russie revêtent également une grande importance. Les œuvres de Lomonosov, Sumarokov, Derzhavin et Karamzin, pour ne citer que quelques exemples, ont été traduites en géorgien. Un nouveau genre, celui des mémoires de voyage, se développe, tandis que la culture géorgienne devient également populaire en Russie, ce qui favorise les déplacements de diplomates, de voyageurs, de pèlerins et de marchands entre la Russie et la Géorgie.

Les Géorgiens déploient de grands efforts afin de poursuivre les activités importantes pour leur nation depuis leur nouvel environnement en Russie. Ainsi, un abécédaire géorgien est imprimé en Russie dès 1730, et un abécédaire russo-géorgien dans les années 1737-1744. L'*Histoire de la Géorgie* de David Bagrationi est publiée en 1796, tandis que l'ouvrage du célèbre historien et bibliographe russe Evgueni Bolkhovitinov (1767-1837), *Un portrait historique de la Géorgie du point de vue de sa situation politique, ecclésiastique et éducative*, présente pour la première fois aux lecteurs russes des extraits du *Chevalier à la peau de panthère*, suscitant l'intérêt pour le poème, non seulement dans les cercles académiques russes mais également dans ceux de l'Europe occidentale.

L'école de kartvélologie de Saint-Pétersbourg, créée par le membre honoraire de l'Académie impériale russe Theimouraz Bagrationi (1782-1846) et l'universitaire français Marie-Félicité Brosset (1802-1880), a également joué un rôle très important dans la formation de l'esprit européen des jeunes Géorgiens. De nombreux universitaires et intellectuels géorgiens de renom ont été formés au sein de cet établissement.

Cat. 99 (ci-contre et page suivante)
Vakhoushti Bagrationi, *Atlas et description du royaume de Géorgie*
1743-1755
Papier
Archives nationales de Géorgie

L'Atlas contient 19 cartes (à la page suivante : la carte de Somkhit-Sabaratiano et Satsitsiano) et deux arbres généalogiques de la famille Bagrationi.

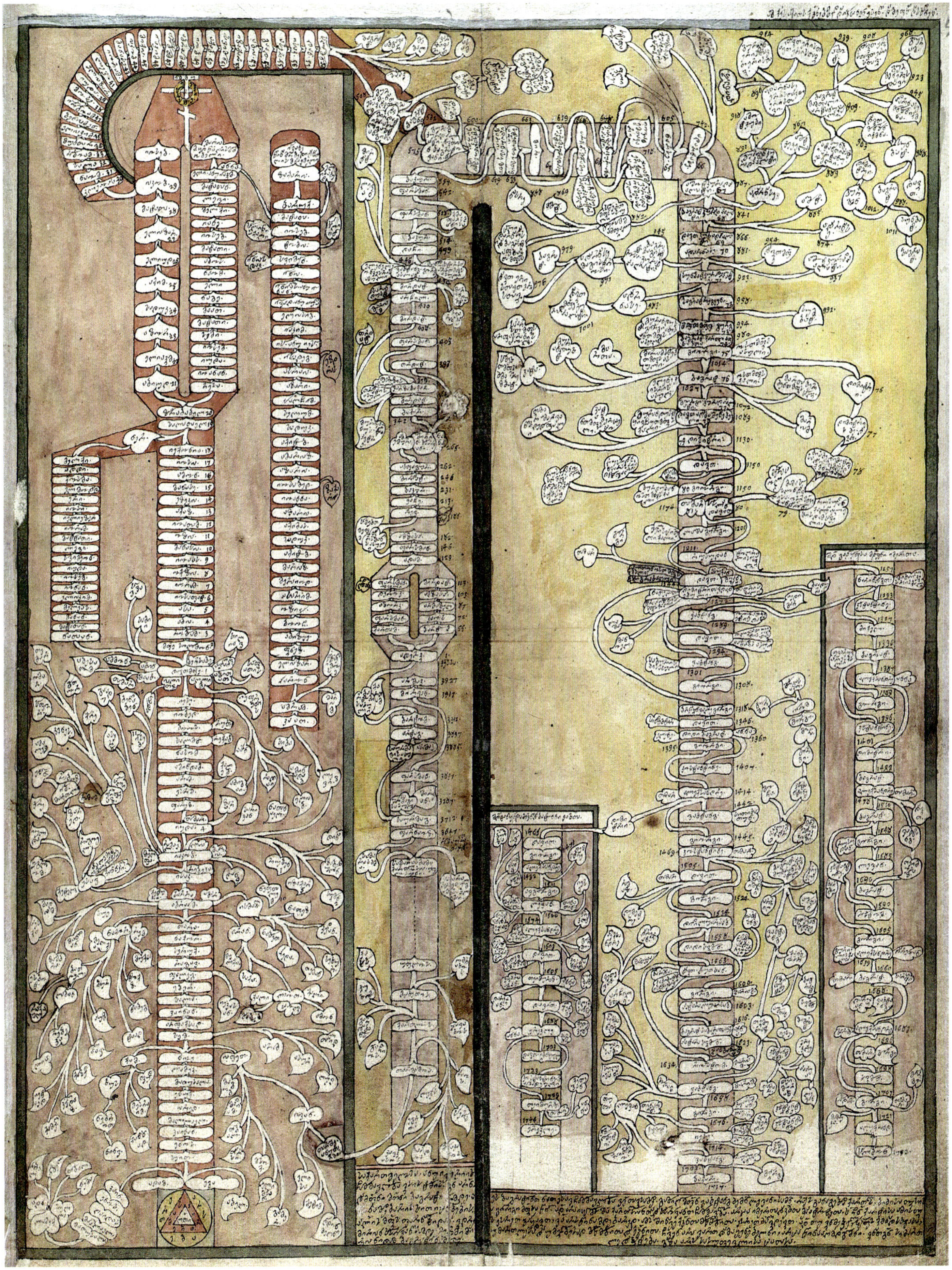

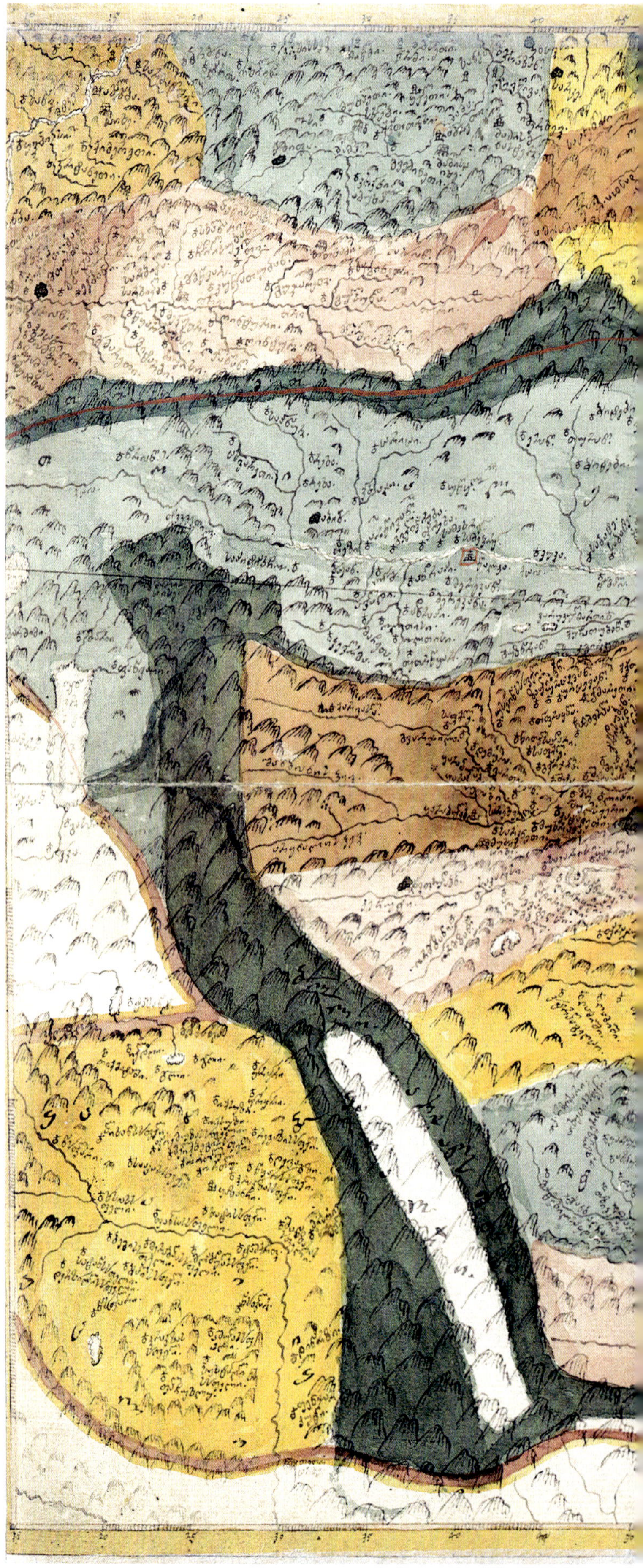

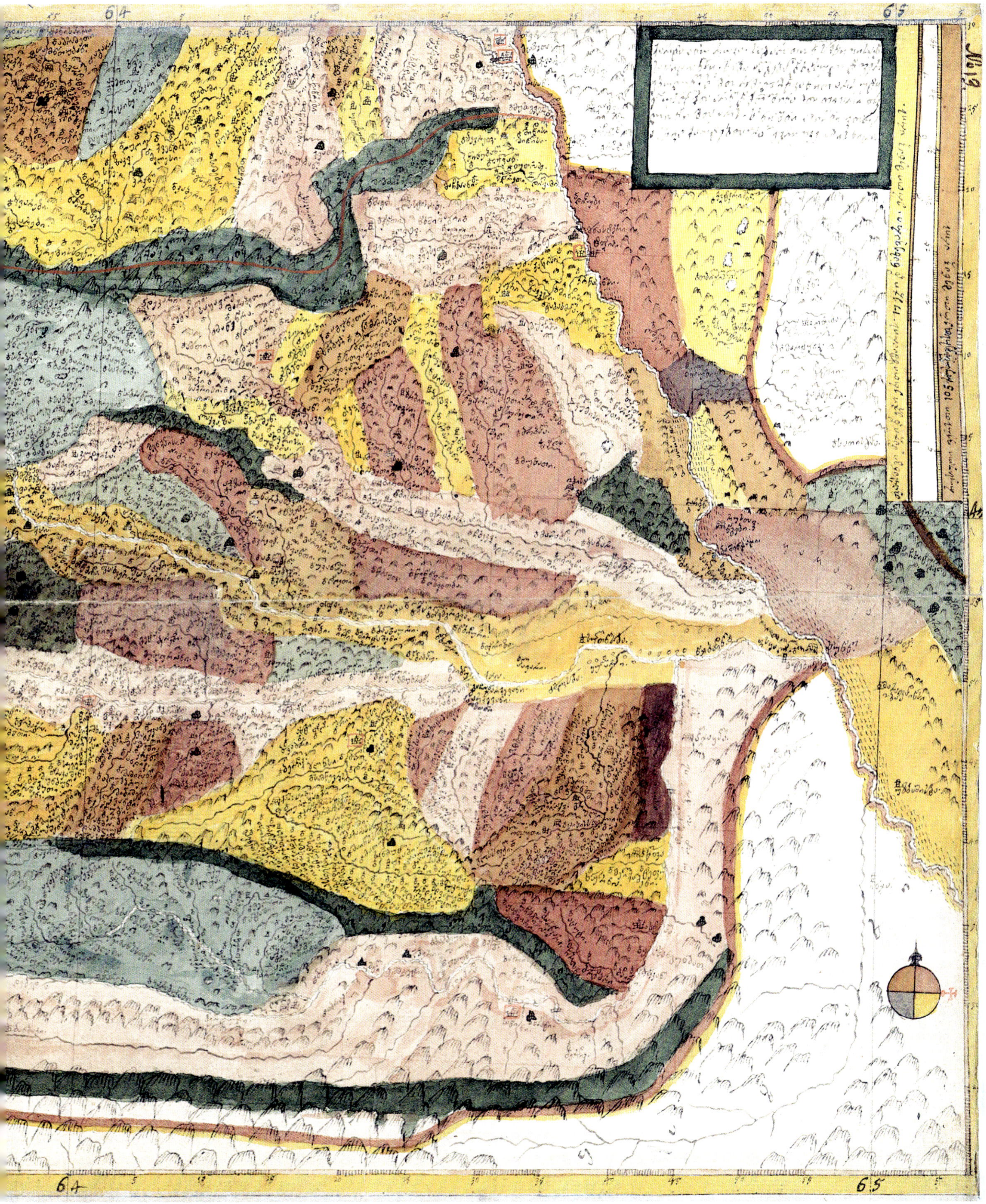

Bibliographie

Généralités

Région du Caucase

- Ch. A. Burney et D. M. Lang, *The Peoples of the Hill: Ancient Ararat and Caucasus*, London 2001.
- G. M. Yemelianova et L. Broers (édit.), *Routledge Handbook of the Caucasus*, Londres et New York 2020.

Géorgie

- W. E. D. Allen, *A History of the Georgian People*, Londres 1932.
- D. M. Lang, *The Georgians* (Ancient Peoples and Places 51), Londres 1966.
- N. Pernot, *Géorgie hors du temps/Timeless Georgia*, 2018.
- S. Rapp Jr et P. Crego (édit.), *Languages and Cultures of Eastern Christianity: Georgian* (The Worlds of Eastern Christianity, 330-1500 5), Farnham and Burlington 2012.
- I. Reissner, *La Géorgie. Histoire – Art – Culture*, adaptation française de l'édition allemande sous la direction de B. Coulie, Turnhout 1990.

Histoire : généralités

- N. Assatiani et A. Bendianachvili, *Histoire de la Géorgie*, Paris 1997.
- T. Dundua, *History of Georgia*, Tbilissi 2017.
- H. Fähnrich, *Geschichte Georgiens* (Handbook of Oriental Studies/Handbuch der Orientalistik VIII, 21), Leiden et Boston 2010.
- M. Jansen, *Belaagd paradijs. Een geschiedenis van Georgië*, Amsterdam 2021.
- M. Lordkipanidze, *Essays on Georgian History*, Tbilissi 1994.
- D. Rayfield, *Edge of Empires. A History of Georgia*, Londres 2012.
- P. Razoux, *Histoire de la Géorgie. La clé du Caucase*, Paris 2009.
- K. Salia, *Histoire de la nation géorgienne*, Paris 1980.
- R. G. Suny, *The Making of the Georgian Nation*, Bloomington 1994.
- C. Toumanoff, *Studies in Christian Caucasian History*, Washington 1963.

Histoire : périodes

Préhistoire - Vin - Or

- L. Giemisch et S. Hansen (édit.), *Gold & Wein. Georgiens älteste Schätze, 6. Oktober 2018-10. Februar 2019, Archäologisches Museum Frankfurt*, Mainz am Rhein 2018.
- S. Hansen, A. Hauptmann, I. Motzenbäcker et E. Pernicka (eds.), *Von Majkop bis Trialeti: Gewinnung und Verbreitung von Metallen und Obsidian in Kaukasien im 4.-2. Jt. v. Chr. Beiträge des Internationalen Symposiums in Berlin vom 1.-3. Juni 2006* (Kolloquien zur Vor- und Frühgeschichte 13), Bonn 2010.
- D. Lordkipanidze (édit.), *Georgia, the cradle of viticulture*, Tbilissi 2017.
- O. Lordkipanidze, *Archäologie in Georgien: von der Altsteinzeit zum Mittelalter* (Quellen und Forschungen zur prähistorischen und provinzialrömischen Archäologie 5), Weinheim 1991.
- A. Miron and W. Orthmann (édit.), *Unterwegs zum Goldenen Vlies: Archäologische Funde aus Georgien*, Stuttgart 1995.
- A. Sagona, *The Archaeology of the Caucasus: From Earliest Settlements to the Iron age*, New York 2018.
- A. Sagona and M. Abramishvili (édit.), *Archaeology in Southern Caucasus: Perspectives from Georgia* (Ancient Near Eastern Studies Suppl. 19), Louvain 2008.

Antiquité

- D. Braund, *Georgia in Antiquity. A History of Colchis and Transcaucasian Iberia, 550 BC-AD 562*, Oxford 1994.
- G. Greatrex, *Rome and Persia at war, 502-532*, Leeds 1998.
- D. Kacharava, G. Kvirkvelia et J. Y. Chi (édit.), *Wine, Worship, and Sacrifice: The Golden Graves of Ancient Vani*, Princeton 2008.
- O. Lordkipanidze, *Das Alte Georgien (Kolchis und Iberien) in Strabons Geographie*, Amsterdam 1996.
- O. Lordkipanidze, *Phasis, The River and City in Colchis*, Stuttgart 2000.
- S. H. Rapp Jr, *Studies in Medieval Georgian Historiography: Early Texts And Eurasian Contexts* (Corpus Scriptorum Christianorum Orientalium 601), Louvain 2003.
- S. H. Rapp Jr, *The Sasanian World through Georgian Eyes: Caucasia and the Iranian Commonwealth in Late Antique Georgian Literature*, Farnham and Burlington 2014.
- F. Schleicher, T. Stickler et U. Hartmann (édit.), *Iberien zwischen Rom und Iran. Beiträge zur Geschichte und Kultur Transkaukasiens in der Antike* (Oriens et Occidens. Studien zu antiken Kulturkontakten und ihrem Nachleben 29), Stuttgart 2019.
- R. W. Thomson, *Rewriting Caucasian History*, Oxford 1996.

Conversion au christianisme et début de l'époque médiévale

- B. Martin-Hisard, 'Le christianisme et l'Église dans le monde géorgien', in: L. Pietri (dir.), *Les Églises d'Orient et d'Occident* (Histoire du christianisme des origines à nos jours 3), Paris 1998 : pp. 1169-1239.
- B. Martin-Hisard, 'Christianisme et Église dans le monde géorgien', in: G. Dagron, P. Riché et A. Vaichez (dir.), Évêques, moines et empereurs (610-1054) (Histoire du christianisme des origines à nos jours 4), Paris 1993 : pp. 549-596.
- T. Mgaloblishvili (édit.), *Ancient Christianity in the Caucasus* (Iberica Caucasica 1), Richmond 1998.
- T. Mgaloblishvili (édit.), *Georgians in the Holy Land: The Rediscovery of a Long-Lost Christian Legacy* (Iberica Caucasica 2), London 2014.
- Tamar Nutsubidze, C. B. Horn et B. Lourié (édit.), *Georgian Christian Thought and Its Cultural Context: Memorial Volume for the 125th Anniversary of Shalva Nutsubidze (1888-1969)* (Texts and Studies in Eastern Christianity 2), Leiden et Boston 2014.
- Y. Tchekhanovets, *The Caucasian Archaeology of the Holy Land: Armenian, Georgian and Albanian Communities between the Fourth and Eleventh Centuries CE* (Handbook of Oriental Studies/Handbuch der Orientalistik I, 123), Leiden et Boston 2018.

Unification du royaume de Géorgie – «âge d'or»

- A. Eastmond, *Royal Imagery in Medieval Georgia*, University Park 1998.
- A. Eastmond, *Royal Renewal in Georgia: The Case of Queen Tamar*, in: S.H. Rapp Jr. et P. Crego (édit.), *The World of Eastern Christianity, 300-1500: Languages and Cultures of Eastern Christianity: Georgian*, vol. 5, Farnham and Burlington 2012: pp. 283-293..
- Th. Kaffenberger, M. Bacci et M. Studer-Karlen (édit.), *Cultural Interactions in Medieval Georgia* (Scrinium Friburgense. Veröffentlichungen des Mediävistischen

Instituts der Universität Freiburg Schweiz 41), Wiesbaden 2018.
- M. Lordkipanidze, *Georgia in the 11th-12th Centuries*, Tbilissi 1987.

Temps modernes, invasions mongoles, relations avec les Empires ottoman, perse et russe
- J. F. Baddeley, *The Russian Conquest of the Caucasus*, Richmond 1999.
- A. Ferrari, *Breve storia del Caucaso*, Rome 2007.
- N. K. Gvosdev, *Imperial Policies and Perspectives towards Georgia, 1760-1819*, New York 2000.
- F. Hellot-Bellier et I. Natchkebia (édit.), *La Géorgie entre Perse et Europe*, Paris 2009.
- S. F. Jones, *Socialism in Georgian Colors: The European Road to Social Democracy, 1883-1917*, Cambridge 2005.
- D. M. Lang, *The Last Years of the Georgian Monarchy, 1658-1832*, New York 1957.
- R. Motika et M. Ursinus (édit.), *Caucasia between the Ottoman Empire and Iran, 1555-1914*, Wiesbaden 2000.

Sujets

Amirani
- G. Bouatchidzé (trad.), *Amiran-Daredjaniani, roman de chevalerie*, Paris 1990.
- G. Charachidzé, *Prométhée ou le Caucase. Essai de mythologie contrastive*, Paris 1986.
- J.-P. Mahé, *Deux frères caucasiens de Prométhée : Amiran et Abrskil*, textes traduits, introduits et commentés (Bibliothèque de l'Orient chrétien), Paris 2017.
- R. H. Stevenson (trad.), *Amiran-Darejaniani. A Cycle of Medieval Georgian Tales, Traditionally Ascribed to Mose Khoneli*, Oxford 1958.

Féodalité géorgienne
- G. Charachidzé, *Introduction à la féodalité géorgienne (Le code de Georges le Brillant)*, Paris et Genève 1971.

Art
- *Au pays de la toison d'or. Art ancien de Géorgie soviétique, Paris, Galeries nationales du Grand Palais, 17 avril-26 juillet 1982*, Paris 1982.
- A. Alpago-Novello, V. Beridze et J. Lafontaine-Dosogne, *Art and Architecture in Medieval Georgia* (Publications d'histoire de l'art et d'archéologie de l'UCL 21), Louvain-la-Neuve 1980.
- Ch. Amiranachvili, *Les émaux de Géorgie*, Paris 1962.
- G. Bruchhaus, *Georgian Architecture*. A documented photo-archival collection on microfiches with 47,000 photographs for the study of early and late medieval Christian architectural arts of Georgia and its historical area of settlement, Volumes I-VIII, Leiden et Boston 1994.
- N. Burchuladze (édit.), *Medieval Georgian Ecclesiastical Art in The Georgian National Museum*, Tbilissi 2012.
- T. Dadiani, T. Khundadze et E. Kvachatadze, *Medieval Georgian Sculpture*, Tbilissi 2017.
- A. Djavakhichvili et G. Abramichvili, *L'or et les émaux de Géorgie*, Paris 1986.
- I. Giviashvili et F. Akder (édit.), *The Georgian Kingdom and Georgian Art: Cultural Encounters in Anatolia in Medieval Period, Symposium Proceedings, 15 May 2014, Ankara*, Istanbul 2022.
- N. Iamanidzé, *Les installations liturgiques sculptées des églises de Géorgie (VIe-XIIIe siècles)* (Bibliothèque de l'Antiquité tardive 15), Turnhout 2010.
- N. Iamanidzé, *Saints cavaliers : culte et images en Géorgie aux IVe-XIe siècles*, Wiesbaden 2016.
- R. Mepisashvili et V. Tsintsadze, *The arts of ancient Georgia*, photographies de R. Schrade, avant-propos de D. M. Lang, Londres 1979.
- O. Z. Soltes, *National Treasures of Georgia*, Londres 1999.
- T. Velmans and A. Alpago-Novello, *Miroir de l'invisible. Peintures murales et architecture de la Géorgie (VIe-XVe s.)*, Paris 1996.

Manuscrits
- Z. Aleksidze et B. Kudava (édit.), *Dated Georgian Manuscripts, 9th-16th cc. An Album*, Tbilissi 2015.
- N. Chkhikvadze (édit.), *The Georgian Manuscript Book Abro* compile par N. Chkhikvadze, M. Karanadze, V. Kekelia et L. Shatirashvili, Tbilissi 2018.
- N. Chkhikvadze (édit.), *Georgian Manuscript Book: 5th-19th centuries. Album*, preparé par M. Karanadze, L. Shatirishvili et N. Chkhikvadze, en collaboration avec T. Abuladze, Tbilissi 2014.
- J. Gippert, *Georgische Handschriften*, Wiesbaden 2018.
- T. Otkhmezuri (édit.), *Georgian Manuscripts Copied Abroad in Libraries and Museums of Georgia*, Catalogue illustré en anglais et en géorgien compilé par T. Otkhmezuri, V. Kekelia, N. Mirotadze et D. Chitunashvili, Tbilissi 2020 (deuxième édition révisée).

Langues
- I. Assatiani et M. Malherbe, *Parlons géorgien*, deuxième édition augmentée, Paris 2011.
- N. Doborjginidze, *Die georgische Sprache im Mittelalter* (Sprachen und Kultur des Christlichen Orients 17), Wiesbaden 2009.
- H. Fähnrich, *Die georgische Sprache* (Handbook of Oriental Studies/Handbuch der Orientalistik VIII, 22), Leiden et Boston 2012.
- H. Fähnrich, *Grammatik der altgeorgischen Sprache*, Hamburg 1994.
- G. Hewitt, *Georgian: A Learner's Grammar*, Londres et New York 1996.
- D. Kiziria, *Beginner's Georgian*, avec fichier audio disponible en ligne (Hippocrene Beginner's Series), New York 2021.
- M. Polinsky (édit.), *The Oxford Handbook of Languages of the Caucasus*, Oxford 2020.
- A. Schanidse, *Grammatik der altgeorgischen Sprache*, aus dem Georgischen von H. Fähnrich, Tbilissi 1982.
- K. Tuite, *Early Georgian*, in: R. D. Woodard (édit.), *The Cambridge Encyclopedia of the World's Ancient Languages*, Cambridge 2004: pp. 967-987.

Littérature
- G. Bouatchidzé, *La prose géorgienne des origines à nos jours*, choix, présentation et traduction, révisé par D. Palmé, I. Dupré, É. Naulleau et C. Thévenet, Paris 1997.
- *Géorgie*, in : J.-C. Polet (dir.), *Patrimoine littéraire européen, 4a. Le moyen âge, de l'Oural à l'Atlantique. Littératures d'Europe orientale*, Bruxelles 1993 : pp. 497-555.
- E. Khintibidze (ed.), *Georgian Literature in European Scholarship*, Amsterdam 2000.
- D. M. Lang, *The Lives and Legends of Georgian Saints*, Londres et New York 1956; deuxième édition révisée, New York 1976.
- R. Met'reveli et S. Jones (édit.), *Kartlis Tskhovreba. A History of Georgia*, Tbilissi 2018 (English translation of the medieval Georgian chronicles).
- T. Otkhmezuri (édit.), *Medieval Georgian Literary Culture and Book Production in the Christian Middle East and Byzantium: « Illuminating Georgia from the Holy Places through the Divine Books »*, English translation by M. Odisheli and M. Vickers (Jerusalemer Theologisches Forum 42), Münster 2022.

- D. Rayfield, *The Literature of Georgia. A History*, Oxford 1994.
- M. Tarchnišvili, *Geschichte der kirchlichen georgischen Literatur* (Studi e Testi 185), Città del Vaticano 1955.
- K. Tuite, *An Anthology of Georgian Folk Poetry*, Londres et Toronto 1994.

Le Chevalier à la peau de panthère
- G. Bouatchidzé, *Chota Roustavéli, Le chevalier à la peau de panthère*, traduit du géorgien, préfacé et commenté par G. Bouatchidzé, avec des illustrations de R. Petviachvili, Paris et Moscou, 1974.
- R. H. Stevenson (trad.), *Shota Rustaveli, The Lord of the Panther-Skin, A Georgian Romance of Chivalry*, Albanie 1977.
- S. Tsouladzé, *Chota Roustavéli, Le Chevalier à la Peau de Tigre*, traduit du géorgien avec une introduction et des notes, Paris 1964.
- K. Vivian (trad. et édit.), *The Knight in Panther Skin*, Amsterdam 1995.
- M. S. Wardrop, *The Man in the Panther's Skin. A Romantic Epic by Shot'ha Rust'haveli*, a close rendering from the Georgian (Oriental Translation Fund New Series 21), London 1966.

Église géorgienne
- H. Kaufhold, *De Kerk van Georgië*, in: H. Teule and A. Brüning (édit.), *Handboek oosters christendom*, Leuven, Paris et Bristol, 2018: pp. 443-451.
- M. Tamarati, *L'Église géorgienne des origines jusqu'à nos jours*, Rome 1910.

Saint Georges
- M. Ballez, J.-L. Depotte et B. Kanabus (dir.), *Saint Georges et le dragon. Genèse et génération de récits*, Louvain-la-Neuve 2018.
- B. Martin-Hisard, *Saint Georges dans le monde caucasien médiéval*, in : G. de' Giovani Centelles (édit.), *San Giorgio e il Mediterraneo. Atti del II Colloquio internazionale per il XVII Centenario (Roma, 28-30 novembre 2003)*, Città del Vaticano 2004: pp. 101-130.

Crédits photographiques

Nous nous sommes efforcés d'appliquer les prescriptions légales concernant le copydroit. Quiconque se considère autorisé à faire valoir des droits est prié de s'adresser à l'éditeur.

p. 2, Fig. 30, 33, 35, 50, 53, 56, 58, 60, 61 © George Chubinashvili National Research Centre for Georgian Art History and Heritage Preservation

p. 4, Fig. 69, 77 © Giorgi Kalandia

Carte 1 © Ministry of Culture, Sports and Youth of Georgia

Carte 2, 4 © M. Shekiladze/Georgian National Museum

p.9 © Zoonar GmbH/Alamy Stock Photo

pp. 26-27, 54-55, 76-77, 114-115, 136-137, 150-151, 170-171 © Ingel Vaikla

Fig. 1 © ruelleruelle/Alamy Stock Photo

Cat. 1, 3, 4, 8, 12-14, 21, 22, 24-30, 32-34, 36-39, 41-43, 46-50, 52, 54, 56-58, 60, 63, 65, 66, 72, 73, 81, 89-91, 94 & Fig. 6-10, 13-17, 36, 39, 44, 46, 49, 57, 72, 81 © Mirian Kiladze/Georgian National Museum

Cat. 2, 16, 17-20, 75-81 & Fig. 52, 55
© Bryan Whitney/Georgian National Museum

Cat. 5 & Fig. 2 © Makhaz Natriashvili/Adjara Museums

Cat. 6, 7, 9-11, 44, 45, 61, 62 © Batumi Archaeological Museum

Cat. 8 © Saba Demetrashvili/Georgian National Museum

Cat. 15 © STAATSBIBLIOTHEK ZU BERLIN – Preussischer Kulturbesitz, Orientabteilung

Fig. 3, 4 © National Agency for Cultural Heritage Preservation of Georgia

Carte 5 © PNAS

Fig. 5 © Rati Chomakhidze

Cat. 23 © Niko Berdzenishvili Kutaisi State Historical Museum

Carte 6 © M.Rothman

Fig. 11 © Georgian National Museum Archive

Fig. 12 © Zurab Makharadze/Georgian National Museum

Cat. 31, 35 © J.Meyer/Archäologisches Museum Frankfurt

Cat. 40, 74, 82-86, 95, 96, 97, 98 & Fig. 31, 34, 38, 40, 41, 51, 67, 82 © Korneli Kekelidze Georgian National Centre of Manuscripts

Fig. 18 © Gabriel Salniker/Georgian National Museum

Cat. 51, 53, 55 © Robb Harrel, Arthur M. Sackler Gallery, Smithsonian Institution

Cat. 59 © Saba Demetrashvili/Georgian National Museum

Cat. 64, 69 © CC BY – MRAH/© ImageStudio Musées royaux d'Art et Histoire, Bruxelles

Cat. 67 © RMN-Grand Palais (Musée du Louvre)/Hervé Lewandowski
Cat. 68 © Hugo Maertens, Collectie KMSKA – Vlaamse Gemeenschap

Fig. 19, 20, 23, 24, 26, 29, 68 © Badri Vadachkoria

Cat. 70, 71 & Fig. 74 © avec l'aimable autoristation de la KBR – Bibliothèque royale de Belgique

Fig. 21 © George Chubinashvili National Research Centre for Georgian Art History and Heritage Preservation/The Sergo Kobuladze Monuments Photo Recording Laboratory

Fig. 22, 25, 27 © National Agency for Cultural Heritage Preservation

Fig. 28 © Fonds ILIAZD (Ilia Zdanevitch)

Fig. 32 © Dimitri Ermakov photo-collection/Georgian National Museum

Fig. 37 © Museum of Dmanisi Center of Culture and Art

Fig. 42, 71 © akg-images/British Library

Fig. 43, 54 © Irine Giviashvili

Fig. 45 © Giorgi Kakabadze

Cat. 87 © Musée du Louvre, Dist. RMN-Grand Palais/Thierry Ollivier

Cat. 88 © Tiroler Landesmuseum Ferdinandeum, Innsbruck

Cat. 92 © Oni Museum of Local Lore

Fig. 59, 64, 65 © Bibliothèque nationale de France

Fig. 62, 76, 78, 80 © Community Library "Leonardo Sciascia" of Palermo

Fig. 63 © © The Trustees of the British Museum.
All rights reserved

Fig. 70 © Bernard Coulie

Fig. 73 © Guram Bumbiashvili/Georgian National Museum

Fig. 75 © Embassy of Italy in Tbilisi

Fig. 79 © Ahmad Masoominezhad

Cat. 99, 99bis © National Archives of Georgia

Colophon

Sous le Haut Patronage de
la Présidente de Géorgie et
de Leurs Majestés le Roi et la Reine

Organisation d'europalia georgia

En Géorgie

Gouvernement géorgien

Vice Première Ministre, Ministre de la Culture, des Sports et de la Jeunesse de Géorgie
Thea Tsulukiani

Commissaire général
Karlo (Kaha) Sikharulidze, Premier Vice-Ministre de la Culture, des Sports et de la Jeunesse de Géorgie

Représentant de la Géorgie auprès de l'Union européenne
Ambassadeur Vakhtang Makharoblishvili

Directrice artistique
Tamar Tsulukidze – Cheffe du département Promotion de la Créativité
Ministère de la Culture, des Sports et de la Jeunesse de Géorgie

Coordinatrice générale
Irine Saganelidze – Experte Senior
Ministère de la Culture, des Sports et de la Jeunesse de Géorgie

Archéologie et Histoire de l'art
Prof. Nino Simonishvili – Iv. Javakhishvili Tbilisi State University
Nika Akhalbedashvili – Directeur du Groupe de Musées / Premier Vice-Directeur Général, Musée national de Géorgie

Alexandra Gabunia – Cheffe du département expositions du Groupe de Musées / Musée national de Géorgie

Arts visuels et arts de la scène
Magda Guruli – Experte
Ministère de la Culture, des Sports et de la Jeunesse de Géorgie

Musique
Giorgi Donadze – Directeur du Centre d'État du Folklore de Géorgie

Littérature
Alexandre Grigalashvili – Chef du département de l'Accessibilité culturelle
Ministère de la Culture, des Sports et de la Jeunesse de Géorgie

Film
Bacho Odisharia – Chef du Département de Production cinématographique
Centre national géorgien du cinéma

Communication et marketing
Nino Nemsadze – Coordinatrice administrative de projet
Administration du Gouvernement de Géorgie
Nino Abramashvili – Cheffe du département des Relations publiques et de la Presse
Ministère de la Culture, des Sports et de la Jeunesse de Géorgie

Remerciements

Levan Davitashvili
Vice Premier Ministre, Ministre de l'Économie et du Développement durable de Géorgie

Ilia Darchiashvili
Ministre des Affaires étrangères de Géorgie

Giorgi Amilakhvari
Ministre de l'éducation et des Sciences de Géorgie

Rati Bregadze
Ministre de la Justice de Géorgie

Lasha Khutsishvili
Ministre des Finances de Géorgie

Otar Shamugia
Ministre de la Protection environnementale
et de l'Agriculture de Géorgie

Tornike Rijvadze
Président du Gouvernement de la République
autonome d'Adjarie

Maia Khajishvili
Ministre de l'Éducation, de la Culture et des Sports de la République autonome d'Adjarie

Agence nationale du vin de Géorgie

Administration nationale du tourisme de Géorgie

En Belgique

europalia

Commissaire général europalia georgia
Marc Franco

Directeur général
Christian Salez

Directeur artistique
Dirk Vermaelen

Arts
Eva Bialek – Coordinatrice des expositions
Christopher Claessens – Assistant du département artistique
Bozena Coignet – Coordinatrice de projets arts de la scène et littérature
Marc Jacobs – Coordinateur de projets musique et film
Marie-Ève Tesch – Coordinatrice des expositions
Katleen Van Langendonck – Coordinatrice arts de la scène et littérature
Julie Verheye – Coordinatrice des expositions
Meriem Alaouiova – Production musique et arts de la scène

Ingrid Degraeve – Conseillère littérature
Tamara Tatishvili – Conseillère

Communication
Colette Delmotte – Promotion et relations publiques
Luna Klaps – Contenu et médias numériques
Aurélia Noca Kantengwa – Relations partenaires et public
Johan Smeyers – Graphisme et communication digitale

Finances, Ressources humaines, Administration générale & Sponsoring
Stefana Ciubotariu – Directrice
Meriem Alaouiova – Assistante administrative
Fatima Farih – Assistante administrative
Van Ly Nguyen – Assistant (< 01 05 2023)

Presse
Laurence Morel de Westgaver – Nakami
Sarah-Claire Vermeulen – Serenai

Conseil d'administration d'europalia international

Président
Baron Philippe Vlerick

Membres
Christophe Convent
Baron Luc Bertrand
Alexis Brouhns
Baronne Michèle Sioen
Fatima Zibouh
Baronne Diane Hennebert

BNP Paribas Fortis
Région Bruxelles-Capitale
Belfius Bank
Loterie Nationale
SPF Affaires étrangères
Politique Scientifique Fédérale
Vlaamse Gemeenschap
Deutschsprachige Gemeinschaft
Banque Nationale

Remerciements

Comte Georges Jacobs de Hagen – Président d'europalia international jusqu'à mai 2023
Koen Clement –Directeur général d'europalia international jusqu'à mai 2023
Yannick Kalantarian –Président du Comité d'honneur d'europalia georgia

Le SPF Affaires étrangères et son desk Caucase et Asie centrale et l'ambassade de Belgique à Bakou.

À tous les artistes et partenaires qui ont contribué au succès de ce festival, de même qu'aux nombreux experts, bénévoles et enthousiastes ainsi qu'aux pouvoirs subsidiants et aux sponsors qui dont aidé à la réalisation d'europalia georgia.

national lottery MUCH MORE THAN JUST GAMES — NationalBank OF BELGIUM Eurosystem — KINGDOM OF BELGIUM Federal Public Service Foreign Affairs, Foreign Trade and Development Cooperation — Belgian Science Policy Office belspo — RÉGION DE BRUXELLES-CAPITALE BRUSSELS HOOFDSTEDELIJK GEWEST BRUSSELS CAPITAL REGION — FÉDÉRATION WALLONIE-BRUXELLES — Ostbelgien Mit Unterstützung der Deutschsprachigen Gemeinschaft Belgiens

Exposition

europalia georgia

Ce catalogue est publié conjointement à l'exposition :

Géorgie : une histoire de rencontres
Musée Art & Histoire, Bruxelles
27 octobre 2023 – 18 février 2024

Curateurs
Prof. Bernard Coulie, UCLouvain &
Prof. Nino Simonishvili, Iv. Javakhishvili Tbilisi State University

Co-curatrice
Marie-Ève Tesch

Organisation en Géorgie
Tamar Tsulukidze, Directrice artistique d'europalia georgia
Irine Saganelidze, Coordinatrice générale d'europalia georgia

Nika Akhalbedashvili, Directeur général, Directeur du Groupe de Musées / Premier Vice-Directeur Général, Musée national de Géorgie
Salome Guruli, Assistante curatoriale, Cheffe de l'unité de Gestion de projets, Musée national de Géorgie

Comité scientifique : Nino Simonishvili, Valeri Asatiani, Mindia Jalabadze, Mikheil Abramishvili, Guram Kvirkvelia, Giorgi Marsagishvili, Mamuka Tsurtsumia, Jaba Samushia

Organisation en Belgique
Europalia: Dirk Vermaelen (Directeur artistique), Marie-Ève Tesch (Coordinatrice des expositions)
Musée Art & Histoire : Bruno Verbergt (Directeur général a.i.), Sylvie Pareyn (Coordinatrice des expositions),
Karin Theunis (Responsable des expositions temporaires)

L'exposition est organisée conjointement par europalia, les Musées royaux d'Art & d'Histoire et le Ministère de la Culture, des Sports et de la Jeunesse de Géorgie, et réalisée en coopération avec le Musée national de Géorgie.

Prêteurs

Musées en Géorgie
Musée d'Histoire Simon Janashia, Musée des Beaux-Arts Shalva Amiranashvili, Musée archéologique Otar Lordkipanidze de Vani, Musée d'Histoire Iv. Javakshishvili de Samtskhé-Djavakhétie, Musée d'Histoire et d'Ethnographie de Signagi, Musée archéologique de Batoumi (Adjarie), Musée Khariton Akhvlediani de l'État d'Adjarie, Musée historique Niko Bredzenishvili de Koutaïssi, Centre national des Manuscrits Korneli Kekelidze, Archives nationales de Géorgie, Musée de la culture locale d'Oni

Musées en-dehors de Géorgie :
Musée Art & histoire (Bruxelles), Musée royal des Beaux-Arts (Anvers), KBR – Bibliothèque royale de Belgique (Bruxelles), Musée du Louvre (Paris), Tiroler Landesmuseum Ferdinandeum (Innsbruck), Berlin State Library, Metropolitan Museum of Art (New York)

Artistes visuels
Ingel Vaikla et Sakis Brönnimann

Scénographie
Aslı Çiçek
Maxime Descheemaecker, assistant

Graphisme
Sara De Bondt

Production
Chloroform, Bulle Color

Art handling
BOZAR Art Handlers
Collection Care Art & History Museum: Miguel Barrera, Gaetan Georges, Benoît Meunier

Conservation
Collection Care Art & History Museum: Stéphanie Caeymaex, Agnes Esquirol, Livine Huart, Isabella Rosati

Lumière
Technical Team Art & History Museum: Abdel-Kader Seidou, Frédéric Van Houche

Assurances
Zilkens Fine Art Insurance Broker GmbH
Eeckman Art & Insurance, Uniqa

Transport
CAMEX, Transfer Company – U-ART, Kunsttrans, Mobull

Presse
Services Presse et Communication du Musée Art & Histoire : Anne Goffart, Marc Janssen, Léo Juvier, Aurélie Piérart

Musée Art & Histoire

MUSÉE ART & HISTOIRE

Thomas Dermine – Secrétaire d'État à la Politique scientifique
Arnaud Vajda – Président du conseil d'administration de la Politique scientifique BELSPO)
Bruno Verbergt – Directeur général a.i.
Athéna Tsingarida – Présidente du Comité scientifique

Et les nombreux services et collaborateurs du Musée Art & Histoire : les services Expositions temporaires, Presse et Communication, ORT (réception/tickets), Éducatif, le Museum Shop, les services Comptabilité, Administration, Technique, Nettoyage, Sécurité, Collection Care ainsi que le Studio photo.

Avec le soutien de la Région de Bruxelles-Capitale

Remerciements
Les organisateurs remercient tous les participants nationaux et internationaux, les experts, conservateurs-restaurateurs, curateurs et organisateurs de projet. Notre gratitude s'adresse en particulier aux prêteurs, sans qui cette exposition n'aurait pas été possible.

Publication

Les versions néerlandaise et française de ce catalogue ont été réalisées grâce à une contribution spéciale des Musées royaux d'Art et d'Histoire

Éditeurs scientifiques
Prof. Bernard Coulie, UCLouvain & Prof. Nino Simonishvili, Iv. Javakhishvili Tbilisi State University

Coordination
Marie-Ève Tesch (Coordinatrice des expositions, europalia), Elizabeth Vandeweghe (Hannibal Books), Salome Guruli (Cheffe de l'unité de Gestion de projets, Musée national de Géorgie)

Auteurs
Prof. Bernard Coulie,
Université catholique de Louvain, Louvain-la-Neuve, Belgique
Prof. Nino Simonishvili,
Iv. Javakhishvili Tbilisi State University, Géorgie
Prof. Mindia Jalabadze,
Musée national de Géorgie
Prof. Mikheil Abramishvili,
Musée national de Géorgie
Prof. Jean-Pierre Mahé,
Institut de France, Paris, France
Dr. Guram Kvirkvelia,
Musée national de Géorgie
Dr. Giorgi Marsagishvili,
Musée national de Géorgie
Dr. Tamar Otkhmezuri,
Centre national des manuscrits Korneli Kekelidze, Géorgie
Dr. Tamar Abuladze,
Centre national des manuscrits Korneli Kekelidze, Géorgie
Dr. Nino Kavtaria,
Centre national des manuscrits Korneli Kekelidze, Géorgie
Nina Iamanidzé,
Bibliothèque byzantine, Collège de France, Paris, France
Prof. Stephen H. Rapp Jr.,
Sam Houston University, Huntsville, TX, USA
Prof. Antony Eastmond,
The Courtauld, London, UK
Dr. Mamuka Tsurtsumia,
Iv. Javakhishvili Tbilisi State University, Géorgie
Prof. Andrew C.S. Peacock,
University of St Andrews, St Andrews, UK
Prof. Jaba Samushia,
Iv. Javakhishvili Tbilisi state university, Géorgie
David Turashvili,
Écrivain, Géorgie
Prof. Aldo Ferrari,
Ca' Foscari University of Venice, Venice, Italy
Prof. Valeri Asatiani,
Académie des Sciences de Géorgie

Les organisateurs tiennent à exprimer leur gratitude aux auteurs, traducteurs, coordinateurs, aux services de conservation, de soutien technique et d'illustration. Merci à toutes les personnes et institutions impliquées dans ce projet pour leur aide et engagement.

Traduction
Maurine Donay, Fabrice Pintiaux (Taal-ad-Visie)

Révision des textes
Fabrice Pintiaux (Taal-ad-Visie)

Graphisme
Sara De Bondt

Graphisme – Assistance
Leroy Meyer

Imprimeur
die Keure, Bruges, Belgique

Reliure
die Keure, Bruges, Belgique

Éditeur
Gautier Platteau

ISBN 978 94 6466 671 7

A Story of Encounters. Georgia's Cultural, Artistic, and Historical Heritage
ISBN 978 94 6466 670 0

Een verhaal van ontmoetingen. Georgiës culturele, artistieke en historische erfenis
ISBN 978 94 6466 669 4

www.hannibalbooks.be

HANNIBAL